Roman Bleistein · Rupert Mayer

Karlheinz Oswald · Portrait Rupert Mayer S.J.
Ton (1993)

Roman Bleistein

Rupert Mayer

Der verstummte Prophet

VERLAG JOSEF KNECHT · FRANKFURT AM MAIN

Die Deutsche Bibliothek – CIP-Einheitsaufnahme

Bleistein, Roman:
Rupert Mayer : Der verstummte Prophet / Roman Bleistein.
1. Aufl. – Frankfurt am Main : Knecht, 1993
ISBN 3-7820-0664-X

1. Auflage 1993. Alle Rechte vorbehalten. Printed in Germany.
© 1993 by Verlag Josef Knecht-Carolusdruckerei GmbH,
Frankfurt am Main.
Umschlaggestaltung: Atelier Warminski, Büdingen
Satz: Fotosatz Otto Gutfreund GmbH, Darmstadt
Gedruckt auf »Alster Werkdruck« h'frei, geglättet, chlorfrei,
pH-neutral, alterungsbeständig
durch Ernst A. Geese, Hamburg
Druck und Bindung: Wiebadener Graphische Betriebe GmbH, Wiesbaden
ISBN 3-7820-0664-X

INHALT

Vorwort 9

Herkunft 13
    Anfänge 14
    Kindheit 16
    Schulzeit 21
    Theologiestudium 24
    Studentenleben 28
    Priesterseminar 30
    Katechesen und Predigten 32
    Priesterweihe 35

Vorspiele
    Lage der katholischen Kirche 41
    Vikar in Spaichingen 44
    Der Katechismus des Vikars 48
    Eintritt in den Jesuitenorden 49
    Der Novize 51
    Wiederum Student 54
    Erste Gelübde 58
    Zwischenzeiten 62
    Letzte Gelübde 65

Tatort München 69
    München 1912 70
    Großstadtseelsorge 73
    Die katholischen Arbeitervereine 77
    Die Schwestern von der Heiligen Familie 80
    Spiritualität für die Familienschwestern 85

Krieg und Revolution ... 95
Divisionspfarrer ... 96
Schwer verwundet ... 101
Reflexionen über den Feldseelsorger ... 104
Revolutionäre Zeiten in München (1919) ... 107
Exkurs: Hans Carossa und Rupert Mayer ... 115

Jesuit in Sankt Michael ... 131
Heimkehr nach Sankt Michael (1921) ... 132
Der Prediger ... 137
Das soziale Engagement ... 140
Präses der Marianischen Männerkongregation ... 143
Der Bahnhofsgottesdienst ... 145
Schicksalsjahr 1923 ... 148
Großstadtmission in München (1926) ... 168
Das Fazit ... 174
Exkurs: Carl Sonnenschein und Rupert Mayer ... 176

Unter neuen Machthabern ... 185
Überwacht durch die Gestapo ... 186
Provokative Predigten ... 200
Das Redeverbot ... 205
Die Verhaftung ... 209
»Flammenzeichen rauchen« (Predigt Faulhabers) ... 217

Prozeß vor dem Sondergericht München ... 223
Verfahren der Justiz ... 224
Presseecho ... 244
Ein Echo von weit her ... 246
Aktivitäten nach dem Prozeß ... 248
Der Vatikan setzt sich für P. Mayer ein ... 251
Exkurs: »Politischer Katholizismus« und der Prozeß vor dem Sondergericht München ... 253

Im Gefängnis Landsberg ... 263
Häftling Nr. 9469 ... 265
Die Amnestie ... 274
Zwischenzeit ... 277
Gespräche mit dem Reichssicherheitshauptamt ... 279
Feierliche Gelübde ... 281

Die dritte Verhaftung
- Kontakte zur Monarchistischen Bewegung 285
- Konflikt mit der Gestapo 288
- In Händen der Gestapo 294

Im KZ Sachsenhausen
- Reise ins Ungewisse 301
- Im Zellengefängnis 305
- Vergünstigungen 308

Konfiniert in Ettal
- Auf dem Weg in die »Freiheit« 317
- Die Bedingungen der Gestapo 319
- Im goldenen Käfig 323
- Kampf um die Entlassung 325
- »Lebend ein Toter« 327
- Heimkehr 331

Vollendung
- Die letzten Monate 335
- Der Tod 341
- Verehrung 345

Der verstummte Prophet 351

Anhang
1. Rupert Mayer: Balaams Weissagung (Kinderkatechese 1898/99) 361
2. Rupert Mayer: Das Glück, ein Kind der katholischen Kirche zu sein (Predigt 1898/99) 364
3. Soldat X: Wie P. Mayer seinen Fuß verlor 374
4. Geistl. Rat Karl Haungs: Volksmission in Karlsruhe (1921) . . 377
5. P. Rupert Mayer: Katholische Eheanbahnung (1928) 378
6. P. Rupert Mayer auf dem Katholikentag in Nürnberg 26.–30. 8. 1931 (Bericht) 380
7. P. Rupert Mayer: Wider die Entkonfessionalisierung (1937) . 382
8. Gestapomann Dr. J. Sch.: Die erste Verhaftung von P. Rupert Mayer 392

9. Michael Kardinal von Faulhaber: »Wenn die Flammenzeichen rauchen...« (4. 7. 1937) 395
10. P. Rupert Mayer: Das Vorbild des Heiligen Stephanus (26. 12. 1937) 405
11. P. Johannes Albrecht OSB: P. Rupert Mayer SJ und das Kloster Ettal 412
12. Dr. Berta Hofmann: Meine Erinnerungen an P. Rupert Mayer SJ 414

Lebensdaten 419
Abkürzungen 428
Quellenverzeichnis 429
Authentische Berichte 431
Literaturverzeichnis 432
Personenregister 440
Sachregister 445
Bildnachweis 447

VORWORT

Wer P. Rupert Mayer nicht mehr persönlich begegnet ist, wird einen anderen Zugang zu ihm als seine Zeitgenossen finden müssen. Er ist frei von subjektiven Eindrücken. Wo andere sich auf Erinnerungen zurückbesinnen, muß er durch geschichtliche Dokumente und durch das Studium in Archiven auf die Spur P. Mayers kommen und aus authentischen Texten seine Stimme heraushören. Gerade dieser Unterschied zu früher signalisiert einen Einschnitt in der Rupert-Mayer-Forschung. Es beginnt etwas Neues.

Wider Erwarten haben viele historische Zeugnisse die bewegten Jahre von P. Mayer (1876–1945) und die Zeit danach überdauert. Nur für das Dritte Reich fehlen noch wichtige Unterlagen, um zu endgültigen Urteilen über einzelne Vorgänge zu kommen. Die Akten der Gestapozentrale/München sind bei einem Bombenangriff verbrannt. Sind auch die Akten des Reichssicherheitshauptamtes in Berlin verschollen oder immer noch nicht aufgefunden? Hier bleibt weiterer Forschungsbedarf.

Doch die intensive, langjährige Forschung eröffnete Zugang zu neuen Dokumenten, die nicht nur die alten Tatsachen in ein neues Licht rücken, sondern auch neue Akzente nahelegen. Der Untertitel des Buches, »Der verstummte Prophet«, ist ein solcher Versuch. Er wird begründet in neuen Einsichten aus der Forschung und ist von der Absicht getragen, das Leben P. Mayers als Ganzes auf einen theologischen Begriff zu bringen. Dieser Akzent baut teilweise vorhandene Bilder ab und macht zugleich frei, den bereits allzu bekannten P. Mayer neu zu entdecken. Mag darin auch manches Ärgernis enthalten sein –, es nützt dort gerade der wahren Verehrung, wo es den Seligen aus dem »Himmel der Verehrung« auf diese unsere Erde herunterholt.

Wie schon durch den zuerst herausgegebenen Band »Rupert

Mayer, Leben im Widerspruch. Autobiographische Texte, Prozeß vor dem Sondergericht, Reden und Briefe« (Frankfurt 1989) wird auch durch dieses Buch die Absicht realisiert, P. Mayer der zeitgeschichtlichen Forschung, vor allem der Forschung über den Widerstand gegen den Nationalsozialismus, zu vermitteln, ihn aus dem allzu bayrischen Umfeld herauszulösen und ihn als »Fall für Deutschland« in den Jahren 1912 bis 1945 bekannt zu machen. Die Zielrichtung dieses Buchs findet so mit der Textedition Mayers in eine Einheit.

Der umfangreiche Anhang dient der eigenen Vergewisserung für den Leser, der P. Mayer und seiner Zeit im authentischen Text begegnen will. Dokumentarische Lesestücke verdeutlichen die eher abstrakten Aussagen der Biographie. Die Abkürzungen der zitierten Bücher und Beiträge werden durch das Literaturverzeichnis (S. 432) verständlich. Die Hinweise auf Archivalien sind im Quellenverzeichnis (S. 429) und in »Authentische Berichte« (S. 431) aufgeschlüsselt. Grundlegend für diese Biographie ist das »Rupert-Mayer-Archiv« (RMA) in München, das in chronologischer Ordnung Originale und Kopien wichtiger Archivalien aufbewahrt.

Die langjährige Forschungsarbeit war immer wieder auf die Hilfe und Ermutigung vieler angewiesen. Deshalb danke ich zuerst den Archivaren der staatlichen und städtischen, der kirchlichen und ordensinternen Archive, die mit großer Aufmerksamkeit dieses Forschungsprojekt förderten. Danken möchte ich dann allen Freunden und Mitarbeitern P. Mayers, die erneut die ihnen teuren Texte und Fotos P. Mayers zur Verfügung stellten. Endlich gilt mein Dank jenen, die bei der Ausarbeitung des Manuskripts und seiner Drucklegung halfen: Frau Margret Bauer, Frau Christina M. Gerhards, Frau Ulrike Maurer, Frau Anneliese Mayer.

Die Konfrontation mit einem Propheten wird gerade in der heutigen Zeit einer »Unübersichtlichkeit« Betroffenheit und Unruhe wecken. Beides strebt diese Biographie Rupert Mayers an. Jede Zeit braucht Propheten.

München, den 1. Januar 1993   *Roman Bleistein SJ*

Herkunft

Die Herkunft eines Menschen birgt jene Voraussetzungen in sich, die zur Entfaltung des eigenen Willens und der persönlichen Freiheit führen. Bevor es aber so weit kommt, wirkt vielerlei auf ein Kind und einen Jugendlichen ein, was deren Innerstes prägt und gleichsam das Fundament der späteren Persönlichkeit bildet. Mannigfache Einflüsse gibt es: die Landschaft mit ihren Bergen oder ihren Hochhäusern; die Sprache in der Melodie eines bestimmten Dialekts, etwa des Schwäbischen; die Familie, die wiederum aus der Geschichte, aus einer Landschaft, aus Verbindungen von Charakteren kommt; die Vorbilder, unter deren Eindruck ein junger Mensch in sein Leben findet; der Beruf des Vaters, der in einem Heranwachsenden Interesse weckt.

Über diese noch leicht feststellbaren Einwirkungen hinaus hinterlassen die Stimmung einer Familie, das Klima eines Wohnhauses, das emotionale Bezugsfeld einer Nachbarschaft, die Spielfreude einer Kinderschar, die ersten Freundschaften ihre Eintragungen im Buch der Seele und setzen sich – in Anpassung oder Widerstand – als Konturen eines Gefühls oder einer Empfindung fort.

Wie schwer Herkunft festzuhalten ist, erfährt jeder, der nach den wesentlichen Einflüssen seiner Kindheit befragt wird; denn den Familiennamen, den Vornamen, den Beruf des Vaters, die Anzahl der Geschwister zu nennen, reicht nicht aus, um seine Abstammung auch nur annähernd in den Blick zu bekommen. Die Herkunft eines Menschen ist geheimnisvoll. Gerade deshalb will man, je älter man wird, desto mehr um sie wissen. Die Wurzeln werden mit zunehmenden Jahren immer interessanter; denn auch sie determinieren uns. Wir wollen wissen, woran sich unsere Freiheit erproben muß.

Was bedeutet die Herkunft des Paters Rupert Mayer? Wo war er verwurzelt? Wo war er zu Hause?

ANFÄNGE

Bei einer solch aufmerksamen Rückkehr in die Vergangenheit von Rupert Mayer wird man in den Südschwarzwald verwiesen, in eine Gegend, die von hohen und dunklen Tannenwäldern geprägt ist. Von hier stammen die Mayers ab, sie waren von Beruf Uhrenschildmaler, Schmiede, Schreiner, Landwirte, also erdverbundene Leute, und lebten im Umfeld von Altglashütten und Raitenbuch. Der Schluchsee lag nicht weit entfernt und war tief in Landschaft und Erinnerung eingegraben. Die Mayers konnten auf eine große Verwandtschaft hinweisen, die in den kleinen Dörfern der Schwarzwaldtäler wohnte.

Diese Schwarzwälder blieben jedoch nicht in ihrer Welt jenseits der großen Straßen und Städte hocken. Drei Brüder des Vaters Mayer wanderten aus. Einer starb 1906 in Adelaide, ein zweiter 1905 in Buenos Aires, der dritte 1908 in Detroit. Ein anderer Verwandter brachte es zum Weihbischof in Paris, ein Großonkel trat in Amerika in den Jesuitenorden ein. Auch an den Ersten Weltkrieg mußte die Familie ihren Tribut leisten: Ein Onkel fiel im Oktober 1914 an der Front in Belgien.[1]

Selbst wenn mit solchen Lebensgeschichten keine fixen Ziele für einen jungen Menschen gesetzt wurden, so sind mit diesen Schicksalen doch Ahnungen verbunden, die das bürgerliche Milieu sprengten. Amerika, bislang ein vager Begriff, hatte plötzlich etwas mit der eigenen Familie zu tun und bekam den Charakter von bekannter Ferne und familiärem Abenteuer. Greifbar wurde vor allem: Es muß nicht alles so ausgehen, wie man es sich bürgerlich ausgedacht hatte. Es gibt auch einen Onkel in Amerika, Symbol einer möglichen Existenz jenseits des Alltäglichen.

Die Eltern Rupert Mayers hatten 1873 in Pforzheim geheiratet. Der Vater Rupert I (1849–1927) stammte aus Rötenbach am Schluchsee und war von Beruf Kaufmann, die Mutter Emilie Karoline (1855–1947) eine geborene Wehrle aus Pforzheim. Sie hatten sich im Umfeld einer Handelsgenossenschaft der »Württemberger Kompanie« kennengelernt, und dies hatte die folgende, für

---

[1] Pfarrer Josef Kary, Brief vom 14. 11. 1978; Prof. Johannes Goldner, Brief vom 17. 11. 1978 (RMA 1. 1.).

Anfänge

Handel und Wandel im letzten Jahrhundert wirtschaftswissenschaftlich nicht uninteressante Geschichte: Im Rahmen der Lenzkirchner Handelsgesellschaften, die für die heimischen Produkte auswärts Absatzmärkte erschlossen – eine weiträumige Wirtschaftsgesellschaft begann sich aufzubauen –, entwickelte sich vor allem die sog. »Württemberger Kompanie«. Die »Württemberger« betrieben neben den Glashütten auch branchenfremde Unternehmungen wie die Bijouteriefabrik »Wehrle u. Cie« in Pforzheim. »Sie war aus der dortigen Niederlage erwachsen, als Dionys Wehrle, seit 1841 Vorstand des Platzes, sah, welch gute Geschäfte mit Schmuckwaren zu machen seien; persönlich arbeitete er sich in diese ganze Produktionsweise ein. Konrad Hermann und Rupert Mayer übernahmen 1893 die Fabrik in eigene Rechnung.«[2]

Vater Mayer trat nach dem Abschluß des Gymnasiums in das Unternehmen seines Vaters ein, in die »Württemberger Kompanie«, und wurde dabei mit Dionys Wehrle, der aus Bärental im Hochschwarzwald stammte, gut bekannt. Als Wehrle jung an einem Krebsleiden erkrankte, wurde Mayer von ihm ins Vertrauen gezogen. Nach dessen frühem Tod regelte er die Vermögensverhältnisse der Familie Wehrle. Er lernte die Tochter seines Gönners kennen und schätzen und verlobte sich mit 23 Jahren mit Emilie Wehrle, die damals erst 16 Jahre zählte. Sie heirateten nach etwa einem Jahr und übersiedelten nach Stuttgart, um dort ins Haushaltswarengeschäft Tritschler und Co. einzutreten. Im Laufe der Jahre bauten sie es aus und übernahmen es.

Rupert Mayer kam an einem Sonntag, am 23. Januar 1876, im Elternhaus am Marktplatz 7 in Stuttgart zur Welt. Er war das zweite Kind unter sechs Geschwistern. Am 28. Februar wurde er auf den Namen Rupert getauft. Sein Patron, der Heilige Rupert, war um das Jahr 720 als Bischof von Salzburg gestorben.[3]

An dieser Stelle muß man sich die Situation der Katholiken im Württemberg des 19. Jahrhunderts in Erinnerung rufen. Wohl hatten die Katholiken nach 1848 zu einem neuen Selbstbewußtsein

---

2 Weber, Bevölkerungsgeschichte im Hochschwarzwald, 22.

3 Taufpaten: Theodor Wilhelm (Bijouteriefabrikant in Pforzheim) mit Frau, Albert Schäfer (Tapezierer) mit Frau, Maria Schetzinger, Referendar Dr. Julius Haas; vgl. Taufbuch von St. Eberhard/Stuttgart, Jahrgang 1876, S. 389, Nr. 55.

gefunden und versucht, sich auch politisch gegen den liberalen Staat durchzusetzen. Dennoch wurden sie in den rein protestantischen Gegenden Süddeutschlands an den Rand gedrängt. Vater Mayer war einst der einzige Katholik seiner Schulklasse gewesen. Zu dieser Minderheitensituation kam die politische Benachteiligung, greifbar in der Zensur der katholischen Presse, im Verbot von Ordensgründungen, in Eingriffen des Staates in innerkirchliche Vorgänge. Erst allmählich organisierten sich die Katholiken in Vereinen. Die ultramontane, papsttreue Orientierung fand sich im »Leo-Verein«, die eher caritativen Dienste der Frauen im »Elisabethenverein«. Dies alles änderte sich erst gegen Ende des Jahrhunderts. Nachdem am 1. Oktober 1811 die erste katholische Kirche in Stuttgart, die St. Eberhardskirche, eingeweiht worden war, entwickelte sich in dieser Stadt wie auch im Land das katholisch-kirchliche Leben. Es entstanden katholische Zeitungen, es wurden Vereine aufgebaut und katholische Schulen (Töchterschule St. Agnes 1886) und Krankenhäuser (Marienhospital 1890) gegründet.[4]

KINDHEIT

Zugang zu Mutter und Vater Mayer bieten die Fotografien von ihnen ebenso wie die Erinnerungen ihrer Kinder. Beide Wege aber sind der Tücke subjektiver Deutung ausgesetzt; denn leicht liest man in ein Foto das hinein, was man in ihm entdecken möchte. Und: Erinnerungen halten gewiß einen Menschen fest; aber setzt die vielleicht unzureichende Wortwahl des Erzählers nicht Akzente? Können Gefühle, die erinnert werden, also Zuwendung und Liebe, Ordnungssinn und Gerechtigkeitsempfinden, ein objektives Bild vermitteln? Die Zweifel an der Wahrheit werden bleiben. Sie können gemindert werden, wenn man sich ihrer bewußt ist.

Wer die Fotografien der Eltern Mayer betrachtet, ist zuerst von den Augen der beiden gefangen. Die Mutter strahlt Güte und Wärme aus, allerdings nicht in aufdringlicher Herzlichkeit; der

---

4 Köhler, Katholiken in Stuttgart, 31–32.

1 Rupert (rechts) und sein älterer Bruder Egon

2 Der Vater: Rupert Mayer

3 Die Mutter: Emilie Mayer, geborene W

4 Geburtshaus (unmittelbar vor dem hohen Kirchturm) am Marktplatz in Stuttgart

5 Fünf der Geschwister um 1889.
Von links nach rechts: Hermanna, Egon, Ines, Rupert;
in der Mitte: Hildegard

6 *Die Mayer-Kinder beim Musizieren. Rechts Rupert mit Geige*

7 *Das Schaukelpferd des kleinen Rupert*

Kindheit

Vater schaut ernst, nicht berechnend, aber abwägend – und aus dem Hintergrund scheint Wohlwollen hervor, Zuwendung, obgleich der ganze Blick eher Zurückhaltung kundtut. Auch spiegeln beide Fotografien die Wertvorstellungen eines aufstrebenden Bürgertums wider, das zu arbeiten und zu leben wohl gelernt hat, aber immer um den Bestand des Erreichten besorgt ist. Die Fotos aus den besten Jahren der Eltern Mayer – wohl um die Jahrhundertwende aufgenommen – lassen ahnen, daß beide inzwischen ihre Erfahrungen im Geschäftsleben gesammelt hatten. Nicht ohne Grund blühte die Firma am Marktplatz in Stuttgart auf; nicht ohne Grund erfreuten sich deren Besitzer einer allgemeinen Wertschätzung, obgleich sie doch zur konfessionellen Minderheit in der protestantischen Landeshauptstadt zählten. Dazu mag beigetragen haben, daß beide Eltern in ihrer Kirche engagiert waren. Vater Mayer arbeitete im Aufsichtsrat des Verlags des »Katholischen Volksblattes« Stuttgart[5]; Mutter Mayer war im Paramentenverein tätig und übte die Funktion der Kassiererin im Katholischen Frauenbund der Diözese Rottenburg aus[6]. Religiös so eingebunden, pflegten sie lebhafte Beziehungen zu jedermann, was sich auch in der großen Zahl protestantischer Angestellter in ihrem Betrieb ausdrückte.

Mehr als die Fotografien halten die Berichte der sechs Kinder das Andenken an die Eltern fest. Unsicherheiten in der Bewertung mögen sich aus dem Platz der einzelnen in der Geschwisterreihe ergeben, der eine unterschiedliche Nähe zur Mutter oder zum Vater eröffnet. Auch das Alter, in dem die jeweilige Aussage gemacht wurde, wird sich auf deren Inhalt und Färbung auswirken, etwa wenn die Mitteilung nach dem Tod von Vater oder Mutter gemacht wurde. Die einfühlsame Deutung einer Fotografie einerseits und die Berichte von Kindern andererseits werden sich im besten Fall in ihren Grundaussagen treffen. In dieser Konvergenz liegt die Gewähr, daß die persönliche Wahrheit zu Gesicht kommt. Wie lauten diese Grundaussagen bei den sechs Kindern Mayer über ihre Eltern?

---

5 »Ein Jahrhundert verlegerischer Tätigkeit 1848–1948«. Zum Gründungstag der Schwabenverlag AG. Stuttgart 1948, 100.
6 Luise Rist, Brief vom 12. 1. 1950 (RMA 1. 2.).

Der Vater wird als ernst und energisch geschildert, als ein Mann mit Prinzipien. Diese, die sich manchmal in Starrsinn und Hartnäckigkeit auswirkten, wurden bei ihm durch eine große Liebenswürdigkeit und Herzensgüte überformt. Sie war solcher Art, daß man sprichwörtlich von einem »Mayer-Herzen« redete. Im übrigen tat und unternahm der Vater nichts ohne den Rat der Mutter.

Die Mutter wird als von Natur aus heiter und lebenslustiger als der Vater beschrieben. Sie muß außerordentlich geistvoll gewesen sein. Zugleich entbehrte sie der organisatorischen Fähigkeiten nicht, die ihr in der Geschäftsführung und im Umgang mit der wachsenden Zahl der Angestellten voll zugute kam. Es durchdrangen sich also Herz und Verstand. Obgleich sie um die Bedeutung der Arbeitsamkeit wußte, überschätzte sie weder das Geld noch die materiellen Dinge. Die Bereitschaft zu helfen verband sie wiederum mit dem Vater: das »eine« gute Herz.

Der Lebensstil der Eltern war dadurch bedingt, daß sie sich jung verheiratet in Stuttgart niedergelassen und in einer fremden Stadt eine Existenz geschaffen hatten. Im Laufe der Jahre brachten sie es durch Arbeit und Pflichterfüllung zu etwas. P. Mayer urteilte später: »Weil die Eltern gut daran waren, so hat man das natürlich gespürt. Also besser kann man es nach dieser Seite hin nicht haben.«[7] Und dies, obgleich bald sechs Kinder um den Tisch saßen. Diese wurden in den Jahren zwischen 1874 und 1897 geboren: Egon 1874, Rupert 1876, Hermanna 1877, Ines 1879, Hildegard 1888 und Valerie 1897. Vor allem die vier älteren hielten eng zusammen, was ihnen den Beinamen »Vierspänner« eintrug. Trotz großer Übereinstimmung und Herzlichkeit der Geschwister untereinander scheint es zuweilen Distanzierungsversuche der Brüder von ihren Schwestern gegeben zu haben, etwa wenn sie sich weigerten, mit der Gouvernante, dem »Fräulein«, und den Mädchen auf der gleichen Straßenseite zu gehen. Als »die Männer« wechselten sie demonstrativ auf die Gegenseite.

In der Erinnerung entdeckte Hermanna die folgende Erziehungsidee ihres Vaters: Die Kinder sollten im Alter von sechs Jahren die hauptsächlichsten Charakterfehler überwunden haben; sie sollten keine leidenschaftlichen Ausbrüche mehr zeigen; sie

---

[7] ML 50.

sollten aus Überzeugung handeln und ihr Handeln jeweils auch begründen können. Endlich sollten sie aufs Wort gehorchen, wie man damals sagte.

Diese gewiß strenge Erziehung konnte von den Kindern deshalb nicht als belastend empfunden werden, weil beide Eltern die Abende und die Sonntage ungeteilt mit ihnen verbrachten. Auch der sonst ernste Vater machte die Spiele und den Ulk der Kinder mit, was die Distanz seiner Strenge gewaltig milderte.

In der Erziehung spielte die musische Bildung eine ebenso große Rolle wie der Sport. Rupert begann etwa 1881 nach einem genau geregelten Plan Geige zu spielen. Ein Foto – wohl aus dem Jahr 1890 – zeigt die fünf Kinder, für ein Foto gruppiert: Egon mit Cello, Rupert mit Geige, Hermanna mit Klaviernoten, Ines wohl auch mit Geige – und in der Mitte sozusagen als kleine Zuhörerin: Hildegard. Das Foto täuscht nicht die Wirklichkeit vor, sondern bildet sie ab; denn es fanden in der Familie Mayer – mit der Mutter am Klavier – Hausmusikabende statt, es wurde bei Namenstagen festlich musiziert, und bei Veranstaltungen des Katholischen Lesevereins von Stuttgart konnten sich die Mayer-Kinder sehen und hören lassen.

Rupert, der von Gesundheit eher schwach war, pflegte wie sein Vater den Pferdesport als Hobby. Das entzückende Schaukelpferdchen, das er als Kind ritt, bot nur ein ungefährliches Vorspiel. Das Reiten auf großen Pferden begann er mit 15 oder 16 Jahren. Zuvor hatte er, wie seine Geschwister auch, Schwimmen und Schlittschuhlaufen gelernt, obgleich er schnell ermüdete und deshalb von den Geschwistern oft an die Hand genommen werden mußte.

An zentraler Stelle stand in der Familie Mayer die religiöse Erziehung, die nach klaren Grundsätzen voranging. Sr. Hermanna berichtete 1950 darüber: »Morgen- und Abendgebet mit Gewissenserforschung und Sonntagsmesse mit kurzer Predigt waren obligatorisch. Im übrigen waren wir frei: hl. Messe am Wochentage, Mai- und Rosenkranzandachten etc. waren frei. Mutter sagte: ›Wer mitkommen will, kann kommen‹ und diese Freiheit nützten wir.«[8]

---
8 Hermanna Mayer, Erinnerungen aus Rupert Mayers Kindheit und Jugendzeit

Nach damaligem Brauch wurde Rupert zunächst gefirmt: 1888 mit seinem älteren Bruder Egon in der St. Eberhardskirche. Erst zwei Jahre später, am 13. April 1890, ging er zusammen mit seiner jüngeren Schwester Hermanna zur ersten heiligen Kommunion.

Ein kleines Abbild des Familienlebens in seiner religiösen wie sozialen Ausprägung malte P. Mayer im Jahr 1941, als er im Advent an die Familienschwestern schrieb: »So hatte man zum Beispiel bei uns zu Hause am Abend des 30. November in Anwesenheit der Eltern und Kinder 25 Kreidestriche in das Innere eines alten Spielschrankes, der im Kinderzimmer stand, gemacht. In Gegenwart von klein und groß durfte jeden Abend eines der Geschwister in bestimmter Reihenfolge einen Strich auslöschen. Jeden Abend nahm die Spannung zu. So ging das bis zum 24. Dezember. Welche Freude, wenn nur noch ein Strich da war! Aus geschäftlichen Gründen konnte unsere Weihnachtsbescherung erst am 25. abends stattfinden. Kaum konnte man den Abend des Weihnachtsfestes erwarten. Dann der Jubel, wenn die Familie mit den Hausangestellten und dem ganzen Personal durch das berühmte Glöckchen zum Christkind gerufen wurde. Alles sang gemeinsam die Weihnachtslieder, und alle standen tiefergriffen um die Krippe und den strahlenden, brennenden Weihnachtsbaum. Dann wurde jung und alt von den Eltern zu den Geschenken geführt, welche das Christkind den einzelnen gebracht hatte...«[9]

Aufgrund solcher Erfahrungen verwundert es nicht, wenn P. Mayer 1939 die Summe seiner Kindheit folgendermaßen zog: »Der liebe Gott hat es mit mir sehr gut gemeint; denn er hat mir eine wunderschöne Jugend gegeben. So schön und freudig, wie es wohl selten Kindern beschieden sein kann, nach all dem, was ich im Laufe meines Lebens als Priester schon in Familien gesehen habe. Da muß ich immer wieder sagen: du hast es doch wunderbar gehabt. Eine Sorglosigkeit, wie man es sich nicht schöner denken kann.«[10]

(Ms. o. J.) (RMA 1. 3.).
9 MB Advent 1941.
10 ML 49.

SCHULZEIT

In der Schule war Rupert sehr gewissenhaft. Besonderes wird über seine Zeit in der Volksschule nicht berichtet. Seine Geschwister hielten nur fest, daß ihm die Vorbereitungen auf den Unterricht nicht leicht fielen. Wenn er mit dem Lernen – zumal in den Jahren am Eberhard-Ludwig-Gymnasium in Stuttgart – seine Mühe hatte, stand seine Mutter zu Zeiten um fünf Uhr auf, um mit ihm die recht schwierigen griechischen Vokabeln zu lernen. Bei der Aneignung der französischen Sprache stand ihm seine Schwester Hermanna zur Seite.

Rupert scheint unter der Minderheitensituation der Katholiken in Stuttgart zunehmend gelitten zu haben. Man erinnere sich seiner Klage, von der seine Schwester Hermanna in ihren »Erinnerungen« berichtete: »Warum müssen wir Katholiken immer verfolgt werden?« Offenbar hat er sich von Kind auf in die Auseinandersetzung, in den Widerspruch gezwungen gesehen, zumal es damals nicht geringe Spannungen zwischen liberalem Staat und katholischer Kirche gab.

Diese Situation in Stuttgart sagte Rupert nicht zu. Er siedelte deshalb im September 1892 für die Oberstufe des Gymnasiums nach Ravensburg über. Zu dieser Entscheidung führten vermutlich zwei Gründe: einmal sein gesundheitlicher Zustand, der durch das drückende Klima in Stuttgart noch verschärft wurde, zum anderen aber auch wachsende konfessionelle Spannungen, sei es mit Mitschülern, die ihn – etwa der katholischen Marienverehrung wegen – verhöhnten und denen gegenüber er sich tatkräftig zur Wehr zu setzen verstand,[11] sei es mit Lehrern, die ihn – als sie seine Absicht, Theologie zu studieren, errieten – in der Notengebung offensichtlich benachteiligten. Gerade dieser andauernde Zwang wirkte verschärfend auf seine Gesundheit ein. Beides rechtfertigte zumindest in der Öffentlichkeit einen Neubeginn in Ravensburg.

Daß es mit Ruperts Gesundheit nicht zum besten stand, mag man auch daran ablesen, daß er mit neun Jahren zwei Monate in Furth im Bayerischen Wald und in Lohberg bei Lam an der tsche-

---

[11] ML 51.

chischen Grenze verbrachte, also an Orten, die auch im Urlaub von der ganzen Familie Mayer aufgesucht wurden. Vermutlich galten diese Tage damals noch als »Sommerfrische«. Als Rupert 14 Jahre alt wurde, setzte eine große Müdigkeit ein, wohl als Folge seines körperlichen Wachstums, so daß die Familienspaziergänge über seine Kräfte gingen. Seitdem erhielten die beiden älteren Buben Egon und Rupert bei einem ehemaligen Offizier Fechtunterricht im Florett- und Säbelfechten, um sich körperlich zu stärken.

Ein Mitschüler in Ravensburg, Wilhelm Dittus,[12] notierte später, daß der Neue in der Klasse »von blasser Gesichtsfarbe war, aber körperlich gewandt, ein guter Turner, der gern und mit Leichtigkeit mit einer Flanke über ein Hindernis hinwegsetzte«. Er sei stets ruhig, freundlich, entgegenkommend gewesen. Habe seine Schulaufgaben allein gemacht und dabei keinen »Schlauch«, also eine Übersetzungshilfe, benutzt, sei »in seiner Grundhaltung still und ernst, bei Gelegenheit jedoch auch heiter und nie ein Spielverderber« gewesen.

Mayer war bei seinen Lehrern seines Eifers und seiner Gewissenhaftigkeit wegen geschätzt, vor allem von seinem Religionslehrer Professor Schweizer und seinem Mathematiklehrer Professor Pilgrim. Nach dem Urteil von Dittus war er auch musikalisch trefflich begabt und spielte ausgezeichnet Violine.

Der Übergang nach Ravensburg bot Rupert die Gelegenheit, mit Schülern aus der Stella Matutina, dem Kolleg der Jesuiten in Feldkirch/Vorarlberg, zusammenzutreffen, die sich dort auf das deutsche Abitur vorbereiteten. Von den folgenden fünf, nämlich Jakob Ehatt aus Viernheim, Joseph Sträter aus Aachen, Rudolf von Stillfried aus Silbitz/Schlesien, Heinrich von Miltitz aus Hosterwitz/Sachsen, Josef Duhamel aus Oberehnheim/Elsaß, wurde er eingeladen, mit ihnen Exerzitien in Feldkirch zu machen. 1894 nahm er an diesen geistlichen Übungen teil und lernte so die Jesuitenpatres kennen, die in Deutschland seit Bismarcks Jesuitengesetz (1871) verboten waren. Es ist nicht auszuschließen, daß er bei diesem Aufenthalt in Feldkirch auf den Gedanken kam, Jesuit zu werden.

---

12 Wilhelm Dittus, Erinnerungen an seinen Konabiturienten und Bundesbruder (Ms. o. J.); Josef Duhamel, Briefe vom 30. 9. und 10. 10. 1950 (RMA 1. 5. 2.).

Schulzeit

Das Abitur, das Rupert im Sommer 1894 machte, stand unter einem Unstern. Er litt unter Blinddarmentzündung und mußte während der Vorbereitungszeit auf die Hochschulreife drei Monate zu Hause verbringen. Trotzdem bestand er das Abitur, wenn auch nicht mit hervorragenden Noten. Die Noten im Zeugnis vom 6. Juli 1894 waren diese:

Durchschnitt: 5,1 (bei 8 als bester Note; beim deutschen Aufsatz eigene Bewertung).

Gesamtzeugnis: befriedigend
Sittliches Verhalten: sehr gut
Fleiß und wissenschaftliches Interesse: sehr gut
Deutscher Aufsatz: 10
Latein: befriedigend 5
Griechisch: befriedigend 5;5
Hebräisch: befriedigend 5;5
Französisch: genügend 4;5
Mathematik: 5;4
Turnen : sehr gut
Deutsche Literaturgeschichte: 3
Philosophische Propädeutik: 3
Physik: 6

Um das Zeugnis in seinem Wert richtig einzuschätzen, ist es hilfreich, an die Bewertung des Mitschülers Wilhelm Dittus zu erinnern. Er schrieb, auch wegen der Schwierigkeit, die mit dem Übergang von Stuttgart nach Ravensburg verbunden gewesen sei, habe sich Mayer in den Gesamtklasseleistungen ungefähr in der Mitte gehalten. Beim Abitur aber übersprang er mehrere Vordermänner, darunter den bisherigen Zweiten, und war unter den fünf Ersten, die von der mündlichen Prüfung befreit wurden. Wie sehr Mayer selbst von diesem Ergebnis überrascht wurde, beweist der folgende Bericht: »Als nach Abschluß der schriftlichen Prüfung der Rektor Ehemann in die Klasse neben seinem Rektoratszimmer kam, in der wir begierig das Resultat erwarteten und er den gespannt Lauschenden verkündete: ›Alle haben bestanden, der Letzte sogar noch drei Noten über das Minimum! Von der mündlichen Prüfung befreit sind folgende fünf... darunter auch Rupert Mayer‹. Kaum hatte er den Namen genannt, als Mayer, der inmitten der Klasse und in der Mitte seiner Bank saß, mit einem Ruck aufsprang, in großem Schwung über die Bänke hinwegsetzte und auf die Türe zulief. Ganz verblüfft stand und schaute der Rektor und rief: ›Was ist denn los?‹ Und atemlos der Mayer: ›Heimtelegraphieren muß i!‹ und verschwand unter allgemeinem Gelächter.« (Bericht von Wilhelm Dittus)

Rupert wollte unmittelbar nach dem Abitur in den Jesuitenorden eintreten. Sein Vater lehnte dieses Ansinnen mit der Begründung ab, er lasse keines seiner Kinder in ein Kloster eintreten, bevor es 21 Jahre alt sei. Die Antwort des Sohnes war deutlich: »Wenn du es verantworten kannst, so werde ich deinem Gebot folgen«. Diese Antwort bedrückte den Vater nicht wenig. Doch er hatte seine Entscheidung mit dem Stadtpfarrer und dem Oberregierungsrat im Kirchenrat von Württemberg, Dr. Richard Wahl[13], besprochen. Diese hatten seine Entscheidung gebilligt.

THEOLOGIESTUDIUM

Da Vater Mayer darauf bestand, daß sein Sohn Rupert vor seinem Eintritt in den Jesuitenorden zuerst eine Ausbildung abschließe, begann Rupert im Herbst 1894 seine theologischen Studien in Fribourg. Er immatrikulierte sich am 16. Oktober 1894. Welche Gründe ihn zur Wahl dieses Studienortes veranlaßten, ist unbekannt, da keine Briefe aus diesen Jahren überliefert sind.

Für das erste Semester hatte sich Mayer – wie das bei Anfängern oft geschieht – viel vorgenommen. Neun Vorlesungen hatte er belegt, und zwar: Logik, Ontologie, Cosmologie (Bartijon),[14] Geschichte der alten Philosophie (Michel),[15] Moralphilosophie (Michel), Der christliche Kult und seine antiken Monumente

---

13 Dr. Richard Wahl (1854–1906), 1887 Pfarrer in Weilderstadt, Mitarbeiter im Katholischen Kirchenrat, 2. 8. 1887 Titel und Rang eines Regierungsrats; lehnte Professur für Kirchenrecht an der Universität Freiburg ab; Delegierter des Katholischen Kirchenrats bei der Ministerial-Abteilung für Gelehrten- und Realschulen.
14 Marcolin Bartijon OP (1859–1915), 1893–1899 Professor für Philosophie.
15 Leo Michel OP (1857–1918), 1899–1918 Professor für Philosophie.

Theologiestudium

(Kirsch)[16], Allgemeine Geschichte des Mittelalters von Konstantin bis Karl dem Großen (Schnuerer),[17] Die Bibel und die modernen Entdeckungen (Zapletal),[18] Buddhismus und Christentum (Hardy).[19] Das anspruchsvolle Programm wurde noch durch Übungen in der französischen Sprache ergänzt.

Auch im Sommersemester 1895 war sein Studienprogramm von vergleichbarer Ausdehnung. Wiederum die Geschichte der alten und neuen Philosophie, dazu: Psychologie und Kritik (Bartijon), Theodizee (Michel), Der Klerus und die Kirchenverwaltung (Kirsch), Die Übereinstimmung in den Vorstellungen vom Leben nach dem Tode (Hardy), Katechetik (Beck).[20] Auffallend war, daß der Student Mayer sich vor allem für geschichtliche Probleme interessierte, sich also nicht auf die Schwerpunkte einer Theologenausbildung fixierte.

Im Wintersemester 1895/96 finden wir Mayer in München. Er schrieb sich am 10. Oktober 1895 an der Universität ein[21] und verließ die Alma Mater am 14. März 1896. Thematisch waren seine Studien nun eindeutig auf theologische Fragen ausgerichtet: Einleitung in das Neue Testament (Schönfelder),[22] Geschichte des Leidens und Sterbens Jesu nach den vier Evangelien (Bardenhewer),[23] Palästina zur Zeit Christi (Bardenhewer), Kirchengeschichte (Knöpfler).[24] Auffallend ist die zusätzliche Vorlesung, die Mayer bei dem bekannten Sozialgeschichtler Wilhelm Heinrich

---

16 Peter Johannes Kirsch (1861–1941), Kirchenhistoriker und Archäologe, 1890–1932 Professor in Fribourg.

17 Gustav Schnuerer (1860–1941), Historiker, 1899 Professor in Fribourg.

18 Vincent Zapletal OP (1867–1938), 1983–1923 Professor für alttestamentliche Exegese.

19 Edmund Hardy (1852–1904), Indologe, Religionshistoriker, 1894 Professor in Fribourg.

20 Joseph Beck (1858–1943), katholischer Theologe, Sozialpädagoge und Sozialpolitiker, 1891–1943 Professor in Fribourg.

21 Übrigens verbrachte Konrad Adenauer (Jahrgang 1876) zur gleichen Zeit ein Semester in München; Mitglied der Studentenverbindung Saxonia, vgl. Adenauer im Dritten Reich, 350.

22 J. M. Schönfelder (1838–1913), Professor für Exegese.

23 Otto Bardenhewer (1851–1935), Patrologe, 1864–1924 Professor für Neues Testament in München.

24 Alois Knöpfler (1847–1921), Kirchenhistoriker, 1886–1917 Professor für Kirchengeschichte in München.

von Riehl[25] belegt hatte: Die Lehre von der bürgerlichen Gesellschaft und Geschichte der sozialen Theorien. Sollte diese Vorlesung einer Reflexion über seine eigene Lebenssituation dienen? Zeigen sich erste Interessen für das soziale Feld, in seiner Bedeutung für die Kirche?

Die letzten Jahre seines Theologiestudiums, Sommersemester 1896 bis Sommersemester 1898, verbrachte Mayer in Tübingen, was den Vorteil hatte, daß er bei den Großeltern in Tübingen in der Neckarhalde wohnen konnte. Zur damaligen Zeit waren die großen Vertreter der Tübinger Schule bereits gestorben: Johann Adam Möhler 1838, Johann Sebastian Drey 1853, Johann Baptist Hirscher 1865, Johannes Ev. Kuhn 1887, Karl Josef Hefele 1893, Franz Xaver Linsemann 1898. Die Professoren der neunziger Jahre sahen sich gemäß der Tübinger Programmatik: »die Geschichtlichkeit der Offenbarung«[26] von anderen geschichtlichen Fragen herausgefordert. Die politischen Verhältnisse zwischen Kirche und Staat waren im wesentlichen geklärt; die Unruhen nach dem I. Vatikanum und nach der umstrittenen Definition der Unfehlbarkeit des Papstes hatten sich gelegt; nach der Aufklärung brachte der Positivismus allerdings neue Probleme mit sich.

In diesen zwei Jahren hörte Mayer Vorlesungen bei Franz Xaver Funk[27] (Kirchengeschichte, christliche Kunstarchäologie), Schanz[28] (Apologetik, Dogmatik, Sakramentenlehre, Gnadenlehre, Christologie), Belser[29] (Einleitung in das Neue Testament, Apostelgeschichte, 1. und 2. Thessaloniker, Hebräer, Philipper, Philemon), Vetter[30] (Einleitung in das Alte Testament, Genesis, Ezechiel, Jesaia), Sägmüller[31] (Kirchenrecht, Verwaltung der Kir-

---

25 Wilhelm Heinrich von Riehl (1823–1897), Kulturhistoriker, Begründer der wissenschaftlichen Volkskunde.
26 Geiselmann, Die katholische Tübinger Schule, 610.
27 Franz Xaver Funk (1840–1907), Kirchenhistoriker, 1875 Professor für Kirchengeschichte und Patrologie in Tübingen.
28 Paul Schanz (1841–1905), Dogmatiker, 1883 Professor für Dogmatik und Apologetik in Tübingen.
29 Johannes Ev. Belser (1850–1916), Exeget, 1889 Professor in Tübingen.
30 Paul Vetter (1859–1906), Exeget, 1893 Professor für Altes Testament in Tübingen.
31 Johannes B. Sägmüller (1860–1942), Kirchenrechtler, 1893 Professor für mittelalterliche Geschichte, 1897–1926 Professor für Kirchenrecht und Pädagogik.

che, Pädagogik), Koch[32] (Moraltheologie, Pastoraltheologie, Homiletik, Liturgik).

Inzwischen hatte Mayer sich auf seine theologischen Fächer eingeschränkt und nahm keine weiteren Themen mehr dazu. Erstaunlich ist, daß in der Exegese außer der Einleitung in das Neue Testament keines der vier Evangelien einer eigenen Vorlesung gewürdigt wurde. Ist das ein durch das Vorlesungsangebot bedingter Zufall oder kommt darin eine grundsätzlich geringe Einschätzung der vier Evangelien zum Vorschein?

Die Professoren der damaligen Fakultät waren – wie ihre Nachrufe in der Tübinger Theologischen Quartalschrift beweisen[33] – in ihren Fächern ausgewiesene Lehrer. Sie alle hatten Eigenheiten, die sie zu liebenswerten Originalen machten. Eines hatten sie gemeinsam: eine echte Frömmigkeit, die sich immer wieder für den Dienst an die Kirche hingab[34]. Es waren sozusagen ruhige Jahre nach den Wirren der Aufklärung, die zudem in der Kirchengeschichte (Funk) und in der Rechtsgeschichte (Sägmüller) viele weitreichende Forschungen erlaubten. Theologische Streitpunkte scheinen Fragen der Uroffenbarung und dabei das neue Verständnis der Vernunft als eines aktiven Organs (und nicht nur eines passiven, empfangenden) gewesen zu sein. Paul Schanz, der sich in diesen Themen als moderner Denker der Tübinger Schule würdig erwies, führte mit seinen Überlegungen zum Reich Gottes diese »Reich-Gottes-Theologie« der katholischen Schule weiter; sie findet aber mit ihm ihr Ende. Vermutlich war dieses Ende von ihrem theozentrischen Charakter[35] verursacht, der dem aktiven menschlichen Faktor zu wenig gerecht wurde. Ob und wie Rupert Mayer diese Problemstellung wahrnahm, ob er sich auf den Disput solcher Fragen einließ, ist nicht überliefert. Er hatte auf jeden Fall eine Theologie studiert, die eine gediegene Orientierung für die Verkündigung auch in schwierigen Zeiten gab und die sich ohne Wenn und Aber der katholischen Kirche verpflichtet wußte.

---

32 Anton Koch (1859–1915), Moraltheologe, 1894 Professor in Tübingen.
33 Vgl. Anton Koch über Schanz: ThQ 88 (1906) 102–123; ders. über Vetter: 89 (1907) 585–612; ders. über Funk: 90 (1908) 95–137; Otto Schilling über Koch: 99 (1917/18) 440–448; Geiselmann über Sägmüller: 123 (1942) 217–222.
34 Vgl. Josef Rief, Max Seckler, Zum Weg der Theologischen Quartalschrift: ThQu 150 (1970) 1–23; dort auch die Lebensbilder von Funk, Schanz, Sägmüller.
35 Geiselmann, Die katholische Tübinger Schule, 277.

STUDENTENLEBEN

Die Ausbildungsjahre Rupert Mayers erschöpften sich aber nicht im Hören von Vorlesungen und im Studieren. Wie nicht anders zu erwarten war, führte auch Mayer das Leben eines Studenten, wie es um die Jahrhundertwende üblich war. Bereits während des Wintersemesters 1895 trat Mayer der Farbentragenden Katholischen Studentenverbindung Teutonia in Fribourg/Schweiz bei. Am 12. Februar 1895 vermerkte das Protokollbuch des Burschen-Convents das erste Aufnahmegesuch des »Stud. theol. Mayer«. Dazu wurde der Antrag Schramm notiert, »das Aufnahmegesuch anzunehmen und ihm aus Gesundheitsrücksichten einige Erleichterung zuzubilligen«. »Angenommen« bestätigt im Protokollbuch,[36] daß dem Aufnahmegesuch stattgegeben wurde. Am 30. März 1895 gab es in der gleichen Studentenverbindung den »Antrag Stephan«, daß ihm Rupert Mayer »als Leibfuchs« zuerkannt werden soll. Auch dieser Antrag wurde mit »Angenommen« gebilligt. Damit war Mayer aktives Mitglied des CV. Sein Name in der Verbindung war »Hannibal«, wohl eine Anspielung auf seine Leidenschaft für Pferde.

Über diese ersten Begegnungen mit Mayer berichtet ein Kommilitone. Mayer sei nicht nur ein guter Kamerad gewesen, »der keiner echten Lebensfreude abhold war und mit Vorliebe dem Reitsport huldigte; er war auch vorbildlich im Besuch der Vorlesungen und darüber hinaus auch des täglichen Gottesdienstes«. Wie sehr ihm die Frömmigkeit zur zweiten Natur geworden war, kam bei einem Frühlingsausflug in die Berge des Berner Jura zum Vorschein. Die zwei Freunde hatten sich bei ihrer Bergtour verspätet und konnten für die Nacht in einem Kloster nicht mehr aufgenommen werden, weil es bereits 22.00 Uhr geworden war. Sie wurden an ein nahegelegenes Gasthaus verwiesen, das sie aufnahm. Vor dem Schlafengehen nun kniete Mayer – trotz des anwesenden Freundes Schneidawies – »vor seinem Bett nieder, um eine Viertelstunde lang das seit seinen Kindertagen gewohnte Abendgebet zu verrichten«.[37]

---

36 BC-Protokollbuch 1891–1901 der Teutonia Fribourg/Schweiz.
37 Pfarrer Georg Schneidawies, Brief o. J. (RMA 2. 4.).

Im Wintersemester 1895/96 wurde er in München Mitglied der Aenania,[38] jener Studentenverbindung, in der er viele Freunde für die Zukunft in München gewann und der er in den zwanziger und dreißiger Jahren unbeirrt die Treue hielt.

Seit Mayer in Tübingen studierte, nahm er am Leben der Katholischen Studentenverbindung Questfalia teil. Es wurde über ihn berichtet: »Obwohl er also streng in sein Studium eingespannt und bereits inaktiviert war, beteiligte er sich eifrig am Verbindungsleben. Er versäumte fast keinen Konvent und griff immer wieder in die Debatte ein. Durch seine besonnene Art, seinen Ernst und sein Bemühen um Gerechtigkeit wirkte er immer wohltuend, zumal wenn starke Meinungsverschiedenheiten aufeinanderplatzten und die Wogen des Redekampfes hochgingen. Da fand er in der Regel die besten Worte und den richtigen Weg, um die Wogen zu glätten und zu einem Ausgleich zu kommen.«[39]

Auch in diesem Bericht wird betont, daß Mayer ein sehr guter Reiter war; denn nur ihm allein vertraute der Universitätsreitlehrer Major Fritz sein Leibpferd Fatme an. Mit ihm habe Mayer viele Ritte ins freie Gelände gemacht, er habe jedes natürliche Hindernis genommen. Zugleich wird sein gemütlicher Humor betont. »So ernst er im allgemeinen war, konnte er bei Gelegenheit doch auch fröhlich und herzlich lachen. Dann muß allen Freunden aufgefallen sein, daß er ein scharfer Beobachter war und nichts Ungehöriges durchgehen ließ. Er blickte dann den Betroffenen scharf an oder sagte nur ein kurzes Wort. Geachtet war vor allem seine Energie und seine Ausdauer, wenn er ein als gut und richtig erkanntes Ziel verfolgte.« (Bericht W. Dittus).

Diese Berichte stimmen voll mit dem Foto überein, das den Studenten Mayer zeigt. Mayers Blick ist auffallend ruhig und besonnen, mehr zurückhaltend als aufdringlich, eher introvertiert als extrovertiert. Auf diesem Foto steht Mayer zwischen Freunden, die Maßkrüge in den Händen halten, er selbst trägt eine lange Pfeife. Insgesamt also eine eher gesellige Szene, aber Mayer doch von einem hintergründigen Ernst, ohne das übliche Fotografier-Lächeln.

---

38 Hermann Mößmer, Erinnerungen an P. Rupert Mayer, in: Aenanen-Correspondenzblatt Nr. 52, September 1987, 4–9.
39 Wilhelm Dittus, Erinnerungen... (RMA 1. 5. 2.).

PRIESTERSEMINAR

Rupert Mayer konnte als externer Zögling des Wilhelmsstifts seine theologischen Studien in Tübingen absolvieren. Er war bei seinen Großeltern gut aufgehoben. Hie und da kam sein Vater unerwartet aus Stuttgart, um nach dem Sohn zu sehen.

Das Wilhelmsstift, das erst nach dem Gesetz von 1862 allmählich und nur teilweise in die Zuständigkeit des Bischofs gekommen war – zuvor sprach sich der Staat alle Rechte im Hinblick auf die Erziehung des Klerus allein zu und baute erst 1934 (!) diese Prärogativen ab[40] –, stellte kein streng tridentinisches Seminar dar. Auch darin spiegelte sich die Position der Tübinger katholisch-theologischen Fakultät wider, bei der sich Kirchlichkeit und selbständige wissenschaftliche Forschung durchdrangen und »die Fakultät durch das ganze 19. Jahrhundert ihre eigenen Wege ging«.[41] Dieser Eigenwille, der sich in den sog. Rottenburger Wirren, im Streit um die Richtung des Priesterseminars zwischen Aufklärung und strenger Kirchlichkeit, ausgewirkt hatte, blieb auch weiterhin ein Charakteristikum der Priesterausbildung in Tübingen bzw. Rottenburg.

Am Ende der beiden Semester in Tübingen wurde Rupert Mayer jeweils vom Direktor Reck[42] ein »recht guter Fleiß« mit »ziemlich guten Fortschritten« in seinen Studien bestätigt und sein sittliches Betragen als »recht gut« gewertet. Er selbst meinte 1939 zu diesen Jahren in einem eher launigen Rückblick: »Ich hatte einen schönen Freundeskreis und da hat der liebe Gott gesorgt, daß ich mit den Menschen der verschiedenen Charaktere in Fühlung kam. Da habe ich viel profitiert für die Zukunft. Ich war Theologe, aber am Äusseren hat man mir nichts angemerkt. Und so hatte ich regen Verkehr und da habe ich gemerkt, wie man die Menschen beeinflussen kann und wie außerordentlich wichtig ein guter Verkehr mit jungen Menschen ist. Nach dem Theologiestudium haben wir das Examen gemacht. Es ist gerade noch so ge-

---

40 Hagen, Staat, Bischof und geistliche Erziehung, 207.
41 ebd. 207.
42 Franz Xaver Reck (1853–1924), 1893–1896 Direktor des Wilhelmsstifts, 1896–1910 Klinikpfarrer, 1910 Domkapitular.

gangen; man kann noch zufrieden sein. Und dann kam ich in das Priesterseminar nach Rottenburg. Ich war nur acht Monate dort. Nun war das freilich arg wenig. Ich hatte vier Jahre an der Universität studiert; was ich nicht aus mir selbst heraus gebracht habe, an Anregung hat es sehr gefehlt. Dann kam ich in das Priesterseminar. Da ist es bei uns außerordentlich streng. Es wird einem der ganze Ernst des Priestertums ans Herz gelegt. Was früher gefehlt hatte, konnte man verhältnismäßig in kurzer Zeit hier bekommen, wenn man ein aufgeschlossenes Herz hatte. Aber das ist sicher, daß ich niemals dafür eintreten werde, daß der Priester so frei an der Universität studiert bis zu den Toren des Priesterseminars.«[43]

In die Mitte des Jahres 1898 fielen zwei für Rupert Mayer wichtige Ereignisse, die ihn seinem Lebensziel Priestertum näherbrachten und sich unmittelbar in seinem Umzug vom Wilhelmsstift in Tübingen ins Priesterseminar in Rottenburg konkretisierten. Er wurde von der Leitung des Wilhelmsstifts für tauglich erklärt, ins Seminar einzutreten. Zur Charakterisierung dieses Zöglings aus Kurs IV C schrieb der Direktor: »Talent mittel, Fleiß lobenswert, Verhalten musterhaft. Auch verfügt M. gesundheitlich und körperlich bloß über etwas mehr als die halbe Kraft, die viel geschont sein wollte, um nicht zu versagen. Seiner Ehre nach zählt M. zu den Besten, jedem Besten im Institut gleich zu werten: brav, fromm, edel, rein und vornehm.«

Dies war ein großes Lob. Damit war für ihn der Weg frei nach Rottenburg. Doch zuvor hatte er die akademische Schlußprüfung abzulegen, deren Zeugnis von Dekan Schanz am 30. Juli 1898 unterschrieben wurde, und die Mayer nicht wenig gefürchtet hatte. Die Noten des Prüfungskandidaten waren folgende: Exegese des Alten Testaments: schriftlich 5, mündlich 3; Exegese des Neuen Testaments: schriftlich 3, mündlich 2; Kirchengeschichte: schriftlich 8, mündlich 4; Dogmatik: schriftlich 6, mündlich 3; Moral: schriftlich 8, mündlich 4; Kirchenrecht: schriftlich 10, mündlich 3; Pastoral: schriftlich 5, mündlich 3; Pädagogik: schriftlich 2, mündlich 3.

Rupert Mayer zog also ins Priesterseminar in Rottenburg ein,

---

43 ML 53.

unmittelbar am Neckar gelegen und in diesen Monaten im Umbau begriffen. Diese Monate dienten – unter Leitung des Regens Benedikt Rieg[44] – der unmittelbaren Vorbereitung auf die Priesterweihe und auf die priesterlichen Aufgaben in der Seelsorge. Am 25. Januar 1899 empfing er die Niederen Weihen, am 15. März 1899 die Subdiakonatsweihe, am 22. März 1899 die Diakonatsweihe. Alle Weihen spendete ihm der neue Bischof von Rottenburg, Dr. Paul Wilhelm von Keppler.[45]

KATECHESEN UND PREDIGTEN

Zufällig haben fünf handgeschriebene Katechesen[46], die Mayer als Seminarist 1898/99 zur Probe im Priesterseminar verfaßte, die Zeit überdauert. Sie sind vor allem deshalb interessant, weil sie am Rande mit Korrekturen des Regens des Priesterseminars, Benedikt Rieg, versehen sind.

Die Themen der drei Kinderkatechesen heißen: Der Advent, seine Bedeutung und seine Feier; Balaams Weissagung; Über das Lesen und Vertreiben glaubensfeindlicher Schriften. Zwei Predigten wenden sich an Erwachsene. Sie handeln »Vom Rosenkranzbeten« und »Vom Glück, ein Kind der katholischen Kirche zu sein«.

Allen Texten ist zu entnehmen, daß Mayer sich an die überkommene Theologie hält und diese sachlich und gewinnend darstellt, indem er durch einfache Vergleiche die jeweilige Wahrheit in einen lebendigen Zusammenhang bringt. Seine Predigten sind übersichtlich gegliedert. Auffallen muß, daß am Ende oft die Situation der Todesstunde beschworen und von ihr eine durchschlagende Motivation erwartet wird, sei es zum Gebet des Rosenkranzes, der »eine Leiter zum Himmel ist«, sei es zur Treue zur katho-

---

44 Benedikt Rieg (1858–1941), 1899–1912 Regens des Priesterseminars.
45 Dr. Paul Wilhelm von Keppler (1852–1926), 1883 Professor für neutestamentliche Exegese in Tübingen, 1889 Professor der Moral und Pastoral ebd., 1894 in Freiburg, 1898 Bischof der Diözese Rottenburg.
46 Erst später beginnt P. Mayer, eine offensivere, den Menschen nachgehende Pastoral zu verwirklichen.

lischen Kirche. Zwei Beispiele mögen Mayers Methode aufweisen.

Erstes Beispiel: Der Beginn der Kinderkatechese über den Advent:

»Liebe Kinder! Nächsten Sonntag beginnt die hl. Adventszeit. Damit ihr nun diese hl. Zeit in der richtigen Weise zubringt, so will ich heute etwas sprechen über den Advent, seine Bedeutung und kirchliche Feier.
Der Advent heißt auf deutsch Ankunft, näherhin versteht man darunter die Ankunft Jesu Christi. Die hl. Adventszeit nun ist dazu bestimmt, uns auf das hl. Weihnachtsfest, die Geburt Jesu Christi vorzubereiten. Die Adventszeit dauert 4 Wochen. Diese 4 Wochen sollen uns an die 4000 Jahre vor Christi Geburt erinnern. Seht, Kinder, ehe Christus auf Erden erscheinen konnte, war eine Vorbereitung von 4000 Jahren notwendig. Eine so lange Zeit also haben die Menschen auf den Erlöser warten müssen. Bedenkt, was das heißt, 4000 Jahre ohne Heiland, ohne Erlöser. Und warum hat nun wohl Gott die Menschen so lange warten lassen? Gott wollte die Menschen so recht fühlen lassen, wie notwendig sie eines Erlösers bedurften, die Menschen sollten eine recht große Sehnsucht nach dem Erlöser bekommen. Und hat Gott das, was er wollte, erreicht? Gewiß!«

Zweites Beispiel: Der Schluß der Predigt über »das Glück, ein Kind der katholischen Kirche zu sein«.

»Andächtige Zuhörer! Ungewiß, in einen undurchdringlichen Nebel gehüllt, liegt die Zukunft vor uns. Was wird sie uns bringen? Wir wissen es nicht! Indes aus den Vorzeichen zu schließen, nichts Gutes! Allenthalben hören wir von Unruhen in der menschlichen Gesellschaft, Unzufriedenheit herrscht in allen Kreisen, immer kecker erhebt der Unglaube sein Haupt und immer mehr greift um sich die Sittenlosigkeit in allen Klassen und Ständen. Doch unverzagt können wir der Zukunft entgegensehen, mag da kommen, was da will. Denn mögen auch die Irrtümer, der Unglaube, die Sittenlosigkeit wildschäumenden Wogen vergleichbar emporfluten, uns, die wir in dem Schifflein Petri sind, werden sie nichts anhaben können; denn richtig und sicher wird diese geheimnisvolle Arche allen Stürmen und Wogen auf dem wilden Meer trotzend uns hinüberführen in die friedlichen Gestade der Ewigkeit. Amen.«

Die handschriftlichen Kritiken des Zensors beanstandeten einen zuweilen unbeholfenen Stil und etliche Gedankensprünge. Sachliche Beanstandungen waren: rigorose Standpunkte. Daß Mayer etwa schrieb: »Wer nun solche Schriften, in denen der katholische Glaube angegriffen oder verspottet wird, liest oder verbreitet, d. h. anderen zum Lesen gibt, austeilt, ausleiht, verkauft, begeht eine schwere Sünde.« Anmerkung des Zensors: »Oft, aber nicht immer«. Mayer führte dann beim Rosenkranz aus: »Der Rosenkranz ist ein demütiges, einfältiges Gebet. Jedermann kann ihn beten, selbst das einfachste Mütterlein (Anmerkung des Zensors: »lieber anderer Vergleich«); er ist das Gebet des Volks der Armen Christi.« Kommentar des Zensors: »Etwas einseitig und mißverständlich. Ist der Rosenkranz nicht auch ebenso das Gebet der Reichen und Großen?« Vielleicht läuft diese Kritik ins Leere; denn nach den Worten des Neuen Testaments liebt Gott die Kleinen, Armen – wer immer sie auch sein mögen. Mayer könnte auch diese Botschaft des Evangliums gemeint haben.

Zwei weitere Besonderheiten fallen auf. Einmal, daß Vikar Mayer zu deftigen Ausdrücken neigte; er wehrte sich dagegen, daß man den Rosenkranz für ein »geistloses Geplärre« und »alberne Phrasen halte« (was natürlich vom Zensor kritisiert wurde); zum anderen, daß Mayer auf seine eigene positive Lebensgeschichte zurückgreift. Beim »Glück, ein Kind der katholischen Kirche zu sein« entdeckte Mayer eine »moderne Gesellschaft«, die sich gefalle, »Verleumdungen oft der schimpflichsten Art über die Kirche auszustreuen«. Dagegen setzte Mayer das Bild, daß die Kirche die (geistliche) Mutter der Katholiken sei. Und wer würde nicht zu seiner Mutter stehen – in jeder Situation, und wie ehrenrührig sei es doch, gegen die Mutter öffentlich Stellung zu beziehen. In diesem Argument kam also seine eigene familiäre Erfahrung in seiner Kindheit zum Tragen. Seine Mutter blieb für ihn immer eine wichtige Bezugsperson.

Die Katechesen und Predigten Mayers waren insgesamt schmucklos in der Sprache, zielstrebig in der Argumentation, fromm in der Verbindung von Leben und Glauben, unbeugsam in den Forderungen und – wie auch später – getragen von einem großen Anspruch, der von einer liebenswürdigen Zuwendung gemildert und zugleich herausfordernd vorgetragen wurde. Er wird sich in den langen Jahren seiner Missionspredigten zwar »frei reden«, aber er wird der »Mayer des Anfangs« bleiben.

PRIESTERWEIHE

In diesen Tagen stand dann bereits ein erster Einsatz in der Seelsorge auf der Tagesordnung: die erste öffentliche Predigt in einer Kirche. Er hatte sie in Weiler, nahe Rottenburg, zu halten. Er verbrachte zuvor eine unruhige Nacht, machte sich um 7.00 Uhr bei herrlichstem Wetter auf den Weg und wurde von Pfarrer Kult[47] freundlich aufgenommen.

Mayer selbst berichtete über seinen Beginn auf der Kanzel am 26. März 1899 seinen Eltern: »Zum Glück fiel mir da wenigstens gleich mein Vorspruch ein und nun ging alles wie im Traum vonstatten. Ich zweifelte mehrmals, ob wirklich auch ich es sei, der hier spreche. Da plötzlich kam eine Pause; da wurde ich mir meiner Lage bewußt und daß ich jetzt, wenn mir nicht gleich etwas einfällt, richtig stecken geblieben sei. Und sieh auch schon kam der rettende Gedanke. Ich kann gar nicht sagen, wieviel ich immer mit Zerstreutheit zu kämpfen hatte und wie viel ich Mühe aufzuwenden hatte, meine fünf Sinne beieinander zu behalten. Alles ging jedoch gut, bis zum Schlußsatz, der mir etwas verkrachte: was ich da sagte, weiß ich mit dem besten Willen nicht mehr. Daß ich natürlich nicht wenig froh war, als die Sache vorbei war, könnt Ihr Euch denken.«[48]

Nach der Predigt saß man im Pfarrhaus zusammen. Es wurde »mächtig Schinken, Wein und dergl. aufgetragen«. Doch leider

---

47 Johannes Kult (1850–1905), 1895–1905 Pfarrer in Weiler bei Rottenburg.
48 MB vom 26. 3. 1899.

konnte der Diakon Mayer »nur wenig zusetzen, da Fasttag war«. Auch in dieser Ausnahmesituation hielt er sich an seine Grundsätze.

Am 2. Mai 1899 wurde Rupert Mayer in der Domkirche der Diözese Rottenburg, St. Martin in Rottenburg, mit weiteren 34 Diakonen zum Priester geweiht. Es war dies für den neuen Bischof die erste Priesterweihe. Leider findet sich über diesen großen Einschnitt im Leben Rupert Mayers nirgends ein Hinweis oder eine Andeutung. Die Weihe fand an einem Dienstag statt, und am folgenden Donnerstag, dem 4. Mai, war die Feier des ersten heiligen Meßopfers in Stuttgart, St. Eberhard. Für sein

Primizandenken hatte er sich aus Psalm 4 den naheliegenden Text ausgewählt: »Hintreten will ich an den Altar Gottes: zu Gott, der meine Jugend erfreut.« Von prophetischem Ausmaß war allerdings die Primizpredigt von Oberregierungsrat Dr. Richard Wahl, dem Mitglied des Staatlichen Katholischen Kirchenrats und priesterlichen Freund der Familie Mayer. Er ging in seiner Predigt von dem Text Johannes 20,21 aus: »Wie mich der Vater gesandt hat, so sende ich Euch«, und er schloß seine Predigt mit zu Herzen gehenden Wünschen: »Mögen Sie am Ende Ihres Lebens sagen können: durch meine Schuld ist niemand verloren gegangen. Ich habe mich der Armen und Verlassenen mit besonderer Liebe angenommen. Ich habe die Kinder, die Lieblinge Gottes, in der Schule und in der Kirche stets mit Gewissenhaftigkeit unterrichtet. Ich habe zu den Kranken meine Schritte gelenkt, so oft ich konnte. Es war mir dabei kein Weg zu weit und keine Stunde zu unbequem bei Tag und bei Nacht. Ich habe die Gnaden ausgespendet, die mir anvertraut waren. Ich habe nie gebunden, wo ich lossprechen durfte. Ich habe nie losgesprochen, wo ich binden sollte. Ich habe nie geschwiegen, wo ich reden sollte. Ich habe nie geredet, wo ich schweigen sollte. Menschenfurcht war nie von Einfluß auf mein Tun und Lassen. Mein ganzes Streben ging dahin, zu tun, wozu ich von Gott gesandt worden war.«[49]

Die Menschenfurcht im Kontrast zur Sendung Gottes: Das sollte für P. Rupert Mayer das Thema seines Lebens werden.

---

[49] Vgl. Sa I, 24.

Vorspiele

LAGE DER KATHOLISCHEN KIRCHE

Die Situation der katholischen Kirche im Königreich Württemberg war nicht gut. Katholiken machten in den meisten Städten – ausgenommen das schwäbische Oberland – eine Minderheit aus (Stuttgart 24016 Katholiken, Cannstatt 3570, Ulm 12630) und hatten kaum eine Chance, in Politik oder staatlicher Verwaltung eine einflußreiche Stelle zu erringen. Von den 2320000 Einwohnern des Landes waren 62 Prozent evangelisch, 29,97 Prozent katholisch.[1] Zwar hatte die Revolution von 1848 auch für die Katholiken Vorteile und neue Freiheiten gebracht; aber wie sehr man sich auch nachher noch vor den Katholiken ängstigte, war daran abzulesen, daß man noch 1891 den Sießener Schwestern die Marienanstalt in Stuttgart nicht übertragen wollte – der Antrag wurde durch den durchwegs protestantischen Stadtrat von Stuttgart abgelehnt[2] –, daß die Wiedereinführung von Ordenshäusern bis 1862 strikt verboten war und der Bischof grundsätzlich nichts unternehmen konnte, ohne sich zuvor der Zustimmung der Regierung zu versichern. Aus antiultramontanen Ängsten heraus sah man vor allem in den Jesuiten den »Gottseibeiuns«.

Die Katholiken lebten also weithin in der Diaspora und waren dort nicht nur schleichenden Anpassungsprozessen an die Protestanten ausgesetzt, sondern ebenso dem Unglauben und dem Freidenkertum, das sie von der Kirche fernhielt. »Am meisten war es die Sozialdemokratie, welche die Katholiken in die Arme des Unglaubens trieb... Der sozialdemokratischen Presse (einschließlich der Gewerkschaftspresse) zufolge war der christliche Glaube ver-

---

[1] Hagen, Geschichte der Diözese Rottenburg II, 205; vgl. Das katholische Württemberg. Die Diözese Rottenburg – Stuttgart., 19 ff.
[2] Hagen, Geschichte 363.

altet und stand in schärfstem Widerspruch zu der modernen, von der Sozialdemokratie trotz ihrer Seichtigkeit förmlich vergötterten ›Wissenschaft‹. Das Christentum galt als Sage, es erziehe die Menschen zur Knechtseligkeit und sei ein Hindernis für den Aufstieg des Proletariats. Ganz offen erteilte man der Kirche eine klare Absage: ›Wir sind Ungläubige. Das Christentum hat uns nichts mehr zu sagen. Das klassenbewußte Proletariat verlangt und erwartet von der Kirche nichts mehr.‹« So war im »Deutschen Volksblatt« in der Nr. 1 von 1892 zu lesen.[3]

Aufgrund einer solchen Situation waren gerade bekennende Katholiken in die Defensive gedrängt. Im Gegenzug setzten sie, um festen Boden zu gewinnen, spirituell in den Exerzitien an; sie versuchten, durch die kirchliche Presse mit ihren Anliegen in die Öffentlichkeit vorzudringen[4], sie fanden in kirchenpolitischen Vereinen zusammen: Es ist hier vor allem an die Piusvereine zu denken. Für diese galt: »Alles war sich darüber klar, daß es Aufgabe der Piusvereine war, Kirchenpolitik zu treiben. Dagegen war man sich nicht einig darüber, wieweit sonst die Vereine in die allgemeine Politik eingreifen sollten. Das war in jener revolutionären Zeit nicht bloß gefährlich; es fehlte damals im katholischen Volk auch eine einheitliche politische Auffassung und Linie.«[5]

Diesen Einzelheiten mag man entnehmen, daß das Verhältnis der Katholiken zu den Protestanten in der zweiten Hälfte des 19. Jahrhunderts oft wenig freundlich war. »Auf beiden Seiten vollzog sich eine Hinwendung zu einem mehr konfessionellen Christentum und eine stärkere Betonung der konfessionellen Eigenart. Die Katholiken befanden sich in einem Emanzipationskampf und erstrebten eine größere Bewegungsfreiheit gegenüber dem Staat. Dieser Staat war ursprünglich rein protestantisch gewesen, hatte sich noch lange nach der Erklärung der Gleichberechtigung der beiden christlichen Bekenntnisse als protestantisch gefühlt und katholisch-kirchliche Regungen niedergehalten... Die Protestanten bekämpften jedes Entgegenkommen des Staats

---

3 ebd. 207/208.
4 ebd. 213, 215 ff.
5 ebd. 270/271.

gegenüber den Katholiken, obwohl sie selbst unter dem Joch des Staates seufzten.«[6]

Diese Differenzen wurden durch Auseinandersetzungen in der großen Politik nur vertieft. Auch das I. Vatikanische Konzil zeigte im Deutschen Reich seine Wirkungen, der Kulturkampf Bismarcks kam erschwerend hinzu.[7] Nachdem schon während des Krieges 1870/71 die Treue der deutschen Katholiken verdächtig geworden war, nahm während der Zeit des Kulturkampfes der Strom der Verleumdungen ungehemmt seinen Lauf. Dieser Kulturkampf war die Mobilmachung fast des ganzen liberalen und konservativen Protestantismus gegen die katholische Kirche; der protestantische Staatsgedanke sei – so hieß es – mit dem katholischen Kirchenbegriff unverträglich.[8]

Mit diesen holzschnittartig vorgestellten Details soll jene größere Umwelt in den Blick gebracht werden, in der Rupert Mayer in der mehrheitlich protestantischen Stadt Stuttgart herangewachsen war und die er – wie bald seine Interessen aufweisen werden – mit kirchenpolitischer Sensibilität verfolgte. Er lernte die eigentlichen »Feinde« des katholischen Glaubens im Protestantismus und in der damaligen antikirchlichen Sozialdemokratie kennen und entdeckte innerkirchlich jene Prinzipien als wirksam, die er später in der Seelsorge immer wieder anwandte: den Zusammenschluß der Getreuen, die Bedeutung von Organisationen, die Rolle einer katholischen Presse, die zwar sachlichen, aber aggressiven Auseinandersetzungen mit dem Freidenkertum, die gegen den christlichen Glauben und gegen die katholische Kirche gerichtet waren. Kindheitserfahrungen prägen oft das ganze Leben. Die Frage des jungen Rupert: »Warum werden die Katholiken immer nur verfolgt?« war nicht nur Ausdruck einer eher zufälligen Stimmung. Sie sollte einen Wesenszug in ihm ausprägen. Er litt unter der Ablehnung von Seiten anderer und war darauf eingestellt, zu widersprechen und sich auf eine permanente Auseinandersetzung einzulassen, wo es um seinen Glauben ging. Aber zugleich fühlte er sich – je älter er wurde – immer mehr für den Glauben seiner

---

6 ebd. 352.
7 Hürten, Geschichte des Deutschen Katholizismus 1800–1960, 109 ff., 136 ff.
8 Schatz, Zwischen Säkularisation, 123 ff.

Mitmenschen verantwortlich; denn gerade auch durch die Erfahrungen in seiner Familie war ihm bewußt geworden, daß der Glaube des einzelnen ohne den Mitglauben der anderen keinen Bestand hatte, zumal dann, wenn sich Anfechtung und Widerspruch in der Umwelt meldeten.

Der Rupert Mayer, der später in die Auseinandersetzungen mit der Ideologie des Nationalsozialismus geriet, war ein Kind des ausgehenden 19. Jahrhunderts. Dieses hatte seine Überzeugungen und Wahrnehmungen geprägt; es hatte ihm auch den Mut zum Widerstand vermittelt.

VIKAR IN SPAICHINGEN

Bereits am 23. Mai 1899 sandte der Bischof von Rottenburg an Vikar Mayer den Brief mit der Nachricht, er habe am 10. Juni 1899 seinen Dienst in Spaichingen anzutreten. Lange haben also seine Ferien nicht gedauert, da Mayer laut Nachricht des Dekans Michael Munz[9] am 10. Juni 1895 an den Bischof berichtete, er habe pünktlich seine Stelle angetreten.

Spaichingen war eine kleine Oberamtstadt im Schwarzwaldkreis, nahe Tuttlingen, am Westfuß des 983 m hohen Dreifaltigkeitsberges gelegen, der selbst wieder einen Vorsprung des Heuberges darstellt. 1905 zählte der Ort 2748 Einwohner, unter denen die Katholiken eine Mehrheit von 2527 Gläubigen bildeten. Die Bedeutung des Ortes lag in seinem Bahnhof, in seinem Amtsgericht, in seinen verschiedenen Schulen, in seinem von den Franziskanerinnen geleiteten Bezirkskrankenhaus. Wirtschaftlich wurden am Ort Zigarren, Harmonikas, Trikotwaren, Möbel und Klaviere produziert. Es gab also eine bunte Palette von Arbeitsmöglichkeiten. Im Herder-Konversationslexikon von 1907 wurden noch zwei, damals wohl wichtige Charakteristika besonders herausgehoben: »elektrisches Licht, Höhenluftkurort«[10]. Beide

---

9 Michael Munz (1866–1931), 1887–1918 Stadtpfarrer in Spaichingen; vgl. Hagen, Geschichte III, 152.
10 Herders Konversationslexikon VIII. Freiburg ³1907, Sp. 1776.

Spaichingen

Details hoben heraus, daß es sich in Spaichingen um einen aufstrebenden Ort handelte, zumal in der Zeit der sich entwickelnden Industrien.

Daß zwischen 1898 und 1900 eine frühgotische Stadtkirche errichtet wurde, scheint nicht nur dem großen Anteil der Katholiken an der Stadtbevölkerung und damit ihrem Prestige zu verdanken zu sein, sondern ebenso der Tatsache, daß diese katholischen Bürger nicht wenig begütert waren. Unter kunsthistorischem Aspekt war die Kirche auf dem Dreifaltigkeitsberg wesentlich bedeutsamer als die Stadtkirche; denn sie war in den Jahren 1660 bis 1669 erbaut worden und enthielt nicht unbedeutende Altarbilder (1765). Damit konnte der neugotische Bau der Stadtkirche nicht konkurrieren, in dem Vikar Mayer in Zukunft wirken sollte.

In den Monaten des Aufenthaltes Mayers in Spaichingen wurde also die kleine St. Peter- und Paulskirche durch einen Neubau ersetzt, so daß die Pfarrgemeinde vorübergehend gezwungen war, mit den Gottesdiensten in den Rathaussaal oder in die St. Josefskirche in der Filiale Hofen auszuweichen. Vikar Mayer wurde von Vikar Ladenburger[11], dem späteren P. Maurus OSB, in seinen Dienst eingeführt. Ladenburger opferte für diesen Dienst eigens seine Ferien, bevor er in das Kloster Beuron eintrat. Vikar Hermann Seibold[12] kam am 14. August 1899 nach Spaichingen und arbeitete hervorragend mit Vikar Mayer zusammen. Mayer war vor allem die Sorge um die Jugend, die Kranken, die Alten und die Armen übertragen worden. Die Einwohner von Hofen schätzten den Vikar Mayer besonders hoch, weil er ein gutes Herz für die Armen zeigte.

Laut »Katechetischem Jahresbericht für die Werktags-, Fortbildungs- und Sonntagsschule für das Schuljahr 1899/1900«, den das Schulinspektorat Spaichingen gab, fehlte es »dem Katecheten noch an Gewandtheit und Präzision beim Fragen«. Er wirkte »sonst vorzüglich gut«. Als Lehrstoff waren ihm bei der Kate-

---

11 Joseph Ladenburger (1871–1965), Eintritt in das Kloster Beuron 24. 6. 1899: P. Maurus; vgl. P. Maurus, Brief vom 15. 12. 1963 (RMA 2.1.). Ebenso Information von Hagen, vgl. Anton Höß SJ, Brief vom 24. 9. 1950 (RMA 2.7.).
12 Hermann Seibold (1875–1945), 1899–1901 Vikar in Spaichingen, 1905–1925 Dompräbendar ad St. Laurentium und Bischofszeremoniar in Rottenburg.

chese vorgegeben: der »Mey«[13], die Biblische Geschichte, der Katechismus, die Gesangbuchlieder.

Der Religionsunterricht war im Winter »ziemlich regelmäßig täglich, sommers zweimal wöchentlich«. Es wird eigens angemerkt: »Die Kommunikanten gehen alle 4–6 Wochen zu den hl. Sakramenten, die Beichtkinder jährlich fünf bis sechsmal. Es ist der Kindheits-Jesuverein eingeführt.« Abschließend wurden im Bericht die Religionskenntnisse der Kinder als »befriedigend« bezeichnet und festgehalten: »Besondere Exzesse und Schwierigkeiten für die Erziehung werden nicht beklagt.« Mit diesem alten Bericht[14] eröffnet sich ein kleiner Einblick in die alltägliche Arbeit des Vikars Mayer.

Offensichtlich bereiteten dem jungen Vikar zu Beginn seiner Tätigkeit das persönliche Gespräch im Beichtstuhl und die sonntägliche Predigt große Mühe. Zudem hatte er auch die Wallfahrtskirche auf dem Dreifaltigkeitsberg zu betreuen; denn 1897 war die Dreifaltigkeitsbruderschaft erneuert worden und hatte in kurzer Zeit wieder 6000 Mitglieder gewonnen.[15] Mayer hörte in der Wallfahrtskirche die Beichten und feierte mit den Pilgern und Mitgliedern der Bruderschaft die Gottesdienste. Ab Juni 1899 war Mayer auch außerordentlicher Beichtvater der barmherzigen Schwestern in Spaichingen. Besonders engagiert war Mayer in der Sorge um die Armen. Des öfteren bat er seine Eltern um Almosen, um da und dort finanziell weiterzuhelfen. Mayer fühlte sich in Spaichingen sehr wohl; er hatte in Dekan Munz einen vorbildlichen Pfarrer gefunden, der zu den herausragenden Geistlichen der Diözese Rottenburg zählte; er arbeitete mit Vikar Seibold problemlos und herzlich zusammen.

In der Rückschau bewertete Mayer seinen Aufenthalt in Spaichingen nur positiv. Er notierte: »Dann kam ich als Weltpriester in ein Landstädtchen. Ich, der Diasporamensch, kam nun in ein rein

---

13 Gustav Mey (1822–1877); Pfarrer, gab 1871 die »Vollständigen Katechesen für die untere Klasse der Kath. Volksschule« heraus ([11]1902), bearbeitete auch eine »Biblische Geschichte für die kath. Volksschule« (1876), strebte eine enge Verbindung des biblischen und des Katechismusunterrichts an; vgl. Herders Konversationslexikon V. Freiburg [3]1905, Sp. 1690.
14 DAR Bestand G 1.8. Nr. 573.
15 Hagen, Geschichte II, 263.

katholisches Städtchen. Das war für mich natürlich wie geschaffen, um zu arbeiten. Ja, was bin ich herumgelaufen, das hat mir Spaß gemacht, von einem Kranken zum anderen und dann wieder auf diesen Berg hinauf. Ich hab auch den Gesellenverein bekommen und obgleich mir das Reden manchmal sehr schwer wurde, ich habe mich sehr gut eingewöhnt.«[16] An anderer Stelle sagte er kurz: »Es war wohl die sorgloseste Zeit meines Lebens. Die Harmonie im Pfarrhaus war einmalig.«[17]

Die Probleme, die in der damaligen Zeit die Seelsorger besonders beschäftigen, sind den »Pastoralkonferenzen« zu entnehmen, die damals im Dekanat Spaichingen gehalten wurden und deren Berichte an den Bischof heute noch vorliegen. In der Konferenz am 25. Mai 1899 im Vereinshaus in Spaichingen wurden folgende Punkte besprochen: die Begründung und Verbindlichkeit des Index der verbotenen Bücher, das Verhältnis der Homilie zur thematischen Predigt und das Wesen und die Erlaubheit des Eides. Am 28. September 1899 lauteten die Themen: Die sittliche Beurteilung des Spiels und der Wette, insbesondere der Lotterie. Eine letzte andere Frage war: Was kann und soll der Seelsorger tun zur Verhütung schlechter und zur Verbreitung guter Lektüre für die Jugend? Zu diesem Thema wurde im Rezeß des Bischofs angemerkt: »Das Thema ist für unsere Zeit, wo schlechte Schriften und Bücher auch in die entlegensten Dörfer und Gehöfte ihren Weg finden, sehr praktisch gewählt.«[18] Diese Pastoralkonferenzen wurden von allen Geistlichen des Dekanats besucht. Auf die Ausarbeitungen, die von den einzelnen Geistlichen zu den aufgeworfenen Themen verfaßt werden mußten, wurde vom Bischof größter Wert gelegt. Es ging ihm um eine gediegene Auseinandersetzung mit den Problemen der Zeit. Ob es der Eid oder die Lotterie oder die moderne Literatur war, es wurde bei der Beantwortung der Fragestellungen nicht nur in den Handbüchern der Moral nachgelesen; es wurde auch die praktische Umsetzbarkeit der sittlichen Prinzipien volksnah bedacht. Natürlich ist nicht zu überse-

---

16 ML 54.
17 ML 32–33.
18 DAR Bestand G 1.8. Nr. 546. Vermutlich wurde dadurch auch die Predigt des Vikars Mayer zu diesem Thema angeregt, vgl. S. 32.

hen, daß die Grundrichtung dieser Pastoral eher defensiv als offensiv eingestellt war.[19]

DER KATECHISMUS DES VIKARS

Ebenso liegt noch heute der Katechismus vor, den Vikar Mayer während seiner Zeit in Spaichingen benutzte. Das »auf Befehl und mit Gutheißung« von Bischof Karl Joseph Hefele 1898 herausgegebene Buch hat durch eingebundene Blindseiten an Umfang gewonnen: Mit seiner kleinen Schrift hat Mayer diesen Text – nicht durchlaufend – kommentiert. Glossiert wurden das erste Hauptstück ›Vom Glauben‹, das zweite Hauptstück ›Von den heiligen Sakramenten oder Gnadenmitteln‹ und das dritte Hauptstück ›Von den Geboten‹. Dann brechen die Notizen ab. Erst wieder beim Beichtspiegel für Schulkinder wurden innerhalb des gedruckten Katechismustextes Anmerkungen zum sechsten und neunten sowie zum siebten und zehnten Gebot gemacht.[20]

Leider lassen sich aus Mayers Notizen keine persönlichen Positionen zu theologischen Streitfragen seiner Zeit entnehmen – und dies aus zwei Gründen: Einmal schreibt Mayer in Gabelsberger Stenographie, deren Lesbarkeit durch weitere, von ihm selbst geschaffene Kürzel erschwert wird; zum anderen ergehen sich die Notizen in Andeutungen und Gedankenanstößen, die zwar dem Vikar in der Unterrichtsstunde für einen fließenden Vortrag ausreichten, einem Fremden aber rätselhaft und fragmentarisch bleiben mußten.

Aus diesem Opus kann man allerdings folgern, daß Vikar Mayer sich streng an den Text des Katechismus hielt und ihn mit Erklärungen, Bildern und Geschichten den Kindern nahebringen wollte und sich gut auf seinen Religionsunterricht vorbereitet hatte. Diese Vorbereitung hätte er gewiß nicht auf sich genommen, wenn er sich in dieser Aufgabe sehr sicher gefühlt hätte.

---

19 Erst später beginnt P. Mayer, eine offensivere, den Menschen nachgehende Pastoral zu verwirklichen.
20 RMA 2.7.1.; vgl. Eva Strauß, Kommentar zum Katechismus für das Bistum Rottenburg, Freiburg 1898 (Ms.) 1–2 (RMA 2.7.1.).

8 Der Student der Theologie

9 In der Studentenverbindung

10 Spaichingen,
   wo der junge Vikar wirkte

11 Noviziatshaus der Jesuiten in Feldkirch-Tisis/Vorarlberg

12 Das Ignatiuskolleg in Valkenburg/Holland

13 Der junge Seelsorger

14 Richtfest des Hauses der Familienschwestern in der Pestalozzistraße/München (1925)

15 In der Notzeit: Eine Lieferung Kraut im Innenhof von Sankt Michael

Wenn man die gesamte pastorale Methode beurteilen will, wird man sagen müssen, daß sie eher defensiv als offensiv ausgerichtet war, da sie wenig missionarische Züge trug und sich eigentlich nicht auf die Probleme der Menschen einließ. In dieser Zeit zwischen Aufklärung und Jahrhundertwende stabilisierte sich die Kirche offensichtlich erst einmal nach innen, bevor sie sich den drängenden Fragen der Zeit öffnen konnte. Von der Methode her ist ein solches Vorgehen nicht abzuwerten, solange es nicht in ein Getto führt.

Vielleicht gewinnt damit auch die Kritik im Bericht über die Situation der Katechese in der Pfarrei Spaichingen und damit an Vikar Mayer selbst erneut ihre Berechtigung. Die Einseitigkeit der Verkündigung Mayers war auch ein Tribut an die allgemeine pastorale Situation!

Am Ende der Monate in Spaichingen ließ sich ein Stück der Seelsorgsmethode Mayers erahnen: Mayer verband bereits damals seine Verkündigung – in Predigt und Religionsunterricht – mit seinem sozialen Engagement, mit seinem Einsatz für die Armen. Unvergessen in Spaichingen blieb deshalb auch, daß er »auf Weihnachten jedem Ministranten eine Pelzkappe« gekauft habe.[21]

EINTRITT IN DEN JESUITENORDEN

Nach einem Jahr treuen Dienstes in Spaichingen schickte Vikar Mayer an den Bischof sein Gesuch »um gnädige Urlaubserteilung« und »zwar schon von Anfang August 1900 ab, da er vorher noch längere Zeit Ferien zur Kräftigung und Stärkung seiner Gesundheit notwendig hat«, mit der Begründung, er sei »entschlossen, in das Noviziat der Gesellschaft Jesu einzutreten« und ihm sei »bereits die Aufnahme in dasselbe für Herbst zugesichert«.[22] Das Gesuch wurde mit Zustimmung von Dekan Munz in Rottenburg vorgelegt. Bereits am 20. Juli gewährte Bischof Paul Wilhelm von

---

21 Information von August Hagen; vgl. Anton Höß SJ, Brief vom 24. 9. 1950 (RMA 2.7.).
22 DAR Bestand G 1.7.1. Personalakt Rupert Mayer.

Keppler den gewünschten Urlaub. Am 5. August schied Vikar Mayer von Spaichingen. Dekan Munz bestätigte ihm im Schreiben an das Ordinariat vom 5. August 1900: »Sein Verhalten und Wirken während seiner hiesigen Verwendung verdient alles Lob.«[23]

Dieser kirchenrechtlich bedeutsame Schritt Mayers hatte seine Vorstufen; denn Rupert Mayer mußte seinen Wunsch, in den in Deutschland verbotenen Jesuitenorden einzutreten, hartnäckig durchkämpfen. Zuerst hatte sein Vater mit der Begründung, er lasse keines seiner Kinder vor dem 21. Lebenjahr ins Kloster gehen, diesem Ansinnen die Zustimmung verweigert. Dann trat am 13. November 1899 Mayers jüngere Schwester Hermanna[24] bei den Sacré-Coeur-Schwestern im Kloster Riedenburg bei Bregenz ein. Die Erwartung der Eltern, daß nun ihr Sohn Rupert nicht auch noch diesen Weg gehe, war zwar in der elterlichen Liebe begründet, erfüllte sich aber nicht.

Nur wenige Tage nach dem Eintritt von Hermanna, am 16. November 1899, wies Mayer in einem langen Brief die Vorwürfe seiner Mutter zurück, er habe nicht der Erwartung auf eine enge Beziehung zur Familie entsprochen. Mayer betonte ferner, »daß wir auf der Welt sind, wo eben alles Glück mit Opfern erkauft werden muß«. Schließlich griff Rupert »auf die Worte des Heilandes« zurück: »Wer lieb hat Sohn oder Tochter mehr als mich, ist meiner nicht wert (Matth. 10,37).« Nach diesen Einführungen gestand er, daß er sich mit P. Schäffer[25] besprochen habe. Dieser habe in ihm die Bedenken zerstreut, es fehlten ihm zu diesem Beruf die nötigen Talente. Er habe ihm gesagt, ein gesunder Menschenverstand reiche vollständig aus, um den Anforderungen, die der Orden in geistiger Beziehung an seine Mitglieder stellt, entsprechen zu können. Daß er einen solchen besitze, daran zweifle er nicht. »Und auch ich muß sagen, wenn ich auch meine

---

23 RMA 2.7. DAR Bestand F IV. Nr. 927.
24 Sr. Hermanna Mayer (1877–1955), 1901–1906 Klassenleiterin in Riedenburg und Graz, 1909 Ankunft in Tokyo, 1923 Gründerin und Oberin des Klosters der Herz-Jesu-Schwestern in Obayashi, 1937 Oberin in Tokyo, 1947 Oberin in Obayashi, gestorben am 30. 12. 1955 in Obayashi.
25 Karl Schäffer SJ (1847–1907), Erzieher an der Stella Matutina/Feldkirch, 1898–1900 Rektor der Stella Matutina, 1900–1907 Provinzial der Deutschen Jesuitenprovinz.

geistige Begabung nicht hoch veranschlage, einen gesunden Menschenverstand kann ich mir doch nicht absprechen«. Ferner habe er gehört, daß der Jesuitenorden keinen Pfennig beanspruche. »Daß ich da erleichtert aufgeatmet habe, könne ihr euch denken.« Am Ende kam er darauf zu sprechen, daß er die Frage seiner Berufung zum Ordensstand mit dem Novizenmeister besprechen werde, wie ihm das auch sein Beichtvater, Domkapitular Paul Stiegele,[26] geraten habe.

DER NOVIZE

Nach einer mit der ganzen Familie verbrachten »Sommerfrische« in Oberstdorf, wo alle »rechtschaffen vergnügt zusammen« waren,[27] traf Vikar Mayer über Friedrichshafen und Riedenburg, wo er seine Schwester Hermanna im Kloster der Sacré-Coeur-Schwestern besuchte, am 1. Oktober 1900 in Tisis bei Feldkirch in Vorarlberg ein. Dort befand sich seit 1896 das Noviziat der deutschen Jesuiten, denen durch Bismarcks Jesuitengesetz der Aufenthalt im Deutschen Reich verboten war. Der etwas pompöse Bau lag abseits großer Straßen, eher im Grünen, und bot den beiden Jahrgängen des Noviziats ein geräumiges Zuhause. Novizenmeister war P. Johannes B. Müller[28], ein erfahrener Mann. Seine Aufgabe bestand darin, die 24 Novizen in den Orden einzuführen und sie gemeinschaftlich in ein geistliches Leben einzuüben. Unter den Mitnovizen von P. Mayer befanden sich Peter Lippert[29], Martin Manuwald,[30] Victor Hugger[31], außerdem drei weitere Priesternovizen.

---

26 Paul Stiegele (1847–1903), 1882–1898 Regens des Priesterseminars, 1898–1903 Domkapitular; vgl. Hagen, Gestalten aus dem schwäbischen Katholizismus II, 222–267. – MB vom 16. 11. 1899.
27 MB vom 13. 8. 1901.
28 Johannes B. Müller SJ (1850–1930), 1900–1921 Novizenmeister, Spiritual.
29 Peter Lippert SJ (1879–1936), Mitarbeiter der »Stimmen der Zeit«, bedeutender Radioprediger und geistlicher Schriftsteller.
30 Martin Manuwald SJ (1882–1961), Geistlicher Leiter im Jugendbund »Neudeutschland«, Verfasser des »Hirschbergprogramms«.
31 Viktor Hugger SJ (1876–1946); später mit Mayer in St. Michael/München zusammen; 1934–1936 Rektor des Kollegs St. Blasien.

Die ersten Eindrücke Mayers waren die besten, wie sein Brief vom 2. Oktober 1900 an seine Eltern bewies: »Wir neun sind zusammen in einem großen, sehr hellen und geräumigen Saal, jeder hat sein Tischchen, an dem er arbeitet und auf dem die notwendigsten Bücher liegen, überhaupt ist alles sehr einfach, aber schön und sauber. Das Essen ist gut und reichlich. So braucht Ihr Euch um mich keine Sorgen zu machen, gesorgt ist für alles. Die Herren Patres sind sehr liebenswürdig und vertrauenserweckend. Alles andere wird sich schon machen...«[32]

In den folgenden Monaten vertieften sich – wie sich in den Briefen an seine Eltern niederschlug – seine Erfahrungen: Daß er am richtigen Platz sei, daß man sich gut um ihn kümmere; daß er mehr an die Luft komme als zur Zeit des Studiums oder in der Vikarszeit in Spaichingen. Er fühlte sich also gut aufgehoben, seine Gesundheit stabilisierte sich, selbst die früher ihn belastenden Einschlafschwierigkeiten nahmen ab. Bei den Hausarbeiten, die auch im Programm eines Noviziats vorkommen, stellte er sich zwar ungeschickt an, aber er tat, was er konnte. Mit großer Freude sah er den großen, vierwöchigen Exerzitien entgegen, die eine der wichtigsten Zeiten eines Noviziats im Jesuitenorden ausmachen. Sie wurden von Ende November bis 23. Dezember gehalten und, wie üblich, vom Novizenmeister selbst gegeben. Über seine Erfahrungen mit dieser Zeit der Stille und Meditation berichtete P. Mayer in seinem Brief von Anfang Januar 1901 an seine Eltern: »Es war eine sehr schöne und überaus gnadenreiche Zeit. Gewaltig ist der Eindruck, den die Betrachtungen des Lebens und Leidens unseres Heilandes hervorrufen. Alles ist eben dazu angetan, das Herz vom Irdischen abzuziehen und für die Aufnahme der hl. Geheimnisse zu bereiten. Von Tag zu Tag wuchs meine Freude darüber, eine solche Berufswahl getroffen zu haben. Ja, die Berufsfrage ist nun, Gott sei's gedankt, endgültig gelöst. Auch der hochw. P. Magister hat sich vollständig in diesem Sinne ausgesprochen. Damit ist für mich unendlich viel gewonnen. Nun weiß ich, woran ich bin. Jetzt heißt es, die Gesin-

---

32 MB vom 2. 10. 1900. Ein Mitnovize schilderte P. Mayer als zurückgezogen und verschlossen. Mayer »noch ein gutes Stück Student, frisch, auch mal übermütig, sehr gut gelitten unter uns« (K. Rohner SJ, Brief vom 5. 1. 1948. RMA 2.1.).

Der Novize 53

nung in die Tat umzusetzen und mit allen Kräften daran zu arbeiten, mich für meinen Beruf auszubilden. Was ich bin, das will ich auch recht sein. Das war, wie Ihr wißt, von jeher mein Grundsatz. Freilich ohne die Hilfe von oben geht es nicht; denn von einem Jesuiten wird gar viel verlangt, darum helft mir beten, besonders, daß mich der liebe Gott gesund erhält...«[33]

In den folgenden Monaten begann Mayer auch wieder zu studieren und erbat sich deshalb von seinen Eltern die Bücher über das Kirchenrecht und über die Praxis im Beichtstuhl. Da der Jesuitenorden keinen Wert auf die Paramente des ehemaligen Weltgeistlichen legte, ordnete Mayer an, die Paramente an die St. Eberhardskirche und die Elisabethkirche in Stuttgart und an die Kirche in Spaichingen-Hofen zu geben. Man solle sich etwaige Dankbriefe dafür schenken. Man solle eher auf die Noblesse der Gesellschaft Jesu hinweisen und für ihn und für die zur Zeit wieder so schwer bedrängte Gesellschaft beten, besonders in der Hoffnung, daß den Jesuiten bald wieder die Rückkehr nach Deutschland ermöglicht werde.[34]

Als Novizenpater war Mayer, wie üblich, immer wieder zu Aushilfen in Pfarreien unterwegs, etwa an Pfingsten 1901 in Goldau. Er unternahm ferner mit einem anderen Novizen die sog. Bettelreise, auf der je zwei Novizen die Armut konkret erproben sollen, indem sie nach einem bestimmten Plan zu Fuß unterwegs sind, in Pfarrhäusern um Nahrung und Obdach bitten und sich so als echte Mitglieder eines Bettelordens einüben.

Nach Ende eines Jahres verließ Mayer Feldkirch, um im zweiten Jahr des Noviziats bereits am Ignatiuskolleg in Valkenburg/Holland seine philosophisch-theologischen Studien aufzufrischen. Zuvor mußte er wieder von seinem Bischof die Verlängerung seines Urlaubs erbitten, die ihm ohne Verzögerung zum November 1902 gewährt wurde.[35] Damit hatte Mayer die erste Etappe seines Weges in der Gesellschaft Jesu gut hinter sich gebracht.

---

33 MB vom 2. 1.–6. 1. 1901.
34 MB vom 6. 3. 1901.
35 DAR Bestand G. 1. 7.1. Personalakt Rupert Mayer.

WIEDERUM STUDENT

Die langen Jahre, 1901–1904 in Valkenburg, in denen der Novizenpater Rupert Mayer seine philosophisch-theologischen Studien wiederholte – wie es im Orden heißt: recolit philosophiam vel theologiam –, spiegelten sich in seinen Briefen als den unmittelbaren Dokumenten seines Lebens nur fragmentarisch wider.

Nach einer Reise über Heilbronn, Heidelberg, Mainz und Köln traf P. Mayer am 6. November 1901 in Valkenburg/Holland[36] ein. Das große Haus mit seinen drei Flügeln, das damals die Studenten der Philosophie und der Theologie aus den deutschen Ordensprovinzen und zusätzlich ihre Professoren der verschiedensten Disziplinen beherbergte, lag nicht allzu weit von der deutschen Grenze, von Aachen entfernt. Seine Größe in der personellen Besetzung – im Jahre 1903 282 Jesuiten[37] – ermöglichte einerseits einen stattlichen Betrieb, gab aber andererseits dem, der sich etwas zurückziehen wollte, auch die Chance, allein zu sein. Kleinere Grüppchen spalteten sich immer wieder ab, sei es im Umfeld des sagenhaften »Bienenhauses«, sei es später um die Lieder und die Ideen der Jugendbewegung.[38]

Nach wenigen Tagen fühlte sich P. Mayer »heimisch und zuhause«. Dies vor allem, weil er den ihm aus Feldkirch bereits bekannten P. Heinrich Thoelen[39], der ihn »unter seine Fittiche« nahm,[40] als Spiritual in Valkenberg entdeckte.

Dann begannen die in lateinischer Sprache vorgetragenen Vorlesungen, die nach Kursen und Themen geordnet waren. Nach welchem Plan P. Mayer seine philosophischen und theologischen Kenntnisse auffrischte, ist nicht mehr auszumachen. Vermutlich hatte er mit dem für die Studien zuständigen Pater die Liste jener

---

36 Valkenburg, holländisches Städtchen an der Bahnlinie Aachen–Maastricht, Mittelpunkt der »Limburger Schweiz«. Nördlich vom Bahnhof lag das Ignatiuskolleg, die theologische Studienanstalt der deutschen Jesuiten. Im September 1894 begannen die Vorlesungen in dem neu errichteten, großzügigen Haus; vgl. 25 Jahre Ignatiuskolleg Valkenburg 1894–1919. Freiburg 1919.
37 Diese Zahl setzte sich zusammen aus 74 Patres, 140 Philosophie oder Theologie studierenden Jesuiten (sog. Scholastiker) und 60 Jesuitenbrüdern.
38 Vgl. R. Bleistein, Alfred Delp, 80 ff.
39 P. Thoelen (1846–1935), 1896–1900 Rektor im Noviziat.
40 MB vom 14. 11. 1901.

Wiederum Student

Vorlesungen zusammengestellt, die für ihn besonders wichtig waren und über die er am Ende des jeweiligen Semesters in Prüfungen Rechenschaft zu geben hatte. Am Ignatiuskolleg war ein Stab bekannter Professoren versammelt. P. Mayer wird mit dem einen oder anderen von ihnen zu tun gehabt haben. Im besonderen seien genannt: P. Christian Pesch (1853–1925), Professor für Dogmatik; P. Konrad Kirch (1863–1942), Professor für Kirchengeschichte; P. Franz von Hummelauer (1842–1914), Professor für Exegese des Alten Testamentes; P. Franz Xaver Kugler (1862–1929), Professor für Mathematik und durch seine Keilschriftforschungen bekannt; P. Josef Hontheim (1858–1929), Professor für Dogmatik; P. Josef Knabenbauer (1839–1931), Professor für Exegese des Neuen Testamentes; P. Victor Cathrein (1845–1931), Professor für Ethik.[41]

P. Mayer merkte zu dem neuen Studienalltag in einem Brief an seine Eltern an: »Jetzt wird die Sache in dieser Hinsicht freilich anders; denn der Stoff, den wir dieses Jahr zu bewältigen haben, ist sehr groß und die lateinischen Buchstaben in den Philosophiebüchern machen noch ein sonderbares Gesicht an mich hin, auch dieses abstrakte Denken will mir noch nicht recht behagen. Aller Anfang ist eben schwer. Ich meine, es geht schon etwas besser als anfangs. Ihr seht, es gibt auch hier so kleine Kreuzlein. Es ist dies aber gut, sonst würde es einem zu wohl...«[42] Der kleine Nachsatz verriet etwas von der auf die Praxis bezogenen Spiritualität Mayers. Das Feld seiner Bewährung brachte ihm immer der Alltag; er suchte sich nicht eine Erprobung in abstrakten Gefilden. So wird er es sein ganzes Leben lang halten.

Ein Höhepunkt in der Anfangszeit in Valkenburg war die sog. Probepredigt, das »Dominikale«. Immerhin eine aufregende Sache, wie er an seine Eltern schrieb; denn man erhielt am Freitagabend auf einem kleinen Zettel ein Thema und hatte am Sonntag, während die Mitbrüder zu Abend aßen, die Predigt zu halten. Gewiß eine ungewöhnliche Situation für alle an diesem »Spiel« Beteiligten: für den aufgeregten Prediger auf der Kanzel ebenso wie für die kritischen und sich sättigenden Zuhörer an den Ti-

---

41 Vgl. 25 Jahre Ignatiuskolleg, 57 ff.
42 MB vom 14. 11. 1901.

schen. Mayer berichtete darüber: »Wie ein Blitzstrahl aus heiterem Himmel traf mich letzten Freitagabend ›das Zettelchen‹, auf dem das Thema stand, das ich zu bearbeiten hatte. Aber da half alles nichts, es mußte eben sein. Von einem eigentlichen Ausarbeiten der Predigt konnte natürlich keine Rede sein, wegen der Kürze der Zeit, und so bestieg ich denn mit dem Mut der Verzweiflung die Kanzel im Refektorium und es ging (meinem Gefühl nach zwar sehr holprig); doch soll es, wie mir von zuverlässiger Seite versichert wurde, ganz ordentlich gewesen sein.«[43]

Daß Mayer nicht weltfremd, sondern sehr realitätsbezogen lebte, läßt sich an seinen Interessen, die er in vielen Briefen äußerte, ablesen. Vier Besonderheiten fallen auf:

1. Er wollte den Kontakt zu seiner Studentenverbindung halten und bat seine Eltern, den jährlichen Philisterbeitrag an die Teutonia[44] und die Questfalia zu senden. Er rechtfertigte auch seinen Wunsch: »Grund: Pflicht der Dankbarkeit gegen die Verbindungen, Unterstützung einer hl. Sache und dann so lange man bezahlt, hat man auch eher ein Recht mitzureden, so ist es halt in der Welt. Hierdurch bleibe ich auch immer in einem gewissen Kontakt mit den Korporationen, was wertvoll ist.«[45]

2. Obgleich er weit weg von der Heimat lebte, dachte er doch an das Geschäft der Eltern und deren Erfolg dabei, »wie konnte das auch als Kaufmannssohn anders sein«. Nach den Weihnachtstagen schrieb er: »Ich bat den lieben Gott, Euch zu stärken und zu kräftigen, damit Ihr den großen Anforderungen, die an Euch in dieser anstrengenden Zeit in jeder Beziehung gestellt werden, ohne Schaden für Leib und Seele nachkommen könntet, ich betete auch um einen guten Erfolg Eurer Mühen und Arbeiten, damit Ihr dann um so ungestörter in ungetrübter Freude, in Friede und

---

43 MB vom 30. 10. 1901. Ein Echo auf diese Predigt erhielten die Eltern Mayer, als ihnen Novizenmeister P. Müller am 3. 1. 1902 schrieb: »... Augenblicklich ist wohl am meisten P. Mayer obenan. Freilich er selber wird es wohl kaum zugeben, so sehr fürchtet er Mangel an Talent, Tugend, Charakter ect. ect. Dabei hat er ein ganz gutes, vielversprechendes Dominikale (jene Sonntagspredigt) gehalten, hat Talent genug, die Philosophie bis zum Herbste zu bewältigen u. ist sehr brav und gewissenhaft, auch körperlich geht es ihm besser als schlechter« (Zitat aus einem Brief von P. Thoelen) (ARM–B).
44 Zu den Korporationen vgl. S. 28.
45 MB vom 30. 10. 1901.

Wiederum Student

Ruhe und Sammlung die hl. Weihnachtstage zubringen könntet; denn ich weiß es, ohne ein ordentliches Weihnachtsgeschäft kann es für einen Geschäftsmann keine frohen Weihnachten geben...«[46] Trotz seines Lebens im Orden und seiner sehr herzlichen Beziehung zu seiner Familie verlor er also nicht die Realität eines größer werdenden Geschäftshauses in Stuttgart aus den Augen.

3. In jenen Tagen fand am 8. und 9. Dezember 1901 der große Katholikentag in Ulm[47] statt. Es war der zweite in der Rottenburger Diözese. Diesmal stand die Politik leicht im Hintergrund. Drei Themen beherrschten das Programm: 1. Die Manifestation des katholischen Glaubens und der Liebe zur Kirche. 2. Die soziale Gerechtigkeit, die sich in allen Interessenkämpfen durchsetzen sollte. 3. Die Schulfrage. Es ging damals um die Bekenntnisschule. Etwa 30 000 bis 32 000 Tausend Teilnehmer waren in Ulm versammelt. Es sprachen unter anderem der Zentrumsabgeordnete Adolf Gröber[48], der Minister Johann B. Kiene[49], Domkapitular Paul Stiegele[50]. Dieser Schritt in die Öffentlichkeit, den die schwäbischen Katholiken wagten, fand nicht nur die wohlwollende Aufmerksamkeit anderer. Er trug auch dazu bei, die Katholiken »auf gewisse Gefahren aufmerksam zu machen« und »das Vertrauen zur Kirche« zu festigen.[51]

Gerade bei solchen Anlässen fühlte sich Mayer seiner Heimat sehr verbunden. Er schrieb: »Würdet Ihr nicht die Güte haben und mir zwei oder drei Broschüren mit den Reden des Ulmer Katholikentages zugehen zu lassen... Ich war, zu meiner Schande sei's gesagt, am 8. und 9. Dezember tatsächlich mehr in Ulm als in Valkenburg und es ist nicht bloß mir allein so gegangen. Die Württemberger Katholiken sind doch treue Seelen, das ist ganz sicher; und der Klerus muß gut sein, das ist ebenso ge-

---

46 MB vom 28. 12. 1901.
47 Zum Katholikentag in Ulm vgl.: Hagen, Geschichte III, 89–90.
48 Adolf Gröber (1854–1919), Landrichter, Mitglied des Reichstags (Zentrum), 1889 Mitglied des Württembergischen Landtags, 1918 Staatssekretär in der Regierung des Reichskanzlers Max von Baden.
49 Johann B. Kiene (1852–1919), 1894 Landgerichtsrat, 1894 Mitglied des Württembergischen Landtags (Zentrum), 1919 Justizminister in Stuttgart.
50 Paul Stiegele, vgl. S. 51.
51 Hagen, Geschichte III, 89.

wiß. Sonst wäre eine solche Kundgebung ganz unmöglich gewesen...«[52]

In diesen eher zufälligen Akzenten in den Briefen Mayers kamen seine vorrangigen Interessen zum Vorschein: kameradschaftliche Beziehungen, Aufmerksamkeit für die Lebensprobleme seiner Nächsten und ein waches Gespür für politische Vorgänge. Doch all diese Aufregungen ließen seine eigentliche Aufgabe in Valkenburg, nämlich zu studieren, nicht an die zweite Stelle treten. So kann man am Ende des Dezemberbriefes lesen: »Ich bin halt wieder Student, und N. B. im eigentlichsten Sinn des Wortes. Mit so viel Recht habe ich mir diesen Namen in meinem ganzen Leben noch nie beilegen können, wie gegenwärtig. Der Erfolg entspricht freilich noch keineswegs den Anstrengungen, aber das macht nichts. Ich tue eben, was ich kann und mehr wird nicht verlangt. Profitiert habe ich sicherlich schon viel und das ist die Hauptsache. Zum Erstaunen meiner Kollegen geht es mir gesundheitlich sehr gut; ich bin zäh und nicht zum Umbringen und entschieden stärker geworden. Das ist ein großes Glück...«[53]

ERSTE GELÜBDE

Das Ende der Noviziatszeit fiel für P. Mayer in seine Studienjahre in Valkenburg. Da er am 5. Oktober 1902 seine ersten Gelübde im Jesuitenorden, die sog. Scholastikergelübde, ablegen sollte, war dazu einiges an Vorbereitung nötig. Er mußte an den Bischof von Rottenburg, Paul Wilhelm von Keppler, schreiben, damit dieser ihn offiziell aus seiner Diözese entlasse. Das Schreiben Mayers in dieser Sache vom 26. September 1902 hatte folgenden Wortlaut:

»Hochwürdigster Herr Bischof, Gnädigster Herr. Die zweijährige Prüfungszeit naht ihrem Ende und damit auch der dem ehrerbietigst Unterzeichneten von Ew. Bischöfl. Gnaden erteilte Urlaub. Da ich nun entschlossen bin, die hl. Ordensgelübde abzulegen und meine Obern mit diesem Vorhaben einverstanden sind,

---

52 MB vom 28. 12. 1901.
53 MB vom 28. 12. 1901.

Erste Gelübde

so richte ich an Ew. Bischöfliche Gnaden die ehrfurchtsvolle Bitte, mich aus dem Diözesanverband entlassen zu wollen. Indes wollen Sie, Hochwürdigster Herr Bischof, die Versicherung hinnehmen, daß ich nach wie vor meiner Heimatdiözese und ihrem geliebten Oberhirten eine besondere Liebe und Anhänglichkeit bewahren werde. Diesen Gesinnungen werde ich zum wenigsten dadurch Ausdruck verleihen, daß ich für den Bischof von Rottenburg und seine Diözese stets eifrig zu beten verspreche...«[54]

Am 23. Oktober wurde Mayer aus der Rottenburger Diözese entlassen und war damit frei, die Gelübde im Jesuitenorden abzulegen.

Als weiteres Problem stellte sich die Erwartung seiner Eltern, an der Gelübdeablegung ihres Sohnes persönlich teilnehmen zu können. Da diese ersten Gelübde im Jesuitenorden aber eher privater Natur sind, ist jede größere Feierlichkeit – unter Anteilnahme der Verwandtschaft – ihrer Ablegung fremd. So sah sich P. Mayer – zu seiner eigenen Betrübnis – veranlaßt, seine Eltern zu bitten, diese Gewohnheit der Jesuiten zu akzeptieren und nicht zu seinen ersten Gelübden anzureisen. Er war dabei der Meinung, daß »seine Eltern diese Gewohnheit sicher verstehen und in keiner Weise übel aufnehmen« werden.[55]

Über die Feier der ersten Gelübde, zu der er auch etliche Glückwunschtelegramme erhielt, berichtete Mayer am 13. November seinen Eltern: »Wir, d.h. P. Hugger, ein Frater (Scholastiker, gewesener Assessor), sechs Laienbrüder und ich, also zusammen neun Mann, bereiteten uns durch ein Triduum auf den 5. November vor. In der Kommunitätsmesse, die R. P. Rektor[56] morgens 5 Uhr las, sprach sodann nach der Kommunion des Celebranz einer nach dem anderen die Gelübdeformel. P. Hugger und ich feierten in unmittelbarem Anschluß hieran das Hl. Meßopfer, die anderen empfingen die hl. Kommunion. Nach der Danksagung nahmen wir gemeinsam mit P. R. Rektor, P. Minister,[57] den bei-

---

[54] DAR Bestand G 1.7.1. (Personalakte Rupert Mayer).
[55] MB vom 21.9.1902.
[56] Karl Frick SJ (1856–1931), Professor für Philosophie, 1897–1903 Rektor des Igantiuskollegs.
[57] Julius Vanvolxem SJ (1874–1934), Minister in Valkenburg, später Oberer in Köln, Frankfurt, Bonn, Essen.

den geistlichen Vätern P. Oswald[58] und P. Thoelen[59] und den Ministranten das übliche feierliche Frühstück ein. Abends durfte ich unter Assistenz von P. Hugger[60] und P. Peifer[61] die feierliche Benedictio[62] halten. Soviel über das Fest.«[63]

Aus den langen Jahren des Studiums in Valkenburg lassen sich an Ereignissen und Interessen die folgenden herausheben: Jenseits des schulischen Alltags Ende 1902 war Mayer aufgrund der Lektüre des »Volksblattes« über die Vorgänge in Württemberg bestens informiert: vor allem über den öffentlich ausgetragenen Streit zwischen seinem Lehrer Professor Johannes B. Sägmüller und Professor Merkle, der die Bewertung der »Aufklärung« zum Thema hatte und am Ende zuungunsten von Sägmüller ausging.[64] Er verfolgte auch intensiv die Auseinandersetzung um die Schulfrage in Württemberg und bedauerte die Ablehnung des Artikels 4 durch die 1. Kammer. In diesem Zusammenhang blitzte erstmals jene kämpferische Natur Mayers auf, die sich dann im Kampf gegen den Nationalsozialismus bewähren sollte. Er schrieb am 29. 7. 1903: »Die Ablehnung des 4. Art. durch die 1. Kammer hat ja weite Kreise des Schwabenlandes in gewaltige Aufregung versetzt! Wenn auch die Protestbewegung, die von den vereinigten Gegnern der Katholiken in Szene gesetzt wurde, allem nach ihrem Ende zugeht, so scheint doch der Hochw. Bischof in Rottenburg keineswegs rosig in die Zukunft zu schauen. Sollte es wirklich, was Gott verhüten möge und was ich auch kaum glaube, in Württemberg zu einer Art Kulturkampf kommen, so bedaure ich nur eines, daß nämlich der Rummel nicht schon einige Jahre früher

---

58 Augustin Oswald SJ (1821–1908), Spiritual der Philosophiestudenten in Valkenburg.
59 P. Thoelen war seit 1901 Spiritual der Theologiestudenten.
60 P. Hugger war seit dem Noviziat mit P. Mayer befreundet.
61 Alois Peifer SJ (1873–1929), Missionar in Brasilien.
62 Benedictio: festliche Abendandacht.
63 MB vom 13. 11. 1902.
64 In diesem Streit ging es um die Bewertung der Aufklärung von seiten der katholischen Theologie und Kirche. Während Professor Sägmüller sie nur negativ beurteilte, sprach Professor Sebastian Merkle (1862–1945; Professor für Kirchengeschichte in Würzburg) ihr eine positive Bedeutung zu. Die Debatte erstreckte sich in heftigen Publikationen über die Jahre 1909 bis 1911. Sägmüller ging aus dem wissenschaftlichen Streit »nicht als Sieger hervor« (Hagen, Geschichte III, 180).

Erste Gelübde 61

losgegangen ist, als ich noch Weltpriester war. Wie Ihr seht, bin ich in diesem Punkt noch der alte...«[65]

In diese Monate fiel auch eine Probe für seine Ausbildung als Beichtvater. Er hatte am 29. April 1904 einen »Gewissensfall« (collatio casuum conscientiae)[66] kritisch zu befragen, der sich mit der Erlaubnis, von Gelübden und ihrer konkreten Übung zu befreien, zu befassen hatte. Dies war ein konkreter Fall aus dem Ordensrecht, der auf die sog. Vollmachten eines Aushilfsbeichtvaters Bezug nahm. Leider fehlt die Entscheidung, die Mayer vortrug und der man hätte entnehmen können, ob er einer großzügigen Lösung oder einer rigorosen Entscheidung zuneigte. Solche Übungen waren nicht ohne Wert, weil die jungen Patres in den Jahren immer wieder zu seelsorglichen Einsätzen geschickt wurden. So hatte Mayer an Mariä Himmelfahrt 1902 einen Gottesdienst für ein Regiment preußischer Soldaten in der Pfarrkirche von Elsenborn/Eifel übernommen. »Mir machte die Sache einen riesigen Spaß.«[67] Er wurde an Allerheiligen 1903 nach Kevelaer geschickt und hatte dort 17 Stunden lang die Beichten der Pilger zu hören. Beides sozusagen ein kleiner Vorgeschmack der kommenden Herausforderungen.

Alle diese Jahre hindurch zogen sich durch seine Briefe Andeutungen über seine Gesundheit. Sicher ist, daß P. Mayer nur mäßig belastbar war. Genaue Gründe seiner mangelnden Kraft sind nicht bekannt. Er besann sich am 24. März 1903 dieser Situation und schrieb an seine Eltern: »Da dachte ich nun auch über meinen körperlichen Zustand nach und da mußte ich mir sagen: Wenn das nicht anders wird, so wird man dich zur aufreibenden Tätigkeit eines Missionars weder im Aus- noch im Inland brauchen können und doch fühle ich mich gerade dazu am meisten hingezogen. Und so kam ich denn zu dem Entschluß, wenigstens meinerseits es an nichts fehlen zu lassen, ja alles zu tun, was in meinen Kräften steht, um eine Besserung und Kräftigung meiner Gesundheit herbeizuführen. Die Hochw. Obern kamen mir bei der Ausführung

---

65 MB vom 29.7.1904. Offensichtlich ging es im Artikel 4 um die Grundstruktur der Kammern, das Wahlgesetz und die Repräsentativität der Organe der Volksvertretung; vgl. Huber, Deutsche Verfassungsgeschichte I, 421–415.
66 RMA 3.1.2.
67 MB vom 21.9.1902.

des Entschlusses aufs bereitwilligste entgegen; so schlafe ich seit Januar bis fünf Uhr, trinke Milch, was (das) Zeug hält, nütze die Rekreation gehörig aus u. s. f., auch dem Studium habe ich in den Monaten Januar und Februar nicht zu wehe getan; seit dem 1. III. nehme ich es in diesem Punkt wieder ernster. Und der Erfolg ist handgreiflich; und wenn es so weiter geht, so hege ich die zuversichtliche Hoffnung, daß ich später noch einmal tüchtig werde arbeiten können (ad maiorem Dei gloriam)...«[68]

Damit sind die Ereignisse und Probleme genannt, die den jungen P. Mayer in der Valkenburger Zeit beschäftigten. Eigentlich nichts Aufregendes, wenn man sein andauerndes politisches Interesse nicht zu stark bewertet. Alles, was sich sonst an Gemeinschaftsleben, an Begegnungen mit Mitbrüdern, in heiteren Stunden und bei Tagen geistlicher Einkehr ereignete, ist nirgendwo vermerkt. Es geht in den unbekannten Schatz der Lebenserfahrung ein. Die Zeit Mayers in Valkenburg war bis Mitte des Jahres 1904 geplant, und er fragte sich, was die Zukunft für ihn bringen würde.

ZWISCHENZEITEN

Nach dem Ende der Ausbildung erhielt P. Mayer den Auftrag, als Mitarbeiter des Novizenmeisters, als Socius, an der Erziehung der Novizen mitzuwirken. Diese Entscheidung wird gewiß nicht ohne den Einfluß des Novizenmeisters P. Johannes B. Müller gefallen sein. Er kannte P. Mayer noch aus seiner Novizenzeit und muß ihn für einen vorbildlichen und geeigneten Mitarbeiter gehalten haben. P. Mayer kam Mitte 1904 in Feldkirch-Tisis an.[69] Im Noviziat waren damals in den beiden Jahren 37 Novizen, darunter 10 Brüdernovizen. Die Aufgabe eines Socius magistri besteht darin, für einen geregelten äußeren Ablauf des Noviziats Sorge zu tragen, auf die Einhaltung der Tagesordnung zu achten und auch das körperliche Wohlbefinden der Novizen zu fördern. P. Mayer

---

68 MB vom 24. 3. 1903.
69 RMA 3.1.3.

Zwischenzeiten

hatte auch sog. Instruktionen zu halten, wie an seinen Notizen über die 11. Regel und die 12. Regel (Abtötung allgemeiner Leidenschaften) zu erkennen ist. An manchen Tagen fiel ihm auch die Aufgabe zu, mit den Novizen den Gottesdienst zu halten. So predigte er am 28. März 1905 in einem solchen Gottesdienst über den heiligen Augustinus und stellte ihn den Novizen als einen Mann des Glaubens vor. Dieses eine Jahr wird P. Mayer sehr gut getan haben. Nach den eher abstrakten Studien hatte er es mit konkreten Aufgaben zu tun; er stand im lebendigen Umgang mit jungen Menschen und hatte als Vorgesetzten einen Mitbruder, der seiner ermutigenden Herzensgüte wegen bekannt und geschätzt war. Für Mayer also eine Zeit innerer Reifung. Nicht ausgeschlossen ist, daß seine Obern ihn auch seiner Gesundheit wegen in das günstige Klima nach Feldkirch versetzt hatten.

Am 15. September 1905 siedelte P. Mayer wieder nach Holland über, um in Wynandsrade[70] unter Leitung des Instruktors P. Engelbert Pütz[71] sein Terziat zu absolvieren. Das sog. Dritte Probejahr[72] hat als Ziel, den jungen Patres Gesetz und Geschichte des Jesuitenordens zu vermitteln und in intensiven Studien ihnen einen Zugang zu den weithin von Ignatius verfaßten Regeln des Ordens zu eröffnen. Dazu kommen wiederum die großen Exerzitien, in denen sich Motiv, Ausrichtung und Berufung in einem geistlichen Leben klären und festigen können. Immer wieder wurden diese eher besinnlichen Monate unterbrochen durch Aufgaben in der Seelsorge, sei es bei einer Aushilfe in einer Pfarrgemeinde am Wochenende, sei es zu einem langen, etwa vierwöchigen Einsatz in der Fastenzeit. Mayer schrieb am 10. Mai 1906 an einen Freund, daß er noch bis zum 15. Juli des Jahres in Wynandsrade sei: »Was dann mit mir geschieht, bleibt abzuwarten.«[73] Mayer verließ dann Wynandsrade am 16. Juli 1906, Richtung Valkenburg.

Die Entscheidung der Oberen lautete, daß er für das Jahr 1907

---

70 Schloß im holländischen Limburg, das die Besitzer den aus Deutschland von Bismarck vertriebenen Jesuiten angeboten hatten; 1894–1910 Ort des Terziats.
71 Engelbert Pütz SJ (1833–1913), 1895–1907 Rektor und Terziatsinstruktor.
72 Das Haus beherbergte damals 35 Jesuiten, unter ihnen 19 Patres im dritten Probejahr.
73 MB an M. Debler vom 10. 5. 1906.

noch in Valkenburg verbleiben solle, um seine Predigten vorzubereiten; denn er war dazu bestimmt worden, zusammen mit anderen Mitbrüdern sog. Volksmissionen in Deutschland, Österreich und der Schweiz zu halten. Ab 1908 war P. Mayer dann von Valkenburg aus, ab 1909 von Feldkirch aus als Missionarius tätig. Sein Lehrmeister in diesen Jahren war der als Volksmissionar hochgeschätzte P. Johannes B. Aschenbrenner.[74]

Was wollten Volksmissionen? Ausgerichtet an den Grundaussagen der Exerzitien des Ignatius von Loyola wollten sie in einem einwöchigen Predigtzyklus – teilweise nach Zielgruppen und Lebensständen ausgerichtet – die Gläubigen zu einer Reform ihres Lebens bewegen. Zu den täglich oft mehrmals stattfindenden Predigten traten Andachten, das Angebot der Beichte und von Seelsorgsgesprächen und ein festlicher Abschlußgottesdienst hinzu. Wenn eine solche Missionswoche in einer Gemeinde gut verlief und viel Zuspruch fand, konnte sie einen Neubeginn in einer christlichen Gemeinde setzen. Oft wurde dann in der Pfarrkirche ein Missionskreuz angebracht, auf dem das Datum der Missionswoche und der Spruch: »Rette Deine Seele« zu lesen waren. Andachtsbildchen mit den Namen der Volksmissionare und einem christlichen Lebensgrundsatz versuchten außerdem, eine Wirkung auf Dauer zu erzielen.

P. Mayer lernte in diesen Wochen der Volksmissionen das argumentativ gut aufgebaute Predigen, die Umsetzung der Glaubenswahrheit in eine konkret-alltägliche Lebensorientierung, den seelsorglichen Umgang mit Menschen (in Beichte und Gespräch), kurz: eine auf Menschen zugehende Seelsorge.

---

[74] Johannes B. Aschenbrenner SJ (1843–1921), Volksmissionar unter den Deutschen in der Buffalo-Mission und bei den Indianern im Staat Wyoming/USA; dann Volksmissionar und Exerzitienmeister im deutschsprachigen Europa. Er starb kurz nach seiner 480. Volksmission.

LETZTE GELÜBDE

Die Lern- und Lehrzeit P. Mayers fand am 2. Februar 1911, am Fest Mariä Lichtmeß, noch einen Höhepunkt. P. Mayer legte in der Hauskapelle von Feldkirch-Tisis nach dieser langen Zeit der Prüfung seine letzten Gelübde ab.[75] Im Versprechen, in Armut, Keuschheit und Gehorsam zu leben, gab er sein Leben ganz in die Hände Gottes, nicht aber, um sich darin wohlgefällig auf sich selbst zu beziehen, sondern um zur größeren Ehre Gottes für das Heil der Seelen in der Kirche zu wirken. Nun war P. Mayer ganz und endgültig in die Gesellschaft Jesu eingebunden. In all seinem Glück an diesem Tag wird ihn die Frage beschäftigt haben, wie nun die Sendung Gottes konkret für ihn laute, wohin ihn der Gehorsam zum ungeteilten Einsatz rufe.

---

75 Gemäß der Entscheidung der Oberen legte P. Mayer die Gelübde eines »Coadjutor spiritualis« ab.

Tatort München

In den ersten Tagen des Januar erreichte mich«, wie P. Mayer berichtete, »wie ein Blitz aus heiterem Himmel die Weisung des P. Provinzial,¹ sofort nach München zu kommen, um mich dort auf Wunsch des H. H. Kardinals Bettinger² der Zuwandererseelsorge zur Verfügung zu stellen. Es zogen damals jährlich ca. 23 000 Menschen vom Land oder von der Kleinstadt in die Großstadt aus allen Ständen und Klassen. Sie sollten irgendwie religiös erfaßt werden.«³ Das war die Sendung, die Wende. Mayer war endlich am Tatort seines Wirkens angelangt, als er am 8. Januar 1912 in München eintraf und in der Rottmannstraße 1/II. Stock Quartier nahm. Er lebte dort in einer kleinen Wohnung zusammen mit seinem Mitbruder P. Josef Schauberger⁴; denn bislang durften die Jesuiten im Deutschen Reich noch keine ordentlichen Niederlassungen gründen. Erst im März 1912 wurde dieses Verbot ein wenig gelockert, so daß auch die Redaktion der Jesuitenzeitschrift »Stimmen der Zeit«⁵ sich in München ansiedeln konnte.

Bereits für diese Jahre ab 1912 wird zutreffen, was die Haushälterin der Patres, Theresia Bichler, für die Jahre 1920–1922 berich-

---

1 Joseph Joye SJ (1852–1919), 1885–1910 Seelsorger in Basel, vor allem als Jugendseelsorger; setzte erstmals den Film als Medium ein; 1911–1915 Provinzial der deutschen Jesuitenprovinz.
2 Franziskus von Bettinger (1850–1917), 1909 Erzbischof von München und Freising, 1914 Kardinal.
3 ML 34. Die Aufnahmeurkunde der königlichen Regierung von Oberbayern trägt das Datum vom 9. 5. 1912 (RMA 4.1.).
4 Josef Schauberger SJ (1878–1926), Seelsorger.
5 Zur Situation der Jesuiten: »Nur zufällig und vorübergehend konnten sich einige Priester bei ihren Familien, an religiösen Anstalten oder zu Studienzwecken in München aufhalten, bis zum Fall des berühmten §2 des Jesuitengesetzes und 1917 des ganzen Jesuitengesetzes. Unter dem Ministerium Hertling konnten Jesuiten dauernden Aufenthalt in München nehmen (Schriftleitung der ›Stimmen der Zeit‹)« Zit. aus: Koch, Jesuitenlexikon, 1254.

tete. Sie schrieb: »P. Mayer bewohnte damals zusammen mit seinem Mitbruder Pater Schauberger eine Wohnung im 2. Stock des Anwesens Rottmannstraße 1 in München. Den beiden Patres stand je ein Zimmer sowie ein gemeinsames Sprechzimmer zur Verfügung. Hauptmieter dieser Wohnung waren zwei alte Damen... Der erste Stock des Anwesens war von den Barmherzigen Schwestern genutzt, in deren Wohnbereich ich untergebracht war. Während der Woche hielt P. Mayer regelmäßig die Frühmesse in der Hauskapelle der Schwestern. Sonntags zelebrierte er meist auswärts. P. Mayer empfing in der Rottmannstraße schon am Vormittag viele Besucher, überwiegend Bittsteller. Oft beauftragte mich P. Mayer, die Echtheit der geschilderten Notlagen an Ort und Stelle zu prüfen. Dementsprechend schritt er ein und half, wo es notwendig war. P. Mayer hielt in dieser Zeit bekanntlich viele Vorträge oder besuchte Veranstaltungen, auch die seiner Gegner. Zu diesen Veranstaltungen fuhr er mit der Straßenbahn. Oft kam es jedoch vor, daß er an einem Abend gleich zwei Termine wahrnehmen wollte. In diesen Fällen mußte ich ihm jeweils zu einer von ihm bestimmten Uhrzeit eine Droschke bringen, damit er in Kürze von einer Lokalität zur anderen gelangen konnte.«[6]

MÜNCHEN 1912

Das München des Jahres 1912 war bestimmt durch die zu Ende gehende Zeit des Prinzregenten Luitpold,[7] der am 12. Dezember 1912 starb: eine Zeit königlichen Gepränges, eine Stadt der Künste, der Literaten und des Theaters, in der sich aber bereits der Widerspruch gegen die überkommenen Autoritäten meldete. Die bekannten »Filserbriefe« (1909–1912) von Ludwig Thoma und die presserechtlichen Konflikte um die satirische Zeitschrift »Simplicissimus« beweisen diese Unruhe ausreichend.[8]

---

6 Theresia Bichler, Bericht über P. Mayer (Ms. vom 18. 12. 1989; RMA 4.1.).
7 Luitpold (1871–1912), Sohn König Ludwigs I. von Bayern, seit 1886 Prinzregent für den seit 1872 geisteskranken Otto (1848–1916).
8 Vgl. Jürgen Kolbe u. a., Heller Zauber. Thomas Mann in München 1894–1943.

An der Spitze der katholischen Kirche in Bayern stand Erzbischof Franz von Bettinger. Schon als Pfarrer in der Pfalz hatte er das Ansehen »eines eifrigen Seelsorgers von ausgeprägtem Organisationstalent und sozialem Interesse gewonnen«, so daß gerade ihn die Großstadt München mit ihren ungelösten Problemen besonders herausfordern mußte. »Als Vollblutseelsorger interessierten ihn vor allem die Menschen.«[9] So lag nahe, daß er nicht nur die Verhandlungen über das Gesetz betreffend die Kirchengemeindeordnung in München 1912 zum Abschluß brachte, sondern auch die sozialen Vereine förderte und den Klerus zu einer engagierten Mitarbeit auf diesem lebenswichtigen Gebiet ermutigte. Obgleich die Zusammenarbeit mit der bayerischen Regierung leichter wurde, brachte ihm der Konflikt der Römischen Kurie um den suspendierten Religionsphilosophen Joseph Schnitzer[10] neue Schwierigkeiten.

Kardinal Bettinger engagierte sich also sehr für die Problemgruppen in diesen Zeiten des Umbruchs: für die Arbeiter, für die Zuziehenden, für die Studenten. Er plädierte auch für die christlichen Gewerkschaften. Allerdings wurde auch die Kirche von München und Freising in den sog. Modernismusstreit hineingezogen. Dies führte dazu, daß die literarische Monatsschrift »Hochland« 1911 auf den Index der verbotenen Bücher gesetzt wurde.

Am 12. November 1913 wurde König Ludwig III.[11] ausgerufen. Der Verfassung gemäß fand keine Krönung statt, aber die »allgemeine Landeshuldigung für das Königspaar« vollzog sich »in München, noch einmal in den alten prächtigen Formen, die der Wittelsbachermonarchie überkommen waren. Im achtspännigen vergoldeten Krönungswagen von 1913, dessen Dach Königskrone mit Zepter und Reichsschwert und weißblaue Straußenfederbüsche zierten, fuhr das Königspaar, der weißhaarige König in bayerischer Feldmarschalluniform, mit Hubertus-Ordenskette,

---

9 Gatz, Franz von Bettinger, in: Gatz (Hrsg.), Die Bischöfe, 49–50.
10 Joseph Schnitzer (1859–1939), 1892 Professor in Dillingen, 1902 in München, 1908 als Hauptführer der deutschen Modernisten suspendiert, 1913 Professor an der philosophischen Fakultät in München.
11 Ludwig III. (1845–1921), König von Bayern; am 8. 11. 1918 entthront.

zur Frauenkirche zum Gottesdienst. Dem Wagen voraus ritten zwei Marstallbeamte...«[12]

Dies war der äußere und festliche, aber zerfallende Rahmen der Welt, in die Rupert Mayer einzog und an der ihn vor allem die weniger spektakuläre Rückseite interessierte. Die Stadt München war – nicht nur durch die Eingemeindung umliegender Dörfer – enorm gewachsen. Sie war zu einer Großstadt geworden, die durch die Zuwanderung aus den eher verarmten Landstrichen Bayerns jährlich um mehr als 20000 Personen zunahm. 1912 zählte die Stadt 620000 Einwohner.[13] »Aus der näheren Umgebung zogen vor allem ungelernte, landwirtschaftliche Arbeiterinnen und Arbeiter zu, aus Nordbayern und Norddeutschland kamen mehr gelernte und vor allem ledige Arbeiter. Die 25- bis 40jährigen, also die, die in der Blüte ihrer Arbeitskraft standen, bildeten den größten Anteil der Zuwanderer.«[14] Dieser gewaltige Zustrom von Arbeitern wurde auch deshalb nötig, weil sich allmählich eine große Industrie entwickelte (Maffei, Rathgeber u. a.). Dieser unkontrollierbare Drang in die Stadt brachte große Probleme mit sich. Die Wohnverhältnisse waren entsetzlich. Es entstanden Schlafräume für Unverheiratete. »In 62 Fällen wurde festgestellt, daß 275 Personen auf 145 Betten angewiesen waren.«[15]

Die Wohnungsnot war nur die eine Seite des Elends. Es kam die Arbeitslosigkeit hinzu: »Die Völkerwanderung in die Stadt, in der ein freier Arbeitsmarkt existierte, wo es noch ein Fortkommen gab und vielleicht auch eine Zukunft, verursachte ein Arbeitskräfteüberangebot, ein Reservoir von Arbeitslosen, die sich um jeden Preis verdingten. Wer von denen, die Arbeit hatten, aufmuckte oder sich gar organisierte, der flog. Es gab genug, die den frei gewordenen Platz einnehmen wollten. Die Arbeiter waren dem

---

12 Zorn, Bayerns Geschichte im 20. Jahrhundert, 78.
13 Hollweck, Was war wann in München, 114. – 1913 Eingemeindung von Milbertshofen, Berg am Laim, Moosach, Oberföhring mit 10343 Personen (ebd. 115).
14 Im Dunst aus Bier, Rauch und Volk. Arbeit und Leben in München 1840–1945, 19.
15 ebd. 298.

Fabrikanten schutz- und rechtlos ausgeliefert.«[16] Niedrige Löhne, hohe Preise, Kinderreichtum[17] – all dies trug dazu bei, daß vor allem die Arbeiterfamilien verarmten. Um ihnen beizustehen, bildeten sich die »Arbeitervereine«. Im Stadtadressbuch München von 1900 waren über 3 000 Münchner Vereine aufgeführt: »Sport- und Gesangsverein, Sterbekassen, Sparvereine, Stopselclubs...«[18] Die vielen Vereine dienten nicht nur der Geselligkeit; sie brachten auch soziale und politische Ideen in die Arbeiterschaft, die mit dem christlichen Glauben nicht vereinbar waren und allmählich zum Erliegen einer religiös-christlichen Praxis führten. Not in vielfältiger Gestalt drängte sich P. Mayer auf. Es ging nicht nur darum, für Arbeitsplätze, Brot und Wohnung zu sorgen. Ebenso wichtig war es, den oft entwurzelten Menschen in der Großstadt einen Lebenssinn zu vermitteln. Orientierung war in diesen aufregenden Zeiten zwischen linker und rechter Agitation, zwischen aggressiven Freidenkern und versponnenen Phantasten schwer zu finden. Wie die Seelsorge in der Großstadt zu Zeiten eines solchen Umbruchs aussehen sollte, wußte man nicht. Man besaß keine Erfahrungen aus der Praxis, man wußte um keine Theorie. P. Mayer mußte mit seiner Arbeit sozusagen am Nullpunkt beginnen.

GROSSSTADTSEELSORGE

Die Methoden, die P. Mayer bei seiner Arbeit in der Großstadt München anwandte, hatte er auf der »60. Generalversammlung der Katholiken Deutschlands« am 20. August 1913 in Metz dargestellt und dabei großen Beifall gefunden.[19] Wie verstand er seine

---

16 ebd. 33. – Am 12. 1. 1914 demonstrierten 1 500 Arbeitslose vor dem Münchner Rathaus (Hollweck, 116).

17 1900 waren ein Viertel aller Kinder außerehelich; die Säuglingssterblichkeit war hoch; vgl. Bauer u. a., München, 17.

18 Im Dunst aus Bier, Rauch und Volk, 38.

19 ML 145–1515. In der »Münchner Post« vom 22. 8. 1913 wurde ausführlich über die Rede P. Mayers berichtet und angedeutet, daß Mayer beinahe einen öffentlichen Konflikt über die Gestalt der Arbeitervereine vom Zaun gebrochen hätte.

Aufgabe in der Großstadt München? Welches Modell einer Großstadtseelsorge schwebte ihm vor?

1. *Vorbereitung und Aufklärung bereits auf dem Land.* Es sei notwendig, bereits in den Dörfern und Kleinstädten die Menschen darüber zu informieren, was sie in der Stadt erwarte. Das betreffe den Arbeitsplatz und die Arbeitslosigkeit[20] ebenso wie die Schwierigkeit, eine Wohnung oder zumindest eine Schlafstätte für Ledige zu finden. Ebenso bedürfe es einer Information über die Situation eines Christen in der Großstadt. Am Sonntag gehe niemand in seinem Umfeld zur heiligen Messe, es würben die (unchristlichen) Arbeitervereine um ihn, und endlich gebe es eine »farblose Presse«. Alles zusammen verhindere eher ein christliches Engagement, als daß es dieses fördere. Infolgedessen gehe es zuerst um eine apologetische Schulung, um allen kritischen Fragen gewachsen zu sein, und dann um eine Information über die kirchlichen Arbeitervereine.

2. *Vertrauensleute.* Da P. Mayer nicht alle notwendigen Kontakte selbst aufbauen konnte, entwickelte er das Modell der Vertrauensleute. Diese wurden für Hausbesuche geschult. Sie sollten die neu Zugezogenen im Namen der katholischen Kirche begrüßen und ihnen eine Informationsschrift über das katholische München überreichen, sie für das religiöse Leben gewinnen und sie mit katholischen Vereinen bekannt machen. Dieses System der Vertrauensleute baute die Anonymität ab und versuchte, Kontakte zu schaffen. Mitte 1913 hatte P. Mayer bereits 5 600 Vertrauensleute, unter denen sich auch etliche Damen befanden. In den einzelnen Stadtbezirken fanden jeden Monat Versammlungen in einer Gastwirtschaft statt. Mayer selbst gewann diese Mitarbeiter bei seinen Reden in den Arbeitervereinen und bei seinen Hausbesuchen.

3. *Hausbesuche.* Mayer selbst machte immer wieder diese Besuche bei den neu Zugezogenen. Er notierte später: »Um die Verhältnisse kennen zu lernen, machte ich täglich 5–6 Hausbesuche in den einzelnen Stadtteilen von abends ½ 6 bis 8 ½ Uhr, dann gings in

---

20 Im Dunst aus Bier, Rauch und Volk, 34.

die Versammlung. Bei den Hausbesuchen ging es erst sehr lebhaft zu. So wurde ich bekannt mit dem Sozialismus und Kommunismus. Ich war gezwungen, die soziale und kommunistische Presse zu verfolgen und die diesbezüglichen Schriften zu lesen. So kam ich auch zum Besuch der sozialistischen, kommunistischen und Freidenkerversammlungen. So konnte ich in den Vorträgen aus dem Vollen schöpfen.«[21]

4. *Mitarbeit in den katholischen Arbeitervereinen.* Als große Aufgabe in seiner Tätigkeitsbeschreibung in der Großstadt München stand: Mitarbeit in katholischen Arbeitervereinen. Deshalb suchte P. Mayer bald den Kontakt zu diesen Gremien. Nach kürzester Zeit spielte er in ihnen eine entscheidende Rolle (vgl. S. 77).

5. *Besuch von gegnerischen Versammlungen, um dort zu religiösen Fragestellungen das Wort zu ergreifen.* P. Mayer wurde auf diese Weise zu einem Sprachrohr der Münchner Katholiken, ob es in den Versammlungen der Kommunisten oder später bei den Nationalsozialisten war. Er ermutigte die eingeschüchterten Katholiken dadurch, daß er nach den Vorträgen mit Mut und Präzision auf dem Podium argumentierte. Bei einer solchen Versammlung sollte er dann 1919 erstmals Adolf Hitler[22] begegnen, der im übrigen ebenfalls – wie Mayer – auch 1912 nach München gekommen war.

Wenn man das Modell seiner Großstadtseelsorge in wenigen Grundforderungen zusammenfassen wollte, müßte man folgende drei nennen, die offensichtlich ganz unterschiedlich ansetzen, aber dennoch auf ein integratives Verständnis von Seelsorge hinauslaufen:

1. der persönliche Kontakt,
2. die Auseinandersetzung mit den zeitprägenden Ideen in Presse und öffentlicher Versammlung,
3. die strukturelle Sicherung der Arbeit durch Organisationen, sei es in den Vertrauensleuten, sei es in den Arbeitervereinen, sei es später in einer neuen Schwesterngemeinschaft.

---

21 ML 34.
22 ML 56.

Grundlegend für diese Arbeit war Mayers großer Optimismus. Auf dem Katholikentag 1913 in Metz schloß er sein Referat über die Zuwandererseelsorge mit dem Hinweis: »Man hat mir schon gesagt, ich sei ein unverbesserlicher Optimist. Verehrte Anwesende! Wenn ein Seelsorger seinen Optimismus verliert, dann ist überhaupt nichts mehr zu machen. Daß selbstverständlich bei dieser Arbeit das Notwendigste ist, daß die Vertrauensleute, überhaupt alle die, die mit dieser Sache zu tun haben, durchdrungen sind von dem Geiste der Religion, daß wir sie dazu bekommen müssen, alles das zu tun aus übernatürlichen Beweggründen, daß wir mit aller Kraft darauf hinarbeiten, daß sie in den heiligen Sakramenten ihre Kraft suchen zu all der Arbeit, die sie zu leisten haben, das ist für einen katholischen Priester selbstverständlich.« (Beifall)[23]

Es mag leicht scheinen, ein solches Programm für eine Seelsorgestrategie zu entwickeln. Sie wird aber erst dann zu christlichem Leben führen, wenn sie glaubwürdig und gewinnend in die Realität umgesetzt wird und der Theoretiker diese selbst praktiziert. Über Mayers Engagement in diesem seelsorglichen Feld berichtete später Bischof Michael Buchberger,[24] der damals Generalvikar der Erzdiözese München und Freising war und dabei P. Mayer aus nächster Nähe erlebt hatte: »Es ist 8 Uhr abends. Die Arbeitsstätten sind verlassen, der Abendimbiß eingenommen. Viele strömen den Theatern oder Konzerten oder irgendeiner Unterhaltung zu. Um diese Zeit kannst du sicher auch den Herrn Pater Mayer irgendwo auf dem Wege treffen, aber nicht auf dem Weg zu einem Vergnügen, einer Unterhaltung oder Abspannung, sondern auf dem Weg zur Arbeitsstätte des Vereinslebens. Wenn andere aufhören zu arbeiten, fängt er nochmals an. Das gibt ein freudiges und kräftiges Händedrücken, wenn er nun zu seinen Arbeitern kommt; da werden die brennenden Fragen des religiös-kirchlichen und des beruflichen Lebens besprochen. In diesem Kreis hat Pater Mayer viel tausend Nachtstunden verbracht und unzählige Vor-

---

23 ML 150.
24 Michael Buchberger (1874–1961), 1906 Professor für Kirchenrecht in Regensburg, 1919–1927 Generalvikar in der Erzdiözese München und Freising, 1923 Weihbischof, 1927 Bischof von Regensburg, 1950 Erzbischof.

träge gehalten; ihnen hat er einen großen Teil seiner Nachtruhe geopfert, fast Tag für Tag, jahraus, jahrein, viele Jahre hindurch, immer mit der gleichen Treue, der gleichen Opferbereitschaft, der gleichen Güte und Liebe. An ihm hingen alle wie der Freund am Freunde, wie das Kind am Vater. Er ist allen alles geworden, den Männern der Arbeit, die oft so schwer tragen an der Last ihres Berufes, ihrer Sorgen, ihres Lebens- und Glaubenskampfes.«[25]

DIE KATHOLISCHEN ARBEITERVEREINE

Innerhalb der Großstadtseelsorge zählten die Arbeiter zur besonderen Zielgruppe P. Mayers. Er konnte dabei in jenen Vereinen mitarbeiten, die bereits vor Jahren von sozial aufgeschlossenen Priestern gegründet worden waren.

Der »Verband süddeutscher katholischer Arbeitervereine« war am 12. Oktober 1891 entstanden – und zwar gewiß »angesichts der großen durch einheitliches Vorgehen ermöglichten Erfolge der Sozialdemokratie«[26] notwendig geworden. Diese Vereine hatten ihre Vorläufer, etwa im St. Joseph-Arbeiterunterstützungs-Verein, der bereits am 24. April 1849 in Regensburg entstanden war.[27] Nach einem späteren, ausführlichen »Programm der Katholischen Arbeiter- und Arbeiterinnenvereine Deutschlands«[28] greifen diese Grundsätze auf die Enzyklika »Rerum novarum« (1891) von Leo XIII. zurück. Sie wollen eine sittliche und soziale Wirtschaftsordnung; denn »die wirtschaftliche Vormachtstellung des Kapitals zog auch die politischen und kulturellen Bestrebun-

---

25 Regensburger Sonntagsblatt vom 29. 1. 1936, zitiert in: Boesmiller, P. Rupert Mayer, 16–17. – Als P. Mayer 1912 das (hauptamtliche) Amt des Bezirkspräses in München an Johann B. Lohr (1879–1938) abgab, waren 8000 Mitglieder in 40 Vereinen (Krenn, Die christliche Arbeiterbewegung, 108/109). Grund für diesen Rücktritt: Mayers Sorge galt nur noch den unerfaßten Arbeitern und Männern in München (Krenn, 372).
26 Zitat aus einem Rundschreiben vom 19. 4. 1891, zitiert in: Krenn, 15, Anm. 1.
27 Franz Prinz, Kirche und Arbeiterschaft. München ²1972, 165.
28 Das gedruckte Programm (ohne Jahresangabe) befand sich im Nachlaß P. Mayers, mit unleserlichen Eintragungen von seiner Hand (RMA 5.3.).

gen des Volkes in den Dienst niedrigster Interessen«. Die Arbeit wird nicht nur als »Lebenslast, sondern ebenso (als) Lebenslust gewertet.« Doch »der für die Arbeit gezahlte Lohn soll uns die äußeren Mittel für eine Lebenshaltung verschaffen, wie sie ein menschenwürdiges Dasein und die allgemeinen Kulturverhältnisse unseres Volkes fordern«. Wichtig ist ferner, daß bei der Regelung von Lohn- und Arbeitsverhältnissen dem persönlichen Charakter der Arbeit Rechnung getragen wird, »insbesondere ist den Arbeitern eine gebührende Anteilnahme an den Erträgnissen ihres Gewerbes zu ermöglichen«. Konsequenterweise wird von den Gewerkschaften verlangt, daß sie die christliche Religion und Moral als Maßstab akzeptieren. Die christlichen Gewerkschaften entsprächen einer solchen Forderung. Im Sinne eines geistigen und sittlichen Aufstiegs sollen die Arbeitervereine »eine zielbewußte Förderung und Pflege des geistigen und sittlichen Lebens unter der Arbeiterschaft durch Kirche, Staat und Gemeinde wie auch durch die Arbeiter selber und deren Vereinigungen« erreichen. Im einzelnen werden dabei als Mittel zur Pflege und Förderung des geistigen und sittlichen Lebens genannt:

1. Pflege der Fach- und Berufsausbildung durch Einrichtungen des Staates und der Gemeinden wie auch gemeinnütziger Vereine.
2. Erweiterung der in der Schule und Fortbildungsschule erworbenen Allgemeinbildung durch ein gemeinnütziges Volksbildungswerk,
3. Förderung dieses Bildungswesens durch geldliche und sonstige Unterstützung von seiten der staatlichen und kommunalen Behörden,
4. Ein zielbewußtes und sorgsam ausgebautes Bildungswesen in den katholischen Arbeitervereinen. Dabei wird vor allem das Lesen der Zeitung, die Pflege der Gemüts- und Herzensbildung, auch aus der Betrachtung von Natur, Kunst und Religion, betont.

Ebenso detailliert sind die Vorschläge im Hinblick auf Familie und Heim, Erziehung und Schule. Themen wie Schaffung gesunder, hinreichend geräumiger und billiger Wohnungen, Schaffung ländlicher und halbländlicher Kleinsiedlungen werden ebenso angesprochen wie auch die Fortbildung Jugendlicher nach Verlassen der Schule.

Zum Bereich Staat, Stände, Parteien anerkennen die Arbeitervereine den Gehorsam gegen die Obrigkeit; sie wollen auf dem Boden der Verfassung am Wiederaufbau und Ausbau der staatlichen, wirtschaftlichen und kulturellen Gemeinschaft des Volkes mitwirken. Von den politischen Parteien wird erwartet, »daß das Gesamtwohl des Volkes Ziel- und Richtschnur ihrer gesamten Tätigkeit ist«. Sie werden nur jene Parteien vertreten, die in ihrer Staatskonzeption vor allem den religiösen Anschauungen der Katholiken gerecht werden.

Abschließend folgt das Kapitel »Glaube, Religion und Kirche«. Es enthält ein klares Bekenntnis zur katholischen Kirche; es fordert für die Kirche die volle Freiheit des Wirkens im Staat. Die tiefste Motivation der Arbeitervereine kommt in den Schlußsätzen zum Ausdruck: »Vor allem aber wollen wir auch durch unsere katholischen Standesvereine vor aller Öffentlichkeit ein Bekenntnis der Treue zu Glaube und Kirche ablegen und durch gemeinsame Betätigung der Religion dem einzelnen Anregung und Kraft geben, im Geiste der Kirche zu leben. Aus dem Glück und der Kraft des katholischen Glaubenslebens wollen wir, Arbeiter und Arbeiterinnen, schöpfen tiefere Freude der Berufsarbeit, edles Standesbewußtsein, christliche Charakterbildung, den Segen eines Familiensinnes und Starkmut in allen Kämpfen und Prüfungen des Lebens.«

Ein großes Programm, das durch eine Sonderbroschüre über die »Aufgaben der Vertrauenspersonen« in die Realität umgesetzt werden sollte und dabei personal und strategisch vorging, etwa in der Werbung und Betreuung von Mitgliedern, in der Beobachtung der »gegnerischen« Agitation, in der »Verbreitung einer guten Presse«. Hervorgehoben wird, daß eine »Vertrauensperson« die Verschwiegenheit beachtet, mit dem Präses die Probleme der Arbeit bespricht, der »eifrige Empfang der heiligen Eucharistie ein vorzügliches Mittel zur Belebung des zur Erfüllung dieser wichtigen Aufgabe unumgänglich notwendigen Opfergeistes« ist.

Mit solchen Programmen bzw. Broschüren für Verantwortliche und regelmäßigen Vereinsabenden mit einer wachsenden Zahl von Mitgliedern versuchte man im ersten Viertel des 20. Jahrhunderts, die Herausforderung einer eher unchristlichen Arbeitswelt und einer antikirchlichen Sozialdemokratie anzunehmen. Also im Zusammenhalt und in Kooperation, in Fortbildung und Aussprache, im Vertrauen auf die Wirksamkeit der Gnade und auf die Hilfe der katholischen Kirche. Zumindest ein gewisser Teil der Arbeiter empfand sich von der Kirche nicht allein gelassen. Neben vielen anderen zählte P. Rupert Mayer zu diesen Hoffnungsträgern.

Ein Protokoll des Bezirksverbandes der Katholischen Arbeiter- und Arbeiterinnenvereine berichtete: »In der Sitzung der Bezirksleiter bzw. -leiterinnen vom 8. Februar 1912 wurde Pater Mayer in den Reihen der katholischen Arbeiter- und Arbeiterinnenvereine zum ersten Mal begrüßt. Pater Rupert Mayer dankte für die Begrüßung und versprach, sich der Zuwandererfürsorge voll und ganz zu widmen. Auch stellte er sich zur Mitarbeit im Bezirksverband jederzeit zur Verfügung.« Am 2. Mai 1912 führte Pater Rupert Mayer den Vorsitz der Bezirksleiter- und Bezirksleiterinnenversammlung. Er referierte über die Zuwandererfürsorge. Im Anschluß daran wurde besprochen, daß die Zuwandererzettel sofort den Bezirksleitern und -leiterinnen zugesandt werden sollten.

Am 3. Juli 1912 führte Pater Rupert Mayer ebenfalls den Vorsitz. Er referierte über den Mißbrauch der Polizeiakten. Veranlassung dazu gab eine Debatte über diesen Gegenstand im ›Bayerischen Landtag‹.[29] Bei anderen Versammlungen in den nächsten Jahren warb Mayer für die Zentralisierung des Zeitungswesens und für die Verbreitung der katholischen Presse.[30] Durch dieses Arbeiten begegnete er noch mehr als früher der familiären Not der Zugewanderten – Mitursache, eine Schwesterngemeinschaft zu gründen.

DIE SCHWESTERN VON DER HEILIGEN FAMILIE

Neben dem Engagement in der Welt der Arbeit spielte das Thema der Familie in der Großstadtseelsorge eine große Rolle. Man sah die zerbrechenden Familien und die sittliche Gefährdung der jungen Menschen in der anonymen, hektischen Großstadt. Gerade

---

29 Boesmiller, P. Rupert Mayer, 14.
30 Nipperdey, Religion im Umbruch, 51 ff.

16 Der Divisionsgeistliche im Biwak

17 Der Feldseelsorger mit EK I

18 Im Graben bei Hilsenfirst/Frankreich (13. 10. 1915)

19 Besuch an der Front

20 Hoch zu Roß

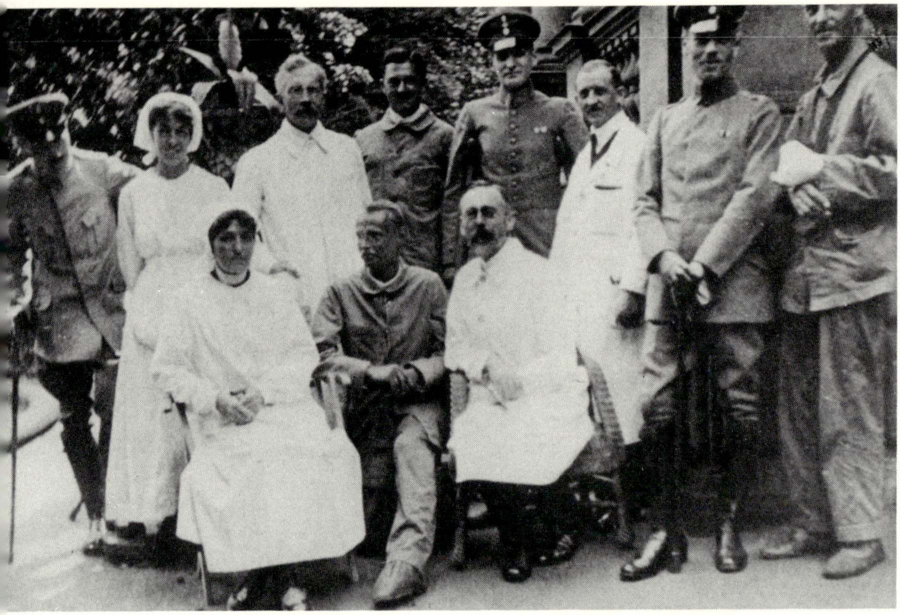

21 Im Lazarett

22 Im Heiliggeistspital in Landsberg (1917)

23 Sankt Michael in München

24 *Denkmal für die Opfer der Revolution vom 6. Mai 1919*

25 *Protestversammlung der Vaterländischen Verbände auf dem Königsplatz in München (14. 1. 1923)*

Die Schwestern von der Heiligen Familie

dieser Herausforderung entsprach die Gründung des Vereins »Schwestern von der heiligen Familie«, bei der auch P. Mayer mitwirkte.

Die Entstehung dieser Gemeinschaft ist drei Männern zu verdanken: Anton Pichlmair[31], Carl Walterbach[32] und Rupert Mayer. Sie hat folgende Geschichte: Wohl Mitte 1913 gab Kardinal Bettinger bei einem Gespräch dem Präses des süddeutschen Verbandes der Katholischen Arbeiterinnenvereine, Monsignore Walterbach, den Rat, für die sozialen Aufgaben der Großstadt eine Schwesternorganisation zu gründen. In Zusammenarbeit mit Pichlmair, dem Präses des Arbeiterinnenvereins in München-Neuhausen, gelang es ihm, vier junge Damen, Angelika Schmuerer, Agathe Helmer, Rosa Meier und Anna Aschenmeier, für seinen Plan zu gewinnen. Diese begannen dann am 3. August 1913 in der »Marienanstalt«, einem Heim für die Betreuung von Hausangestellten, ihre praktische Ausbildung. »Nebenher ging eine besondere religiöse Unterweisung von seiten des H. H. Pater Rupert Mayer S. J. und eine soziale Schulung durch den künftigen Präses. Ein volles Jahr sollte diese Vorschule dauern.«[33]

Da für den 1. August 1914 bereits die Übernahme eines neuen Heimes in der Blumenstraße geplant war, fand am Morgen des 29. Juni 1914 die feierliche Aufnahme der ersten vier Schwestern in der alten Kreuzkirche statt. P. Mayer hielt die Festpredigt, Monsignore Walterbach zelebrierte den Festgottesdienst und nahm die Versprechen der Schwestern entgegen.

Die Absichten, die die Gründer dieser Gemeinschaft bewegten, legte Walterbach in seiner Publikation »Die Schwestern von der

---

[31] Anton Pichlmair (1880–1937), seit 1910 Präses des Arbeiterinnenvereins München-Neuhausen, 1914 Präses der Schwestern von der hl. Familie.
[32] Carl Walterbach (1870–1952), Monsignore, 1903–1933 Präses des süddeutschen Verbandes der kath. Arbeiterinnenvereine, 1909–1928 Diözesanpräses der Arbeiterinnenvereine der Erzdiözese München-Freising, Mai 1933 in den »Leohaus-Skandal« verwickelt. Walterbach war auch etwas unzufrieden mit der Entwicklung der Gründung der Familienschwestern; denn er plante »mobile Schwesternstationen, von denen aus auch katholische Arbeiterfamilien betreut und in kathol. Arbeiter- und Arbeiterinnenvereinen mitgearbeitet werden sollte«. Ebenso beklagte er die Selbständigkeit der Schwestern; vgl. Krenn, Christliche Arbeiterbewegung, 336.
[33] Pichlmair, Die Schwestern von der heiligen Familie, 7.

heiligen Familie« dar, die er zu deren Einführung im Juni 1914 verfaßt hatte. Er dürfte in seinen Aussagen voll mit den Ansichten P. Mayers übereinstimmen.

Ausgangspunkt seiner Überlegungen war die soziale Frage, wie sie von Papst Leo XIII. in seiner ersten Sozialenzyklika »Rerum Novarum« (1891) thematisiert und als Aufgabe der katholischen Kirche benannt wurde. Innerhalb der sozialen Problematik und in Konfrontation mit dem Sozialismus der damaligen Prägung schrieb der Papst: »Das sozialistische System, welches die elterliche Fürsorge beiseite setzt, um eine allgemeine Staatsfürsorge einzuführen, versündigt sich an der natürlichen Gerechtigkeit und zerreißt gewaltsam die Bande der Familie.«[34]

Man entdeckte diese Absicht nicht zuletzt bei August Bebel, dessen Buch »Die Frau und der Sozialismus«[35] eben erst herausgekommen war und das die Auflösung der Familie nur voranzutreiben schien. Walterbach schrieb: »Statt aber daran zu denken, diese Ursache des Verfalls des Familienlebens zu beheben, will der Sozialismus dasselbe direkt vernichten. Bebel hat dies bis in die Einzelheiten dargelegt und kommt dann zu dem Resultate: ›Wie in der Küche, so wird die Revolution im gesamten häuslichen Leben sich vollziehen und zahllose Arbeiten erübrigen, die heute noch ausgeführt werden müssen.‹ Statt also die Erfindungen und Einrichtungen der Neuzeit dem Familienleben dienstbar zu machen und es neu zu gestalten, statt die Schwierigkeiten, die das moderne Erwerbsleben dem Familienleben gebracht hat, zu überwinden, will der Sozialismus dasselbe völlig vernichten. Es hat also Leo XIII. recht, wenn er in der genannten Enzyklika über den Sozialismus aus diesen Grundsätzen die Folgerungen zieht und schreibt: ›Es ist aber auch bekannt, daß dieser Bund durch die Grundsätze des Sozialismus nahezu aufgelöst wird; geht ihm aber die Festigkeit verloren, die ihm aus der religiösen Ehe erwächst, so müssen unbedingt auch die Gewalt des Vaters über die Kin-

---

34 Walterbach, Die Schwestern von der hl. Familie, 9, 14; vgl. Schwestern von der heiligen Familie. 75 Jahre im Dienst für die Familie, 16–25.

35 August Bebel (1840–1913), mit Karl Liebknecht Begründer der Sozialdemokratischen Arbeiterpartei (1875). Sein Buch »Die Frau und der Sozialismus«, Stuttgart 1913.

Die Schwestern von der Heiligen Familie 83

der und die Pflichten der Kinder gegen die Eltern darunter leiden.‹«[36]

Im Gegensatz zu diesem sozialistischen Programm planten die Gründer der neuen geistlichen Gemeinschaft, die Familie in der Großstadt zu retten und zu stabilisieren. Ihre Entwürfe standen im Kontext der Arbeiter- und Arbeiterinnenorganisationen, also in enger Verflechtung mit der sozialen Welt. Daraus wird die Zielsetzung der Gemeinschaft unmittelbar einsichtig. In den Satzungen wird unter § 2 als Zweck des Vereins ein dreifacher definiert:

»a) Die erwerbstätige weibliche Jugend für ein katholisches Familienleben zu erziehen: dadurch, daß sich die Schwestern der weiblichen Jugend des erwerbstätigen Volkes annehmen, dieselbe für ihren künftigen Beruf als Hausfrau und Mutter heranbilden und sie für das Erwerbsleben ertüchtigen.

b) In der Frauenwelt des erwerbstätigen Volkes den Geist des katholischen Familienlebens pflegen: dadurch daß die Schwestern mit den Familien in steter Fühlung bleiben, in den Tagen der Sorge ihnen hilfreich beistehen und in den Organisationen der Erwerbstätigen fleißig mitarbeiten.

c) Denen, welche durch das Erwerbsleben von der Familie ferngehalten werden, deshalb nach Möglichkeit zu ersetzen: indem die Schwestern Heime für katholische erwerbstätige Frauen und Mädchen leiten.«[37]

Walterbach wies in seiner Einführung der neuen Gemeinschaft nach, daß die Gründung mitten im Geflecht von Jugendpflege, Kinderschutz, Erwerbsleben der Frau und weiblichen Standesorganisationen (also der Arbeiterinnenschaft) stehe und damit einer Not der Großstadt – neben der Wohnung und Arbeit – entspreche, nämlich dem Verlangen nach Geborgenheit, dem Wunsch, in einer Familie oder in einem Heim zu leben.

P. Mayer hatte bei der Ausarbeitung der Statuten mitgewirkt. Leider läßt sich sein Einfluß im einzelnen heute nicht mehr feststellen. Er wurde mit der Gründung Mitte 1914 Spiritual, geistlicher Berater der Gemeinschaft, und nach seiner Rückkehr aus dem 1. Weltkrieg wiederum von 1920 bis 1945.

---

36 Walterbach, Die Schwestern, 14.
37 ebd. 51–52.

Beim zwanzigjährigen Stiftungsfest der Familienschwestern, wohl Ende Juni 1934, gab P. Mayer einen Rückblick auf die vergangenen Jahre.[38] Er sagte, kaum sei die Schwesternschaft gegründet gewesen, sei der Krieg ausgebrochen. »Das war kein günstiger Boden für die Entwicklung einer Schwesternschaft.« Dazu sei die Revolution gekommen, die sie in München miterlebt hätten. Auch diese habe man überstanden. »Dann kam die Inflation.« Für die kleine Schwesternschaft eine schwere Belastung. 1925 kam es zum Umbau des Mutterhauses – und dieser glückte. »Die Schwesternschaft entfaltete sich von 4 Schwestern im Jahre 1914 bis auf über 200 im Jahre 1934: bei der Gründung das Mutterhaus, jetzt neben dem Mutterhaus 18 Filialen. Aber das Schwerste das kam jetzt für uns. Von Anfang an war es unser Gedanke, die Schwestern dafür zu bestimmen, den Familiengedanken in die katholisch-sozialen Vereine hineinzutragen und daher war von Anfang an die engste Verbindung da mit den katholisch-sozialen Vereinen. Und nun kam der Zusammenbruch des Leohauses (1933). In dieser Zeit, in diesen 1¼ Jahren kann man ruhig sagen, sind wir bedeutend älter geworden und grau geworden. Das war ein großes schweres Herzeleid, ein großer Kummer, der über uns kam.«

Mayer stellte heraus, daß sich die Zusammenarbeit mit den Vereinen nicht verwirklichen ließ – und das sei für die Familienschwestern ein Glück gewesen. Der Zusammenbruch des Leohauses habe sie weiters nicht berührt, denn das Leohaus ging mit einem großen finanziellen Schaden in den Konkurs; der Direktor Dr. Georg Ernst, der mit gewagten Filmprojekten einige Millionen riskiert hatte, wurde am 30. 11. 1935 zu einer Gefängnisstrafe von vier Jahren und drei Monaten und einer Geldstrafe von 1 000 Reichsmark verurteilt. Für die Nationalsozialisten eine Geschichte, die sich leicht ausschlachten ließ.

Mayer führte dann weiter aus, daß sich die Gemeinschaft absichtlich von klösterlichen Strukturen gelöst habe, damit die Schwestern mehr in der Welt und in ihrer Freiheit leben könnten. Ihre Aufgabe sei, das Ideal einer christlichen Familie in die Familien zu tragen – und jungen Mädchen, die heimatlos in die Groß-

---

38 RMA 4.2.2.

stadt München kämen, ein Heim zu geben und Geborgenheit zu vermitteln. Gegen Ende zu ermutigte P. Mayer: »Wir lassen uns nicht bange machen. Frisch und froh gehen wir in die Zukunft. Wir passen sehr zu unserem armen Volk. Unser Volk ist arm; auch unsere Schwesternschaft ist arm. Das können wir aus vollem Herzen sagen. Gewiß, wir wollen hoffen und darauf hinarbeiten, daß die materiellen Grundlagen sicherer werden, aber es hat auch sein Gutes: Diese Armut, sie nötigt uns ein ganz bescheidenes, anspruchsloses Leben zu führen. Was für ein Segen für eine Klostergemeinde! Und wir verstehen dann auch das arme Volk. Gleich und gleich gesellt sich gern...« Mayer schaute also – trotz der dunklen Zeiten – mit Zuversicht in die Zukunft. Und er sollte recht behalten.

SPIRITUALITÄT FÜR DIE FAMILIENSCHWESTERN

Durch Mitschriften der Vorträge und Predigten P. Mayers und durch seine geistlichen Briefe aus Ettal (1940–1945) an die Gemeinschaft liegen 40 Texte[39] vor, die einen Zugang zur Frömmigkeit P. Mayers eröffnen und auch klarstellen, welche Spiritualität er den Familienschwestern zugedacht hatte. Diese Aussagen leiden unter einer gewissen Unschärfe, weil es sich bei ihren Grundlagen weithin um Mitschriften anderer handelt und weil die Texte aus dem langen Zeitraum von 1927 bis 1945 stammen. Dennoch läßt sich ein Einblick in den geistlichen Menschen und Priester Mayer gewinnen.

P. Mayer hat nie geredet, um eine schöne Theorie zu entwickeln, die andere dann – auch zugunsten des Verfassers – bewundern können. Er wollte immer die frohe Botschaft bezeugen, in der unumstößlichen Sicherheit, daß sie einem Menschen hilft, glücklich zu werden. Diese Intention ist in allen seinen Äußerungen unverkennbar, ob er einlädt und lockt, ob er beredt für die

---

39 Dankenswerterweise wurden diese Texte von den Familienschwestern gesammelt; auch im ARM 4.2.2. aufbewahrt.

Wahrheit wirbt, ob er vor Entscheidungen stellt. Ein Wort der Drohung findet sich bei ihm nicht. Selbst wenn die 40 Texte in ihrer ganzen theologischen und spirituellen Breite sich vor allem auf die Festtage des Kirchenjahres (weniger auf die Sakramente) konzentrieren und nur zuweilen reine Erklärungen des Neuen Testamentes sind, lassen sie Bevorzugungen in den Themen erkennen und geben den Blick auf die Methode P. Mayers frei, die durch seine jahrelangen Volksmissionen geprägt ist.

Das Menschenbild, das P. Mayer in seinen Aussagen vorschwebt, ist der Mensch als Kreatur und Ebenbild Gottes. Wichtig ist für ihn die Tatsache, daß wir »nicht nur Kinder Gottes heißen, sondern es sind« (1 Joh 3, 4) – mit allen Verheißungen Gottes. Trotz dieser großen Zukunft eines Christen bleiben bei diesem Menschenbild zwei Fragen: die erste nach der menschlichen Freiheit. P. Mayer kommt beim Blick auf den Verräter Judas auf sie zu sprechen. Da aber bleibt Mayer nicht bei der (tatsächlichen und für alle möglichen) Katastrophe stehen, sondern spricht – im Rückgriff auf das Exsultet der Osternacht[40] – von der »glücklichen Schuld«, die einen solchen Erlöser verdiente. Ein zweites Problem: das Leid und das Kreuz. Mayer schreibt darüber: »Wie die Erfahrung lehrt, sind die meisten Menschen, auch wenn sie gläubig und religiös sind, fassungslos, ja viele verlieren völlig den Kopf, wenn ein schweres Leid, ein größeres Unglück ganz plötzlich und unvorhergesehen über sie oder ihre Angehörigen oder ihre Umgebung hereinbricht. Sie überlassen sich gänzlich ihrem Schmerz, jammern und klagen...« Mayer hält dies nicht für richtig – und gibt die Antwort: Gott weiß darum – und, allem Schein zum Trotz, er liebt uns.

Bei seinen Ausführungen ist er sich bewußt, zu Frauen zu sprechen. Er redet anschaulich, versucht Herz und Gemüt zu berühren und sagt einmal ausdrücklich: »Wie oft beschäftigt sich wohl Maria im Gedanken mit diesen ihr bevorstehenden kleinen, aber so beseligenden Mutterfreuden! Wie wuchs ihr Verlangen danach von Woche zu Woche, ja von Tag zu Tag! Wie leicht muß es für ein Frauengemüt sein, sich in all dies hineinzudenken.«

---

40 Preisgesang angesichts der neu entzündeten Osterkerze auf die Erlösung des Menschen.

Spiritualität für die Familienschwestern

Zentral für seine Verkündigung ist die Botschaft vom Gott und Vater Jesu Christi. In einem langen Text legt er seine Gotteslehre in drei knappen Grundsätzen dar: »Gott weiß alles, Gott kann alles, Gott liebt uns.« In einer solchen »Theologie«, die so gar nichts von intellektueller Gequältheit und Zweifel an sich hat, gibt Mayer Anteil an seiner eigenen Gotteserfahrung. Er findet, obgleich auch er in seinem Leben nicht wenig geprüft wurde, immer wieder zu einem im letzten unerschütterlichen Gottvertrauen zurück, zu dem menschenfreundlichen Vater, den auch die Liebe von 100 guten Vätern nicht an Güte überschreitet, wie er meint.

Dieser Gott ist Mensch geworden. Mayer bedauert, daß wir alle die Bedeutung und das Geheimnis dieser Tatsache zu wenig erfassen. Er lädt die Schwestern ein, sich in der herzlichen Vorstellung des göttlichen Kindes dem Geheimnis ehrfürchtig zu nähern. Was Mayer – sei es in der Kar- oder in der Osterwoche – vorträgt, hat den Sinn, »daß wir unser Lebensschicksal an den Heiland ketten«, daß wir ihm nachfolgen: »Was wäre der kreuztragende Mensch ohne Christus und welches Licht fällt auf das Kreuztragen durch Christus«. Wir sollen in den Menschen, also in den Pfleglingen, in den Kindern, Christus sehen. Demnach eine »praktische, praxisorientierte Christologie«, die sowohl die Teilnahme am Schmerz des Kreuzes wie an der Freude der Auferstehung hervorhebt: »sequens in poena, sequens in gloria«, heißt es bei Ignatius von Loyola. Nachfolge ist gefordert. »Wir wollen dem Heiland versprechen, nach seinem Vorbild unser Leben einzurichten.« Der Vortrag über die »Herz-Jesu-Verehrung« verliert sich nicht in süßen Gefühlen, sondern gipfelt in dem Satz: »Die Liebe zeigt sich in der Tat.«

Im Lauf des Kirchenjahres – oft ausgehend vom Brauchtum, das er für wichtig hält – versucht Mayer, den Zuspruch und Anspruch der Feste in ihren Geheimnissen aufzuweisen, ob dies der Advent, die Karwoche, Ostern oder Pfingsten ist. Immer findet er zu handfesten, theologischen Aussagen, in denen ein Imperativ für das konkrete geistliche Leben der Schwestern eingeschlossen ist.

An Ostern betrachtet er die strahlenden Wunden Jesu, des Auferstandenen. Sie sind für ihn »Zeichen des Triumphes Christi, Zeichen seiner Versöhnung des Menschen mit Gott, Zeichen der

großen Liebe Gottes«. Daran schließt sich die Konsequenz: In der Versuchung »sind die Wundmale für uns eine Zufluchtsstätte«. »Bei Versuchungen in die Seitenwunde Jesu fliehen, alle Schwierigkeiten in die Wunden Jesu legen. Sie sollen das einmal ausprobieren. Die hl. Wunden sollen ein Schrecken sein für den bösen Feind und eine Freude und Wonne für die Guten.«
Methodisch hilfreich lädt er immer wieder die Schwestern ein, sich mit allen Sinnen auf das Heilsgeschehen einzulassen. Es heißt dann: »sich in das Geschehen versetzen« (Karfreitag), »am Grab ein wenig verweilen« (Ostern), damit die »Beziehungen zum Heiland immer inniger und wärmer werden« (Fronleichnam). Mayer lebt als der erlöste Mensch, der aus Erfahrung bekennt: »Am Schluß allen Kreuztragens kommt der Ostermorgen« (Karwoche).

Maria, die Mutter Jesu, spielt in seinen Texten eine große Rolle, welches ihrer Feste auch gefeiert wird. Wie er dabei vorgeht, läßt sich an einem Text zum Fest der »Unbefleckten Empfängnis« ablesen. Zuerst die Hinführung zur dogmatischen Aussage: »Es ziemt sich für Gott, daß Maria unbefleckt empfangen wurde.« Dabei bleibt Mayer nicht stehen, sondern er fügt die menschliche Erfahrung an: »Es tut uns so wohl, etwas ganz Reines, Unberührtes anzuschauen.« Aus diesem Zusammenhang ergeben sich Begründungen für die Marienverehrung, für den Marienmonat, für den Rosenkranz, den er als meditatives Gebet versteht. Die alltägliche Praxis des Gebets wird immer wieder auf ihre theologischen Gründe – motivierend – zurückgebracht.

Das Leben eines Menschen in einer geistlichen Gemeinschaft aufgrund der drei Versprechen sieht P. Mayer sehr realistisch, war er doch selbst bereits jahrelang ein Ordensmann. Die erste Begründung dieser Lebensform entsteht für ihn aus der Situation von Kirche und Gesellschaft. Diese gesellschaftliche Situation bewertet er als allgemeinen Niedergang. Die Versprechen bestätigen den Entschluß, gegen den Strom der Zeit zu schwimmen – und zwar aus dem doppelten Grund: aus Liebe zum Heiland und in der Absicht, »Seelen zu retten«.

Mayer konkretisiert – teilweise sehr kasuistisch, aber immer menschenfreundlich – die einzelnen Versprechen zu Armut, Keuschheit und Gehorsam. Beim Thema »Armut« führt er lange

Spiritualität für die Familienschwestern

aus: Worin besteht die Armut nicht? »Sie besteht nicht darin, daß wir nun möglichst lumpig, zerrissen und verflickt dahergekommen, sie besteht auch nicht darin, daß wir auf das Notwendige verzichten..., sondern darin, daß wir ein einfaches Leben führen...« Die Treue zu den drei Versprechen ist natürlich eingebettet in eine Aszese, die sich wohl in recht handfesten Grundsätzen ausdrückt, dann aber doch von der (psychologisch vertieften) Lebenserfahrung eines langjährigen Beichtvaters und Seelenführers geformt ist. Mayer wirft dabei einen Blick auf die Auferstehung: »Jetzt hat er seinen Triumphzug begonnen durch die ganze Welt. Ähnlich erleben wir es ja auch bei uns. Es kommt uns vor, wie wenn Matthäi am letzten wären. Auf einmal kommt eine Wendung zum Besseren. Ich weiß, daß mein Erlöser lebt!« Rein sozial für die Gemeinschaft gibt er die Grundorientierung: »Eine jede arbeitet für den Himmel, selbst wenn sie am letzten Posten steht.« Es gilt, jene Erfahrung zu schätzen: »Gerade das Unangenehme im Leben fordert einen.« Aber: Ohne Gottvertrauen geht es nicht.

»Gottverbundenheit, Christusgemeinschaft, Christusliebe, Schwesterngeist, Schwesterngemeinschaft, schwesterliche Liebe, Seelenrettung, Lebensopfer für andere bringen, Umwandlung der irdischen Liebe zu den Eltern in die geistliche Elternliebe, Gehorsam im Geist des Glaubens, das alles müssen leere Worte bleiben, wenn die Gnade Gottes uns nicht trägt und nicht hilft.« Mayer bindet also alles Tugendstreben an den Gott zurück, der das »Wollen und Vollenden« (Phil 2, 13) gibt. Am Ende nennt er als Zielvorstellung seiner aszetischen Vorträge für die Schwestern: »Innerlich gefestigte, christusliebende, tapfere, mutige Schwestern brauchen wir gerade in unserer Zeit.« Das geistliche Leben steht also nicht neben der menschlichen Verwirklichung; es ist in sie integriert, wie es auch untrennbar in das Leben einer Gemeinschaft hineingenommen ist. Nicht ohne Grund nennt sich die Gemeinschaft »von der heiligen Familie«!

Was seine Einführung in das Gebet und in die Meditation angeht, merkt man den Einfluß der ignatianischen Spiritualität und der Exerzitien. Er fordert die Schwestern auf: »In das Geheimnis hineinstehen. Dann haben wir Interesse dafür, dann leben wir mit.« Er ermutigt treffend, »die Gedanken aufzufüllen mit diesen heiligen Bildern«; er meint dabei vor allem zuerst die Anschaulichkeit der Geheimnisse aus dem Leben Jesu. Auch eine solche bildhaft betrachtende Weise des Betens (nicht zuletzt beim Rosenkranz) kann ein menschliches Leben erfüllen.

Besondere Beachtung verdient Mayers Rückgriff auf die Kirchengeschichte. Er wählt die ersten Christen, die Urkirche, als Urbild des Gemeinschaftslebens. Damals hätten die Christen einen großen Eindruck auf das Volk gemacht, gemäß der bekannten Nachricht in der Apostelgeschichte (Apg 4, 32). Am Ende zieht P. Mayer den Schluß: »Sie haben die größten Opfer füreinander gebracht, selbst das Leben haben sie füreinander eingesetzt. So schutzlos und so ohnmächtig wir sind, die Liebe zu üben, kann uns kein Mensch verwehren. Es muß wieder so werden, daß die Menschen mit Fingern auf uns deuten. Da hat es bei uns auch gefehlt. Nur die Liebe wird sich durchsetzen.«

Ebenso wichtig sind seine Ausführungen zu den Seligpreisungen (darin auch ein Beispiel seines Umgangs mit der Heiligen Schrift). Sie sind für ihn »ein Programm für die Christen aller Zeiten«. Die Armut ist wesentlich für die »innere Einstellung zu den irdischen Gütern«; die Sanftmut hilft »Menschen gewinnen«; das reine Herz meint das Freisein von Sünde und die lautere Absicht, alles zur Ehre Gottes zu tun. Offensichtlich überspringt Mayer die exegetischen Aussagen und kommt gleich zu den lebenspraktischen Konsequenzen. Daraus läßt sich das Modell eines christlichen Lebens zusammenfügen, das sich mit dem zuvor skizzierten Ideal der Familienschwestern deckt. Am Ende ist – kurz gefaßt – Frömmigkeit eine Spiritualität des »Kleinen Weges« (Theresia von Lisieux). »Mit den Menschen von heute – nervös und aufgeregt – müssen wir arbeiten. Die müssen wir beruhigen und ihnen die Liebenswürdigkeit des Christentums zeigen... Wir brauchen nichts Großes zu leisten, aber diese Treue im Kleinen müssen und können wir üben.« – Aufschlußreich für den Jesuiten Mayer ist seine Predigt über Ignatius von Loyola. Was bewundert er vor allem an ihm? Seine Demut, seine Klugheit, seine Großherzigkeit. Die Summe dieser im Leben erprobten Sicht auf Ignatius lautet: »Mit den Gefahren ist sein Mut gewachsen, nur war da die Grundlage eine andere. Jetzt stützte er seine Großherzigkeit auf ein unerschütterliches Gottvertrauen. Er war so felsenfest überzeugt, daß sein Leben in der Hand Gottes war.«

Spiritualität für die Familienschwestern 91

Die allgemeine Zeitsituation kommt in diesen 40 Texten zuweilen deutlich zum Vorschein. So spricht P. Mayer im März 1933 davon, daß Jesus in die Zukunft sah: »Er sah in die Zukunft und das war kein trostreicher Blick. Er sah den organisierten Unglauben, den organisierten Irrglauben, der immer und überall seit den Tagen des Heilandes gegen ihn und seine Lehre an der Arbeit ist und bleiben wird. Er sieht, wie so viele schwach werden und ihn und seine Sache im Stich lassen...« Er redet in der Kriegszeit von der Not derer, die Mitmenschen verlieren, deren Häuser zerstört werden. Splitter aus Mayers eigener Biographie tauchen da und dort auf: die Erinnerung an Advent und Weihnachten in seiner Kindheit, der Hinweis auf seinen gescheiterten, merkwürdigen Versuch, Armut in nachlässiger Kleidung zu demonstrieren, der Bericht über die zutiefst glückliche Zeit im Gefängnis (1937)[41], die Gewißheit, daß der Prozeß »viel Gutes gestiftet habe, weit über die Grenzen Münchens und Bayerns hinaus«[42] und die Klage, daß er nach der Verwundung ein »halber Mensch« ist und über Jahre fast gänzlich in Ettal abgeschlossen gewesen zu sein. Kurz deutet er auch das Lebensschicksal des am 11. 1. 1945 von der Gestapo verhafteten P. Provinzials Augustin Rösch[43] an.

Der folgende Text über die Nähe Gottes konnte von P. Mayer nur geschrieben werden, wenn er einer solchen Erfahrung selbst gewürdigt worden war. Er berichtet mit großer Zurückhaltung: »Wer so den lieben Gott treu und gewissenhaft sucht, der wird ihn sicher finden. Es kommt vor, daß Gott einen treuen Diener mit seiner fühlbaren Gnade hinieden heimsucht als Lohn und zum Zeichen, daß er mit ihm zufrieden ist. Plötzlich ohne jede äußere Veranlassung, durchfluten da Ströme beseligendster Wonne das Herz des Überglücklichen. Die Seele hat das Gefühl, als ob sie für einen Augenblick untergetaucht würde in ein Meer unbeschreiblicher Seligkeit. Das ist ein ganz kleines Vorspiel dessen, was eine Menschenseele im Reich des ewigen Lichtes einmal erwartet.«

Eines kann man nicht übersehen: Die Spiritualität, die P. Mayer den Familienschwestern vermitteln wollte, ist von seiner eigenen

---

41 ML 70.
42 ML 217ff.
43 Vgl. Rösch, Kampf, 301–303.

Biographie nicht abzulösen. Sie bezeugt die Wege seines Lebens mit Gott. Was sich in seinem Leben, getragen von Gottes Gnade, verwirklicht hat, gibt er als ermunternden, hoffnungsvollen Zuspruch weiter.

Krieg und Revolution

Als im August 1914 der Erste Weltkrieg ausbrach und Kriegsbegeisterung die Masse der Deutschen ergriff[1], standen die Katholiken nicht abseits. Für sie ging es dabei nicht nur um die Verteidigung des Vaterlandes; sie kämpften auch um ihre Anerkennung als gleichberechtigte Bürger im Deutschen Reich, das sie bislang eher als zweitrangig gewertet hatte. Der Kulturkampf Bismarcks hatte zu einer solchen Selbsteinschätzung beigetragen – und noch immer erinnerte die Gültigkeit des Jesuitengesetzes an die leidvolle Abwertung der katholischen Bürger.

Nimmt man diesen zeitgeschichtlichen Hintergrund voll zur Kenntnis[2], dann verwundert es nicht, daß P. Rupert Mayer es nach Kriegsausbruch in München nicht mehr ausgehalten hat, selbst wenn er durch seine Abwesenheit sein soziales Engagement ebenso wie die Neugründung der Schwestern von der heiligen Familie in Gefahr bringen sollte.

P. Mayer meldete sich sofort zur Feldseelsorge. Er berichtete: »Nach Ausbruch des Weltkriegs drängte ich ins Feld zu kommen. Es gelang mir endlich nach vielen Bemühungen, als Feldgeistlicher in einem Feldlazarett unterzukommen. Das war zwar nicht nach meinem Geschmack, aber ich war froh, wenigstens einmal ins Feld zu kommen. Ankunft draußen am 24. oder 25. August 1914. In dem Feldlazarett, das dem I. bayerischen Armeekorps zugeteilt war, blieb ich bis anfangs Januar 1915. Ich wurde telegraphisch nach München berufen und zum Divisionspfarrer der 8. bayerischen Division (Division Stein) ernannt. Ende Januar rückte ich mit der Division an die Front (Elsaß-Vogesen). Besonders das

---

[1] Hans Maier, Ideen von 1914 – Ideen von 1939? Zweierlei Kriegsanfänge, in: VfZg 8 (1990) 525–542.
[2] Hürten, Geschichte des deutschen Katholizismus, 183.

18. und 19. bayerische Reserve-Infanterie-Regiment hatte ich seelsorglich zu betreuen. Das 1. Gefecht machte ich Mitte Februar in den Reihen des 18. bayerischen Reserve Infanterie Regiments mit. Die 1. große Schlacht fand statt am 20. 2. bei Münster im Elsaß und endete mit der schließlichen Erstürmung des Reichsackerkopfes. Dann kamen Stellungskämpfe.«[3]

P. Mayer hatte sich mit Erlaubnis seiner Obern am 1. August 1914 freiwillig gemeldet und war vom 22. August 1914 bis 7. Januar 1915 als »Kriegsfreiwilliger und überetatmäßiger Krankenpfleger«[4], d. h. als Feldlazarettgeistlicher tätig und wartete in diesen Monaten ungeduldig – wie seine Briefe belegen[5] – auf seine Versetzung zur kämpfenden Truppe.

DIVISIONSPFARRER

Mit der Berufung zum Feldgeistlichen begann am 8. Januar 1915 für P. Mayer eine neue Phase seines Kriegseinsatzes, ja seines Lebens. Er war für die Seelsorge im 18. und 19. Bayerischen Reserve-Infanterie-Regiment abgestellt und machte bis Ende 1916 alle großen Kämpfe dieser Einheiten mit.[6]

Die Feldseelsorge hatte eine dreifache Aufgabe: 1. Mit allen Mitteln der Kirche, also mit Wort und Sakrament, zu helfen, daß die Soldaten in Treue ihre Pflicht gegenüber dem Vaterland erfüllen. 2. In ruhigen Tagen ihnen Freude zu machen (durch Lektüre, Vorträge, Heime), in schweren Leidensstunden ihnen Trost zu bieten. 3. »Und wenn es zum Tode geht, dann sollen sie ihr Bestes geben, um die letzten Stunden zu den heiligsten zu gestalten.«[7]

---

3 ML 36.
4 Julius Trumpp, Interview in: Bayernchronik vom 30. 8. 1962 (Ms.) (RMA 4.2.1.); vgl. ebenso: Hans-Josef Wollasch, Militärseelsorge im Ersten Weltkrieg. Mainz 1987, XXIX.
5 MB vom 2. 11. 1914, 7. 11. 1914, 11. 12. 1914 (RMA-B).
6 Akte des Divisionsgeistlichen Rupert Mayer (Versorgungsamt München) Nr. 22075, Bl. 47 (RMA 4.4); ebenso STAM IV OP 8017 (Personalakte im Kriegsarchiv).
7 Esch, Der Feldseelsorge Schwierigkeiten und Erfolge, in: StdZ 47 (1917) 40.

Aus diesen Zielvorstellungen ergab sich, daß der Feldgeistliche immer bei seinen Soldaten war, in Freud und Leid mit ihnen lebte und nur auf diese alltägliche Weise seelsorglich einen Zugang zu ihnen gewann. In einer solchen Extremsituation stellte sich nicht mehr die Frage, »ob der Krieg selbst gerecht oder ungerecht war, ob er zu vermeiden gewesen wäre«. Ein Feldgeistlicher gab folgende Antwort: »Wir waren ja alle ausnahmslos, an der Front wohl bis gegen Ende, von der Gerechtigkeit unserer Sache überzeugt, und außerdem zwangen uns doch einfach die Tatsachen, auszuhalten und das Mögliche zu leisten. Gedanken über Pazifismus und dergleichen Dinge waren damals an der Front unlogisch und utopisch. Das heißt nicht, daß der Feldgeistliche in seinen Predigten zum Kriegshetzer werden muß. Gerade vom Geistlichen erwarteten die Soldaten ein phrasenloses, ruhiges Wort, ganz anders als von den militärischen Führern, das sie ermunterte und tröstete, aber nicht aufreizte.«[8]

Wenn auch aus zeitgeschichtlicher Distanz diese Einstellung schwer verständlich sein mag, so ist zu bedenken, daß bei »der großartigen vaterländischen Begeisterung« während der Mobilmachung der Klerus nicht zurückblieb, sondern sich freiwillig meldete. »Und das freiwillige Angebot ging weit über den vorgesehenen Bedarf hinaus.«[9]

Als zusätzliches Motiv kam die Abwehr jener verletzenden Unterstellung zum Tragen: »Wie oft hören wir heute aus den Kreisen liberaler und roter Zeitungen den Vorwurf, daß die katholische Geistlichkeit an vaterländischer Opferwilligkeit hinter den Laien zurückstünde.«[10] Es ging also um die Ehre eines ganzen Standes,

---

8 Schlund OFM, Die Religion im Weltkrieg, 115–116. – Die Frage eines »gerechten Kriegs« behandelte Michael von Faulhaber, damals Bischof von Speyer, in seiner Schrift »Der Krieg im Lichte des Evangeliums. München ²1915«. Er stellte den gerechten Krieg zwischen »Martialismus« und »Sabbatismus« und sagte: »Das Evangelium hat für den Krieg nicht nur einen Waffenpaß ausgestellt, es hat für ihn sogar einen Waffensegen« (24). Begründet wird diese Aussage im Gesetz der Lebensbehauptung der Völker. Von dieser Grundsicht her waren seine weiteren Schriften getragen: Das Hohe Lied der Kriegsfürsorge (Berlin 1917) und seine Grußworte an die bayerischen Soldaten, die er 1917 und 1918 als Erzbischof von München und Freising und als Feldpropst schrieb; vgl. Volk, Faulhaber I. LIII–LV.
9 Kreitmaier, Die bayerische Feldseelsorge, in: StdZ 47 (1917) 470.
10 ebd. 476.

die allerdings unablösbar von der Ehre der katholischen Kirche war. Die Chance, sich in vorderster Front zu rehabilitieren, wollte sich kein junger Geistlicher entgehen lassen. Konkret hieß dies: Heilsdienst an den Soldaten. Im Innern kam allerdings auch eine zeitgeschichtlich bedingte Motivation zum Tragen.

In der Rückschau auf die Kriegstage waren P. Mayer später vor allem folgende Ereignisse nahe: die erbitterten Kämpfe um die Höhe 830 mit dem unbeschreiblichen Trommelfeuer Anfang Mai 1915; die Eroberung von Lemberg am 20. Juni 1915; der harte Kampf an der Somme vom 20. Juli bis 11. August 1916 und ab Oktober 1916 der Kampf in Rumänien, im Gyimes-Uz-Gebiet.

In seiner Erinnerung blieben ihm unvergeßlich: das Elend des Krieges, die großen Verluste unter Offizieren und Mannschaften, die vielen Toten; aber auch die Kameradschaft zwischen allen, die in den gefährlichen Kampf hineingezogen wurden. Das alles war das Umfeld seiner Seelsorge, der Dienste an »seinen« Soldaten und Kameraden. In diesen Wirren hatte er Gottesdienste zu halten und Gespräche zu führen. Er beschrieb die Situation einmal so: »Wir hatten nun mit Rumänen und später mit Russen in 1 200–1 500 m Höhe eine Reihe von erbitterten, blutigen Gefechten. Wenn es immer möglich war, schob ich da und dort einen Gottesdienst ein, so hielt ich einmal für einen Zug (ca. 40 Mann stark) auf vorgeschobenen Posten eine hl. Messe mit Ansprache. Wenige Meter von uns entfernt krachten Infanterie-Schüsse. Während der Ansprache wurden einige gefangene Rumänen bei uns vorbeigeführt. Was war geschehen? Ein feindlicher Spähtrupp hatte sich während des Gottesdienstes angeschlichen, wurde aber von unserem Spähtrupp entdeckt und gefangen genommen.«[11]

Als P. Mayer für seinen mutigen Einsatz am 12. Dezember 1915 als erster katholischer Geistlicher das Eiserne Kreuz 1. Klasse erhielt,[12] fand er die ungeteilte Zustimmung der Offiziere und Mannschaften und wurde groß gefeiert. Er selbst war über diese

---

11 ML 38.
12 Später erhielt Mayer auch den Bayerischen Militärverdienstorden IV. Klasse mit Schwertern am Band, das Ritterkreuz des Kaiserlich-Österreichischen Franz-Josef-Ordens, das Ritterkreuz I. Klasse des Friedrichordens mit Schwertern (Württemb. Ausgabe).

Auszeichnung zwar beglückt und nicht wenig stolz, wehrte aber die Bewunderung mit dem Hinweis ab, er habe nur die Pflichten seines Berufes erfüllt; dabei sei es ihm immer um zweierlei gegangen: um Gott und um das Vaterland.[13] Seine Unerschrockenheit und seine Kameradschaftlichkeit verschafften ihm einen legendären Ruf. Er schien gegen jede Kugel gefeit; er tauchte in den schlimmsten Situationen im Schützengraben auf; er brachte einmal mit ausgebreiteten Armen die zurückweichende Front zum Stehen und rettete so die verfahrene Situation. All dies grenzte ans Wunderbare. P. Mayer war offensichtlich in seinem Element. Ob er hoch zu Roß angeritten kam, ob er in den Schützengräben und Unterständen Zigarren verteilte, ob er in ruhigen Minuten mit den Soldaten und Offizieren Gottesdienst feierte, ob er einem gefallenen Kameraden den letzten Dienst am Grab erwies –, er war »der Pater Rupert«, dessen Ruhm noch bis in die dreißiger Jahre fortbestehen sollte. Gerade die einfachen Menschen hatten in ihm einen Geistlichen erlebt, der ganz für den Soldaten in Not und Verzweiflung da war und der in zu Herzen gehenden Worten aufzurichten und zu ermutigen verstand. Julius Trumpp stellte später fest: »Pater Rupert wußte genau, wo den einfachen Mann der Schuh drückte, kannte jedoch auch einen zweiten Weg zu den oftmals hartgesottenen Männern. Und der Weg führte – begleitet von seinem goldenen Humor – über den unerschöpflichen Vorrat seiner Liebesgaben, die er persönlich – oft schwer beladen – bis zum vordersten Horchposten im Sappenkopf brachte.«[14]

Als Feldgeistlicher hatte er auch immer wieder die traurigen Briefe zu schreiben, in denen er den Angehörigen den Tod des Vaters oder Sohnes mitteilen mußte. Er schrieb am 29. April 1915 in einem solchen Brief: »Nach allem zu schließen, dürfen wir mit Sicherheit annehmen, daß Ihr Gemahl fromm im Herrn verschieden ist. Und darauf kommt ja zuletzt alles an. Wir hoffen zuver-

---

13 Für P. Mayer hat gewiß auch gegolten, was über Benedict Kreutz geschrieben wurde. Für diesen »verblasste das Eiserne Kreuz hinter dem schmucklosen metallenen Brustkreuz, das den Priester erkennbar macht«. Zit aus: Hans-Josef Wollasch, Militärseelsorge, XXVII.
14 Vgl. Trumpp (Leutnant), Das Königl. Bayerische Reserve-Infanterie-Regiment Nr. 18.

sichtlich auf ein glückliches Wiedersehen im himmlischen Vaterland.«[15] Er sprach also nicht unbedacht vom »Heldentod«, sondern versuchte von der Botschaft der Auferstehung her eine Antwort auf den »schrecklichen Krieg« zu finden.

Gewiß hat der Dichterarzt Hans Carossa mehrmals in seinen Werken den Divisionsgeistlichen Rupert Mayer dargestellt und gerühmt. Da aber sein Zeugnis nach neuesten Forschungen einige Fragen offenläßt, soll als Stimme unter vielen Franz Weiss, der als stellvertretender Lazarettinspektor P. Mayer kennenlernte, das Wort erhalten. Er schilderte P. Mayer so: »Während des Einsatzes des Feldlazaretts bemühte sich P. Rupert in erster Linie mit den Schwerverwundeten. Ihnen galt seine ganze Zeit und seine aufopfernde Sorge. Von Arzt und Sanitätspersonal erfuhr er die Namen der Verwundeten, mit deren Ableben zu rechnen war. Bei diesen verweilte er, tröstete sie, nahm ihre letzten Wünsche entgegen. Er vermittelte den Briefverkehr mit den Angehörigen und gab gegebenenfalls Nachricht von dem Ableben und den letzten Stunden in die Heimat. Dieser gestellten Aufgabe widmete er sich in einer Art, daß er jede Rücksicht auf seine Person vergaß, die Tagesmahlzeiten versäumte und Nächte hindurch die Briefe an die Angehörigen schrieb. Erst nach dem Einsatz sah man P. Rupert wieder einmal beim Essen. Er hatte sich in der kurzen Zeit ganz verändert, war bedeutend abgemagert und seine ernsten Züge waren noch ernster und bekümmerter geworden. Das Sterben und der Jammer der Verstümmelten setzten ihm besonders zu... Am 8. 1. 15 wurde er zur 8. Reserve-Division als Divisionsgeistlicher versetzt. Bald darnach erfuhren wir, daß er seine Worte in die Tat umgesetzt hatte und gerade Verwundete zwischen den feindlichen Linien, die niemand wegen des feindlichen Feuers zurückbringen wollte, zurückgeholt hatte, ungeachtet der damit verbundenen großen Lebensgefahr. Bei der 8. Reserve-Division war er am liebsten in der vordersten Linie, obwohl ihn der Divisionskommandeur wiederholt gebeten hatte, sich zu schonen, bei den zurückgezogenen Truppen in Ruhestellung sei er durch seine ausgezeichneten Predigten ebenso notwendig wie in den Schützengräben. Bald vernahmen wir auch, daß er als erster Divisions-

---

15 ARM-B.

geistlicher das Eiserne Kreuz erster Klasse erhielt für seine außergewöhnlichen Verdienste...«[16]

SCHWER VERWUNDET

In alle kämpferische Zuversicht des Divisionspfarrers Mayer brachte der 30. 12. 1916 die Wende in Schmerz und Leid und in eine für ein ganzes Leben lang bleibende Verstümmelung. P. Mayer berichtete später ausführlich über die Umstände seiner schweren Verwundung: »So ging fast 2 Jahre lang alles gut. Unzählige Kugeln und Granatsplitter pfiffen und sausten an mir vorbei. Wiederholt wurden Kameraden in meiner unmittelbaren Nähe verwundet. Wiederholt habe ich vor Gefechten nach einem geeigneten Platz mich umgesehen, wo wir nach der Schlacht die gefallenen Brüder wohl beerdigen könnten. Wiederholt habe ich bei einer solchen Gelegenheit daran gedacht, daß ich hier wohl auch beerdigt werden würde. Aber wider Erwarten ging alles gut bis zum 30. Dezember 1916. Am 31. 12. sollte der Berg Catumba[17] von den 19ern gestürmt werden. Rechts von uns lag ein preußisches Regiment. Dasselbe sollte zur selben Zeit, wo wir von unten und frontab den Feind, der den Berg besetzt hielt, angriffen, von der Flanke her auf einen Bergkamm vorstoßen. Von den Preußen sollte man über die ganze Lage einen schönen Überblick haben. Darum stieg ich am 29. 12. zu dem preußischen Regiment hinauf und ließ mir die Situation erklären. Ich kam etwas gedrückt nach Hause zum Regimentsstab, da ich den Eindruck gewonnen hatte, daß wir auf den Flankenstoß nicht viel Hoffnung setzen dürften. Am 30. 12. 6 in der Früh begann von unserer Seite das Trommelfeuer auf die russischen Stellungen. Ich befand mich auf der Gefechtsstelle unseres Regiments. Das Wetter war für die Beschießung denkbar ungünstig. Unsere Granaten saßen schlecht. Das war keine Vorbereitung für unseren Angriff

---

[16] Franz Weiss, Brief vom 1. 3. 1952 (RAM 4.1.).
[17] Verteidigungsschlacht um das Gymes-Uz-Gebiet 29. 11. bis 30. 12. 1916 (lt. Personalbogen in Versorgungsakte Mayer).

am kommenden Tag. Wir waren daher sehr niedergeschlagen. Im Lauf des Vormittags entschloß ich mich zum 2. Bataillon des 19. Reserve-Infanterie-Regiments vorzugehen, um mich mit den Ärzten zu besprechen, wohin der Hauptverbandsplatz am besten gelegt werden könnte. Auch hatte ich noch Weihnachtspakete an die Mannschaften zu verteilen. Mein Diener Bruder Karl S. J.[18] sollte mir tragen helfen. Darum nahm ich ihn zur Begleitung mit. Außerdem schloß sich Herr Oberleutnant Keim,[19] der Führer der Maschinengewehrkompanie an, der für die Maschinengewehre passende Stellungen auskundschaften wollte. Auch ihn begleitete sein Diener. Als wir sahen, daß ziemlich Feuer auf unserem Weg in die Stellung lag, trennten wir uns. Er ging als 1., dann kam sein Diener nach 100 Meter Abstand, dann meine Wenigkeit und endlich nach 100 Meter Bruder Karl. Durch unsere Beschießung waren die Russen unruhig geworden und beschossen uns nun wacker mit Schrapnells und Granaten. Eine Zeit lang ging alles gut. Da spürte ich plötzlich einen heftigen Schlag gegen mein linkes Schienbein, sodaß ich auf die Erde geschleudert wurde – ich befand mich eben auf einer Brücke, die unsere Pioniere gebaut hatten. – Nach einigen Minuten traf mich Bruder Karl S. J., löste meine Gamasche von dem zerrissenen Unterschenkel und legte einen Notverband an. Er hat dafür das EK. II erhalten.«[20]

Die Soldaten und der Kommandeur des Regiments waren über den Abschied von P. Mayer sehr betrübt. In einem Tagesbefehl von Oberstleutnant Jaud hieß es: »In der Geschichte des Regiments wird Herr Div. Geistlicher P. Rupert Mayer allzeit ein besonders glänzendes Ruhmesblatt bleiben und kein Offizier und Mann, der das Herz am rechten Fleck hat, wird dieser Wohltaten, der sich auch in den bitteren Tagen des Leidens als der gleiche Held zeigte, der er immer war, vergessen.«[21]

---

18 Georg Karl SJ (1887–1956), seit 23. 8 1916 Bursche von P. Mayer an der Front (BayHStA IV (KA) 3254/651).
19 Keim Georg (1885–1971), Oberleutnant, später in der Finanzverwaltung tätig.
20 ML 40.
21 Tagebuch des Bayer. Reserve-Infanterie-Regiments Nr. 19 vom 1. 12. 1916 bis 28. 2. 1917 (Bayr. Kriegsarchiv). Handschriftlicher Entwurf des Oberstleutnants Karl Jaud. Übrigens teilte am 1. 1. 1917 Generalleutnant Hermann von Stein die Verwundung Mayers dem »Hohen Erzbischöflichen Ordinariat« mit. Kardinal

Schwer verwundet

Der weitere Verlauf der lange sich hinziehenden Gesundung ist in seiner »Versorgungsakte« Nr. 22075 – wie in solchen Schriftstücken üblich – kurz geschrieben:

»30. 12. 1916:
Verwundet im Gymes-Uz-Gebiet, 1. Verband in einem Unterstand des 10. Fuß-Artillerie-Regiments. 2. Verband bei der Sanitätskompanie 18 in Sostelek. Dort erste Amputation des linken Unterschenkels.

6. 1. 1917:
Einlieferung in das bayerische Feldlazarett 56 der 8. bayerischen Reserve-Division in Csik Madefalva.

10. 1. 1917:
Mit Lazarettzug 2 abtransportiert.

11. 1.–13. 1. 1917:
Im ungarischen Spital (Kriegslazarett) Mavosvarkely. Dort am 23. 1. 1917 die 2. Amputation.

12.–17. 3. 1917:
Im Kriegslazarett Abt. 21, Abt. A in Klausenburg.

18.–24. 3. 1917:
Im Lazarettzug.

25.–29. 3. 1917:
Im Vereinslazarett Hohenmölsen / Saale.

30. 3.–23. 7. 1917
Im Vereinslazarett Augenklinik Herzog Karl Theodor in München / Nymphenburger Straße.

24. 7. 1917–26. 4. 1918:
Im Heilig-Geist-Spital in Landsberg am Lech (Fürsorgeabteilung). Ambulante Behandlung zur Anpassung einer Prothese.

Bettinger bedankte sich postwendend am 12. 1. 1917, verbunden mit der Hoffnung, daß »Pater Mayer wie früher in seinem Beruf... arbeiten und leistungsfähig werde« (EAM Akt Weltkrieg 14–18).

26. 4. 1918 zum Ersatztruppenteil entlassen.«[22]

Diese lange Geschichte einer unermüdlichen Hoffnung, einer Geschichte von Enttäuschungen und neuen Erwartungen, von Fieber und schlaflosen Nächten, von ersten Gehversuchen und wiederholten Stürzen – endete dann wieder in München. Noch während der Erholungszeit im Reservelazarett Herzog Karl Theodor in der Nymphenburger Straße begann P. Mayer mit der alten Arbeit. Am 4. Mai nahm er an der Bezirkskonferenz der Arbeitervereine teil, am 9. Mai besuchte er eine Arbeiterversammlung, ab 3. Juli gab er Ordensfrauen Exerzitien.[23] Er versuchte, die Fäden wieder dort aufzunehmen, wo er sie im August 1914 aus der Hand gegeben hatte. Ebenso war P. Mayer, noch während er im Reservelazarett lag, für Vorträge über die Militärseelsorge vorgesehen. Er sollte auch als Mitarbeiter bei der Zeitschrift »Feldprediger« gewonnen werden. Sein Name tauchte ferner in einem Plan von Vorträgen für die Monate Januar und Februar 1918 auf, die nichts anderes beabsichtigten, als die Stimmung in der Bevölkerung zu heben.[24] Aus diesen Aufgaben läßt sich schließen, daß P. Mayer sich durch seine schwere Verwundung in seinem Arbeitswillen nicht hemmen ließ. Er tat fortan immer so, als sei er auch körperlich der alte geblieben.

REFLEXIONEN ÜBER DEN FELDSEELSORGER

Noch während des Kriegs, am 8. April 1918, hielt P. Mayer bei einer Tagung, die Kardinal Faulhaber in München einberufen hatte, ein Referat über »die Persönlichkeit des Seelsorgers im Felde«. Dieses Thema war ihm Anlaß, seine eigenen Erfahrungen aus den zwei bewegten Kriegsjahren zu reflektieren. Einleitend räumt er zwar ein, daß es verschiedene Bewertungen der Tätigkeit eines Feldseelsorgers gebe. Doch dann scheint ihm wesentlich: die

---
22 Versorgungsakte Nr. 22175, Bl. 31,4 (RMA 4.4.).
23 Boesmiller, P. Rupert Mayer, 15.
24 Klier, Von der Kriegspredigt, 85, 87, 150.

Reflexionen über den Feldseelsorger 105

Konfrontation mit Menschen, die der Kirche entfremdet sind: »In der sozialistisch angehauchten Großstadtbevölkerung herrscht das größte Mißtrauen gegen den Priester. Man betrachtet ihn als einen Mann, der predigt, Messe liest, kurz, der seinen Beruf ausübt – um Geld zu verdienen. Alles andere sieht man mehr oder weniger als Mittel zu diesem Zweck an. Deshalb kommt alles darauf an, den Leuten durch die Tat zu beweisen, daß man felsenfest von dem überzeugt ist, was man nach außen hin vertritt, daß man bei seinem Handeln keinen zeitlichen Gewinn erstrebt, sondern sich von ewigen, übernatürlichen Beweggründen leiten läßt. Deshalb muß man im Feld zeigen, daß es einem blutig ernst ist mit dem Glauben an göttliche Vorsehung, mit der treuen Pflichterfüllung bis in den Tod, mit der Übung der christlichen Nächstenliebe, mit dem Paulinischen Allen alles zu werden bis zur völligen Selbstaufopferung. Nichts ist aber für den Feldgeistlichen leichter als dies. Nicht selten hat er dazu täglich Gelegenheit, und gar manchmal nicht bloß einmal am Tag. Deshalb ist es dem Feldgeistlichen verhältnismäßig leicht gemacht, das Hauptvorurteil, das nicht wenige Kreise gegen ihn haben, zu überwinden und seinen Beruf so erfolgreich auszuüben, wie es ihm in der Heimat im Frieden kaum möglich ist.«[25]

Mit dieser Einschätzung bekannte sich P. Mayer zu einer realistischen Sicht der Seelsorge im Krieg. Er löste den Soldaten nicht aus seinem bisherigen Leben heraus, sondern sah ihn immer als Ergebnis seiner Lebensgeschichte und unter der Einwirkung seiner Umwelt. Maßstab für seine Einschätzung nahm Mayer aus seinen Begegnungen mit dem Menschen in der Großstadt. Aus ihnen bezog er seinen Grundsatz: immer den auch lebensgeschichtlich unteilbaren Menschen sehen.

An weiteren Eigenschaften, die ihm bei einem Feldseelsorger wünschenswert erschienen, hob er heraus: Der Feldgeistliche solle nicht zu alt und nicht zu jung (schön wär's, wenn er zu reiten verstünde), er solle weltgewandt sein (aber kein »Salonpfarrer«), er solle Takt besitzen – im Verkehr mit den Offizieren, bei den Predigten, im Verhalten zu den protestantischen Kollegen, er solle ein gediegenes Wissen sein Eigen nennen, er solle mäßig sein in

---

25 ML 151–152.

Speise und Trank, er solle »ein warmfühlendes, teilnehmendes, zu jedem Opfer bereites Herz« haben. All dies aber scheint nach P. Mayer dem Feldgeistlichen nur möglich, »wenn er ernstlich bestrebt ist, ein solides inneres Leben zu führen«. »Das ist und bleibt selbstverständlich Stern und Kern auch für den Feldseelsorger.«[26]

In diesem Referat hat Mayer gewiß bewußt seine eigene Berufsauffassung als Priester vorgetragen und eher unbewußt sich selbst porträtiert. Die Frage, ob dieser Krieg gerecht und sinnvoll sei, bewegte ihn – wie viele andere – kaum. Und es trifft auch für P. Mayer zu, was Ludwig Brandl über die Weltkriegserfahrungen des Klerus schrieb: »Die Zahl der Freiwilligen unter den Theologiestudenten für den soldatischen Dienst und bei Priestern für die Feldseelsorge war beachtlich. Grundlegend für ihre Haltung waren ihr Idealismus und ihre Begeisterungsfähigkeit, für eine gerechte Sache im Dienst des Vaterlandes einzutreten. Daraus resultierte ein überaus mutiger und engagierter Kriegseinsatz, so daß nicht wenige Theologen zu den höchst dekorierten Soldaten im I. Weltkrieg zählten.«[27] Wie sehr also dieser von seiten der Katholiken nicht hinterfragte Krieg sich der Geschichte des Katholizismus im 19. Jahrhundert und auch dem damals volkstümlichen Nationalismus verdankte, läßt sich – trotz aller Verwunderung für spätere Kritiker – nicht bezweifeln. Auch Christen sind immer wieder in geschichtliche Strömungen eingebunden.

Es bleibt aber noch ein anderes Problem: Wie bestand der einzelne Geistliche für sich und vor anderen die Konfrontation mit Leid, Angst, Grauen und Tod? Mußte sich ihm nicht in größter Bedrängnis die Gottesfrage stellen? Mayer gab in seinem ersten Brief an seine Eltern nach seiner Verwundung seine Antwort: »Deus providebit. Etwas anderes kann es für uns da nicht geben. Für viele Millionen, die in diesem Kriege alles einbüßen, ist der liebe Gott die einzige Hoffnung und keiner von allen, die sich an ihn halten, wird sich enttäuscht sehen. In Te Domine speravi non

---

26 ML 155. Ähnliche Reflexionen von Benedict Kreutz, in: Wollasch, Militärseelsorge, 166–173.

27 Brandl, Die Weltkriegserfahrung des Klerus in seiner Bedeutung für das Dritte Reich, in: Internationale Katholische Zeitschrift 21 (1992) 274. Vgl. auch: Schlund OFM, Katholizismus und Vaterland.

confundar in aeternum. So ist die Sache also für uns ganz erträglich. Ja, ich persönlich habe mich mit allem so vollständig vertraut gemacht und ausgesöhnt, daß ich ganz froh bin, daß sich alles so entwickelt hat. – Ohne die Leiden der Verwundung und so fort nicht durchgekostet zu haben, wäre für mich der Krieg wohl nicht das geworden, was ich von ihm erwarten mußte, ein Mittel, näher zu Gott zu kommen.«[28] Aus einem unerschütterlichen Glauben an den Gott, der den Menschen führt und dessen Vorsehung und Liebe über ihm wacht, vermochte P. Mayer die Fragen seines persönlichen Schicksals zu lösen. Ein bewunderswertes Bekenntnis, gewiß. Ob es eine befriedigende, intellektuell zu rechtfertigende Antwort für alle Umgetriebenen und Geschlagenen des Krieges war, darf angesichts weniger geglückter Glaubensgeschichten füglich bezweifelt werden. Not lehrt nicht immer beten – und für viele Soldaten war Gott auf keinen Fall im Schützengraben oder während des Trommelfeuers zu entdecken. Höchstens ein schweigender und verborgener Gott.

REVOLUTIONÄRE ZEITEN IN MÜNCHEN
(1919)

P. Mayer wurde am 2. Mai 1918 endgültig aus dem Lazarett entlassen. Bereits am 16. Juli 1919 erbat er vom Kommandeur seines Regiments »die Entlassung mit der gesetzlichen Pension der Kriegs- und Verstümmelungszulage«.[29] Mayer wohnte wieder in der Rottmannstraße am Stiglmaierplatz.

---

28 MB vom 27. 1. 1917.
29 MB in der Versorgungsakte. Dort auch eine Erklärung des Generalvikars von München-Freising vom 26. 10. 1918: »... P. Mayer hält auf Wunsch des königl. Kriegsministeriums und des Feldpropstes der bayer.... Armeen seit einiger Zeit Vorträge zur Hebung der Stimmung in der Heimat...« (RMA 4.4.). – Als man 1917 daran dachte, in Nürnberg eine Niederlassung der Jesuiten zu gründen, war dafür auch P. Mayer im Gespräch. Prälat Balthasar Moeckel (1881–1964) von der »Nürnberger Volkszeitung« schrieb deswegen an den Bamberger Weihbischof Dr. Adam Senger (1860–1935, seit 1912 Weihbischof) am 22. Juli 1917: »Sehr gelobt wurde wegen seiner Tätigkeit im Felde der Herr Pater Meier(!)-München; er hat ungeheuren Eifer bewiesen bei der Organisation der Vertrauensleute in

Das Ende des Kriegs – das für viele Deutsche die unerwartete Nachricht von der Niederlage brachte – trug nicht nur wegen der Not und der Arbeitslosigkeit zu revolutionären Vorgängen in allen Teilen des Deutschen Reichs bei: vom Aufstand der Kieler Matrosen am 3. November 1918 bis zum Sturz der bayerischen Monarchie am 7. November 1918. Auch das Entstehen der USPD, in Abspaltung von der SPD, die Gründung der KPD, in der der »Spartakusbund« am 31.12.1919 aufging, trugen zu einer Radikalisierung der Öffentlichkeit bei, die durch die Räteregierungen kaum moderiert werden konnte. Öffentliche Aufrufe etwa zur Schaffung eines Bürgerrats, Aversion der Konservativen und Bürgerlichen gegen Kurt Eisner,[30] Meinungsdifferenzen unter den linken Parteien verschärften das politische Klima in Deutschland, so daß es trotz der Friedenssehnsucht aller nicht zu gemeinsamen und praktikablen Lösungen in der Innen- wie in der Außenpolitik kam. Für München galt:»Zu Jahresbeginn 1919 wurden die heftigen politischen Auseinandersetzungen im Reich auch in München spürbar, machte sich Bürgerkriegsstimmung breit und standen sich die politischen Antagonisten zunehmend unversöhnlich gegenüber.«[31]

Trotzdem wurde in der Nacht vom 6. auf 7. April 1919 die »Baierische Räterepublik« proklamiert. Ihr oberster Repräsentant der Räterepublik war Ernst Toller.[32] Die Räteherrschaft schien bald beendet, als in der Nacht zum 13. April die sozialdemokratisch geführte »republikanische Schutztruppe« das Wittelsbacher Palais besetzte, in dem die Räte tagten. Da auch in der folgenden 2. Räterepublik die Hauptverantwortlichen sich in ihrem Vorge-

---

München zur Durchführung der Zuwanderer-Fürsorge. Herr Monsignore Walterbach hat i(h)n sehr gelobt und seine Erfolge hoch eingeschätzt. Ich selber kenne ihn nicht, habe nur erfahren, daß er verwundet wurde und daß ihm ein Fuß abgenommen werden mußte« (RMA 4.1.).

30 Kurt Eisner (1876–1919), Journalist und sozialdemokratischer Politiker, seit 1911 in München, 1917 Übertritt zur USPD, 8.11.1918 bis 21.2.1919 provisorischer Ministerpräsident, am 21.2.1919 auf dem Weg zum Ständehaus erschossen.
31 Herz, Halfbrodt, Fotografierte Revolution, 32.
32 Ernst Toller (1893–1939), Schriftsteller, Mitglied der USPD, 1918 Mitglied des Revolutionären Arbeiterrats und des provisorischen Nationalrats, Kommandant der Roten Armee bei Dachau, 1919 Verurteilung zu 15 Jahren Festungshaft, 1933 Emigration, Selbstmord in New York.

hen gegenüber der Landesregierung nicht einigen konnten, zersplitterten die Kräfte und konnten um so leichter von den Regierungstruppen, die am 31. Mai 1919 in München einmarschierten, überwunden werden. Noch am 30. April verübten Rotarmisten den sog. »Geiselmord« (unter Mitgliedern der Thulegesellschaft); bei den kämpferischen Auseinandersetzungen mit der »Roten Armee« und mit »Räteanhängern« verloren um die 600 Personen – darunter viele Zivilisten – ihr Leben.

Die bewegten Zeiten der Revolution in München veranlaßten Mayer, sich wieder in die Versammlungen zu begeben und dort mitzudiskutieren. Die Versammlungen der Spartakisten vor allem waren aufgewühlt und angeheizt, zumal Josef Sontheimer[33] im Mathäserbräu des öfteren mit einer blasphemischen Herausforderung Gottes begann. Sontheimer gebärdete sich merkwürdig, »zog den Rock aus, stülpte die Hemdärmel hinauf, nahm den Maßkrug in die Hand und schrie, daß er nun Gott, ganz gleich wer das sei, den Christengott oder wer immer Gott auch sei, zum Zweikampf herausfordere. Dieser Gott solle ihm sofort gegenübertreten und mit jeder Waffe kämpfen, die ihm beliebe. Ihm würde der Maßkrug als Waffe genügen, den wollte er ihm auf den Schädel schlagen. Nach einer kurzen Pause brach er dann erneut in Gotteslästerungen aus und fing an, seine kommunistischen Ideen zu vertreten. Dabei betonte er vor allem den Kampf gegen die Kirche und gegen alle Gottgläubigkeit.«

Solche theatralischen Ausfälle machten deutlich, wie riskant es war, diese Versammlungen zu besuchen und in ihnen das Wort zu ergreifen. Adalbert Mayer berichtete: »Um so erstaunlicher war es, daß P. Rupert Mayer des öfteren in diese radikalen Versammlungen kam und es wagte, sich bei der Diskussion zu Wort zu melden. Beim erstenmal gab es sofort ein großes Geschrei: ›Schmeißt den Pfaffen raus!‹ Und ›Pfui‹ und vor allem das damals in der Revolution so beliebte ›Nieder‹. Natürlich waren alle überrascht über das geistliche Gewand in solcher Umgebung. Bevor aber einer die Hand an P. Rupert Mayer legen konnte, stand auf einmal wie aus dem Boden geschossen eine Gruppe von bären-

---

33 Josef Sontheimer (1867–1919), Kaufmann, Vorsitzender des Freidenkervereins in München, Anarchist, am 4. 5. 1919 von Regierungssoldaten erschossen.

starken, an ihren Uniformen erkenntlichen Ex-Frontsoldaten um ihm herum. Einer davon brüllte, sie seien auch Spartakisten, aber diesem Mann dürfe nichts geschehen, dafür würden sie sorgen, und sie verlangten, daß er sprechen könne. Der Mann sei immer einer der Ihrigen gewesen, immer ein Mann des Volkes. Und so geschah es, daß P. Rupert Mayer wirklich zu Wort kommen konnte, wenn er auch, durch Zwischenrufe immer wieder gestört, sich verhältnismäßig nur wenig durchsetzen konnte.«[34]

Gerade in diesen Extremsituationen stellte der ehemalige Divisionspfarrer – manchmal trat er mit Ordensspange auf – wiederum seinen Mut unter Beweis. Er sagte die Wahrheit, ob sie gefragt war oder nicht. Zugleich erfuhr er auch auf diese Weise, was sich hinter den Kulissen der Revolution abspielte.

Mayer, von seinen Kriegskameraden 1919 gefragt, warum in München die Revolution ausbrechen konnte, antwortete, er habe tatsächlich von dieser Entwicklung gewußt und sich auch überlegt, was zu machen sei. Er habe sich schließlich zu einem Gang ins Kriegsministerium aufgerafft, habe aber nicht gewußt, an wen er sich hätte wenden sollen. Einer seiner Zuhörer schilderte diese Ausführungen Mayers: »Das Ergebnis war sehr traurig. Der eine hohe General war nicht zuständig, der andere hörte es wohl, aber machte auch den Versuch, den Besuch an eine andere Stelle zu dirigieren. P. Rupert hatte das Gefühl, daß man mit solchen Mitteilungen nicht genehm war. Überall auch in dem Kriegsministerium sah man bei der Not in der Heimat das Ende herankommen und man wartete darauf, daß irgend etwas geschehe, das zum Ende verhilft. Von der Heimat aus gesehen standen die Dinge ganz anders, als wir sie im Feld beurteilten. Für diese Aufklärung war P. Rupert sehr dankbar.«[35]

Auch Mayer konnte also in den Ablauf der Revolution nicht eingreifen. Er versuchte, da und dort den Weg zu weisen. Er trat am 4. Januar 1919 in einer Versammlung des Bundes sozialistischer Frauen im Deutschen Theater auf und wies dem Redner nach, daß er sein Thema »Trennung von Kirche und Staat« höchst

---

34 Familiengeschichte Pustet–Mayer, 290–291.
35 Franz Weiss, Brief vom 1. 3. 1952 (RMA 4.1.), vgl. auch Vogt, Religion im Militär, 564 ff.

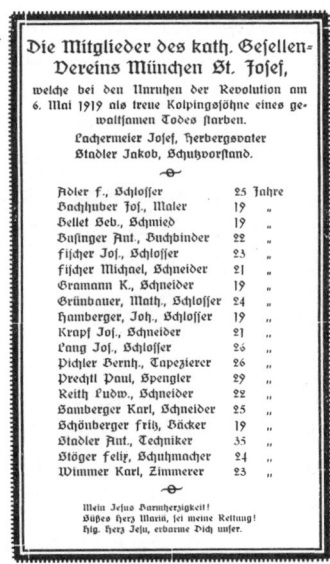

unpräzise behandelt habe.[36] Einen Monat später, am 4. Februar 1919, ergriff er im Mathildensaal das Wort, um gegen das Neuheidentum Stellung zu beziehen: »Wir werden nicht ruhen und rasten, bis der Erlaß zurückgenommen ist.« Der atheistische Kultusminister Johannes Hoffmann[37] hatte bekanntgegeben, der Religionsunterricht werde aus dem Lehrplan gestrichen.[38] Bei einem Dankgottesdienst der Mitglieder des Katholischen Gesellenvereins am 16. März 1919 hob Mayer vor etwa 1000 Zuhörern heraus, »daß es Gott sei Dank noch junge, stramme Leute in so großer Zahl gebe, die sich mit dem Hosianna auf den Lippen durch die Straßen zu ziehen getrauten und nicht mitschrieen im wüsten Chor des crucifige, der gegenwärtig überlaut an allen Ekken und Enden in Schrift und Wort einem jeden an die Ohren klinge«.[39] In den harten Tagen des April 1919 war Mayer vom 11.

---

36 Bayerischer Kurier vom 4. 1. 1919.
37 Johannes Hoffmann (1867–1935), Volksschullehrer, 1908 MdL (SPD), 1912–1930 MdR (SPD), Kultusminister im Kabinett Eisner, 17. 3. 1919 bis 14. 3. 1920 Ministerpräsident, Kultus- und Außenminister in Bayern.
38 Mayer setzte sich auch am 23. 9. 1919 in der Alfonsschule zugunsten der Konfessionsschule ein (Münchner Neueste Nachrichten vom 24. 9. 1919).
39 Bayerischer Kurier vom 4. 2. 1919; vgl. Hofmiller, Revolutionstagebuch

bis 20. April zu Missionsvorträgen in St. Ludwig in Nürnberg. In der Chronik von St. Ludwig ist notiert, daß es für P. Mayer eine besondere Buße war, »in diesen Tagen, wo in München die Räterepublikaner frecher denn je ihr Haupt erhoben, hier in Nürnberg sein zu müssen... P. Mayer verließ noch vor dem offiziellen Schluß der Mission Nürnberg, um nach München zu kommen. Es gelang ihm aber nicht mehr. Er mußte in Augsburg warten, bis München befreit war.«[40]

Er kam allerdings noch zeitig genug, um die neue Bluttat in München mitzuerleben: Am Abend des 6. Mai 1919 wurden 21 Mitglieder des Gesellenvereins St. Josef von Soldaten der Weißen, also der Regierungstruppen, erschossen oder grausam umgebracht. P. Mayer fiel die schwere Aufgabe zu, am Samstag, dem 10. Mai 1919, das Begräbnis der unschuldigen Opfer auf dem Moosacher Friedhof vorzunehmen.

Die Münchner Zeitung brachte am 12. Mai 1919 unter der Überschrift »Die Beerdigung der Opfer vom Karolinenplatz« diesen Bericht: »Jesuitenpater R. Mayer hielt die Gedächtnisrede, die in dem Gedanken gipfelte, nicht das Gefühl der Rache solle die lange Reihe der Särge aufkeimen lassen, über dem Massengrab sollten sich Arbeiterschaft und Bürgertum die Hand zur Versöhnung reichen. Dann habe der Himmel das Opfer der 21 Unschuldigen in Gnaden angenommen.«[41] Die Rede P. Mayers wurde dann gedruckt und als kleine Broschüre in der Stadt verteilt, um auch auf diese Weise die Katholiken Münchens zu trösten und zu einer Beruhigung der Gesamtsituation beizutragen.

Ein weiterer Beweise für seine sensible Wahrnehmung der Situation war seine Rede beim Treffen des Volksvereins für das Katholische Deutschland am 8./9. Oktober 1919. Sein Anliegen: Die Erneuerung der Volksseele kommt nicht vom Ausland. »Üben wir uns in einem vertieften, verinnerlichten, praktischen Christentum.« Am 26. 11. sprach er beim Stiftungsfest des Vereins des Reserve-Infanterie-Regiments 18. Die Festpredigt endigte

---

1918/1919, 141–142.
40 Chronik von St. Ludwig in Nürnberg für 1919, 88–89 (Pfarrarchiv).
41 Münchner Zeitung vom 12. 5. 1919. – Dabei ist nicht zu übersehen, daß die meisten Kolpinggesellen erst um die zwanzig Jahre alt waren.

Revolutionäre Zeiten in München 113

mit der Aufforderung, die 18er sollten sich ein Mitgefühl auch in der Heimat bewahren; dann werde Deutschland gesunden.

Noch in den letzten Wochen des turbulenten Jahres, vom 29. Oktober bis zum 14. Dezember, fand in den 28 Pfarreien der Stadt München eine große Volksmission statt. In St. Ludwig predigte neben anderen P. Mayer. In den Zeitungsberichten wurde auch der Tätigkeit der Jesuiten lobend gedacht. So schrieb die jetzt sozialistisch geleitete »Staatszeitung« (Nr. 303): »Die Kirchen waren jeden Abend fast bis zum letzten Platz besetzt, besonders auch im Dom, wo wie bei St. Bonifaz, St. Ludwig und St. Johann in Haidhausen Jesuiten mit geistvollen Ausführungen über religiöse Fragen jeden Abend Tausende von Zuhörern zu fesseln wußten... Die Mission darf die katholische Bevölkerung Münchens als einen vollen Erfolg buchen.« Ein Spartakist drückte den Gedanken so aus: »Die Mission hat uns um sieben Jahre in der Agitation zurückgeworfen.«[42]

P. Mayer hatte sich in der Vorbereitung der Volksmission besondere Verdienste erworben; denn er hatte dafür gesorgt, daß die von ihm redigierte Missionszeitung durch etwa 2000 Vertrauensleute von Haus zu Haus getragen wurde. Die sorgfältig geschulten Werber und Werberinnen suchten durch persönliche Aussprachen die Widerstrebenden und Abständigen zu gewinnen. Bei einer Dankveranstaltung für alle Helfer bei dieser Mission nannte Kardinal Faulhaber P. Mayer »den Oberapostel von den 3 600«. P. Mayer seinerseits dankte und griff den Wunsch des Heiligen Vaters auf, die Organisation der Vertrauensleute auszubauen und den Presseverein zu fördern. Auch auf diese Weise kamen Modelle einer modernen Großstadtseelsorge zustande. P. Mayer hatte an ihrem Entstehen großen Anteil.

Am Beginn des Jahres 1919 hatte Mayer bei einer Weihnachtsfeier des Mädchen-Jugendvereins von St. Benno in München gesprochen. In dieser an sich eher gefühlvollen Weihnachtsrede hatte er nicht nur zu einer engagierten Jugendarbeit aufgerufen. Er hatte auch Stellung zur Demokratie bezogen. Er führte aus: »Wir im Jugendverein tragen der demokratischen Zeit durchaus Rechnung. Und daß wir jetzt anders in manchen Dingen stehen und

---

42 Vgl. dazu Sa, 80–81.

vorangehen, das hat die Entwicklung in unserem Volk mit sich gebracht. Das Berechtigte in dieser Stellung nehmen wir voll und ganz auf. Aber alles was recht ist. Gewiß Unterordnung der Kinder unter die Autorität der Eltern, das muß bestehen bleiben. Da finden sie im Jugendverein die kräftigste Stütze.«[43]
Mayer sagte also am Anfang dieses krisengeschüttelten Jahres ein klares Ja zur Demokratie. Er bejahte aber auch Autorität und Gehorsam. Dieser Versuch, eine Balance zwischen Altem und Neuem herzustellen, sollte ihn noch viele Jahre beschäftigen, bevor mit der Machtergreifung im Jahr 1933 solche Fragen als Probleme von gestern vom Tisch gefegt wurden. Bis dahin aber hatte es noch zwölf Jahre Zeit.

Mayer konnte damals nicht ahnen, daß jener Adolf Hitler, der – wie sich Mayer in den vierziger Jahren erinnerte – in einer kommunistischen Versammlung 1919 nach ihm geredet und auf ihn »den Eindruck eines außergewöhnlich tüchtigen Volksredners«[44] gemacht hatte, tief in sein Leben eingreifen werde – Jahre später.

---

[43] Festrede des Herrn P. Mayer anläßlich der Weihnachtsfeier des Mädchen-Jugend-Vereins St. Benno, 1. 1. 1919 (Pfarrarchiv St. Benno München).
[44] ML 56–59, 136–137.

Exkurs:

HANS CAROSSA UND RUPERT MAYER

Zeitgeschichtliche Annäherung
an ein Mißverständnis[45]

Es kann gefährlich werden, wenn Werke der Literatur mit einem falschen Vorverständnis gelesen werden. Ob sie wahre Berichte über die Geschichte vermitteln wollen, wird dann wahrnehmbar, wenn Tagebücher des Autors sozusagen als Lesehilfe erscheinen. So geschah es bei P. Rupert Mayer, der nach dem bisherigen Urteil in Hans Carossa einen Bewunderer und Kronzeugen seines vorbildlichen Lebens gefunden hatte. Heute muß man fragen: Hat Carossa zu einer Legende beigetragen, die durch nichts gerechtfertigt ist? Im folgenden soll im Blick auf die Veröffentlichungen Carossas[46] versucht werden, eine Antwort auf diese Frage zu geben.

»Rumänisches Tagebuch«

Von den Begegnungen zwischen dem Dichterarzt Hans Carossa (1878–1956) und dem Divisionsgeistlichen P. Rupert Mayer SJ im Kriegsjahr 1916 berichtet nur Hans Carossa selbst. In den Predigten und Schriften Mayers findet sich auch nicht die geringste Anspielung, nicht einmal auf den verdienten Militärarzt, der ihn unmittelbar nach der Verwundung am 30. Dezember 1916 ärztlich betreute. Um so mehr befaßt sich Hans Carossa mit Rupert Mayer. Ein erstes Zeugnis enthält sein 1924 herausgegebenes »Rumänisches Tagebuch« (SW I 391–501). Es verarbeitet literarisch die Zeit vom 4. Oktober bis 16. Dezember 1916. Carossa setzt ein mit den letzten Tagen an der Front in Nordfrankreich,

---

[45] Erstveröffentlichung in: StdZ 211 (1993) 105–114.
[46] H. Carossa, Sämtliche Werke, 2 Bde. (Frankfurt 1962), zit. SW; ders., Briefe, Bd. 1–3 (Frankfurt 1978), zit. B; ders., Tagebücher, Bd. 1 (Leipzig 1986), zit. Tb; vgl. auch H. Wagner, Begegnung an der Front, in: Lioba, 15–22.

berichtet dann von der langen Eisenbahnfahrt der Truppen nach Rumänien. Den ausführlichsten Teil widmet er seinem ärztlichen Dienst bei den Kämpfen der deutschen Truppen im Gebiet von Gymes-Uz in Rumänien. Die Gestalt P. Mayers kommt, allerdings ohne Namensnennung, in einer kurzen Notiz flüchtig in den Blick:

»Verwundete liegen in allen Räumen, viele draußen im Regen auf Gras und Spreu. Ein Priester, leuchtend-bleichen Gesichts, wandelt zwischen Sterbenden, flüstert ihnen vertraulich zu, netzt sie mit geweihtem Öl, fragt nach ihren letzten Vermächtnissen und Wünschen, dazu nach den Adressen ihrer Angehörigen; dies alles schreibt er sorglich in ein dunkelgrünes gebundenes Buch« (SW I 441).

Dann findet sich noch die Zusage des »Feldgeistlichen«, seinen Diener zur Erstellung eines Hilfslazaretts zu senden. Offensichtlich waren dies aber »schöne Versprechungen«, so daß auch eine weitere Mahnung nichts nützte (SW I 441) und Carossa mit Hilfe anderer Soldaten seinen Unterstand bauen mußte. Der Leser kann in diesem Text nur schemenhaft P. Mayer entdecken. Dennoch hebt bereits diese Andeutung einen seelsorglich engagierten Priester heraus.

»Führung und Geleit«

Eine zweite, greifbarere Darstellung bringt Carossa in »Führung und Geleit«. Dieser Text aus dem Jahr 1933 hat dem Dichter zu schaffen gemacht, wie einem Brief vom 27. Juli 1933 an Frau Lo Schoenberner zu entnehmen ist. Carossa schreibt:

»Hab ich Ihnen niemals von dem Jesuiten-Pater Mayer erzählt, den ich im Feld verbunden habe, als ihm das Bein verwundet wurde, das ihm nachher abgenommen werden mußte? Er beschäftigt mich jetzt sehr; aber ihn darzustellen, erfordert eine solche Concentration, wie sie in ihm selber war. Man darf jetzt ruhig die katholische Kirche ein wenig verklären; sie wahrt sich ihre Freiheit; die evangelischen Geister müssen sich, scheint es, die ihrige stark verkümmern lassen. Ich brauche jetzt so notwendig einige gute Gedanken – können Sie mir keine zusegnen?« (B II 295–296).

Dieser seit 1978 zugängliche Brief – erst in jenem Jahr erschienen drei Bände Briefe Hans Carossas – läßt ahnen, daß Carossa in seinem »Lebensgedenkbuch« nicht nur die blanke Historie darstellt, sondern das damals Erlebte aufgrund der inzwischen vergangenen Jahre der Reifung und aufgrund der aktuellen, politischen Situation in ein neues, verklärteres Bild umsetzt.

Exkurs

P. Mayer wird in einem langen Text von vier Seiten gleichsam plastisch dargestellt. Die wiederholte Begegnung an der Front wird einerseits geschichtlich gerafft und gewinnt andererseits literarisch an Tiefe und Kontur. Carossa wollte in Mayer einen der Männer darstellen, die ihm »in der ersten Zeit meines Dienstes an der Front großen Beistand, freilich auf recht verschiedene Weise« leisteten (SW I 736). Der Text lautet – mit Auslassungen – folgendermaßen:

»Ein Wegweiser zeigte an, daß wir uns keine neunzig Kilometer von Paris befanden. Wir eilten eben an der Ortschaft Amy vorüber, als uns auf schwarzem Pferd ein Reiter begegnete. – ›Der Herr Divisionspfarrer ist wieder früh auf dem Weg‹, sagte mein Führer. Es war der erste Geistliche, den ich im Felde traf. Seine Uniform hatte ein graueres Grau als unser mehr grünliches, die Aufschläge aber beinahe das nämliche Violett wie die schönen Kardendisteln, die gerade jetzt auf den Feldern um Amy blühten, nur etwas dunkler. Was aber sein Gesicht betraf, so wäre es nicht nur hier in der einförmigen Landschaft, sondern auch in jeder Versammlung vieler Menschen durch seine Entschiedenheit aufgefallen. Es war im Frühlicht gelblich-bleich, schmal, scharf, die grauen Augen tiefliegend, nicht ohne Spuren von Müdigkeit, die ganze Erscheinung aber so voll Zucht und Würde, so belebt von einem guten Willen, dazu so heiter und biegsam, daß körperliche Abspannungen da wohl nicht so leicht aufkommen konnten. Der Geistliche hielt seinen Rappen an, fragte, ob ich der neue Bataillonsarzt wäre, beugte sich zum Händedruck nieder, wünschte mir Glück und ritt weiter. Daß er mit kräftig treuherziger Stimme ein veredeltes Schwäbisch redete, so daß ich abermals an meine Augsburger Freunde gemahnt wurde, empfand ich als eine besondere Aufmerksamkeit.

Es gibt Physiognomien, die verraten, daß ihr Träger einmal vor einer Kreuzung mehrerer Wege gestanden hat, und je nachdem er einen weiterging, formte sich der ganze Mensch der Erde oder dem Lichte zu. Hier nun hatte sich eine Verbindung von Priester- und Soldatentum ergeben, die mir in so geistig-natürlicher Form durchaus neu war. Man fühlte einen Menschen, dem es nicht mehr schwer sein konnte, auch die härtesten Gelöbnisse zu halten. Auch wenn mein Begleiter es nicht erwähnt hätte, daß dieser Pater Rupert Mayer dem Orden der Gesellschaft Jesu angehöre, wäre mir Ignatius von Loyola in den Sinn gekommen. Auch dieser war ja Offizier gewesen, und erst, nachdem ihm in der Zitadelle von Pamplona eine Kugel das Bein zerschmettert hatte, Mönch geworden. Dem Infanteristen ging das Herz weit auf, als er Näheres von dem geistlichen Herrn berichtete. Dieser sei ziemlich leidend, gehe aber in kein Lazarett, schone sich überhaupt in keiner Weise, nehme jede Mühe gern auf sich, und man müsse sich nur wundern, daß er noch lebe. In den Kämpfen an der Somme habe er sich mehr als die Mannschaft selber der Gefahr ausgesetzt, auch beim Einschlagen schwerster Geschosse auf Deckung verzichtet und wie ein Unverwundbarer überall die Sterbenden aufgesucht und getröstet.« (SW I 665–791).

Carossa vergißt dann nicht, seine Beziehung zu P. Mayer kritisch zu reflektieren. Dieser muß ihm in der vor allem am Anfang schwierigen Situation des ärztlichen Dienstes im Krieg innerlich beigestanden sein. Offensichtlich hatte er – ob fern oder nahe – ihm Kraft zum alltäglichen Leben übertragen. Dabei stockte erstaunlicherweise die Herzlichkeit in der Beziehung. Wenn sie auch einander nahe waren – ob schlafend im Zelt, ob beim Mittagessen mit dem Regimentsstab –, sie kamen über freundliche Worte nicht hinaus. Carossa war diesem Mann gegenüber befangen. Er berichtet von seinem einzigen ärztlichen Dienst an P. Mayer:

»Pater Mayer hatte niemals meine ärztlichen Dienste in Anspruch genommen; als es aber wirklich einmal geschah, da war es eine dunkle Stunde für die ganze Division. Am vorletzten Tage des Jahres 1916 sollte den Russen der Gipfel des Berges Vadas entrissen werden, wo sie dicht über unseren Köpfen in festen Stellungen saßen. Zwei Stunden lang hatten unsere Geschütze den Sturm vorbereitet, und immer stärker wurde die feindliche Gegenwirkung, als mein Diener verstörten Blickes meldete, der Herr Divisionspfarrer liege mit schwer verwundetem Bein im Sulta-Tal; er lebe zwar noch, sehe aber schon aus wie ein Toter. Seltsamerweise war das erste, was mir bei dieser Botschaft einfiel, das zerschmetterte Bein des heiligen Ignatius von Loyola. Ich eilte mit meinem Assistenzarzt Dr. Rouge, einem Landsmann aus dem Bayerischen Walde, den Fuß des Vadas entlang. Witterung und Landschaft haben sich mir für immer eingeprägt. Bei warmem Föhn war die Luft unter grau verschlossenem Himmel übermäßig durchsichtig; ein gefrorener Wasserfall am westlichen Hang, einer zweimal gebrochenen Treppe gleichend, hatte an seinen perlmuttrig schimmernden Rändern zu tauen begonnen; zwischen ganz entfärbten, wie aus weißem Papier geschnittenen Farnwedeln standen noch, Blumen ähnlich, kleine violette Schwämme. Am Eingang in das leere Tal kam uns ein Mann mit Stahlhelm entgegen; er deutete auf eine der grauen Schäferhütten, die sich in jenen Waldgebirgen überall finden; dorthin habe man den Verwundeten gebracht. Das moosbewachsene Blockhäuschen stand nah dem fichtenreichen Gehänge, in dessen felsigen Winkeln und Einschnitten die deutschen Minenwerfer und Kanonen versteckt waren. Darauf zulaufend, sahen wir links und rechts Einschläge russischer Granaten; es waren aber nur kleine Kaliber, und die meisten blieben, ohne zu zerspringen, im Boden stecken. Vier Krankenträger der Sanitätskompanie langten mit einer Bahre fast gleichzeitig mit uns von der entgegengesetzten Seite her bei der Hütte an. Ein schöner schottischer Schäferhund, mit rotem Kreuz am Halsband, der seit einiger Zeit den Pater auf seinen Gängen in die Stellung zu begleiten pflegte, sprang vor der verschlossenen Türe ratlos hin und her, immer wieder von Geschossen zurückgescheucht. Drinnen gab es keinen Bretterboden; der Priester lag in einer Blutlache auf bloßer Erde, den Mantel über sich gebreitet, Gesicht und Hände leichenblaß, aber wundersam ins Knabenhafte verjüngt. Das Lächeln, womit er uns grüßte, war deutlich und gegenwärtig, kam keineswegs aus dem Nichts herüber und gab uns erst den rechten Mut zur Hilfe. Doktor Rouge legte nach gestillter Blutung einen meisterlichen Verband um den heillos zerfetzten Unterschenkel...« (SW I 739–743).

Ohne Zweifel ein bewundernswertes Denkmal für P. Mayer, das nicht nur die Zustimmung der Kriegskameraden Mayers erhielt.

Das Buch Carossas machte dieses Berichts wegen im Leben P.

Exkurs

Mayers Geschichte. Als P. Mayer im Juli 1937 vor dem Sondergericht in München wegen Nichteinhaltung des Predigtverbots angeklagt wurde, lag das Buch Carossas den Richtern vor.[47] Als P. Mayer 1940 aus der Haft im KZ Sachsenhausen entlassen werden sollte, scheint wiederum Carossas Buch eine Rolle gespielt zu haben, obgleich auf eine entsprechende Frage, ob Carossas Buch bei der Entlassung mitgewirkt habe, der Ministerialrat im Reichskirchenministerium, Joseph Roth,[48] nur lächelte. Endlich bot dieses Buch, das Carossa 1933 mit einer Widmung an P. Mayer geschickt hatte, 1942 den Anlaß für Joseph Warmuth, den Rechtsanwalt Mayers, sich an Carossa als den »Präsidenten der Europäischen Schriftstellervereinigung« zu wenden, um durch seinen Einsatz bei den Spitzen der Partei Mayer aus der Isolierungshaft in Ettal freizubekommen. Carossa antwortete auf das erste Schreiben, er wisse nicht, wen er angehen solle.[49] Ob er auf ein zweites Schreiben hin für P. Mayer etwas unternommen hat, ist nicht nachzuweisen[50]. Fest steht nur, daß er sich in anderen Fällen – etwa für Peter Suhrkamp – bei dem Chef des Reichssicherheitshauptamts, Ernst Kaltenbrunner, eingesetzt hat (B III 284).

So hat das Buch »Führung und Geleit« frühzeitig zu einer tieferen Kenntnis des Namens und der Gestalt Mayers über die Grenzen Bayerns hinaus beigetragen, vor allem bei jenen Deutschen, die während der Repression des Dritten Reichs Zuflucht bei den schönen Künsten fanden.

Die Tagebücher Carossas

Im Jahr 1986 wurden von Eva Kampmann-Carossa, der Tochter des Dichters, die »Tagebücher 1910–1918« vorgelegt.[51] Mit ihnen änderten sich überraschend alle Bewertungen, die von seiten Carossas für P. Mayer bislang galten – und zwar aufgrund der Noti-

---

47 ML 235.
48 Joseph Roth (1897–1941), 1922 Priester der Erzdiözese München-Freising, Sympathisant des Nationalsozialismus, im April 1936 Ministerialrat im Reichskirchenministerium, am 5. Juli 1941 im Inn bei Rattenberg ertrunken (RMA 6.8.2.).
49 Vorgang im Rupert-Mayer-Archiv, München (6.4.7.).
50 Brief von Eva Kampmann-Carossa v. 12. 4. 1990.
51 Bd. 2 folgt 1993 (freundl. Mitt. v. E. Kampmann-Carossa v. 15. 11. 1992).

zen Carossas über seine Begegnungen mit dem Divisionsgeistlichen Rupert Mayer in den gemeinsamen Fronttagen. Unter den etwa 14 Eintragungen befinden sich Texte unterschiedlichen Gewichts. Der Gesamtzahl läßt sich aber schon entnehmen, daß Mayer zu den wichtigsten Menschen in diesem Lebensabschnitt des Militärarztes Carossa zählte. Der erste Text bietet gleichsam die Ouvertüre der sich über Monate hinziehenden Begegnung. Es ist vom »Divisionspfarrer« die Rede, ohne daß dessen Name genannt wurde:

»Ein Divisionspfarrer vom Orden der Jesuiten kam uns zu Pferd entgegen, ein energisches geistreiches Gesicht, eigentlich das erste interessante, das mir begegnet. Er trug ein außerordentlich sicheres Wesen zur Schau, dabei war er sehr höflich, das Eiserne Kreuz erster Klasse stand ihm (trefflich) besser wie manchem Divis. Arzt. Mein Begleiter sprach hernach über ihn, natürlich in der (ober)flächlichen Weise, die den gebildeten Deutschen von vorgestern kennzeichnet. Immerhin hörte ich gern, daß der kriegstüchtige geistliche Herr in einer auffallenden Weise kühn sei, während der großen Schlacht an der Somme überall sich der Gefahr ausgesetzt, beim Einschlagen der 28er (mit als Einziger) in größter Nähe sich völlig gleichgültig verhalten, kein Deckung gesucht habe. Ich hoffe ihm noch zu begegnen, aber wer weiß, ob es nicht besser ist, die Bekanntschaft bleibt flüchtig« (Tb 200).

Diese Eintragung signalisiert Bewunderung, aus der ein zwiespältiges Gefühl entsteht: Hoffnung und Furcht, ihm zu begegnen. Nach diesem Vorspiel folgen kurze Notizen über den Pfarrer Mayer von unterschiedlichem Inhalt. Sachliche Notizen: Gottesdienst (Tb 234), Meldung über Kranke (Tb 245) usw. Emotionale Wahrnehmungen: »Müde und mit abgespanntem Gesichtsausdruck kommt der Pfarrer« (Tb 234), gemeinsames Wachen (Tb 250). Äußere Umstände: Mayer auf »schönem, schwarzem Hengst« (Tb 252), Rede des Pfarrers bei einem Soldatenbegräbnis (Tb 268), Gratulation an Carossa wegen des EK I (Tb 277), Weihnachtsbesuch Mayers bei Carossa (Tb 277).

Diese sachlichen Berichte werden überlagert von äußerst kritischen Bemerkungen über P. Mayer und von einer exzessiven Betroffenheit bei Carossa. Die folgenden kritischen Aussagen: »Der sanfte Pfarrer brennt vor Gier nach Ehrenzeichen« (Tb 246). Der Pfarrer unterscheidet nach Konfessionen bei der seelsorglichen Betreuung der Verwundeten im Lazarett. Carossas Kommentar: »Katholik! Kein Christ!« (Tb 254). »Das kalte Grausame seiner Augen, zuweilen, der gierige Mund« (Tb 246). Und sozusagen als

Exkurs

Erhärtung dieser Charakterisierung Mayers die Erzählung von der Kriegslist bei der Übertölpelung eines französischen Soldaten. Aber diese Kritik an Mayer wird mit sehr gefühlvollen Begegnungen vermischt, wie zum Beispiel folgende:

»Klarer Morgen. Der Morgenstern hält sich noch lange glänzend über den langen roten Streifenwolken. Gerade aber, da ich ihn dem Pfarrer Maier zeigen will, nimmt ihn eine kleine graue Wolke fort« (Tb 243). »Ein Mann auf schönem schwarzen Hengst begegnete uns, der mir sofort ausnehmend gefiel, weil ich sofort sah, daß er das, was er war, ganz war« (Tb 252). »Pfarrer Maier besuchte mich am Vormittag, durch Frau Wimmer v. Schalding bin ich in der Lage, ihn bewirten zu können. Ob heute sonst Weihnachtspost kommen wird, fragen sich Alle« (Tb 277).

Dies alles spielt sich noch auf der unmittelbaren Ebene von Aufmerksamkeit und Bewunderung ab. In Randbereiche gleiten dann zwei andersgeartete Berichte Carossas hinüber. Der eine führt eine Halluzination Carossas vor:

»Da steigt eine Leuchtkugel und erhellt für Sekunden den winternächtlichen Wald (mit grünlich-weißem Lichte den frischen Schnee des Waldes beleuchtend) und zeigt den Weg. Gutes Lager: mir fällt Schnee aufs Gesicht. Seltsam: Nachts erwachend sah ich den Pfarrer Maier am Feuer sitzen Zigaretten rauchend, neben ihm Raab; lang merkte ich nicht, daß es 2 feuerschürende Ungarn waren; so intensiv sah ich die beiden Bekannten in die fremde Gestalt hinein. Die jammernden Rumänen« (Tb 254).

Der andere Bericht schildert einen merkwürdigen Traum:

»Montag 20. 11. 16. Klare Luft. Föhnsturm. Ein toter Rumäne kommt nun, da der Schnee schmilzt, noch zur Erscheinung. Heftige rheum. Schmerzen. Abends in Rauch und Hitze früh eingeschlafen, Träume: Pf. Maier mutet mir zu, im Kölner Dom einen Vortrag zu halten« (Tb 257).

Beide Texte dokumentieren Ängste, ja Befürchtungen Carossas. Der erste: dem Pfarrer wieder zu begegnen, in Freude oder in Abneigung, zumal er in Gemeinschaft mit dem anderen »Helfer« Carossas an der Front erscheint (Sanitätsunteroffizier Otto Raab, SW I 736). Der zweite verrät die Angst vor der Konfrontation mit einer Entscheidung oder mit einem Bekenntnis: Ein Vortrag im Kölner Dom kann sich gewiß nicht mit Nebensächlichkeiten beschäftigen, eher mit den letzten Fragen. Daher eine Zumutung.

Wieder erscheint jene Ambivalenz, die bereits bei der ersten Begegnung anklang. Und es ereignet sich zugleich jene »magnetische Heilkraft aus der Ferne«, auf die Carossa in »Führung und Geleit« (SW I 741) hinweist. Die lange Reihe der Eintragungen wird mit einem Bericht über die Verwundung Mayers am 30. Dezember 1916 beendet:

»Sonnabend. Sehr trüber Morgen. Schwarzgraue Wolken über den Bergen, die das Sulta-Tal einschließen. Alles deutet auf Schnee. Schon um 9 Uhr beginnt gewaltiges Artilleriefeuer. Um 12 Uhr kommt die Meldung, daß Pfarrer Maier schwer verwundet in einer Hütte nahe dem Sägewerk liege. Zurück mit Rouge bei schwerem Feuer. Furchtbare Verletzung des l. Unterschenkels. Granaten schlagen ganz in der Nähe ein, sie suchen eine deutsche Batterie, die weiter hinten in der Mulde steht. Er lächelt mir entgegen, furchtbar blaß wie völlig ausgeblutet. Muskeln u. Sehnen fallen, da der Notverband abgenommen ist, in zerfetzten Strängen Wulsten und Zipfeln herab. Er ist so tapfer, gefaßt wie immer, entschuldigt sich noch dafür, daß er etwas seufzt u. stöhnt. Morph. Inj. machte ihm zuerst übel (nimmt) mildert aber bald den Schmerz. Wir können ihn an dieser gefährdeten Stelle nicht lassen, riskieren den Rücktransport nach Sostelek« (Tb 279–280).

Das Ende der Begegnungen mit Mayer teilt die kurze, lakonische Notiz am 31. Dezember 1916 mit: »Pf. Maier amputirt« (Tb 280). Nur das tragische Ende einer langen Geschichte?

Eine Legende um Rupert Mayer?

Oder zugleich der Anfang einer Legende? So meinte zumindest Erich Unglaub, als er im Oktober 1989 auf einem Carossa-Symposion in Passau über das Thema sprach: »Die Komposition einer Legende: Pater Rupert Mayer als Kunstfigur in Hans Carossas Schriften«[52]. Eigentlich wäre die Frage nach dem Anteil des Autobiographischen in Carossas erzählendem Werk ein authentisches germanistisches Problem. Doch der Autor geht in zeitgeschichtliche Beurteilungen über, die deshalb eine Auseinandersetzung mit seinem Beitrag nahelegen.

Man kann niemandem den Vorwurf einer übereilten Ungeschichtlichkeit machen, wenn er vor 1986 »Führung und Geleit« wie eine geschichtliche Darstellung las; denn in Carossas Schriften war dieses literarische Genus – Autobiographie in literarischer Verarbeitung – des öfteren anzutreffen. Lebensgeschichte als Fundus der Prosa, als verdichteter und gedeuteter Alltag. Dazu kam, daß sich Carossas ausmalende Deutung mit den Erfahrungen der Soldaten und Offiziere traf, die den Divisionsgeistlichen im engen Kontakt des Alltags erlebt hatten. Diese Übereinstimmung förderte geradezu das Mißverständnis, man habe es in Carossas Werk mit einer geschichtlichen Quelle, mit einem Geschichtsbuch, zu tun.

---

52 Hans Carossa. Dreizehn Versuche zu seinem Werk; 216–235 der Beitr. v. E. Unglaub.

Exkurs

Nur Bruder Georg Karl SJ, Diener von P. Mayer seit Mitte August 1916, durchschaute die dichterische Freiheit Carossas, als er am 7. April 1950 in seinem »Bericht über mein Zusammensein mit P. Mayer« schrieb:

»Die schöne Schilderung des Hans Carossa, daß der Hund immer in Sprüngen herumlief, muß man sich in Dichters Sinne vorstellen. In Wirklichkeit war der Sanitätshund, den P. Mayer erst einige Tage hatte, spurlos verschwunden.«[53]

Aber wer kannte damals nach dem Erscheinen des »Lebensgedenkbuchs« Carossas schon die Einwände des Jesuitenbruders Karl, aufgrund derer vielleicht eine größere Skepsis gegen die suggestive Historizität von Carossas Text hätte entstehen können? Demnach scheint es doch übereilt, allen jenen, die über P. Mayer nach seinem Tod geschrieben und sich auf Carossa berufen haben, eine unkritische Einstellung vorzuwerfen und ihnen die Verfertigung einer Legende anzulasten. Auch in anderen Fällen haben erst Tagebücher dem Leser die Augen geöffnet, wenn er die Aussagen eines Dichters beurteilen wollte.

Eine ganz andere Frage werfen die Einschätzungen Unglaubs auf, die sich teilweise auf Carossa selbst beziehen. Unglaub schreibt:

»Hans Carossas Darstellung von Pater Rupert Mayer in diesem privaten ›Journal‹ ist somit von einigen Konstanten begleitet, von der Fama der Kriegstüchtigkeit, Unerschrockenheit und Hilfsbereitschaft, durchaus im Gegensatz zur herrschenden Mentalität im Offizierkorps, von der Betonung des Priesterberufs und seinem humanitären Anspruch, durchaus im Vergleich mit Carossas Arztberuf, von der Kritik am übertriebenen militärischen Ehrgeiz und schließlich von der Kritik an Mayers Engstirnigkeit und Militanz. Wir erhalten also trotz der knappen Notizen ein anschauliches, zwar nicht widerspruchsfreies, aber durchaus plausibles Bild dieser markanten Persönlichkeit.«[54]

Um diese Aussage werten zu können, ist es nötig, die Lebens- und Glaubensgeschichte beider Männer miteinander in Beziehung zu setzen und sozusagen gegenzulesen. Gewiß, beide sind Zeitgenossen: Mayer 1876, Carossa 1878 geboren. Beide waren im Ersten Weltkrieg an der Front in Nordfrankreich und in Rumänien eingesetzt. Aber das ist auch fast schon alles, was sie miteinander verbindet.

Rupert Mayer wächst in einem tiefreligiösen katholischen El-

---

53 G. Karl SJ, Bericht über mein Zusammensein mit P. Mayer, Rupert-Mayer-Archiv, München (8.2.).
54 E. Unglaub, ebd. 223.

ternhaus auf, als Kind eines Kaufmannsehepaars, unter vielen Geschwistern und in der protestantischen Landeshauptstadt Stuttgart, in der sich die katholische Kirche von Protestantismus und von Sozialdemokratie bedrängt sieht. Carossa dagegen verlebte seine Kindheit in einem Arzthaushalt – sein Vater war übrigens einmal Novize und verließ die Ordensgemeinschaft vor Ablegung der Gelübde – und lernt den bayerischen Katholizismus in der Nähe von Bad Tölz kennen, von dem er später zu einer Religiosität im Verständnis Johann Wolfgang Goethes findet. Beide beginnen um die Jahrhundertwende ihren Beruf: Mayer 1899 als Vikar in Spaichingen in der Nähe von Rottweil, Carossa 1903 als Aushilfsarzt in der Praxis seines Vaters in Passau. Mayer trifft im Januar 1912 in München ein, und diese Stadt mit ihren Nöten und Problemen wird ihm zu einem stets herausfordernden Schicksal. Carossa ist wenig von dieser Großstadt angetan, obgleich er seit 1905 immer wieder in ihr lebt. Er kann sie kaum aushalten und flieht immer wieder in ländliche Gegenden. Im übrigen ist er zwischen dem Arztberuf und der Sendung eines Dichters hin und her gerissen. Der Unterschied in der Lebensgeschichte und im Verständnis ihres je eigenen Berufs ist so gravierend, daß beide sich wohl nur im Dienst am Soldaten an der Front fanden; daß sie damals Tieferes verband, ist eher unwahrscheinlich.

Mayer war ein engagierter Priester, das ist nicht zu bestreiten. Warum E. Unglaub dies als »Engstirnigkeit und Militanz« qualifiziert, ist schwer einzusehen. Vermutlich entstand dieses Urteil, soweit es sich auf Carossa berufen kann, aus anderen Urteilen Carossas, der zum Beispiel auch dem engagierten Katholiken Reinhold Schneider attestierte, er habe »eine entschiedene katholische Richtung (die aber bei ihm nicht mit Beschränktheit verbunden ist)« (B III 170). Bei Carossa mögen sich in solchen Urteilen seine leidvollen Erfahrungen in einem geistlichen Internat in Landshut bündeln, in dem er 1880–1894 wenig glückliche Jahre verbracht hat (vgl. SW II 111 ff.). Wenn Erich Unglaub sich von P. Mayer ein solches Bild eines »militanten Katholiken« denkt – was immer das dann konkret bedeuten mag –, schätzt er teilweise die Situation gut ein, indem er Carossas Bewunderung für Bismarck zitiert und damit den Kulturkampf ins Spiel bringt. Daß der gleiche Bismarck die Jesuiten 1872 aus dem Deutschen Reich,

Exkurs

ihrer Heimat, vertrieb und die Katholiken zu Bürgern zweiter Klasse degradierte, sollte allerdings in diesem Zusammenhang nicht vergessen werden. Mayer wuchs in einem von Protestanten politisch bestimmten Württemberg auf und erlebte als Kind den Kulturkampf. Er hatte dabei ein Glaubensverständnis erworben, das sich in der Auseinandersetzung bewähren mußte und in der weltweiten Kirche (nicht zuletzt Rom) seinen Halt fand. Der Begriff »Militanz« greift angesichts dieser Tatsachen ebenso zu kurz wie jener der »Engstirnigkeit«. Vermutlich sind solche Begriffe eher Abwertungen aus Unsicherheit als sach- und zeitgerechte Einschätzungen; sie tragen zu einem weiteren Mißverständnis bei.

Endlich wendet sich die Kritik E. Unglaubs gegen die Rezeption des Carossatextes in vielen Veröffentlichungen über P. Mayer. Damit werde einmal der literarische Text zu einer historischen Quelle aufgewertet, zum anderen würden die kritischen Passagen der Tagebücher harmonisiert. Aus beiden werde dann die »Legende« komponiert, entstehe Pater Rupert Mayer als »Kunstfigur« und – man kann hinzufügen – gehe ein literarisches Produkt in einen Seligsprechungsprozeß ein[55]. Diese Reduktion des Carossatextes aus seinem Buch »Führung und Geleit« ist das eigentliche Mißverständnis; denn sie wird dem Anliegen Carossas nicht gerecht, in seinem »Lebensgedenkbuch« den Mann festzuhalten, der ihm – neben dem Sanitätsunteroffizier Otto Raab – in den schweren Tagen an der rumänischen Front das Bestehen der Kriegserfahrungen ermöglicht hatte. Das Mißverständnis Unglaubs entsteht also aus der Weigerung, Carossa eine Änderung seiner Urteile zuzugestehen. Carossa hatte seit 1916 in seinem Leben und in der politischen Situation des Jahres 1933 dazugelernt. Unglaub nimmt dies offensichtlich nicht wahr und rechtfertigt sich mit der Deutung, daß die legendarischen Züge an der Mayerfigur »nur ein Wegweiser, ein ›vorübergehender Meteor‹, aber ein entzündender«[56] in die Kindheit seien. »Vielleicht«, schränkt Unglaub zumindest ein. Dieses Bedenken läßt weiterfragen. Warum können die Motive nicht noch komplexer sein? Kön-

---

55 E. Unglaub, Mit Rupert Mayer im Krieg. Das Bild des Paters, in: Augsburger Allgemeine, 24. 4. 1987; ders., »Ahnenlehre« in kritischer Sicht.
56 E. Unglaub, Mit Rupert Mayer im Krieg, 235.

nen sie etwa auch die Korrektur der Vergangenheit, die Bewunderung in der Gegenwart, den Dank für beide Zeiten im eigenen Leben umfassen? Das Verhältnis zwischen Carossa und Mayer ist ohne die Zeitgeschichte nicht zu verstehen.

Die weiteren Lebensgeschichten

Der weitere Lebensweg beider verlief nach diesen Begegnungen mit großer Konsequenz. Mayer geriet aufgrund seiner Entschiedenheit[57] bereits 1935 mit der Polizei, 1936 mit der Gestapo in Konflikt, wurde im Juli 1937 zu sechs Monaten Gefängnis verurteilt, saß 1938 im Gefängnis in Landsberg seine Strafe ab, wurde 1939 ins KZ Sachsenhausen verschleppt und im August 1940 im Kloster Ettal in die Isolierungshaft »weggeräumt«. Carossa dagegen lehnte zwar 1933 die Berufung in die preußische Dichterakademie ab. Er mußte aber bei den Nationalsozialisten in gutem Ruf gestanden sein, denn sonst hätte ihm die Reichsschrifttumskammer niemals das Papier für den Druck seiner Bücher bewilligt. 1941 wurde Carossa – wohl auf den Wunsch von Joseph Goebbels hin – Präsident der »Europäischen Schriftstellervereinigung«. Er wurde jedoch dazu genötigt. Mit Beklemmung berichtet er darüber in seinem Buch »Ungleiche Welten«.

»Seit elf Uhr vormittags befand ich mich in Weimar, und schon fünf Stunden später war ich Präsident einer ›Europäischen Schriftstellervereinigung‹, also Vorsitzender einer Gesellschaft, von der ich gleich wußte, daß alle wahrhaft schöpferischen Geister des Erdteils ihr in weitem Bogen ausweichen würden. Die Beamten des Propagandaministeriums, die beauftragt waren, mich mit dieser neugeschaffenen Dienststellung zu behaften, wußten recht gut, wie jede auch nur scheinbare Teilhabe an weltlicher Macht mir auch in ganz normalen Zeiten unerträglich gewesen wäre; deshalb verfuhren sie behutsam.« (SW II 735):

Carossa hat später bedauert, daß er sich dieser Nötigung ergab. Sie bot ihm aber auch die Möglichkeiten, sich für andere Menschen in den Bedrängnissen eines Terrorsystems einzusetzen. Und sein lebensbedrohliches Engagement für die Rettung der Stadt Passau im April 1945 ist bewundernswert unerschrocken. Inwieweit Carossa mit sich selbst über seine Rolle im Dritten Reich im reinen war, werden wohl erst weitere Briefbände klären können.

---

57 ML 55 ff.

Exkurs

Den Schlüssel zur Hermeneutik in bezug auf die Aussagen Carossas über Rupert Mayer bieten die doch sehr unterschiedlichen Lebensgeschichten der beiden, gibt die Zeitgeschichte. Es scheint müßig, Carossa einen P. Mayer als »Kunstprodukt« aufzuladen. Für Carossa war Mayer am Ende doch ein Mann, den er verehrte und für den er sich während seines ganzen Lebens interessierte[58]. Andererseits bedarf Rupert Mayer, zumal bei den sogenannten »kleinen Leuten«, weder der literarischen Überhöhung noch einer glatten Harmonisierung[59]. Er kann – mit allen Ecken und Kanten – die Wirklichkeit seines vollen Lebens aushalten. Gerade deshalb ist er für viele so gewinnend.

---

[58] Lt. Brief von E. Kampmann-Carossa v. 12. 4. 1990 hat die Gestalt und das Schicksal P. Mayers ihren Vater immer wieder beschäftigt. Er hat während der Arbeit an »Führung und Geleit« »über Ignatius von Loyola gelesen« (Tb II, 253, Eintr. v. 12. 7. 1933) und das »Exerzitienbuch sich besorgt« (Tb II, 540). (Brief v. E. Kampmann-Carossa v. 15. 11. 1992).

[59] A. Weber, Widersprüche harmonisieren?, in: Hans Carossa, 97–116; über P. Mayer 110.

Jesuit in Sankt Michael

Sankt Michael[1] liegt – im wahren Sinn des Wortes – groß und mächtig in der Neuhauserstraße, die sich vom Karlstor zum Marienplatz mitten durch München von Westen nach Osten zieht. Auf der engen Straße ein dichter Verkehr: Straßenbahnen, Autos, Fußgänger. Wo die Straße sich ein wenig weitet, geht über die Stockwerke der »Alten Akademie«, über das ehemalige, von Petrus Canisius 1569 gegründete Jesuitenkolleg, die Front der St. Michaelskirche in drei Stufen in die Höhe, bis am Ende der beeindruckenden Fassade der »Christus Salvator« steht, hoch über den Ahnherren der Wittelsbacher und über den deutschen Kaisern in den Mauernischen.

Die Schauseite der Kirche, 1583–1597 von Herzog Wilhelm V., dem Frommen (1548–1626), für die Jesuiten und ihr Kolleg erbaut, läßt einen großen Kirchenraum erahnen. Innen spannt sich ein Tonnengewölbe mit 20 Metern Durchmesser, das größte jenseits der Alpen – und der Blick des Besuchers geht weit nach vorn, hin zum Hochaltar mit dem Gemälde vom Engelssturz; links und rechts des Kirchenschiffs je drei Seitenkapellen mit vielen Beichtstühlen. An der Seite links eine große Kanzel; im Rücken auf einer breit hingelagerten Empore die Orgel.

St. Michael ist nicht nur ein grandioser Bau, ein Schöpfungsbau, der vielfältig nachgeahmt wurde. Er ist nicht nur ein Zeugnis der Gegenreformation, die Herzog Wilhelm mit Hilfe der Jesuiten zur Rettung des wahren Glaubens voranbringen wollte. Petrus Canisius leistete ihm als Provinzial der Oberdeutschen Jesuitenprovinz dabei entscheidende Hilfe. St. Michael ist unter architektonischer Rücksicht das Hauptbauwerk der Gegenreformation. In ihm kam das triumphale Barock nach Deutschland. So wurde

---

[1] Wagner/Keller (Hrsg.), St. Michael in München.

diese Kirche – neben dem Liebfrauendom – zum mächtigsten Kirchenbau Münchens.
Seit der Jesuitenorden 1773 von Papst Clemens XIV. aufgelöst worden war und deshalb die Patres und Fratres ihren Dienst an dieser Kirche (und nebenan im Gymnasium) aufgeben mußten, wurde[2] sie erst Hofkirche, dann 1782–1808 Malteserordenskirche und seit 1825 auch Garnisonskirche, immer gut betreut von Weltgeistlichen. Es stellten die Münchner allerdings seit langem die Frage, wann die Jesuiten »ihre« Kirche wieder übernähmen: zum Heil der Menschen und zur Ehre Gottes.

HEIMKEHR NACH SANKT MICHAEL (DEZEMBER 1921)

Nach der Aufhebung des Jesuitenparagraphen am 19. April 1917 konnte die Gesellschaft Jesu wieder Ordensniederlassungen in Deutschland gründen. In München gab es bald ein Haus in der Kaulbachstraße und eines in der Veterinärstraße (für die Redaktion der »Stimmen der Zeit«). Nach längeren Verhandlungen mit der Erzdiözese München und Freising stand dann am 8. Dezember 1921 folgende Nachricht im Amtsblatt der Erzdiözese: »Seine Eminenz der H. H. Kardinal und Erzbischof Michael hat die Seelsorge an der St. Michaelskirche in München ab 1. Dezember l. J. den Patres der Gesellschaft Jesu übertragen. Sie übernehmen gleichzeitig die Kulturstiftungsadministration und die Kirchenvorstandschaft, auf welch letztere der bisherige Präfekt und Offiziator, Geistl. Rat Josef Braun[3] freiwillig verzichtet hat. Auf Antrag der Vorstandschaft der Marianischen Männerkongregation

---

2 Altmann, Chronik von St. Michael 1773–1921, in: Wagner/Keller, 244–263.

3 Josef Braun (1849–1934), 1901–1921 Präfekt und Offiziator von St. Michael, bis 1924 Kirchenvorstand. Mit ihm waren an St. Michael tätig: Ignaz Bader (1854–1934), Königl. Geistlicher Rat, Prediger; Dr. Alois Daffenreiter (1883–1968), Pfarrer, Zeremoniar; Dr. Georg Schwaiger (1879–1967), Königl. Hofpriester; Dr. Dominikus Lindner (1889–1974), Priester, später Hochschulprofessor in Freising.

wurde die Gesellschaft Jesu in München auch mit der Leitung dieser Kongregation betraut. Als Präses wurde P. Rup. Mayer aufgestellt.«
Als erster Jesuit kam P. Franz Xaver Hayler[4] an die St. Michaelskirche.[5] Er war erster Präfekt, Prediger und Superior des Hauses. Ihm folgte P. Victor Hugger. Bald übernahmen Jesuitenbrüder die Mesnerdienste an der Kirche. Im Januar 1922 zog auch P. Mayer aus der Rottmannstraße hinüber in das Ordenshaus bei St. Michael und nahm dort jenes Zimmer in Besitz, das er bis zu seinem Tod bewohnte: im Erdgeschoß, so daß er mit seiner Beinprothese keine Treppen steigen mußte.

Um diese Neuerung in München hatte sich auch eine Pressekampagne in der »Münchner Abendzeitung« ergeben. Man berief sich in einem Beitrag auf einen Vorgang im Reichsrat von 1847, bei dem der spätere Prinzregent Luitpold und die Bischöfe von Augsburg und Bamberg[6] gegen die Zulassung der Jesuiten in Bayern gestimmt hatten. Noch am 31. Juli 1912 habe der katholische Reichsrat Graf Törring-Jettenbach[7] erklärt, die große Mehrheit in Bayern sei der Ansicht, daß es zweifellos besser wäre, wenn das Tor »zwischen uns und den Jesuiten« geschlossen bleibe, und zwar mit Rücksicht darauf, daß auf diese Weise zweifellos der konfessionelle Friede gewahrt bleibe.[8] Am Ende des Artikels wurde die Frage gestellt: »Wer hat nun recht? Die Männer vor 80 und vor 90 Jahren, darunter katholische Bischöfe, königliche Prinzen und streng katholische, bayerische Reichsräte, oder die heutige Zeit?« Aber diese Fragen verhallten offensichtlich ungehört.

---

4 Franz Xaver Hayler SJ (1876–1965), Kirchenrektor von St. Michael, 1928–1935 Provinzial der Oberdeutschen Provinz.
5 Sandfuchs, Die Geschichte des Münchner Jesuitenkollegs 1921–1945, in: Wagner/Keller, St. Michael, 264–278.
6 Johann Peter von Richarz (1783–1855), 1835–1836 Bischof von Speyer, 1836–1855 Bischof von Augsburg; gestattete ab 1850 den Jesuiten, in seiner Diözese (als erster in Bayern) Volksmissionen zu halten. – Bonifaz Kaspar von Urban (1773–1858), 1835–1842 Weihbischof in Regensburg, 1842–1858 Erzbischof von Bamberg, wie Richarz Mitglied des Reichsrates. Er verteidigte die Freiheitsrechte der Kirche; förderte die Exerzitien im Klerus.
7 Hans Veit Graf von Törring-Jettenbach (1862–1929), Reichsrat der Krone Bayerns.
8 Münchner Abendzeitung vom 11.12.1921.

Allerdings wurde mit Berufung auf die Übernahme der St. Michaelskirche durch die Jesuiten im Polizeipräsidium von München bereits 1921 eine Personalakte Rupert Mayer angelegt. Die erste Seite der Akte enthält die Nachricht der »Münchener Zeitung« vom 11. 12. 1921. Der Name Rupert Mayer ist darin unterstrichen und die Anmerkung[9] dazugegeben: Polizeiakte anlegen! Es ist nicht auszuschließen, daß diese staatsrechtlich fragwürdige Praxis durch das Attentat auf den USPD-Abgeordneten Karl Gareis[10] gerechtfertigt wurde, in das Rupert Mayer anfangs Juni 1921 durch eine Münchner Tageszeitung verwickelt wurde. Es handelte sich um folgendes: Am 9. Juni 1921 fand im Mathäsersaal eine Veranstaltung des Freidenkerverbandes »Darwin« statt, bei der Karl Gareis zum Thema »Gegen die Verkirchlichung der Schulen« sprach. P. Mayer meldete sich auch hier als Diskussionsredner, mußte aber wegen des entstehenden Lärms seine Ausführungen abbrechen. Er wurde beim Weggehen von einigen jungen Männern im Saal angesprochen. Diese Männer brachte die »Münchner Post« am nächsten Tag in den Verdacht, Gareis auf dem Nachhauseweg erschossen zu haben. Die Zeitung unterstellte, P. Mayer kenne den Mörder von Gareis persönlich. Daraufhin wurde er am 17. 6. 1921 in seinem Urlaubsort Wasserburg am Bodensee von der Polizei verhört. Mayer selbst hatte bereits am 16. Juni einen dreiseitigen Brief an die Münchner Polizeidirektion geschickt. In diesem Brief stellte er ausdrücklich fest, daß die jungen Männer gewiß nichts mit der Erschießung Gareis' zu tun hätten und daß es ein leichtes sei, ihre Namen herauszufinden. Er merkte noch an: »Wie man diese harmlosen Besprechungen mit dem Mord in Verbindung bringen kann, ist das Geheimnis des Gewährsmannes der Münchner Post. Ganz unverantwortlich ist es aber von der Münchner Post, etwas derartiges zu veröffentlichen.« Ob bei diesem Abdruck von seiten der der SPD gehörenden »Münchner Post« auch die Absicht mitspielte,

---

9 StAM, Pol. Dir. 10116 (Polizeiakte Mayers). Die Münchner Geheime Polizei (Abt. VI.) legte seit Jahren im geheimen solche Polizeiakte an, so auch über Thomas Mann, Heinrich Mann u. a.
10 Karl Gareis (1889–1921), Fraktionsvorsitzender der USPD im Bayr. Landtag, engagierte sich vor allem gegen die Einwohnerwehren; vgl. ML 160 bis 163.

P. Mayer, der seit Jahren auf die Sozialdemokraten nicht gut zu sprechen war, eine Lehre erteilen zu wollen?[11]

Aufgrund der Polizeiakte Mayer sind wir nun in der günstigen Lage, Informationen über die vielseitige Tätigkeit des P. Mayer in diesen Jahren zu besitzen. Von besonderem Wert sind dabei die Auszüge aus dem »Polizeilichen Nachrichten Dienst« (PND). So nahm Mayer nach einem PND vom 10. 4. 1929[12] an einer Versammlung der kommunistischen Jugendgruppe Nord-West am 27. 3. 1929 im Gasthaus Zur Frischen Quelle teil. Er verteidigte dabei die Kirche gegen den Vorwurf, sie stehe im Dienst des Kapitalismus. Die Dummheit – sagte er – sei die größte Feindin der Religion. Die religiösen Fragen seien die wichtigsten, doch gebe es natürlich brennende soziale Fragen. Unter den Gesprächspartnern waren Wilhelm Olschewski und Berthold Feuchtwanger.[13] Aber Mayer war nicht auf eine Seite des politischen Meinungsspektrums festgelegt. Am 14. Oktober 1929 sollte Mayer bei einer Veranstaltung des weit rechts liegenden Tannenbergbundes[14] sprechen. Thema: Warum bekämpft Ludendorff die Jesuiten? Mayer hatte die Einladung aber nicht angenommen. Erst bei einer Folgeveranstaltung mit dem Thema »Jesuitismus und Judentum« kam er. In der »Münchener Zeitung« vom 26. 11. 1929 stand

---

11 P. Mayer entwarf auch einen Brief an die »verehrliche Redaktion der ›Münchner Post‹«, in dem er die drei jungen Männer beschrieb, die mit ihm sprachen. Unter ihnen war ein Kriegskamerad aus dem 18. Bayer. Res. Infanterie Regiment (RMA 5.). Im übrigen wurde der Mordfall Gareis von der bayrischen Justiz nicht geklärt.
12 ML 421–423. Dort auch Anspielung auf den mysteriösen Waffenfund in St. Michael. Ende November 1927 wurden durch den Hinweis eines kommunistischen Abgeordneten Waffen im Speicher von St. Michael entdeckt. Die bayr. Regierung gab die Erklärung ab, es seien behördlich eingelagerte Waffen; vgl. HistM 22.
13 Wilhelm Olschewski sen. (1871–1943), engagiertes Mitglied der KPD, Tod im Gefängnis Stadelheim. Mayer setzte sich mit Olschewski nochmals am 24. 8. 1929 bei einer Versammlung des »Verbandes der für Freidenkertum und Feuerbestattung« auseinander. Thema war: Die Kirche und ihre Diener. Mayer rief während der Rede des öfteren: »Das ist ja heillos, was sie da sagen.« (Interview mit Geiger, vgl. RMA 4.1.). – Berthold Feuchtwanger (1896–1937), Bruder von Lion Feuchtwanger, Handlungsgehilfe.
14 Der Tannenbergbund, 1926 von Erich von Ludendorff als Kampfbund gegen »überstaatliche Mächte« wie Freimaurer, Juden, Jesuiten und Marxisten gegründet, 1933 aufgelöst.

(nach Ausweis der Polizeiakte Mayer) dieser Bericht: »Die Versammlung war zum weitaus größten Teil von Katholiken besucht, die die Ausführungen des Redners[15] mit häufigen Zwischen- und Protestrufen begleiteten. In stürmischen Beifall brachen die katholischen Versammlungsbesucher aus, als der bekannte Pater Rupert Mayer erschien. Der Redner bezeichnete diesen Empfang als ›Kasperliade‹, was mit Pfuirufen aufgenommen wurde. Die fortgesetzte Unruhe zwang den Redner schließlich, seine Ausführungen zu beenden. Während die Versammlung aufgehoben wurde, sangen die Katholiken das Lied ›Ein Haus steht fest gegründet‹ und andere Lieder. Die Katholiken zogen dann in das Zentralgesellenhaus an der Schommerstraße zu einer Versammlung, in der der Wille zum Ausdruck kam, sich im katholischen München solche Beleidigungen nicht mehr bieten zu lassen.«[16]

Gerade diese Berichte beweisen, daß P. Mayer für die Polizei zumindest von Interesse war. Er hatte lebendigen Kontakt zu allen gesellschaftlichen Kreisen, konnte durch Redekraft und Argumentationsstil Einfluß ausüben und damit die Stimmung im Volk mitprägen und genoß durch seinen Einsatz während des Ersten Weltkrieges immer noch ein legendäres Ansehen bei den ehemaligen Soldaten. Da nicht zuletzt durch den Fall Gareis Mißtrauen geweckt worden war, hielt es die Polizei für geraten, auf P. Mayer achtzuhaben. Sie tat dies im übrigen auch bei anderen Personen des öffentlichen Lebens. Ein weiteres wird aber durch die Polizeiakte noch offenbar: Die Tätigkeit P. Mayers war nicht auf die Seelsorge an der St. Michaelskirche beschränkt. Er predigte zwar dort, hörte dort die Beichten und führte viele Gespräche, er war vom Orden mit der Armenpflege beauftragt und verteilte jährlich eine beachtliche Summe an die Notleidenden. Aber seine Wirksamkeit griff auf die Stadt München über. Er stand dabei an allen weltanschaulichen Fronten und war der Polizei ebenso wie den glaubenstreuen Katholiken kein Unbekannter.

---

15 Josef Kurth war der Redner. Er verfaßte »Bierdimpfels Revolution. Eine nicht ganz frei erfundene Geschichte« (Mainz 1946).
16 Vgl. ML 423–425; vgl. auch »Ein öffentlicher Skandal«: über eine Veranstaltung des Freidenkervereins »Darwin« zum Thema »Ist Kardinal Faulhaber noch ein Christ?«, bei der P. Mayer sich ganz entschieden für den Kardinal einsetzte (NMT vom 5. 4. 1922).

An St. Michael wirkte in den folgenden Jahren immer eine Gruppe von etwa zehn Patres und drei Brüdern. Die Patres nahmen den Dienst am Altar, auf der Kanzel und im Beichtstuhl wahr. Sie boten in den Sprechzimmern des neben der Kirche liegenden Ordenshauses Gespräche und seelsorgliche Beratung an und betreuten Menschen in jeglicher Not. Fast jeder der Patres hatte zusätzliche Aufgaben in Vereinen oder anderen Kirchen und Kapellen (bei Ordensschwestern) zu erfüllen. Der Beitrag in den »Mitteilungen der Jesuiten«, der von 1931 auf zehn Jahre St. Michael zurückblickt, enthielt eine lange Reihe seelsorglicher Aktivitäten, die aus dem religiösen Leben Münchens nicht mehr wegzudenken waren.[17]

DER PREDIGER

Lange Jahre, von 1922 bis 1939, tat P. Mayer seinen alltäglichen Dienst an der St. Michaelskirche. Das waren 17 Jahre eines großen Engagements an dieser Seelsorgskirche inmitten der Stadt München. Was Mayer dort alles leistete, ist kaum aufzuweisen. Er war offenbar von früh bis spät von den Menschen seiner Stadt in Anspruch genommen, und oft hatte es den Anschein, er wohne nur zufällig in diesem Ordenshaus der Jesuiten. Um welche Dienste ging es im einzelnen?

Als ersten Dienst hatte P. Mayer in manchen Jahren hauptamtlich die Kanzel von St. Michael inne. Dieses Amt bedeutete, jeden Sonntag beim Hauptgottesdienst zu predigen. So hat er im Jahr 1928 an 44 Sonntagen die große Predigt gehalten, im Jahr 1933 über 50mal. Das Predigtbuch von St. Michael[18] weist für 1933 auch die einzelnen Themen der Predigten aus. Etwa für den Mai 1933 ist notiert:

7. Mai Maria Schutzfrau Bayerns und Hilfe der Christen.
14. Mai Was ist der Sinn des Lebens?

---

17 Zehn Jahre Sankt Michael München, in: Mitteilungen aus der Gesellschaft Jesu Nrs. 100 (Ignatius 1932) 468–472.
18 Predigtbuch von St. Michael für das Jahr 1933.

21. Mai Sinn des Lebens ist die Verherrlichung Gottes.
25. Mai Wert der Seele.
28. Mai Die Vorbereitung auf Pfingsten ist eine segensreiche Übung.
4. Juni Der Geist der Kraft zeigt sich in den Worten und Taten der Apostel.

Bereits diese Themenwahl deutet an, daß P. Mayer immer wieder ansetzte, die alten Wahrheiten des Glaubens darzustellen und dem modernen Menschen verständlich zu machen. Oft griff er offensichtlich auf bewährte Themen (und Ausarbeitungen) aus den Volksmissionen zurück. Die Arbeit in diesen Jahren hatte ihn sehr geprägt. Wie die überlieferten (allerdings schwer zu entziffernden) Notizen Mayers noch heute beweisen, arbeitete er den Predigttext mit großer Gewissenhaftigkeit aus. Was sich dann als gänzlich freie Rede anhörte, war das schriftliche Ergebnis einer mühsamen und intensiven Beschäftigung mit der Sache. Er hatte so während des Predigens einen Faden für seine Gedanken und den schrittweisen Gang der Argumentation vor sich. Beispiele und Geschichten dienten der Veranschaulichung des Predigtstoffes, der durchwegs dogmatisch, also im Rückgriff auf die Glaubenslehre der Kirche, die Probleme und Fragen anpackte. Was heute einen Leser der Mayerschen Predigt etwas trocken anmutet, war für den damaligen Hörer in der Erfahrung etwas ganz anderes. Was jenen begeisterte, war nicht zuerst die Kunst intellektueller Überredung, sondern die mannhafte Art Mayers, die unmittelbar überzeugte. Er hatte sich ja schon im Krieg als Mann und Seelsorger bewährt. Man nahm ihm die einfache biblische Wahrheit ebenso ab wie seine kritischen Anmerkungen zum Zeitgeist und zur Politik. Auf solche Weise wurden seine Predigten zu Signalen in schwierigen Zeiten.

Als Auswirkung dieser Predigttätigkeit wurde P. Mayer immer wieder in nahegelegene Städte und Dörfer eingeladen, vor allem zu sog. Männerpredigten. Auch bei festlichen Veranstaltungen in München hatte er ein geistliches Wort zu sagen. Etwa beim »Bayerischen Train- und Sanitätertag« am 21. 6. 1924 (Thema: Gewissenhaftigkeit im alltäglichen Leben), beim Katholischen Frauentag am 16. 6. 1924 (Thema: Gleiche Moral für Mann und

Frau), beim Armeeabend der Bayerischen Volkspartei am 4. 8. 1924 (10 Jahre nach Kriegsbeginn). Bei einem Vortragsabend des »Bundes für sittliche Volkswacht« am 26. 3. 1927 beleuchtete Mayer – in Gegenwart von Kardinal Faulhaber und Staatsminister Gürtner[19] – die Sittenlosigkeit der Zeit. In Diskussionsreden engagierte sich Mayer vor allem für die christliche Konfessionsschule (gegen den Freidenkerverband am 13. 10. 1927), für die Bekämpfung der Sekten[20] (am 14. 2. 1932 in Erding), gegen den Selbstmord (beim Verein »Lebenshilfe« am 16. 10. 1932).

Es gab schier kein Thema, zu dem man ihm nicht das Wort gegeben hätte, weil man von ihm Orientierung und Weisung erwartete. Bei dieser Tätigkeit – meist am Abend eines Wochentags oder am Sonntagnachmittag – lernte er in den Reaktionen der Zuhörer auf seine Rede das bayerische Volk kennen: in Stille und Beifall, in Lächeln und sich zurückhaltender Verweigerung, in starker oder fehlender Betroffenheit. Er versuchte immer wieder, das Volk mit den christlichen Wahrheiten und Normen zu konfrontieren. So sprach er im schwierigen Jahr 1924 bei einem Armeeabend der Bayerischen Volkspartei. Im »Bayerischen Kurier« vom 4. August 1924 stand darüber folgende Notiz: »Armeeabend der Bayerischen Volkspartei in der großen Halle des Mathäser. Aus Anlaß der zehnjährigen Wiederkehr des Kriegsbeginns. Thema: Den Toten zum Gedächtnis, den Kriegskameraden zur Ehre, der deutschen Jugend zur Lehr. Besondere Begeisterung und lang anhaltende Beifallsstürme für Pater Mayer (der in Uniform erschien) und von Gebsattel.[21] Die Ansprache des ehemaligen Divisionspfarrers P. Rupert Mayer galt den Toten. ›Es war ein fürchterlicher Gedanke, das namenlose Elend und Weh der Betroffenen sich vorstellen zu müssen. Und nur eines konnte auf-

---

19 Franz Gürtner (1881–1941), 1927–1932 bayrischer Justizminister, 1932–1941 Reichsjustizminister.
20 Das Thema des Vortrags in Erding am 19. 6. 1932 lautete: »Falsche Propheten ziehen durchs Land« (vgl. Plakat im StAM, Plakatsammlung aus LKA 146). Mayer beschäftigte sich dabei mit den Adventisten, nicht mit den Nationalsozialisten, wie oft irrtümlich behauptet wird. Doch war Hitler offensichtlich über diese Rede Mayers informiert, wie ein unnumeriertes Blatt von ihm mit Notizen über »Mayer« und »Adventisten« (!) und »Juden« zumindest nahelegt; vgl. Jäckel, Hitler, 294.
21 Ludwig von Gebsattel (1857–1930), General der Kavallerie.

rechterhalten, der Glaube an die Auferstehung... Das Blut der Gefallenen kann unmöglich umsonst geflossen sein... Das kann und darf nicht sein! Nein, dieses Blut ruft alle Nachkommen der toten Helden auf, nicht zu ruhen und zu rasten, sondern durch ununterbrochene, stille Arbeit an sich und ihrer Umgebung darauf hinzuwirken, daß das Volk wieder fähig werde, die Sklavenketten auf die eine oder andere Weise zu brechen. Als freie und selbständige Bürger wollen wir alles wieder in die Hand nehmen, wofür die toten Brüder ihr Herzblut hingegeben. Aber ein Volk, das seine Sklavenketten[22] brechen will, das wird nicht von heute auf morgen aus dem Boden gestampft, das braucht ernste Vorbereitungen im christlichen Sinne....‹.« »Mayers Predigt- und Vortragstätigkeit spielte sich in der Öffentlichkeit ab. Sie zog nicht nur Scharen von Zuhörern an, sondern wurde auch in der Presse[23] von rechts bis links kommentiert. Was wunder, daß er auf die Dauer mit der nationalsozialistischen Bewegung in Konflikt kommen mußte; denn sie versuchte zunehmend, die Stimmung im Volk und deren Beeinflussung durch die Medien zu beherrschen.

DAS SOZIALE ENGAGEMENT

In den zwanziger Jahren war die Not in Deutschland groß. Der Krieg hatte viele finanzielle Vermögen aufgezehrt, die Inflation wirtschaftlichen Ruin gebracht, die aus dem Krieg heimgekehrten oder verwundeten Soldaten fanden keine Arbeit. Es gab ein Heer von Armen und Bedürftigen, auch in München. Sie wandten sich auch an das Haus der Jesuiten bei St. Michael. »Im Einverständnis mit den Obern und in ihrem Auftrag« – heißt es im bereits zitierten Rückblick von 1931 – »hat die Armenpflege unseres Hauses P. Rupert Mayer. Das Antoniusopfer und die Almosen des Hauses gehen durch seine Hände... Doch beteiligten sich im vergange-

---

22 Im damaligen Sprachgebrauch für die Befreiung von den Reparationen der alliierten Siegermächte.
23 Hoser, Die politischen, wirtschaftlichen und sozialen Hintergründe der Münchner Tagespresse, I. 448.

nen Jahr und auch jetzt noch alle Patres an der Liebestätigkeit zur Linderung der Not... Wenn der ›Bayerische Kurier‹ vor ein paar Tagen in einer Zusammenstellung über die Liebestätigkeit an den Klosterpforten gesagt hatte, wir hätten im letzten Jahr Lebensmittel und Brennmaterial im Werte von 34 000 Mk. ausgegeben, dann ist damit nur die Zeit vom 1. November 1930 bis 1. April 1931 erfaßt... Im ganzen wurden 4 399 Familien unterstützt und damit 17 596 Kinder. Wir haben versucht, die würdigsten und ärmsten herauszufinden. So hatte es auch der Spender gewünscht... Zuerst kommen die Kinder des Hauses. An Lebensmitteln wurden etwa 35 390 Pfund ausgegeben... Durch Gutscheine wurde Mehl, Zucker, Teigwaren, Fett und Hülsenfrüchte angewiesen. Für eine warme Stube sorgten 4 281 Zentner Kohlen und 7 141 Bündel Holz. Auch für Kinderhorte und Kinderspeisung wurden über 1 000 Mk. ausgegeben. An 137 Familien kamen Weihnachtspakete. Jedes hatte einen Wert von 9 Mk. Auch Barspenden in der Höhe von 3 000 Mk. suchten der Not abzuhelfen.«

Bei all diesen Aktivitäten hatte Mayer immer seine Hand im Spiel; sein Zimmer wurde zu einem Wallfahrtsort der Armen: Dort erbaten sie Trost, dort empfingen sie Hilfe in unzähligen, vielartigen Anliegen. Mayer schrieb Briefe, um finanzielle Unterstützung zu erbitten; er verteilte Almosen oder gab Darlehen an Bedürftige. Er gab Gutscheine aus, mit denen Arme bei einem Bäcker sich etwa 14 Tage lang täglich einen Laib Brot abholen konnten.

Da konnte es geschehen, daß die Rückseite einer Visitenkarte der Firma Oswald und Co., »Werkstätten für Theatermalerei/ Bühnenbau« zu einem »Gutschein für ein Pfund Brot je für Frau und Kind täglich (14 Tage lang) beim Bäckermeister Mai in der Dachauerstraße« umfunktioniert wurde. Zwar nur ein Behelf, aber er half.

Auf diese Weise entwickelte sich P. Mayer gleichsam zum 15. Nothelfer in der Stadt München. Als es z. B. in München kein Kraut gab, kauften die Patres bei den Bauern in Ismaning 1580 Zentner Kraut. Münchner Großfirmen transportierten dieses kostenlos nach München. Es wurde im Innenhof von St. Michael gelagert und kam dort zur Verteilung.[24] Als Mayer leicht vorwurfsvoll angesprochen wurde, er werde doch gewiß auch in vielen Fällen hintergangen, beharrte er auf der Richtigkeit seines Handelns und seiner Güte mit der Begründung, es könne unter denen, die ihn betrügen wollten, auch ein echter Bedürftiger sein. Ihn dürfe er nicht übersehen. Dieser Tutorismus der Güte war unbestreitbar richtig.[25]

---

24 Auch Dr. Alois Hundhammer (1890–1974), Volkswirt, 1932–1933 MdL (BVP), 1946–1970 MdL (CSU), 1946–1950 Kultusminister, 1951–1954 Landtagspräsident, 1957–1969 Landwirtschaftsminister, erinnerte sich, daß 1923 P. Mayer von ihm als dem Referenten bei der Kreisbauernkammer Oberbayern Kartoffeln erbettelte. Hundhammer bekam von den Bauern fünf oder sechs Waggons Kartoffeln als freiwillige Spenden. P. Mayer konnte diese an die Armen verschenken. »Das war eine typische Tat für Pater Rupert Mayer« (ARM 5.3.). Ebenso stifteten 1923 die Angestellten der Firma Max Bullinger 28 500 Mark. P. Mayer bedankte sich und schrieb am 20. 4. 1923: »Am liebsten würde ich jedem von Ihnen die Hand drücken und ein herzliches Vergelts-Gott sagen« (Original-Brief am 21. 6. 1978 Papst Paul VI. geschenkt).

25 Übrigens führte das Engagement P. Mayers von seinem Zimmer aus zu Beschwerden von Mitbrüdern bei P. General Wlodimir Ledochowski (1866–1942, seit 1915 Generaloberer der Gesellschaft Jesu) in Rom. P. Provinzial Theobald Fritz (1878–1955; 1921–1924 Provinzial) wehrte diese Vorwürfe wegen der Verletzung der Klausur ab, und P. Mayer konnte seine Dienste wie gewohnt fortführen (vgl. Brief vom 22. 1. 1929 im OA SJ/München). – Um die Arbeit angemessen überschauen zu können, führte eine der Familienschwestern P. Mayers Caritas-Kartei.

PRÄSES DER MARIANISCHEN MÄNNERKONGREGATION

Am 28. November 1921 hatte Kardinal Faulhaber das Amt des Präses der »Marianischen Bürgerkongregation« P. Mayer übertragen, in der Erwartung, daß er diese alte Institution wieder zu neuer Blüte bringe. Der Generalvikar Michael Buchberger begründete diese Wahl des Kardinals mit dem Satz: »In der gesegneten Wirksamkeit, die Sie als Apostel der Münchner Männerwelt entfaltet haben, erblickt die oberhirtliche Stelle die beste Gewähr für eine gerade in unseren Zeitverhältnissen entsprechende Leitung dieser Kongregation«.[26] Der Kardinal sollte in seinen Erwartungen nicht enttäuscht werden. In den zwanziger Jahren stiegen die einzelnen Pfarrgruppen der Männerkongregation in München von 25 auf 60, die Zahl der Mitglieder wuchs von 2 500 auf 8 000 Männer.

Diese »Marianische deutsche Kongregation der Herren und Bürger zu Unserer Lieben Frau Verkündigung« war 1610 als älteste Kongregation auf deutschem Boden gegründet worden.[27] Ihre Leitung lag bis zur Aufhebung des Jesuitenordens 1773 durch Clemens XIV. in den Händen der Jesuiten; sie wurde anschließend von Weltpriestern übernommen.

Die Kirche der Marianischen Männerkongregation war die sog. »Bürgersaalkirche« an der Neuhauserstraße, etwa 300 Meter links von St. Michael in der Häuserfront gelegen. Sie war 1709–1710 als barocker Kongregationssaal erbaut und erst 1778 als Kirche konsekriert worden. Vor allem die Plastiken der berühmten Bildhauer Ignaz Günther (1726–1775) und Andreas Faistenberger (1647–1736) gaben dem ausgemalten Raum eine besondere Würde. In der Unterkirche Kreuzwegstationen und seit 1885 eine Lourdesgrotte.

Für P. Mayer war diese Aufgabe wie geschaffen. Er fand religiösen Kontakt zu diesen Männern. Zuerst wohl in den Gruppen, die auf die Münchner Pfarreien verteilt waren und dort arbeiteten;

---

26 Schreiben des Generalvikars von München und Freising vom 23. 11. 1921 (ARM.5.2.).
27 Sattler, Geschichte der Marianischen Congregationen in Bayern.

dann aber auch in der persönlichen Seelsorge, die in den regelmäßigen Hauptkonventen grundgelegt wurde. In ihnen entwickelte P. Mayer die Grundlinien einer Spiritualität, wie sie seiner Meinung nach zur Lebensform eines katholischen Mannes gehörte.

Das, was sich auf diese Weise im privaten oder religiösen Raum entfaltete, trat bei der jährlichen Fronleichnamsprozession und abendlichen Lichterprozession am Dreifaltigkeitssonntag, dem Hauptfest der Männerkongregation, an die Öffentlichkeit. Dann schritt P. Mayer an der Spitze seiner fünf- bis achttausend Männer auf dem Weg vom Bürgersaal über den Marienplatz zur Frauenkirche – in den Umbruchszeiten der zwanziger Jahre für viele Münchner ebenso aufregend und ärgerlich wie nach 1933.

Im August 1932 wird über dieses große Fest berichtet: »Die Marianische Männerkongregation hielt am Dreifaltigkeitssonntag unter überaus starker Beteiligung der Sodalen das alljährliche Hauptfest... viele konnten keinen Platz mehr finden... Präses P. Rupert Mayer, der Apostel der Münchner Männerwelt, gab einen Rückblick und einen Ausblick. Gottlob, die Münchner Männerkongregation ist im vergangenen Jahr wieder ein gut Stück vorwärts gekommen. Die Opfergesinnung ist in ihren Reihen nicht ausgestorben. Viele Pfarrherren erklären, sie seien froh und sehr dankbar für die Unterstützung, die sie durch die Sodalen in der Pfarrseelsorge finden. Das Jahresopfer ist durch die aufs höchste gestiegene Not der Zeit etwas zurückgegangen, aber die Opferwilligkeit der Sodalen hat sich dennoch wieder glänzend bewährt, gerade auch in jenen Kreisen, die selbst nicht allzu viel haben. Nun hat die Kongregation wieder Mittel, um die notwendigsten Auslagen zu decken. Die Mitgliederbewegung ist immer noch in aufsteigender Linie begriffen; einige Sodalen haben uns den Rücken gekehrt, 190 sind gestorben, aber fast ein halbes 1000 sind an ihre Stelle getreten – ein Beweis, daß die Kongregation noch reichlich Werbekraft besitzt. Was ist in der Zukunft zu tun? Vor allem heißt es eintreten in die große Einheitsfront gegen die organisierte Gottlosigkeit. Das Laienapostolat muß noch mehr gefördert werden, besonders auch die jungen Männer müssen mittun. Wir all müssen noch viel mobiler und aktiver werden. Und dann fragte P. Mayer die Tausenden von Männern: ›Seid ihr bereit, in die Abwehrarmee gegen die Gottlosigkeit einzutreten? Seid ihr bereit, in dieser Einheitsfront die Elitetruppe zu bilden? Seid ihr bereit, in diesem Kampf der Geister mit unwandelbarer Treue zu Papst und Bischof zu stehen? Seid ihr bereit, als katholische Männer zu leben und zu sterben?‹ Laut vernehmbar erklang das feierliche Versprechen von Tausenden von Lippen: ›Ja, wir wollen es. Möge Gott zu dem Wollen das Vollenden geben...‹«[28]

DER BAHNHOFSGOTTESDIENST

Als P. Mayer feststellte, daß es die Menschen an den Sonntagen nicht in der großen grauen Stadt aushielten und sie zu den bayerischen Bergen und Seen fuhren, richtete er im Herbst 1925 im Münchner Bahnhof die »Bahnhofsgottesdienste« ein. In einem Bericht über diese Einrichtung heißt es: »Die Augsburger Postzeitung 1931 Nr. 92 vom 23. April berichtet über den Bahnhofsgottesdienst im Münchner Hauptbahnhof, dessen heutige Einrichtung ein Werk von P. Rupert Mayer ist: Um dem naturhungrigen und sportbeflissenen Großstadtpublikum die Möglichkeit zu geben, den ganzen Sonntag von frühester Morgenstunde an auszunützen, ohne Gefahr zu laufen, daß es den Gottesdienst versäumen muß, wird in einem Saal am Bahnsteigflur des Münchner Hauptbahnhofes an allen Sonn- und Feiertagen katholischer Gottesdienst abgehalten. Die heiligen Messen beginnen morgens 3.10, 4.05, 4.45, 5.20, 5.55 Uhr. Der Gottesdienstsaal, der sonst für Empfangskomitees von Tagungen und für den Unterricht von Eisenbahnbeamten in Anspruch genommen wird, muß am Vorabend jeden Sonn- und Feiertags für den Gottesdienst zurechtgemacht werden. Nach der letzten heiligen Messe sind Altaraufbau und Altargerät sofort wieder zu beseitigen. Dieser Aufräumungsdienst wird ehrenamtlich von zwölf Helferinnen und Helfern besorgt, welche, wie das Maschinenpersonal einer Bühne, an genaueste und rascheste Arbeit gewöhnt sind. Für jede Messe mit Predigt stehen genau 35 Minuten zur Verfügung, die nicht überschritten

---

28 Aus der Provinz, 5. Folge, Nr. 20 (August 1932) 208. Zitat aus: Bayerischer Kurier vom 23. 5. 1932.

werden dürfen, wenn nicht die ganze Gottesdienstordnung in Gefahr gebracht werden soll. An der Stirn- und Rückwand des Saales sind zwei Uhren angebracht, welche sowohl den zelebrierenden Priester wie auch die Gläubigen über die genaue Zeit orientieren. Die Reisenden sehen schon bei Betreten des Bahnhofs mitten in der Schalterhalle ein riesiges Plakat, das auf Gottesdienstzeiten aufmerksam macht. In Sommerzeiten ist ein solches Plakat auch im nahegelegenen Starnberger- und Holzkirchner-Bahnhof, wo die Sportzüge abgelassen werden. Ein weiteres Plakat unmittelbar vor dem Saaleingang orientiert die Besucher. Die Gottesdienste werden verschönt durch Harmoniumspiel und Volksgesang. Ein Büchlein ›Bahnhofsgottesdienst München‹, das am Saaleingang jedem Besucher überreicht wird, enthält Gebete und Gesänge. Nach Schluß des Gottesdienstes werden die Büchlein wieder beim Ausgang abgeliefert. Die Ordnungsleute überwachen die Gottesdienstbesucher, sorgen dafür, daß diese die Eingänge freihalten und daß die Türen geschlossen bleiben, damit der Lärm des Hauptperrons nicht den Gottesdienst stört. Ein großer Ventilator, der nur während der Predigt abgestellt wird, sorgt für frische Luft. Die Ordnungsleute haben auch die Aufgabe, die Gottesdienstbesucher zu zählen. Nicht bloß Reisende nehmen an den Gottesdiensten teil, diese werden vielmehr in stets zunehmendem Maße besucht von den Angestellten der Bahn- und Postbehörden, die Frühdienst haben, vom Hotelpersonal der umliegenden Hotels und Gasthöfe (Oberkellnern, Kellnern, Pikkolos, Hausdienern, Zimmermädchen usw.), ferner vom Personal der Wach- und Schließgesellschaft, das vom Nachtdienst kommt, auch von einigen Taxi-Chauffeuren, also von solchem Personal, das sonst wohl kaum in die Lage käme, seiner Sonntagspflicht zu genügen. Sämtliche Zeitungen mit Ausnahme der sozialistischen und kommunistischen bringen die Gottesdienstzeiten. Mehr und mehr werden diese Gottesdienste besucht und insbesondere die wanderlustige Jugend ist stark bei ihnen vertreten. Man kann mit Rucksack oder sonstigem Gepäck, mit Ski und Rodel zum Gottesdienst eintreten; der Jäger darf sogar seinen Hund mitbringen, vorausgesetzt, daß er gut erzogen ist. – Dieser Morgengottesdienst, der bereits seit über fünf Jahren eingerichtet ist, wurde in dieser Zeit von 195 313 Gläubigen besucht. Im letzten Berichtsjahr (1929/30) wurden 315

Der Bahnhofsgottesdienst

heilige Messen gelesen, in denen 60 382 Besucher zugegen waren und 3 289 heilige Kommunionen ausgeteilt wurden.

Auf die Besucher hat der Gottesdienst einen gewaltigen Eindruck gemacht; es fehlte nicht an den Bekenntnissen, daß Reisende hier zum erstenmal wieder einen Gottesdienst besucht haben, nachdem sie ihm zehn oder gar zwanzig Jahre lang ferngeblieben waren. Auch auf Andersgläubige verfehlte der Gottesdienst nicht seine Wirkung. Dies beweist der Umstand, daß die evangelischen Gemeinden Münchens soeben daran sind, in einem nebenliegenden Saale auch ihrerseits einen Gottesdienst einzurichten.«[29]

Der Erfolg dieses Angebots an die Katholiken war groß. Einer Aufstellung über die Jahre 1925 bis 1939 läßt sich entnehmen, daß die Zahl der Gottesdienste von 130 auf 385 in einem Jahr anstieg, ebenso die Zahl der Teilnehmer von 13 797 bis 675 066 (im Jahr 1934); dann allerdings sank die Zahl wieder auf 29 375 (1938). Vermutlich wirkte sich hier bereits die politische Situation aus. In den besten Jahren besuchten an den Sonntagen 800 Katholiken diese Frühgottesdienste und erfüllten so ihre Sonntagspflicht. Mayer selbst hielt oft die ersten beiden Messen. Er hatte demnach nicht nur eine ausgezeichnete seelsorgliche Idee, sondern er trug auch sehr zu ihrer Verwirklichung bei, indem er selbst in harte Pflicht genommen wurde.[30] Heute würde ein solches Angebot unter den Begriffen Freizeit- und Tourismuspastoral laufen. Diese Begriffe kannte man damals nicht. Man wollte nur dem Menschen in seiner neuen Lebenssituation dienen. Eine sakramentale Frömmigkeit stand dabei im Zentrum.

---

29 Mitteilungen aus den deutschen Provinzen, Nr. 98 (Ignatius 1931), 292–293.
30 P. Mayer erstattete Kardinal Faulhaber jährlich Bericht über dieses Seelsorgsexperiment. Anerkennende Dankschreiben des Kardinals vom 3. 9. 1931 und 5. 9. 1934 liegen vor (ARM 5.5.).

SCHICKSALSJAHR 1923

Das Jahr 1923 war in der Weimarer Republik ein bewegtes Jahr.[31] Am 11. Januar 1923 ließ die französische Regierung ihre Truppen in das Ruhrgebiet einmarschieren, um ihren Reparationsanspruch durchzusetzen. Am 13. März wurde Fliegerhauptmann a. D. Hermann Göring Kommandeur der SA. Am 8./9. November unternahm Hitler mit seinen SA-Männern in München einen Putschversuch, der beim Marsch zur Feldherrnhalle blutig scheiterte. Einige Ereignisse spielten sich in München ab, andere schlugen ihre Wellen bis dorthin. So wurde das Jahr 1923 auch im Leben P. Mayers das Jahr eines besonderen Engagements – aus vielerlei Gründen. Welcher Art sind die Termine, zu denen der ehemalige Feldgeistliche und jetzige Männerseelsorger im Mittelpunkt der Aufmerksamkeit stand?

Bald nach der Ruhrbesetzung fanden am Sonntag, dem 14. Januar, der als nationaler Trauertag begangen wurde, in München aus Protest gegen die Besetzung des Ruhrgebietes durch französische und belgische Truppen große Kundgebungen statt. Die öffentlichen und viele private Gebäude hatten auf Halbmast geflaggt oder Fahnen mit Trauerflor ausgehängt. Die erste offizielle Kundgebung fand um 11 Uhr im Odeon statt, bei der Ministerpräsident Dr. Eugen von Knilling[32] gegen die Verletzung des Völkerrechts Einspruch erhob. Anschließend versammelte man sich zu einer Massenkundgebung auf dem Odeonsplatz. Diesmal hielt die Rede Landtagspräsident Heinrich Königsbauer[33]. Es kam zu Zusammenstößen zwischen Teilnehmern der Kundgebung und Sozialisten.

Um 14 Uhr endlich drängten sich 10000 Mitglieder der Vaterländischen Verbände auf dem Königsplatz. Nach einem Choral der Landespolizei und einer Begrüßung sprach als zweiter Redner »der frühere Divisionspfarrer P. Rupert Mayer«. Laut Chronik der Stadt München[34] »erinnert er an das namenlose Elend, das der

---

31 Maser, Zwischen Kaiserreich und NS-Regime, 148 ff.
32 Dr. Eugen Knilling (1865–1927), 1922–1924 bayer. Ministerpräsident.
33 Heinrich Königsbauer (1876–1929), 1920 MdL (BVP) und Präsident des Bayr. Landtags.
34 Chronik der Stadt München vom 14. 1. 1923 (Stadtarchiv München 458 I²);

Friedensvertrag von Versailles über Deutschland brachte und ermahnt zu Mut und Ausdauer in dieser vaterländischen Not. Zum Schluß seiner eindrucksvollen Worte nimmt der Redner der Riesenversammlung den feierlichen Schwur ab, das Kriegsbeil zwischen uns selbst zu begraben, die Not und das Elend unserer Volksgenossen zu lindern, in eiserner Selbstzucht uns zu halten und im gleichen Sinn die Jugend zu erziehen, um Deutschland zur Auferstehung zu führen, nie und nimmer das Vaterland zu verlassen und ihm treu zu sein bis in den Tod. Der Schwur wird von den Massen mit den Worten ›Ja, wir wollen es‹ geleistet. ›Die Wacht am Rhein‹, deren Refrain, umgeändert in ›Lieb Vaterland, sollst ruhlos sein, bis wieder frei der deutsche Rhein‹, gesungen wird, besiegelt das Gelöbnis.«

Allgemein erregte es Verwunderung, daß Adolf Hitler nicht die Gelegenheit benutzt hatte, vor einer so großen Menschenmenge seine Rache für Versailles und seinen Haß gegen Frankreich vorzutragen. Hatte er das Thema gewechselt: vom Frankreichhaß zur Vergeltung für die »Novemberverbrecher«?[35] Was er dazu meinte, brachte er am nächsten Tag, dem 15. Januar 1923, bei einem NSDAP-Sprechabend im Café Neumayer zum Ausdruck. Dort sagte Hitler: »Proteste eines wehrlosen Volkes sind völlig sinnlos; wenn eine Nation bei ihrem Protest nicht das Schwert blitzen lassen kann, blitzt sie ab (Heiterkeit). Ein wehrloses Volk wie das deutsche soll nicht protestieren, denn darüber lacht Frankreich nur. Die Komödie vom Trauersonntag (an der Hitlers Truppe bekanntlich in corpore teilgenommen hat) macht auf Frankreich gar keinen Eindruck. Und wenn sich die 10000 Menschen täglich zehnmal auf den Königsplatz stellen oder sich dazu mit ungeheurer Geschwindigkeit auf der Stelle drehen, werden die Franzosen eben sagen, daß die Deutschen verrückt geworden sind, aber eine politische Wirkung hätte die Sache nicht. Proteste haben nur dann für uns einen Zweck, wenn der feste Wille dahintersteckt, die Leute aus dem Rheinland herauszuwerfen... Wichtiger als die sinnlosen Proteste gegen Frankreich sind Maßnahmen gegen die Vaterlandsverräter und Novemberverbrecher. Wenn die Ver-

---

vgl. Münchner – Augsburger Abendzeitung vom 18. 1. 1923.
35 Maser, Frühgeschichte der NSDAP, 368.

sammlung auf dem Königsplatz einen Zweck hätte haben sollen, dann hätte sie einen Beschluß fassen müssen: ›Wir fordern von der Regierung, daß sie den Eisenberger[36] und die anderen Novemberlumpen verhaftet, und wir gehen nicht eher auseinander, als bis diese Forderung erfüllt wird‹. Diese Forderung wäre erfüllt worden, glauben Sie mir.«[37]

Laut »Völkischer Beobachter« vom 17. Januar 1923 begründete Hitler in diesem Zusammenhang auch, warum er zuvor bei den Massenkundgebungen nicht geredet hatte: »Ich wollte auch nicht reden! (Beifall) Die Burschen (gemeint sind Professor Bauer und Pittinger)[38] sollten dankbar sein, daß sie bis jetzt das Maul aufmachen dürfen, weil wir in München eine nationale Bewegung geschaffen haben; wenn sie noch nicht kapiert haben, daß Versöhnungsdusel unser Tod ist, dann ist ihnen nicht zu helfen. Wir werden künftig unsere Veranstaltungen allein machen (großer Beifall). Wir sind kräftig genug dazu, allein vorzugehen; die meisten von den 100000 Anwesenden waren Nationalsozialisten. (Dies ist ein Irrtum.) Man kann uns den Königsplatz verbieten, so gibt es noch andere Plätze in München; später werden wir um so sicherer auf dem Königsplatz sein.«

Dann kam er auch auf P. Mayer zu sprechen: »Ich habe nichts übrig für diese Proteste mit ›Maß‹. Wir bereiten eine viel größere Revolution vor als die von 1918, und da können wir nicht leisetreten. Die Versöhnungsparole des Pater Mayer mutet an wie eine freundliche Aufforderung an die innerpolitischen Feinde, zusammen Schiebergeschäfte zu machen. Die Sozialdemokratie, der Jude, wird deutsche Schwäche schlecht lohnen. Die ewigen Rücksichten auf Oberschlesien und das Ruhrgebiet haben nichts genützt, beide Länder sind verlorengegangen. Aber als ich damals vor der Feldherrnhalle rief: ›Die Berliner Schweinehunde müssen

---

36 Wohl eine Anspielung auf Matthias Erzberger (1875–1921), Leiter der deutschen Waffenstillstandsdelegation im November 1918; 1919/1920 Reichsfinanzminister, am 26. 8. 1921 von zwei Nationalisten ermordet.
37 Jäckel, Hitler, 791–793.
38 Hermann Bauer (1884–1960), Studienprofessor, Präsident der Vaterländischen Verbände, MdL (DNVP) 1924–1933, 1934 als Gegner des Nationalsozialismus auf eigenen Wunsch aus dem Staatsdienst ausgeschieden. – Dr. Otto Pittinger (1878–1926), Sanitätsrat, Vorsitzender des Bundes »Bayern und Reich«.

Schicksalsjahr 1923   151

weg‹, da hieß es, man müsse wegen Oberschlesien leiser sprechen. Ich hatte schon einen flauen Eindruck von der Protestkundgebung; aber als ich las, daß die Münchner Post jubelt (er verliest den Bericht der MP), da muß ich schon auf münchnerisch sagen, seitdem stinkt er mir (große Heiterkeit)!« Am Ende wiederholte Hitler seine Forderung: » Unsere Forderung bleibt: An den Galgen mit den Novemberverbrechern; dann wird es nicht 10 Jahre dauern, sondern schon nach 5 Jahren nationaler Reinigungsdiktatur wird der Umschwung kommen.«[39]
Wenn dies die Tonlage der Nationalsozialisten war, dann war die Rede P. Mayers ganz entschieden anders gestimmt: Er wollte den Frieden im Volk, zwischen den verfeindeten Gruppen. Nur diese Friedfertigkeit sicherte seiner Meinung nach einen Aufstieg des deutschen Volkes. Daß er in seinem Anliegen gut verstanden wurde, bewies der »Völkische Beobachter« vom 17. Januar 1923, der auf der Titelseite die Protestversammlung auf dem Königsplatz kommentierte und auch P. Mayer attackierte: »Wir wissen, daß Pater Mayer ein tapferer Mensch ist, der wie nur je jemand das Recht hat, das Wort zu ergreifen. Wir glauben zu wissen, daß er im Feld einmal zurückflutende Kompanien aufgehalten und wieder gegen den Feind geführt hat. Ist es Ihnen, Pater Rupert, nicht eingefallen, daß Ihre Opfer umsonst waren, daß Sie umsonst ein Bein verloren haben dank der Politik des trügerischen ›Burgfriedens‹, unter dessen Schutz die völkische Politik geknebelt, die jüdische Zersetzungsarbeit aber fröhlich betrieben wurde? Fällt Ihnen nicht auf, daß sie das deutsche Volk heute zur selben Politik der Schwäche auffordern, die einen furchtbaren Zusammenbruch herbeiführen muß? Alle Opfer, aller Heldenmut, den unser Volk in der nächsten Zeit wird aufbringen müssen, werden wieder umsonst sein, solange Verräter und Schurken noch frei unter uns herumlaufen. Schwäche ist es seitens deutscher Männer, dies nicht

---

39 Der Völkische Beobachter vom 17. 1. 1923 pflichtete Hitler bei: Es sei für Hitler nach den vorangegangenen Reden nicht möglich gewesen, das Wort zu ergreifen und sich »mit gutgemeinten Kurzsichtigkeiten solidarisch zu erklären«. – Ernst Röhm bemerkte zum Vorfall, daß an diesem Tag die Nationalsozialisten aus dem Verband Vaterländischer Vereine ausgeschert seien. Ein Tag, der ihnen viele Schwierigkeiten gebracht habe. Vgl. Ernst Röhm, Die Geschichte eines Hochverräters. München ³1933, 163.

hinauszuschreien in alle Lande. Feigheit herrscht bei den Spießern, die mit Fahnen und Kokarden und Abzeichen sich ins Mäuseloch verkriechen werden, wenn das Henkerbeil des Bolschewismus, das eben geschliffen wird, zusammen mit der Hungerpeitsche seine Arbeit beginnen wird.

Hier müssen wir offen reden als das Gewissen des deutschen Volkes, als die ›Hetzer der Wahrheit‹, die wir seit unserem Bestehen gewesen sind. Aufwecken wollen wir das schlafende Volk. Heute mehr denn je.«

P. Mayer hatte sich mit seiner Rede in eine Front mit den Vaterländischen Verbänden, vornehmlich mit seinen Kriegskameraden, gestellt. Er wollte den Haß mäßigen und den Frieden sichern. Das brachte ihm von den einen Zustimmung und Bewunderung, von den anderen Ablehnung und Verachtung ein.

Um in Zukunft in den Debatten über Fragen des Vaterlandes mitreden zu können, reiste Mayer Ende März 1923 ins Ruhrgebiet. Er kehrte am 24. März zurück und sprach am 27. März auf der Frühjahrsversammlung des »Volksvereins für das katholische Deutschland«: »Meine Reise in das Ruhrgebiet«.

Es war eine große Versammlung, die die weiten Räume des Löwenbräukellers bis auf den letzten Platz gefüllt hatte. Auch die katholische politische Prominenz – vom Ministerpräsidenten bis zu den Reichstagsabgeordneten und Stadträten – war erschienen. Nachdem der Vorsitzende zunächst P. Mayer zu seinem Namenstag gratuliert hatte, bat er ihn, das Wort zu ergreifen. Zuerst rechtfertigte P. Mayer seine Reise: »Als Feldgeistlicher habe ich es unzählige Male erfahren, welchen Trost und welche Freude es den Kameraden bereitete, wenn der Feldgeistliche im Schützengraben, bei den Feldwachen oder bei den Horchposten plötzlich auftauchte, um sich mit den Einzelnen über alle möglichen Fragen, über die Angehörigen, die Heimat, das Leben im Feld, die Religion usw. zu unterhalten. Diese Erfahrungen im Weltkriege haben mich veranlaßt, die sich mir darbietende Gelegenheit zu einem Besuch an der Westfront zu benutzen. Ich kann ohne jede Übertreibung sagen, daß meine Anwesenheit im Ruhrgebiet in allen, auch in den mir als Priester ganz fernstehenden Kreisen eine sehr große Freude ausgelöst hat. Dies kam mit elementarer Wucht zum Ausdruck bei einer Versammlung der Vertrauensleute der christ-

Volksverein für das katholische Deutschland.

Große Frühjahrsversammlung
im Löwenbräukeller
Dienstag, den 27. März, abends 8 Uhr

P. Rupert Mayer S. J.

Meine Reise
in das Ruhrgebiet.

Liedervorträge des Priesterchores.

Zur Deckung der Unkosten: Mitglieder 100 Mk., Nichtmitglieder 200 Mk.

Der Hauptgeschäftsführer: J. A. H. Rauch, M. d. R.

lich-nationalen Arbeiternehmerschaft in einer Hauptzentrale des Ruhrgebietes.«

Vor allem hob er die Pflicht des Priesters heraus, sich in einer solchen Notsituation zu äußern: »Unser Volk steht in einem Kampf um die nationale Selbständigkeit, in einem Kampf um seine wirtschaftliche und völkische Existenz. Da hat auch vom christlichen Standpunkt aus der Priester nicht nur das Recht, sondern die Pflicht, für sein Vaterland zu arbeiten, für die von Gott gewollte Liebe zu Heimat und Vaterland die Menschen zu begeistern und den Opferwillen zu wecken. Aber geradezu ängstlich habe ich und hat mein Orden sich vor jeder politischen Einmengung gehütet.«⁴⁰

Er unterstrich dann, daß das Ruhrgebiet der volkswirtschaftlich wichtigste Teil Deutschlands sei und daß es in diesem Kampf gegen die Besetzung wirklich um das Ganze gehe. Die Deutschen seien nicht mehr »Herr im urdeutschen eigenen Land«. Die Bevölkerung leide, der Verkehr ruhe, die Schulen seien mit Militär besetzt, das Zeitungswesen geknebelt, das Spitzelwesen stehe in höchster Blüte. Angesichts dieser Lage rieten bestimmte Kreise zu einem Volksaufstand im Ruhrgebiet. Er halte dies für einen »Wahnsinn«. Die Ernährungslage sei gut, man sehe zuversichtlich in die Zukunft. Alle stünden in einer Notgemeinschaft zusammen, abseits stünden nur die Kommunisten.

Am Ende übermittelte Mayer den Dank der Menschen aus dem Ruhrgebiet für die Opfergaben und übermittelte zwei »Herzenswünsche« aus dem Ruhrgebiet: »Einmal mögen die Brüder und Schwestern im Hinterland unter allen Umständen Ruhehalten (Großer Beifall). Käme es zum Kampfe einer Parteigruppe gegen die andere, so würde dies den Zusammenbruch an der Ruhr im Gefolge haben. Fürs zweite haben diese Frontsoldaten der einmütigen Überzeugung Ausdruck verliehen, daß alles und jedes versucht werden müßte, um ohne bewaffnete Gewalt zur Befreiung des Vaterlandes zu kommen. Für die Hinterlande heißt es Treue um Treue (Stürmischer Beifall).«⁴¹

Zum Schluß las P. Mayer den Rütlischwur aus Schillers »Tell« vor. Die Massenversammlung erhob sich von den Sitzen und sprach ihn Satz für Satz nach. Mit der Bitte, in das Deutschlandlied kräftig einzustimmen, schloß P. Mayer seine Rede. Vom Geschäftsführer des Volksvereins wurde ihm für »diese Worte aus wahrem priesterlichem und wahrhaft deutschem Herzen« gedankt. Mayer hatte in seiner Rede – wie bereits am 14. Januar 1923 – auf Frieden hingearbeitet. Die Nationalsozialisten hatte er dabei offensichtlich geschont. Er hatte sie zwar nicht genannt, aber ihre Haßpropaganda und Ermutigung zum Aufstand entschieden abgelehnt.

---

40 Bayer. Kurier vom 28. 3. 1923.
41 ebd.

Die Auseinandersetzung mit den Nationalsozialisten fand nicht nur auf dem öffentlichen politischen Feld statt. Die ideologische Agitation kam notwendigerweise dazu und hatte den Sinn, die politischen Absichten zu rechtfertigen. Neben einer Fülle von Vortragsveranstaltungen, die Hitler selbst als Redner bestritt, gab es auch andere Redner, die aus ihren Sympathien für den Nationalsozialismus – als Ideologie und Partei – keinen Hehl machten. In eine Auseinandersetzung mit einem von ihnen, Dr. Georg Schott[42], ließ sich P. Mayer am 21. Juni 1923 ein. Die Veranstaltung im Bürgerbräukeller mit dem Thema »Nationalsozialismus und Christentum« war groß in der Presse angekündigt, zumal mit dem Hinweis, daß »auch ein katholischer Geistlicher sprechen werde«. Im »Bayerischen Kurier« war zu dieser Ankündigung angemerkt: »Die Nationalsozialisten fühlen das Bedürfnis, in einer eigenen öffentlichen Versammlung (im Bürgerbräukeller) ihr Christentum zu verteidigen und sie kündigten dazu in auffälliger Weise an, daß auch ein katholischer Geistlicher sprechen werde. Das sollte wohl den Anschein erwecken, als würde dieser katholische Geistliche mit den Nationalsozialisten symphatisieren, wie auch hernach in der Versammlung selbst wiederholt auf die kommende Mithilfe der Seelsorger hoffnungsvoll verwiesen wurde. Soweit sind wir aber noch nicht und der Geistliche, der da gestern das Wort ergriff, war weder ein offener noch ein verkappter Parteigänger, sondern ein recht bekannter Mann von ebenso bekannter kirchlicher Gesinnung: P. Rupert Mayer.«[43]

Zur Eröffnung der Versammlung erklärte der Vorsitzende, Hermann Esser[44], Hitler habe ihm erst in den letzten Tagen gesagt, »es schmerze ihn außerordentlich, daß er als Katholik von katholischer Seite so angegriffen werde, da doch niemand mehr für das Christentum eintrete als er«. »Dem Eintreten der Natio-

---

42 Dr. Georg Schott (1882–1962), ehemaliger protestantischer Pastor, bekannter schöngeistiger Redner in München; verfaßte erste Hitlerbiographie: »Das Volksbuch vom Hitler« (1924); erhielt einen Ehrensold von Hitler.
43 Bayer. Kurier vom 22. 6. 1923.
44 Hermann Esser (1900–1981), 1929 Fraktionsvorsitzender der NSDAP im Münchner Stadtrat, 1932 MdL (NSDAP), 1933 bayr. Wirtschaftsminister und Chef der Staatskanzlei, 1935 Leiter der Fremdenverkehrsabteilung im Propagandaministerium (J. Goebbels).

nalsozialisten 1919 und 1920 sei es zu danken, daß sich das Christentum bei uns wieder so entfalten konnte, wie es der Fall ist.«[45] Zum Thema selbst sprach Dr. Schott. In der Chronik der Stadt München wird unter dem 21. Juni berichtet: »Dr. Schott, selbst Nationalsozialist, erklärt, die Nationalsozialisten lehnten eine ›bestimmte dogmatische Ausprägung‹ der allein gültigen Wahrheit ab, ebenso ein Christentum, das als Krönung und Vollendung der jüdischen Religion gelte. Der Jude sei der unfrömmste Mensch der Welt, der jüdische Geist der größte und schärfste Gegensatz des christlichen Erfassens, Gift für das religiöse Wesen. Das Alte Testament sei eine irreführende Verquickung von Schmutz und göttlichen Wahrheiten, in das Neue Testament hätten spätere Überarbeitungen erst den bedenklichen Pazifismus hineingetragen. Abzulehnen sei die Verschmelzung von Christentum und Parteipolitik. Ziel sei: die Verschmelzung Jesus, Christentum, Germanentum.«[46]

Über diese noble, glättende Zusammenfassung hinaus brachte der »Völkische Beobachter« am 23. 6. 1923 einen Großteil der Rede Dr. Schotts im Original. Dort hörte sie sich so an: »Es wird Zeit, daß wir endlich erkennen: der Gedanke, daß das Christentum in der sog. Religion des Juden seine geistige Patenschaft anerkennen soll, ist ein Hohn auf die Gesinnung dessen, der für uns in den Tod gegangen ist! Einem solchen Christentum gegenüber müßten wir uns allerdings als Nichtchristen bekennen. Wir wissen auch, daß Hunderte von Seelsorgern so denken. Deutsche Männer und Frauen aller Konfessionen, seid des einen gewiß, daß uns nichts ferner liegt, euch aus euren Gotteshäusern herausholen zu wollen. Wir wollen nur eines: ein vom Geist der Zersetzung des Judentums gereinigtes Christentum, in dem wir zugleich als das Bild unseres eigenen Volkstums wieder erscheinen.«[47]

Den katholischen Standpunkt vertrat daraufhin – »oft von Unruhe unterbrochen« – P. Rupert Mayer. Der »Bayerische Kurier« berichtete ausführlich darüber: »... Für uns Katholiken ist und bleibt das Alte Testament eine der Glaubensquellen unserer Reli-

---
45 Bayer. Kurier vom 22. 6. 1923.
46 Chronik der Stadt München vom 21. 6. 1923 (Stadt A/M 458/Iª).
47 Völkischer Beobachter vom 23. 6. 1923.

gion. Wer das nicht anerkennt, steht nicht mehr auf unserem Boden. Wie das Einzelne aufzufassen ist, inwieweit da der Beistand des Hl. Geistes bei Abfassung der Schriften geht, das festzustellen, ist nicht Aufgabe des Einzelnen, dafür haben wir das unfehlbare Lehramt. Es ist nicht katholisch, die einzelnen Dinge aufzufassen, wie man will, sonst bliebe von der Bibel schließlich überhaupt nichts mehr übrig. Wer das tut, gehört nicht mehr zu uns... Daß das Neue Testament die Erfüllung des Alten ist, daran kommen wir nicht vorbei. Der Heiland selbst beruft sich wiederholt darauf und stellt sich der Welt als der im Alten Testament vorhergesagte Messias vor. Wenn man sagt, der jüdische Geist sei in die katholische Religion hineingetragen worden, so lehnen wir das grundsätzlich ab. Was dann die Verquickung mit Parteipolitik anlangt, so gibt es eben Fragen, deren Lösung man sich ohne Verquickung mit Politik nicht denken kann, z. B. die Schulfrage. Da ist es selbstverständlich, daß der Katholik verpflichtet ist, seinem Standpunkt gewissenhaft Ausdruck zu geben und er muß eine Partei wählen, die sich grundsätzlich auf den katholischen Standpunkt stellt. Von einem, so sagte schließlich P. Mayer, habe der Referent nicht gesprochen, von Christus als wahrem Sohn des lebendigen Gottes. Wer dies Dogma nicht anerkennt, kann nicht Katholik sein. Es ist nun nicht so, daß man das Bild Christi sich so malen kann, daß das gutgeheißen werden kann, was die Nationalsozialisten fast in jeder Versammlung predigen: den Haß (Große Erregung in der Versammlung). Den Haß kennt das Christentum nicht... Ein germanisches Christentum gibt es nicht. Beim Weihnachtsfest, das als germanisches reklamiert wird, ist nicht der Christbaum die Hauptsache, sondern der Festgedanke, das Christkind. Und das ist nicht deutsch, sondern himmlisch. Das Christentum verlangt auch nicht, daß wir arme Deutsche den Kopf hinhalten sollen, damit uns die Franzosen die Haut abziehen. Es ist selbstverständlich, daß ein Volk das tun darf, was zur Erhaltung seiner Existenz nötig ist, aber das nur dann, wenn der Kampf hervorquillt nicht aus Haß, sondern aus Liebe zum Vaterland, die aufgebaut ist auf dem felsenfesten Fundament unserer hl. Religion.«[48]

---

48 Bayer. Kurier vom 22. 6. 1923.

In der Aussprache führte Hermann Esser zum Beweis des praktischen Christentums an, die Nationalsozialisten hätten offiziell an der Fronleichnamsprozession teilnehmen wollen, seien aber abgelehnt worden, angeblich, weil der Zug, dem sie sich an die Spitze setzen wollten, zu lang gewesen sei.[49] »Aus der Tatsache aber«, berichtete der ›Völkische Beobachter‹, »daß unsere Fahnen schon mehrfach in katholischen Kirchen geweiht seien[50], gehe allein schon hervor, daß der Nationalsozialismus nicht in irgendwelcher Feindschaft zur katholischen Kirche stehe, sondern im Gegenteil nichts sehnlicher erwarte, als daß unsere Seelsorger sich mit an die Spitze des Lebenskampfes in der deutschen Nation stellen werden, der zugleich auch ein Kampf für das Christentum ist«.[51]

Am Ende waren die Meinungen über diese Vortragsveranstaltung geteilt. Der »Völkische Beobachter« war über die rege Anteilnahme »an den seelischen Kämpfen unserer ringenden Gegenwart« erfreut und drückte die Hoffnung aus, daß demnächst »auch von katholischer Seite (wenn auch von anderen Voraussetzungen aus) erklärt wird, daß Christentum und Nationalsozialismus Mächte sind, die brüderlich zusammengehören, im Kampf der Geister der Gegenwart«. In der Chronik der Stadt München war merkwürdig farblos zu lesen: »Die Versammlung verläuft ohne Zwischenfall. Eine Einigung der gegensätzlichen Anschauungen kommt nicht zustande, lediglich eine Herausstellung der gegenseitigen Meinungen.«

P. Mayer selbst urteilte etwa 1943, daß Dr. Schott ein anständiger, vornehmer Redner gewesen sei, der Vorsitzende Esser aber ein Mann von ganz anderer Art. Am Ende habe ihm – nachdem der Radau zugenommen habe – Esser das Wort entzogen und zu seinem Schutz um ihn SA-Männer postiert. Es sei alles gut ausgegangen.[52] Schließlich erinnerte sich Dr. Schott im Oktober 1948 während seiner Spruchkammersitzung dieser Veranstaltung und

---

49 Fotos von der Fronleichnamsprozession zeigen in diesen Jahren keine Hakenkreuzfahnen.
50 Anspielung auf die Fahnenweihe durch Abt Alban Schachleiter OSB (1861–1937) in St. Bonifaz in München; vgl. dazu Hanfstaengl, Zwischen Weißem und Braunem Haus, 107–110.
51 Völkischer Beobachter vom 23. 6. 1932.
52 ML 60.

bemerkte dazu: »Mit Pater Rupert Mayers Weltanschauung ging ich nicht einig und liefen unsere Ansichten hierüber weit auseinander. Ich kann nur sagen, daß ich davon überzeugt war, daß mit dem Gedanken eines positiven Christentums in der Partei ernst gemacht werden soll.« Schott hatte offensichtlich auch 1948 noch wenig dazugelernt. Seit 1931 Parteigenosse und Empfänger eines »Ehrensoldes« war er damals in einer Erklärung noch der Meinung: »Es ist bis zum heutigen Tag meine Überzeugung, daß man bei Beurteilung des Nationalsozialismus wohl zu unterscheiden habe zwischen dem, was ursprünglich gewollt, und dem, was nachher geworden ist. Also zwischen Idee und Erscheinung, zwischen Bewegung und Partei. Die Partei entfernte sich je länger je mehr von der Idee, nach der sie 1920 angetreten war, bis sie zuletzt zur Totengräberin der Bewegung wurde. Niemand weiß das besser und empfindet tiefere Verbitterung darüber als derjenige, der die ganze Tragödie von Anfang bis zu Ende mitgemacht hat in dem ehrlichen Wollen, mit allen ihm zu Gebote stehenden Kräften den Wahnsinn zu steuern.« Deshalb war Dr. Schott damals der Meinung: »Ich bedarf heute keiner Entnazifizierung.«[53]

Was wunder, daß P. Mayer mit einem solchen Mann in Konflikt geraten mußte. Er hatte von Anfang an die gefährliche Zweideutigkeit der nationalsozialistischen Ideologie, auch in der verschleiernden Versöhnungstaktik des Dr. Schott, erkannt, und sie mit aller Kraft bekämpft.

Im Vorfeld des 9. November 1923, einige Tage vor dem 24. August 1923, hielt P. Mayer in Pfaffenhofen eine Rede zum Thema »Christentum und die modernen Zeitströmungen«. Dazu eingeladen hatten die »christlichen Vereine« Pfaffenhofens. In seinem »unpolitischen Vortrag« versuchte – nach Darstellung des »Völkischen Beobachters« – »der volksparteiliche Hetzredner im Priesterrock«, den Nationalsozialismus als unchristliche Geistesströmung abzutun, weil der Nationalsozialismus das vom heiligen Geist inspirierte Alte Testament ablehne, dem politischen Christentum sozusagen einen neuen Inhalt verleihe und nicht nur den Haß gegen das Judentum, sondern auch gegen unsere Feinde

---

53 Spruchkammerakten von Dr. Schott: IfZg ED 199.

lehre.⁵⁴ Der »Völkische Beobachter« schloß seinen Bericht mit zwei herausfordernden Bemerkungen: »Diese Einwürfe waren dem Pater so unangenehm, daß er es vorzog, in der Gegenrede nur über Haß und Liebe lebensfremde Erörterungen zu halten, die er ebenfalls noch abbrechen mußte, als ihm der Zwischenruf entgegengerufen wurde: Ja, was war denn das, als Christus die Schacherer aus dem Tempel verjagte, war das Haß oder Liebe? Das war heiliger Haß! Mit solcher Wortklauberei von heiligem Haß und heiligem Zorn glaubte er die für ihn verlorene Situation zu retten, und der Versammlungsleiter schloß mit sichtlicher ›Liebe‹ zu den Hakenkreuzlern den unpolitischen Vortrag der Bayer. Volkspartei. Im übrigen muß einmal festgestellt werden, daß die Art und Weise, wie P. Rupert Mayer in den politischen Kampf eingreift, allmählich geradezu Ärgernis in den weitesten Kreisen des katholischen Volkes errege.«

Das Ende des Beitrags signalisierte eine Stimmung im Volk oder zumindest eine Wunschvorstellung bei den Nationalsozialisten, die aus Vorsicht gewiß nicht geäußert worden wäre, wenn sie nicht mit einer gewissen Zustimmung von Katholiken hätte rechnen können.

An diesen 9. November 1923 erinnerte sich P. Mayer selbst nur wenig. Er schrieb 1943 in seinem Lebensbericht: »Am 9. November brachte P. Hugger mit nach Hause, in der Stadt sei man wütend auf uns, denn in der Michaelskirche sei die Bewegung zusammengeschlagen worden. Das war natürlich übertrieben, aber richtig ist, daß ich mich nicht erinnere, in München je einmal so feindlichen Blicken begegnet zu sein wie in den Tagen nach dem 9. November 1923. Meine persönlichen Erlebnisse am 9. November 1923 sind weltanschaulich von keiner Bedeutung. Nur bemerkte ich, daß sich die in dem Kampf verwundeten Nazis von mir abgewendet haben, als ich nach ihnen sehen wollte, unmittelbar nach ihrer Verwundung in den Parterreräumen der Residenzstraße.«⁵⁵

Nach anderen Quellen hätten die am Boden liegenden, verletzten Nationalsozialisten sich von P. Mayer mit der Bemerkung

---

54 Völkischer Beobachter vom 24. 8. 1923.
55 ML 61.

26 Bahnhofsgottesdienst (ab 1925)

27 P. Mayer mit den Verantwortlichen für den Bahnhofsgottesdienst

28 Die Bürgersaalkirche an der Neuhauserstraße in München

30 Die Kanzel P. Mayers in Sankt Michael in München

29 P. Mayer an der Spitze der Männerkongregation bei der Fronleichnamsprozession in München (1936)

31 P. Mayer
bei der Primiz eines
Kriegskameraden
(August 1921)

32 Im Kreis von Freunden

Schicksalsjahr 1923

abgewandt: »Scher dich zum Teufel, du schwarzer Schakal.«[56] Daß manche Zuschreibungen für das Scheitern des Hitlerputsches in Richtung der Jesuiten gingen – wie P. Mayer selbst andeutete –, bewies auch jenes Predigtwort des protestantischen nazifreundlichen Dekans Lembert,[57] der laut Polizeibericht am 11. November 1923 beim Gottesdienst in der Markuskirche gesagt haben soll: »In der Nacht vom Donnerstag auf Freitag sei die ganze deutsche nationale Bewegung unter schwarz-weiß-roter Flagge von der jesuitischen Kirche schmählich erdolcht worden. Für diese Überzeugung lasse ich mich erschießen.« Auf dieses Wort hin sei in der Kirche »Bravo« gerufen worden.[58]

Nur wenige Tage später fand P. Mayer Gelegenheit, während einer Gefallenen-Gedächtnisfeier des Münchner CV im Festsaal des Aenanenhauses seine Gedanken zum 9. November 1923 vorzutragen. In dieser »Trauerkneipe« sprach der »ehemalige Divisionsgeistliche P. Rupert Mayer das Wort zur Gedächtnisrede«: »... Aber der bitterste Tag, der traurigste Tag meines Lebens war der letzte Freitag. Als ich in der Residenzstraße stand vor den großen Blutlachen, die von dem Herzblut stammten, das vergossen war im Kampfe des Bruders gegen den Bruder, des Vaterlandsfreundes gegen den Vaterlandsfreund, da fiel es mir schwer, mich zu beherrschen. Wer blieb auf der Walstatt? Auf der einen Seite Männer, die gehandelt haben in treuester Pflichterfüllung gegen den Staat, gegen Volk und Vaterland. Wenn die Ordnung zerschlagen, gibt es für unser Volk nur den völligen Untergang, zumal jetzt, wo die Menschen nicht mehr normal denken und fühlen, sondern weite Volkskreise der Verzweiflung näher sind als der gesunden Überlegung. Und auf der anderen Seite? Volksgenossen, meist in der Blüte der Jahre, glühend von idealer Liebe

---

56 Dornberg, Der Hitlerputsch, 319.
57 Hermann Lembert (1862–1933), 1896 Pfarrer in München, 1915 Dekan, 1930 im Ruhestand. Vgl. Björn Mensing, »Hitler hat eine göttliche Sendung«. Münchens Protestantismus und der Nationalsozialismus, in: Irrlicht im leuchtenden München?, 100–110. Dieser Haß auf die Jesuiten zeigte sich auch bei einer Studentenversammlung am 12. 11. 1923 in der Universität München (vgl. Maser, Frühgeschichte, 462). Auch die Angehörigen der katholischen Studentenverbindungen wurden in diesen Tagen als »Römlinge und Jesuitenknechte« beschimpft (Schwend, Bayern zwischen Monarchie und Diktatur, 248).
58 StAM, Pol. Dir. München 670 (Hitlerputsch).

fürs schwer bedrängte Vaterland. Wir kennen sie nicht, doch stehen sie uns nahe. So kann ich aus voller Seele sagen, daß wir tief erschüttert sind über diesen Vorgang und schmerzbewegt im Geiste stehen an der Bahre dieser Toten, die insgesamt fürs Vaterland gefallen sind. Allen rufen wir in ihre Grube hinein ein ›Ruhe und Friede ihren Seelen‹. Man hört jetzt sonderbare Dinge. Die Toten wollten doch nicht haben, daß das Vaterland zugrunde geht. Es geht aber zugrunde, wenn dieser Bruderkrieg noch weiter geführt wird. An uns alle ergeht der Ruf, alles zu tun, jeder an seinem Platz, um dem Vaterland zur Seite zu sein. Das muß Grundsatz werden und bleiben. Wenn nicht alles trügt, dann steht unserm Vaterland noch Fürchterliches bevor.«[59]

Was P. Mayer bei dieser Gedächtnisfeier aussprach, läßt sich nur von seiner vaterländischen Einstellung her verstehen, die am Ende den Unterschied zwischen toten Polizisten und toten Putschisten einebnete: »insgesamt fürs Vaterland gefallen zu sein«. Wollte Mayer damit vielleicht in Sorge um eine bedrohte Zukunft keine Abrechnung halten, keine Unterschiede gelten lassen? Oder hatte P. Mayer damals zwei in ihm selbst widerstreitende Optionen: eine für ein geordnetes Vaterland und eine für ein Vaterland nach »idealistischen Begriffen«? Dies bleibt zumindest unklar.

Aus dem Tagebuch von Kardinal Faulhaber[60] ist nun zu erfahren, daß ihn bereits am 14. Januar 1923 dieses politisch so bewegten Jahres, der damalige Provinzial der Oberdeutschen Jesuitenprovinz, Augustin Bea, besucht und die Frage gestellt habe, »ob P. Rupert zurücktreten soll«. Kardinal Faulhaber habe »Nein!« geantwortet, wohl mit der Begründung von Mayers hervorragender Arbeit in der Männerkongregation. Dieser Besuch des Provinzials beim Kardinal scheint auch durch die Annahme motiviert gewesen zu sein, daß P. Mayer den Nationalsozialisten einen Anlaß biete, die Gesellschaft Jesu zu verfolgen. Auf jeden Fall kam am 24. März 1924 ein Schreiben aus der Generalskurie in Rom mit eben genanntem Inhalt, und in einem Schreiben vom 8. 9. 1924 war erneut zu lesen: »P. Mayer mische sich mit Zustimmung des Provinzials zu sehr in politische Dinge ein und man könne sagen,

---

59 Bericht des Bayer. Kuriers vom 19. 11. 1923.
60 Information durch Prälat Johannes Waxenberger im Brief vom 20. 8. 1991.

Schicksalsjahr 1923

daß der Haß der Nationalsozialisten zum großen Teil von der Art des Vorgehens von P. Mayer verursacht sei.«[61] Inwieweit P. Mayer über diese Briefe informiert wurde, ist unbekannt. Provinzial Bea, an den sich die Kritik zuerst richtete, ließ sich von dem Schreiben nicht beeindrucken und gab P. Mayer weiterhin alle Freiheit im Reden und Tun. Vermutlich kannte der Provinzial die letzte (deutsche) Quelle jener Worte aus Rom, so daß er sie gut einschätzen konnte.

Die Wochen der Sorge und Auseinandersetzung fanden noch kein Ende; denn noch immer stand der Prozeß gegen Hitler und gegen die Putschisten vom 9. November 1923 aus. In den Tagen vor dem Prozeß, der am 26. 2. begann und am 1. 4. 1924 mit der Urteilsverkündigung enden sollte und an dem P. Mayer auch während eines Tages einmal als Zuhörer teilnahm, wurde ihm von einer vertrauenswürdigen Person zugetragen, die »Völkischen« wollten ihn ermorden. Sollte dies eine späte Rache für die Malaise des Hitlerputsches sein, dessen Scheitern man auch P. Mayer zuschrieb, da er mit seinen kritischen Predigten das Desaster mitverursacht habe? Mayer machte daraufhin eine Andeutung, daß man ihm seine Äußerungen im Bürgerbräukeller am 21. 6. und in Pfaffenhofen Ende August 1927 übelgenommen habe. Die näheren Umstände liegen im Dunkeln. Gewiß ist nur, daß P. Mayer die geheime Nachricht so ernst nahm, daß er in der Nacht zum 1. April 1924 folgenden Abschiedsbrief (Auszug) an seine Eltern und Geschwister schrieb:

»Man faßte den Entschluß, mich aus dem Leben zu schaffen, weil man mich wegen meiner Reden im Bürgerbräukeller und in Pfaffenhofen und wegen meiner Predigten vor allem in der Männerkongregation, in denen ich pflichtgemäß darauf hingewiesen habe, daß die kulturellen Bestrebungen der Völkischen mit den Lehren des Christentums und der katholischen Kirche durchaus unvereinbar seien, und wegen meines großen Einflusses auf die Volksmassen als großen Schädling des vaterländischen Gedankens

---

[61] Augustin Bea SJ (1881–1968), 1921–1924 Provinzial der Oberdeutschen Jesuitenprovinz, 1930–1949 Rektor des Päpstl. Bibelinstituts in Rom, 1959 Kurienkardinal, 1960 Leiter des Päpstl. Sekretariats für die Einheit der Christen (Brief im OA SJ/München).

betrachtete. Ausgerechnet mich haben sie für einen Schädling des Vaterlandes angesehen, der ich Dutzenden von Kameraden unter höchster eigener Lebensgefahr im Krieg das Leben gerettet habe. Das beweist, wie kaum etwas anderes, wie weite Kreise unseres Volkes im Zustand heilloser geistiger Verwirrung, Verirrung und Erkrankung sich befinden. Ich verzeihe darum gerne meinen Mördern. Möge auch der Allgütige ihnen gnädig sein! Ja ich bin ihnen noch dankbar dafür, daß sie mich wegen meiner apostolischen Tätigkeit getötet haben, denn das gibt mir Hoffnung, bei Gott einen gnädigen und barmherzigen Richter zu finden. Ich habe auch sonst noch Gründe, die mir das Sterben erleichtern. Allein all diese nehme ich teils als süßes teils als trauriges Geheimnis mit ins Grab und in die Ewigkeit hinüber. Doch das sei Euch gesagt: leicht war mein Leben nicht! Das alles möge Euch, liebe Eltern und Geschwister sowie alle die lieben Freunde aus allen Schichten der Bevölkerung in ihrem Schmerz trösten! Wenn ich mir es auch täglich vorgesagt habe, wie wankelmütig die Volksgunst ist und wie falsch und unzuverlässig viele Menschen sind, so weiß ich doch sicher, daß mir auf meinem Lebensweg nicht wenige Menschen begegnet sind, die es aufrichtig gut mit mir gemeint haben. Ich sage den Eltern und Geschwistern und allen lieben Freunden ein herzliches Vergelts Gott für all die Liebe und Treue, die sie mir im Leben bewiesen haben.«[62]

Sein Wunsch war, auf dem Waldfriedhof »mitten unter den Kameraden« beigesetzt zu werden: »Wo der Soldat fällt, soll man ihn begraben.« Er sehe in völliger Ruhe seinem Tod entgegen. Am Ende des Briefes notierte er: 1. April 24, morgens 1 ½.

An diesem 1. April 1924 wurde das Urteil im Hitlerprozeß verkündet. Hitler erhielt 5 Jahre Festungshaft wegen Hochverrat. Mayer geschah an jenem Tag nichts. Im Gegenteil: Als er am 2. Mai 1924 sein 25jähriges Priesterjubiläum feierte, erhielt er von Hitler aus dem Gefängnis Landsberg ein Glückwunschschreiben. P. Mayer hob es nicht auf. Als er im Juli 1937 während seines Prozesses vor dem Sondergericht auf dieses Glückwunschschrei-

---

62 ML 164/165.

ben »des Führers« angesprochen wurde, gestand er, er habe es weggeworfen.[63]

Dieses silberne Priesterjubiläum stellte P. Mayer wieder in die Mitte der Münchner Szene, obgleich er keine große Öffentlichkeit wünschte. Schon am 28. Januar 1924 hatte er den Schwabenverlag, der die Kirchenzeitung der Diözese Rottenburg herausgab, gebeten, bei der Publikation der Liste der Jubilare seinen Namen wegzulassen, »denn es liegt mir viel daran, daß von der Feier des silbernen Priesterjubiläums in München nichts bekannt wird«.[64] Es war eine unnütze Vorsorge; denn einige Tage vor dem Termin wurde der Festgottesdienst für den »allverehrten ehemaligen Feldgeistlichen« in der Zeitung angekündigt, es wurde seiner Verdienste im Krieg und im Jahr 1923 (Besuch im Ruhrgebiet und seine Rede auf dem Königsplatz) gedacht. Es wurden »die Frontkrieger gebeten, möglichst in Uniform zu erscheinen«. Über den Festgottesdienst und den anschließenden Festakt im Innenhof von St. Michael waren in allen Münchner Zeitungen lange Bericht zu lesen. Einer von ihnen lautet so: »Ein Fest, das sich in der Kirche abspielte und das, seltsam genug, ein Soldatenfest wurde. Weite Kreise der Bevölkerung waren am Sonntag vormittag in die Michaelskirche geströmt; dem Pater zu Ehren, der sich in den Stürmen der letzten Jahre so oft als furchtloser Kämpfer gezeigt hat; aber das, was fühlbar in den Vordergrund trat, war doch die feuererprobte Liebe und Anhänglichkeit ehemaliger Feldsoldaten, die mit ganzem Herzen das Jubiläum ihres Feldpaters mitzufeiern gekommen waren. Musik voran, zogen sie ein, die Getreuen vom 8. Bayer. Reserve-Feldart.-Regiment, vom 18. und 19. Reserve-Inf.Regiment... Unter lautloser Stille, von Ministranten und Chorknaben geleitet, schritt der Jubilar an den Altar, das hl. Meßopfer zu feiern. Und mit tiefer Bewegung sah man ihn nach dem Evangelium gebrechlichen Schrittes zur Kanzel sich begeben. Was er von dort aus zu der gespannt horchenden Menge sprach, war reines, heiliges Priesterwort: von der wunderbaren Aufgabe und dem Segen des Priestertums, den nicht zuletzt die Soldaten im

---

63 ML 281.
64 MB vom 28. 1. 1924 an den Schwabenverlag. Mayer wollte sich vermutlich auch überhaupt ein wenig aus der Öffentlichkeit zurückziehen.

Felde am eigenen Fleisch verspürt haben. Ergreifend war es vor allem, wie er von der Wohltat des Bußsakramentes sprach und von der Gnade am Sterbebett. Auch gerade in unseren Tagen zeige sich der Segen der Kirche, da Tausende, die nicht mehr zu essen und leben haben, im Pfarrer die einzige Zuflucht sehen.«[65] Wesentlich wichtiger als der Gottesdienst war, was beim Festakt gesagt wurde. Mayer wurde von Oberstleutnant von Weech[66] und General Danner[67] in bewegenden Worten für all sein Engagement an der Front, in der Heimat und für das Vaterland gedankt. Mit besonderer Aufmerksamkeit wurde die Antwort Mayers vernommen: Er fühle, die dankbare Liebe der Kameraden vom Feld übertreffe alles, was er in den 25 Jahren seines Wirkens erfahren habe. Am meisten freue ihn, daß die angesichts des Feindes gewachsene Freundschaft in der Heimat nicht erkaltet sei. Sein Jubiläumstag sei zu einem Soldatenfest geworden, dafür sage er den Kameraden herzlich Vergelt's Gott. Er habe immer die Auffassung vertreten, die, die draußen gewesen sind, müßten sich doch schließlich verstehen und auf einem gemeinsamen Boden finden. In dieser Auffassung habe ihn ein Brief des Oberstleutnants Kriebel[68], eines ehemaligen Generalstabsoffiziers, bestärkt, der über alle Unstimmigkeit der letzten Zeit hinweg das Wort zu besserem Verständnis gefunden habe. Diese Bande der Freundschaft müßten noch viel mehr benutzt werden, eine rechte Gemeinsamkeit herzustellen. Es sei notwendig, daß die, die draußen waren, in jedem Kameraden den Gedanken anregten, daß sie doch alle das gleiche wollten: die Rettung des Vaterlandes. Er vertraue auf seine lieben Freunde, wenn auch viel in der Öffentlichkeit geschehen sei, dieses Vertrauen zu untergraben. Es wäre ihm nur schmerzlich, wenn einer von ihnen bezweifeln würde, daß er es mit den Pflichten gegen die Heimat nicht ernst nehme.[69]

---

65 Bayer. Kurier vom 5. 5. 1924.
66 Friedrich von Weech (geb. 1872), Oberstleutnant (Bay HStA KA op 29427).
67 Jakob Ritter von Danner (1865–1942), Generalmajor der Reichswehr, 1923 Stadtkommandant von München.
68 Hermann Kriebel (1876–1941), Oberstleutnant a. D. und ehemaliger Offizier im bayr. Generalstab, militärischer Führer im Kampfbund, Teilnehmer am Marsch zur Feldherrnhalle, im Hitlerprozeß verurteilt; büßte mit Hitler zusammen in Landsberg die Strafe ab; später bis 1941 Deutscher Generalkonsul in Shanghai.
69 Bayer. Kurier vom 5. 5. 1923.

Schicksalsjahr 1923

Mit diesen Äußerungen hatte P. Mayer zugegeben, daß es zu Spannungen mit den Nationalsozialisten – zu Kriebel? – gekommen war und daß man ihm, weil er deren Aussagen nicht akzeptierte, seine vaterländische Gesinnung abgesprochen hatte. Er habe jedoch nur den einen Wunsch: die Rettung des Vaterlandes. Er vertraue noch den Nationalsozialisten, selbst wenn ihm dieses Vertrauen sehr schwerfalle. Offensichtlich hatte Mayer noch die Hoffnung, die Nationalsozialisten von ihrem Kurs abzubringen. Er wollte – wie im »Bayerischen Kurier« zu lesen war –, daß sich alle zusammenscharen, um »die Auferstehung unseres schwer bedrängten Volkes einzuleiten«. »Das war der Herzenswunsch des ehemaligen Feldpaters. Selten hat man mit solcher Innigkeit das alte traute Lied vom guten Kameraden gesungen, wie in diesem sozusagen intimen Kreise und selten hat es einen so persönlich gepackt wie hier. Zum Ende gab es noch ein herzliches Händeschütteln, dann formierte sich ein Zug und im Paradeschritt defilierten die Teilnehmer zum Abschied an ihrem Feldpater vorbei. Im Garten aber wartete noch ein großer Kreis von Gratulanten, die dem Jubilar ihre Verehrung bezeugen wollten.«[70]

Mayer ließ am 10. Mai 1924 folgende kleine Notiz in die »Bayerische Staatszeitung« setzen: »P. Rupert Mayer S. J. bittet uns um die Veröffentlichung folgender Danksagung: ›Vollkommen außerstande, für die zahlreichen Segenswünsche, Briefe und Ehrungen, welche mir anläßlich des 25jährigen Priesterjubiläums zugegangen sind, persönlich zu danken, bitte ich auf diesem Wege, meinen herzlichsten Dank aussprechen zu dürfen.‹«[71]

Damit war in der Mitte des Jahres 1924 das für P. Mayer besonders schicksalhafte Jahr 1923 endlich zur Ruhe gekommen.

---

70 ebd.
71 Bayer. Staatszeitung vom 10. 5. 1923.

GROSSSTADTMISSION IN MÜNCHEN (1926)

Nach einer Pause von sieben Jahren sollte in München wieder eine Volksmission in allen Pfarreien, die inzwischen von 28 auf 37 angewachsen waren, stattfinden. Organisator dieses großen Unternehmens wurde wieder P. Rupert Mayer, da er sich in der gleichen Aufgabe bereits Ende 1919[72] bewährt hatte. Sowohl aus persönlichen Aufzeichnungen und offiziellen Texten wie aus einem reflektierenden Vortrag von 1928[73] lassen sich Mayers Auffassung von Seelsorge, seine Strategie und Methode erkennen.

Die Münchner Mission

Die große Mission für die 560000 Katholiken sollte in der Zeit vom 18. bis 28. November 1926 stattfinden. Die Volksmission hatte sich als Seelsorgsmethode aus dem Gedankengut der Exerzitien des Ignatius von Loyola entwickelt[74] und beabsichtigte – gemäß der ignatianischen geistlichen Zielstrebigkeit und Unterscheidung – eine Reform des christlichen Lebens. Wie der »richtunggebende Plan für die Predigten« zeigt, war der Aufbau der »Männerwoche« eng an den Aufbau der Exerzitien angelehnt:

Sonntag:	Zweck der Mission
Montag:	1. Das Ziel des Lebens
	2. Die Abkehr vom Ziele
Dienstag:	1. Unsterblichkeit und Ewigkeit
	2. Christus, unser Gott und Herr
Mittwoch:	1. Buße und Beichte
	2. Standeslehre der Männer
Donnerstag:	1. Christus der Erlöser
	2. Eucharistie
Freitag:	1. Das Leiden Christi
	2. Standeslehre der Jungmänner

---

72 Zur Volksmission von 1919 vgl. S. 64; Texte und Überlegungen zur Volksmission auch im Faulhaber-Archiv Nr. 6090–6092; die Predigt Faulhabers zur Eröffnung der Volksmission in: Faulhaber, Zeitrufe Gottesrufe, 439–448.
73 ML 166–185.
74 Vgl. S. 64.

Samstag:	1. Die eine wahre Kirche
	2. Die Kirche und die soziale Gerechtigkeit
Sonntag:	1. Das heilige Meßopfer
	2. Gottes Walten
	3. Treu im Dienste Christi und seiner Kirche

Der Gesamtplan der Großstadtmission war aufgegliedert in:
Kindermission: 10.–11. 11.
Frauenwoche: 14.–21. 11.
Männerwoche: 21.–28. 11.

Über die Gestaltung der ganzen Woche befand ein »Gremium«, dessen Hauptorganisator P. Mayer war. Dieses Gremium gab auch »Blätter zur Vorbereitung der Kath. Volksmission in München« mit dem Titel »Der Friedensengel«[75] heraus. Diese Volksmissionszeitung erschien doppelblättrig in sechs Exemplaren und hatte jeweils unterschiedliche Themen und Zielgruppen. Die Blätter waren im Stil einer damaligen Boulevardzeitung mit großen Überschriften gestaltet und wurden von den über 3 000 Vertrauensleuten nach einem genauen Plan in alle katholischen Haushalte gebracht. Der verantwortliche Redakteur war Weihbischof Michael Buchberger, der diese schwierige Aufgabe zur großen Zufriedenheit P. Mayers erfüllte. Nach dem Ende war noch ein Treffen der Vertrauensleute im Bürgerbräukeller am 10. 1. 1927 geplant.

Der Erfolg so großer Mühen lag in einer Teilnahme an den Predigten von 30 bis 40 Prozent. Zur Beichte gingen 54 107 Männer und 111 754 Frauen. Insgesamt empfingen während der ganzen Mission 295 597 Katholiken die heilige Kommunion. Aufgrund einer gezielten Werbung (mit den drei einzigen Zetteln während der Woche) traten 907 Männer dem Männerapostolat, 512 Frauen dem Frauenapostolat und 874 dem Mütterverein bei. 71 Frauen und Männer gingen zu anderen Vereinen. 57 Katholiken kehrten wieder in die katholische Kirche zurück.

Verglichen mit dem großen Aufwand erscheint das Ergebnis bescheiden. Welche Gedanken hatte P. Mayer zur Vorbereitung

---

75 Anspielung auf das bekannte Denkmal am Isarhochufer.

einer Großstadtmission? Seine Ausführungen[76] sind deshalb wichtig, weil er sich bewußt und unbewußt immer auf das Münchner Ereignis bezieht.

Reflexionen

Mayer unterscheidet eine entfernte und eine nähere Vorbereitung. Für die entfernte Vorbereitung sind ihm folgende Punkte wichtig:

a: Der Termin der Missionswoche ist schwer zu finden, weil das Wetter immer wieder einen Strich durch die Rechnung machen kann. Bei schönem Wetter fährt der Großstadtmensch ins Blaue.

b: Die Dauer sollte ausreichend lang sein, vor allem für die Männer, d. h. mindestens acht Tage, damit die Männer die Gedankenführung der Predigten im systematischen Angebot aufgreifen können.

c: Die Orden und geistlichen Genossenschaften müssen tüchtige und für die Großstadtmission geeignete Kräfte zur Verfügung stellen.

d: Ein Predigtplan muß ausgearbeitet werden, der zwar die ewigen Wahrheiten zum Gegenstand hat, der aber auch dem kritischen, problemorientierten Bewußtsein der Großstadtmenschen gerecht wird.

e: Die Missionszeitung muß jeweils neu geschaffen werden, damit sie auf die speziellen örtlichen und zeitlichen Verhältnisse Bezug nehmen kann.

f: Für die Predigten muß die jeweilige Kirche festgelegt werden, der Stadtklerus muß motiviert werden und außerdem darf die Kindermission (im Gesamt der Volksmission) nicht unterschätzt werden.

Man sieht, daß P. Mayer nichts dem Zufall überlassen will, sondern die Volksmission wie ein großes Gefecht plant; seine Kriegserfahrungen schlagen sich auch auf diesem Gebiet nieder.

---

76 ML 166 ff.

Die nähere Vorbereitung

In diesen Überlegungen kommen die Grundsätze von Mayers Seelsorgsmethode implizit zur Darstellung.

a: Sytematische Hausbesuche stehen an erster Stelle. Sie sind allerdings für ihn »eine geradezu fürchterliche Arbeit«. »Eine Arbeit, die einem, verzeihen Sie den Ausdruck, bald zum Halse herauswächst, immer dieselben dummen Schwierigkeiten, immer dieselben elenden Einwände, immer derselbe Jammer, treppauf, treppab. Es ist wirklich keine Kleinigkeit.«[77]

b: Das Gebet wird nicht gering geschätzt. Die Klöster sollen zu einem Gebetskreuzzug aufgefordert werden.

c: Die Mobilisierung der Hilfsdienste, die dann vor allem die Missionszeitung und anderes Werbematerial austragen. Vertrauensleute müssen angeworben und gesammelt, ausgebildet und geschult und auf »Obmannsbezirke« verteilt werden. Diese sollen jeweils 300–400 Haushalte mit 20–25 Häusern umfassen.

d: Nicht übersehen werden sollten folgende »Kleinigkeiten«: Hotels, Pensionen, Krankenhäuser und Kasernen der Reichswehr. »Nicht vergessen dürfen wir die Blinden, die Ärmsten der Armen. Bei einer Großstadtmission sollte an jeden Blinden eine Einladung in Blindenschrift gehen, worin ihm auch mitgeteilt wird, in welcher Weise für seine Führung bei der Mission Sorge getragen wird.« Die Tauben sind noch eine zusätzliche Aufgabe. Auch an die Kranken wäre zu denken.

e: Endlich spricht P. Mayer von der Kontrolle: »Es ist kaum glaublich, welche Feigheit, welche Pflichtverletzung man unter den Vertrauensleuten zuweilen antrifft.«[78] Man sollte deshalb die Kinder in den Schulen fragen, ob die Zeitungen bereits in den Familien ausgeteilt worden wären.

Diese Überlegungen bezeugen: P. Mayer ist ein Realist. Er möchte in seinen Planungen möglichst sichergehen – und kalkuliert die menschlichen Schwächen ein.

---

77 ebd. 176.
78 ebd. 182.

Das Bild vom Großstadtmenschen

P. Mayer reflektiert nicht ausdrücklich über Wesen und Gestalt eines Großstadtmenschen. Aber in Nebenbemerkungen gibt er seine Einschätzungen ab:
a: Der Mensch in der Großstadt verläßt bei schönem Wetter die Stadt. Am Josefstag 1928 machten 200000 Münchner »nachgewiesenermaßen« Ausflüge aus der Stadt hinaus. »Mit dieser Tatsache müssen wir Missionare einfach rechnen.«[79]
b: Die Großstadtbevölkerung ist in jeder Beziehung außerordentlich kritisch: »Wer mit der Großstadt innere Fühlung hat, weiß, daß der Großstadtmensch unter Schwierigkeiten aller Art aufs schwerste zu leiden hat, daß die Großstadtbevölkerung in jeder Beziehung außerordentlich kritisch geworden ist. Wer in der Großstadt arbeiten muß, wird mir Recht geben, wenn ich behaupte, daß diese Kritik, diese Problematisierung bis in die Fingerspitzen hinein einem allmählich auf die Nerven geht. Manche Herren sagen: Es müssen zunächst die Schwierigkeiten weggeräumt werden, es müssen die Praeambula fidei behandelt werden. Geben wir in dieser Hinsicht nach, laufen wir Gefahr, daß unsere Großstadtmission eine Art wissenschaftliche Konferenz wird. Durch eine solche wissenschaftliche und apologetische Konferenz aber bekommen wir den Großstadtmenschen nie und nimmer in den Beichtstuhl und an die Kommunionbank. Wollen wir sie zum Sakramentenempfang bringen, müssen wir schon, wie bisher, die alten, ewigen Wahrheiten predigen. Das schließt aber nicht aus, daß man den Wünschen der Pfarrgeistlichkeit Gehör schenkt, daß man mit ihnen wegen der Predigten verhandelt; einem einigermaßen geschickten Missionar wird es immer gelingen, seine Predigten diesen Wünschen anzupassen und ihnen doch den Charakter der alten Missionsmethode zu lassen.«[80]
c: Viele Menschen in der Großstadt haben kein Verhältnis mehr zum Seelsorger. Die kirchlich Abseitsstehenden machen etwa 70 Prozent aus. »Ich habe es immer und immer wieder in kom-

---

79 ebd. 169.
80 ebd. 171–172.

munistischen und sozialistischen Versammlungen hören müssen: ›Der Pfaff ist ein Handwerker genau wie wir; er ist nur ein besser bezahlter Taglöhner des Kapitalismus. Er wird bezahlt wie wir, er tut seine Arbeit genau so ungern wie wir; er glaubt selbst nicht, was er sagt!‹ Diese Auffassung mögen wir bedauern, aber sie ist nun einmal da. Das ist die Atmosphäre der Großstadt von heute. Es tut einem in der Seele weh, auf diese ja ganz falsche Auffassung zu stoßen, immer wieder zu stoßen; aber für den Großstadtmenschen ist diese Auffassung eine Wahrheit, an der für ihn nicht zu rütteln ist. Ich kenne kein besseres Mittel, in diese Auffassung eine Bresche zu legen, als den selbstlosen Opfergang des Klerus zum armen, irregeleiteten Volk: Misereor super turbam! Wenn der Geistliche treppauf, treppab läuft, wenn er bis zum vierten, fünften Stock emporklettert, wenn er sich vom Menschen zum Menschen zeigt, dämmert schließlich auch dem Kommunisten: ›Der Mann bekommt nichts, wird nicht bezahlt, bekommt höchstens Hinauswurf und Unverschämtheiten zum Lohn. Vielleicht steckt doch etwas anderes hinter dem Pfaff, als man mir immer gesagt hat. Vielleicht ist er doch nicht vom Kapitalismus bezahlt.‹ Und wenn der Geistliche bei diesen Besuchen Verständnis zeigt, wenn er sich nicht abschrecken läßt, wenn auch viel und sehr geschimpft wird, fängt vielfach das Eis zu schmelzen an. Auf dem Umweg des Verständnisses für die vielfach traurige Lage unserer Großstadtmenschen, vielleicht anfangend mit dem Räsonieren über die hohe Miete für eine elende Wohnung, die schon ein Viertel des Lohnes verschlingt, kommt ein geschickter Geistlicher allmählich auf die Mission zu sprechen und endigt mit der eindringlichen Einladung dazu.«[81]

d: Großstadtmenschen erwarten, daß ein Mann, der etwa die Zeitung abgibt, in bezug auf den Glauben Rede und Antwort stehen kann. Doch müssen gerade die kirchentreuen Männer umgänglicher im Gespräch werden; sie sind durch die »ewigen Kämpfe etwas hart und schroff geworden«.[82]

e: Es ist schwierig, den Abseitsstehenden wieder für ein christ-

---

81 ebd. 175–176.
82 ebd. 177.

lich-religiöses Leben zu gewinnen. Gerade deshalb plädierte Mayer für eine gewisse Regelmäßigkeit des geistlichen Lebens: die Einführung und Förderung der Monatskommunion – nach Lebensständen.

Das Fazit

Angesichts der umfassenden und zeitlich ausgedehnten Strategie war das Ergebnis eher bescheiden. Ein Beweis dafür, daß »Erfolg keiner der Namen Gottes« (Martin Buber) ist? Mayer fand sich mit den Tatsachen nicht einfach ab, sondern reflektierte: »Also man könnte bei dem minimalen Erfolg fast den Mut, den Angriffsgeist verlieren! Doch das wäre das Schlimmste: ohne Angriffsgeist halten und wahren wir nicht einmal mehr dasjenige, was wir bisher noch gerettet haben. Unsere alte Gefechtsordnung war ausgezeichnet, sie war ganz eingestellt auf Angriff. Wer im Feld von uns war, weiß, daß dieser Angriffsgeist der Geist unserer Truppen war, und weil dieser Angriffsgeist vorherrschte, konnten wir uns in der Verteidigung solange gegen eine Welt von Feinden halten. So muß es auch bei uns sein. Wir müssen arbeiten, arbeiten ohne Ermüdung, mit dem Bewußtsein: Ich muß erobern, ich muß angreifen! Wenn wir diesen Geist des Angriffs verlieren, wenn wir uns zurückziehen, halten wir auch die 30 bis 40 % nicht mehr, die wir heute noch in unseren Großstadtkirchen zählen. Aber mit Eroberungsgeist werden wir, wenn auch recht langsam, allmählich wieder Terrain, wieder Seelen gewinnen. Damit will ich nicht sagen, daß unsere Volksmissionen in ihrer heutigen Form eine durchgreifende Arbeit sind, um die 70 %, also um ›die Masse‹ wiederzugewinnen.«[83]

Er warb also für eine offensive Seelsorge, die anthropologisch, also situationsbezogen ansetzte. Er unterschätzte dabei nicht die Tatsache, daß in diesen Tagen die Öffentlichkeit eine »katholische Farbe« bekommt. »Wie unsere Großstädte zuweilen ganz unter dem Banne der Freidenker, zuweilen unter dem Banne der Sozialisten oder Kommunisten stehen, die jeden Bretterzaun, jede Plakatsäule, jedes Haus sozusagen mit ihren Flugblättern bekleben

---

83 ebd. 184.

Das Fazit

und ganze Straßen damit anfüllen, so ähnlich muß dann und wann die ganze Großstadt auch die katholische Farbe zeigen, muß sie dann und wann ganz mit Katholizismus erfüllt werden. Wenn in einer Großstadt während einer zwei- oder drei- oder gar vierwöchigen Mission die katholische Flagge sich frei und mutig entfaltet, ist das für die Weckung des katholischen Lebens in einer Großstadt von gewaltiger Bedeutung. Es wird also unsere alte bewährte Volksmission auch für die Zukunft ihre große Bedeutung als außergewöhnliches Mittel der Seelsorge behalten.«[84]

Bei einem Kongreß der Volksmissionare vom 11. bis 12. Juli 1928 in Hofheim/Taunus gestand Mayer, daß er seine Skepsis gegenüber den neuen Methoden der Haus- und Kapellenmissionen überwunden habe: »Es ist eine Methode, die Erfolge erzielt, die auf anderem Wege nicht erzielt werden kann.« Er relativierte also die Bedeutung der Großstadtmission und war für eine Erneuerung im Hinblick auf mehr Mobilität und auf kleinere Gruppen hin offen. Er optierte auch für eine Synthese aus allen möglichen Methoden: »Ich bin vielmehr überzeugt, wir müssen auch noch andere Mittel dazu anwenden; nicht zuletzt kommt hier die Exerzitienbewegung in Frage, und vor allem, die gewöhnliche Seelsorge, die immer mehr wieder von Mensch zu Mensch ausgeübt werden muß! Dabei soll bestehen bleiben, daß unsere Volksmissionen immer noch ihre Bedeutung behalten.«[85]

Im Zentrum ist für P. Mayer immer der konkrete einzelne Mensch, dem die Botschaft Jesu und das Heil Gottes gilt. Methoden sind zwar nicht unwichtig; aber sie sollen Gott nur eine Tür öffnen.

---

84 ebd. 185.
85 Paulus 16 (1939) 151–157.

Exkurs:

CARL SONNENSCHEIN UND RUPERT MAYER SEELSORGE IN DER GROSSSTADT

Nach der Jahrhundertwende stellten die großen Städte im Deutschen Reich eine Herausforderung für die Kirchen dar. Aufgrund der Landflucht wuchsen diese Städte Jahr für Jahr; München etwa um 20 000 bis 30 000 Tausend an Zuwanderern, die sich Glück und Wohlstand in der Stadt erhofften. München hatte damals etwa 600 000 Einwohner und Berlin vier Millionen. Für die Seelsorge in diesen Städten gab es keine Vorbilder, keine erprobten Erfahrungen anderer. Die Großstadt war Neuland. Es mußten unbekannte Wege beschritten werden. Zwei Großstadtseelsorger der damaligen Jahre waren P. Rupert Mayer in München und Dr. Carl Sonnenschein[86] in Berlin. Beide versuchten – allerdings in einem recht unterschiedlichen Umfeld –, sich um die Christen, ja um alle Menschen zu kümmern. Ihre Modelle waren deshalb wichtig, weil sie zugleich eine Signalwirkung für eine moderne Seelsorge überhaupt besaßen; denn es würde sich gewiß das geschlossene katholische Milieu auflösen, wodurch immer mehr Katholiken in eine Diasporasituation gerieten. So lag es nahe, beide Männer mit ihren Reflexionen zur gleichen, brennenden Sache zu vergleichen.

Am 26. April 1927 lud der »Volksverein für das Katholische Deutschland«[87] in München zu einer Veranstaltung mit dem Thema »Christliche Kultur und Großstadt« ein. Als Redner hatte man dafür P. Mayer und Dr. Sonnenschein gewonnen. Da diese

---

[86] Carl Sonnenschein (1876–1929), Studium in Rom, 1900 Priesterweihe, 1909 Referent beim Kathol. Volksverein, 1919 in Berlin, Akademiker und Großstadtseelsorger. Vgl. Eschenburg, Carl Sonnenschein, in: VfZg 11 (1965) 333–361.

[87] Volksverein für das Katholische Deutschland, 1890 als Zentralorganisation zur politischen, sozialen und relig.-kulturellen Belehrung und Schulung der Mitglieder gegründet; Zentrale in Mönchen-Gladbach. 1914: 805 000 Mitglieder. Vgl. Emil Ritter, Die katholisch-soziale Bewegung Deutschlands im Neunzehnten Jahrhundert und der Volksverein. Köln 1954. Dort über Sonnenschein, 301 ff.

Exkurs 177

beiden Vorträge zugleich die Frühjahrsversammlung bildeten, war mit großer und prominenter Teilnahme zu rechnen. Die Veranstaltung war von solchem öffentlichen Interesse, daß in der »Chronik der Stadt München« vom 26. April 1927 folgendes berichtet wurde: »In Anwesenheit des Kardinals von Faulhaber, des Ministers Stützel, Oberbürgermeister Scharnagl, von Vertretern der Geistlichkeit sowie zahlreicher anderer Persönlichkeiten hielt der Volksverein für das Katholische Deutschland im dichtbesetzten Löwenbräukeller seine Frühjahrsversammlung ab. Referate erstatten Dr. Carl Sonnenschein und P. Rupert Mayer. Letzterer spricht über den christlichen Geist in München. Er zieht eine Parallele zwischen dem München des Mittelalters und dem der Gegenwart und stellt fest, daß sich gegenwärtig große Fortschritte in der inneren Mission zeigen und daß München einer neuen Blüte katholischen Lebens entgegengeht (MZ 113; BK 117).«[88]

Volksverein für das katholische Deutschland

Frühjahrs-Versammlung
Dienstag 26. April 1927, abends 8 Uhr im **Löwenbräu-Keller**

Christliche Kultur und Großstadt

Redner: H. H. Dr. Karl **SONNENSCHEIN**, Berlin
H. H. P. Rupert **MAYER** S. J., München

Katholiken Münchens erscheinen in Massen! Zur Deckung der Unkosten: Eintritt 50 Pfg., für Mitglieder 20 Pfg.
Reservierte Plätze zu 1 Mk. sind in beschränkter Anzahl nur im Vorverkauf zu haben im Bayer. Landessekretariat, Erhardtstraße 32 o (Telephon 21190)

Die Hauptgeschäftsführung: Rauch, M. d. R.   Stang, M d L.

---

[88] Stadt A/M Chronik 462ᵃ, 131.

Was sind nun die Grundaussagen dieser sowohl in ihrer Art wie in ihrem Arbeitsfeld so unterschiedlichen Geistlichen?[89]

1. Dr. Carl Sonnenschein

Sonnenschein ging das große Thema in drei Schritten an. Zuerst beschrieb er die Situation, indem er die Großstadt als »den Kampfplatz« darstellte, mit folgenden Merkmalen: Die Großstadt ist hemmungslos; denn jeder ist – jenseits alter Traditionen – auf sich selbst gestellt. Das Prinzip heißt: »Du kannst Deinen Weg unbeschadet und unbesehen selber bauen.« Sodann ist die Großstadt »entzündet«: »Die wachsende Zahl ist mehr als eine Summierung. Sie verschärft, sie gruppiert, sie wirbt, sie entzündet, sie organisiert.« Die Großstadt endlich formuliert; denn in ihr werden Programme zu »These und Manifest«. »Im Dunkel der Großstädte entzünden sich heißer die Kräfte als in der Ausgeglichenheit des Landes.«

Dann hob Sonnenschein die drei fundamentalen Probleme dieser Situation heraus. Einmal das Problem der »Hörweite«: Die Menschen sitzen nicht mehr unter der Kanzel. »Jetzt gilt es, sie zu suchen. Im Sport. Bei der Wanderung. In den Vereinen. In der Einsamkeit.« Dann das Problem des »Erlebens«: Das Christentum kommt nicht nahe als »Papier«, sondern im Erleben einer umgestalteten wirtschaftlichen und sozialen Welt. »In den Massen der Großstadt geht der Weg nur über die soziale, bedingungslose Hilfe.« Schließlich das Problem der Sprache, insofern die Großstadt ihren eigenen Rhythmus hat, in eigener Technik lebt. Sie wird von sie jagenden Problemen geschüttelt. Es geht um eine »Sprache des Zweifels«, um Antworten in der Presse, im Volksverein. »Die Menschen hören, sie lauschen auf das Evangelium, wenn es in der Sprache unserer Zeit gesagt wird.« – Die Methoden, die diesen Problemen entsprechen, richten sich an jeweils spezielle Zielgruppen: für die Zugewanderten durch die Überwindung der Anonymität und Vereinzelung (von Pfarrrkartei über

---

89 Im folgenden wird auf den ausführlichen Bericht im Bayerischen Kurier Nr. 117 vom 27. 4. 1927 zurückgegriffen. Der Völkische Beobachter brachte nichts über diese Veranstaltung.

Exkurs 179

Hausbesuche bis zur »Mobilmachung der Vereine«); für die kirchlich Halbengagierten durch Volksmission, Exerzitien und »Presse und immer wieder Presse«; für die Kirchenfernen: Wir müssen »uns auch rüsten, wieder die heidnische Wüste unserer Großstadt mit Zellen christlicher Kultur zu durchsetzen«.[90] Sonnenschein schloß seine »meisterhaften, tiefgreifenden Ausführungen« mit der Prophetie: »Es wird der Geist nicht fehlen, der auch die Großstädte meistert. Die Großstädte sind entweder unser Sieg oder unsere Pestilenz, an der wir sterben.« Am Ende seiner Analyse und den Therapievorschlägen folgt somit eine herausfordernde, drohende Alternative: In der Moderne, die sich aufgeklärt und befreit von Hemmungen in den Großstädten zeigt, wird es um Leben und Tod des Christentums gehen. Diese Vorhersage Sonnenscheins stand auf dem Boden seines sozialen Engagements, seiner sprachgewaltigen Pressearbeit, seiner über die konfessionellen Grenzen hinausgehenden Empfindsamkeit für die religiösen Fragen des Großstadtmenschen. Als er 1929 starb, rief angesichts des Trauerzugs ein Berliner Junge einem anderen zu: »Komm einmal rauf auf die Mauer! Sieh, was der viele Verwandte hat. Der ist ja mit der ganzen Welt verwandt.«[91] Selbst Kurt Tucholsky schrieb am Ende seines »Briefes an eine Katholikin« zu einer kritischen Auseinandersetzung mit Sonnenschein-Gedenkbüchern:« Dem Andenken Sonnenscheins – bei aller Kritik – alle Reverenz.«[92]

2. P. Rupert Mayer

P. Mayer setzte damit ein, daß er die Pflege des christlichen Geistes einst und jetzt miteinander verglich: München früher eine durchwegs religiöse Stadt. Am höchsten der Liebfrauendom, in der Mitte seit 1683 die Mariensäule. Ein gleichsam geographischer Ausdruck seiner These »Religion und Volksleben gehörten voll-

---

90 Vgl. Sonnenschein, Notizen/Weltstadtbetrachtungen Nr. 1, 32; Nr. 2. Berlin 1926, 4–5; Nr. 9. Berlin 1928, 71–73.
91 Thrasolt, Dr. Carl Sonnenschein. Der Mensch und sein Werk, 394; vgl. Löhr, Carl Sonnenschein, in: Aretz u. a., Zeitgeschichte in Lebensbildern IV., 92–102.
92 Tucholsky, Gesammelte Werke III, 761.

kommen zusammen«. Dagegen zeige die moderne Großstadt kaum mehr religiöses Gepräge: kein öffentlicher Versehgang mehr, kein Gebet mehr beim Läuten des »Engel des Herrn«. Das öffentliche Leben ist dem katholischen Einfluß entzogen – über diese äußerliche Praxis hinaus. Man beachte die Zahl der Ehescheidungen, der vielen Ziviltrauungen, der Leichenverbrennungen. »Wer weiß, wieviele Zehntausende jeder religiösen Betätigung fernstehen, der ist sich darüber klar, daß eine große Masse des Volkes dem kirchlichen und religiösen Leben vollkommen entfremdet ist.«

Als Hauptursache erkannte P. Mayer die Unfähigkeit der kirchlichen Organisation, mit den Massen seelsorglich zurechtzukommen. Die Riesenpfarreien verhinderten, die Zureisenden zu erreichen. Die Folge: Sie sind »vereinsamt und entwurzelt, den Gefahren der Großstadt voll ausgeliefert«. Man habe inzwischen zwar Laienorganisationen geschaffen, aber viel zu spät. »Schon hatten die gegnerischen Organisationen in den Betrieben fast überall die Oberhand. Die Unerfahrenen wurden da hineingezogen. Sie wußten nicht, was ihnen geschah. Die religiöse Kälte der Hausleute und Hausbewohner vollendete, was in dem Betrieb begonnen worden war. So sind Zehntausende und Aberzehntausende um die religiöse Praxis gekommen und damit vielfach auch um den Glauben. Sozialismus und Kommunismus verstanden es meisterhaft, die Leute zur Autoritätslosigkeit und zur maßlosen Kritiksucht an allem, was auf der Gegenseite besteht, zu erziehen. Was besonders verheerend wirkte und noch wirkt, das ist das Mißtrauen gegen Kirche und Klerus, das seit Jahrzehnten in den Herzen der Menschen genährt wurde. Kirche und Klerus werden als Schleppenträger des Kapitalismus gebrandmarkt.«

Die Kirche käme nicht mehr an die Masse heran. P. Mayer sah es aber als einen »Segen unberechenbarer Bedeutung an«, daß in den letzten Jahren neue, kleinere Pfarreien gegründet worden seien und dadurch wieder mehr Fühlung mit den Abseitsstehenden gelinge. Er vertiefte diese positive Sicht, indem er auf Neuerungen im geistlichen Leben der Stadt hinwies: auf die Monatskommunion vieler Zehntausende, auf den Aufschwung der Männerkongregation, auf die Entwicklung des Bahnhofsgottesdienstes und auf den Idealismus der organisierten katholischen Jugend.

Exkurs

Aufgrund solcher Erfahrungen wagte P. Mayer zum Ende eine große Ermutigung: »Wir sind so kühn zu glauben, daß der Katholizismus in unserer Stadt im Aufstieg begriffen ist und einer neuen Blüteperiode entgegengeht. Aber weiter arbeiten müssen wir, stramm und fest an der Seite eines arbeitsfreudigen Klerus unter der zielbewußten, überragenden Führung unseres Oberhirten (lebhafte Beifallskundgebungen und Händeklatschen), dann geht es, dann muß es gehen; denn dem Mutigen hilft Gott« (stürmischer Beifall).

Die Rede von P. Mayer enthielt wenig an soziologischer Analyse und theoretischen Zugängen zum Problem der Großstadt. Er sprach mehr auf das Lokalkolorit hin. Aber durch die Konfrontation mit der Geschichte machte er alle nachdenklich, weckte Sensibilität für die Situation und gab einen Impuls der Zuversicht: Dem Mutigen hilft Gott. Mit dieser Devise forderte er beides: die ungeteilte Einsatzbereitschaft und das unerschütterliche Gottvertrauen.

Interessant ist, daß Rupert Mayer am 10. April 1929 noch einmal den gleichen Vortrag im Katholischen Volksverein des Südviertels hielt, fast wörtlich mit den gleichen Formulierungen. Dabei übernahm er bereits Anregungen von Carl Sonnenschein. Der »Bayerische Kurier« berichtete damals: »Zwei Mittel der Wiedererweckung katholischen Lebens in der Öffentlichkeit nannte der Redner: Aufklärung und Liebe! Er bat um Mithilfe beim Ausbau der Münchner Katholischen Kirchenzeitung, um den Kölner Stand von 120 000 Abonnenten zu erreichen. Wir müssen heran an die Indifferenten, an die gegnerischen Massen! Hierzu gehört noch mehr Caritas wie bisher, mehr Verständnis und Hilfe für die Notleidenden. So riesenschwer die Aufgabe auch erscheine, sie müsse gelöst werden: die christliche Kultur und Großstadt allmählich miteinander wieder in Einklang zu bringen!« (großer Beifall).[93]

---

[93] Christliche Kultur und Großstadt, in: Der Bayerische Kurier vom 12. 4. 1929.

3. Gemeinsamkeiten

Selbst wenn beide Redner sich unterschiedlicher pastoraltheologischer Methoden bedienten – hier soziologisch-philosophische Reflexion, dort appellativer Rückgriff auf die Geschichte der Volkskirche –, sie unterscheiden sich in der Beurteilung der Situation nicht: Die Großstadt entfremdet den Menschen seinem überkommenen Glauben, weil sie ihn aus den gewachsenen Traditionen und Bindungen herauslöst. Ein Vorgang, der durch den Einfluß linker Parteien nur vergrößert wird. Beide unterscheiden sich auch nicht im Seelsorgsmodell, das sie für notwendig halten und bereits erproben: Aufklärung und soziales Engagement. Die Aufklärung dient einer personalen Aneignung des christlichen Glaubens, der sich auch auf den Zeitgeist, seine Fragen und Irrlehren, einlassen kann. Dazu ist das persönliche Gespräch (Hausbesuche) ebenso wichtig wie die Fortbildung in Kursen und die Verbreitung einer christlichen Presse (Kirchenzeitung). Das soziale Engagement gilt zuerst dem Menschen in der Not. Ihm ist ohne Ansehen der Person und Konfession zu helfen. Gewiß ist nicht zu übersehen, daß diese Diakonie zugleich jenen Glauben bezeugt, der im Bekenntnis zum Gott der Liebe gipfelt. Was Dr. Sonnenschein[94] im weithin nichtkatholischen Berlin (400000 Katholiken unter über 4 Millionen Einwohnern) mit P. Rupert Mayer in dem durchwegs katholischen München (wohl zu über 90 Prozent, allerdings nur volkskirchlich) verbindet, ist, daß sie nicht Theorien pastoralen Handelns dozierten, sondern ruhelos von früh bis spät an der Seite jener Menschen zu stehen versuchten, die der Moloch Großstadt zu verschlingen drohte. Sie hatten beide die gleiche Botschaft, die sie – wenn auch in unterschiedlicher Schärfe – volkskirchlich umsetzen wollten. Jeder an seinem Ort: ein Prophet.

---

94 Grote, An den Ufern der Weltstadt, 47 ff.

Unter neuen Machthabern

Am 30. Januar 1933 wurde Hitler vom Reichspräsidenten Paul von Hindenburg zum Reichskanzler ernannt. In seine Regierung war wohl eine gewisse Zahl von konservativen Ministern eingebunden, die sich zutrauten, Hitler und seine nationalsozialistische Bewegung zu mäßigen. Daß die Parteigenossen selbst sich und ihre Aufgaben anders als die Demokraten der Weimarer Zeit verstanden, ließ sich schon aus dem ominösen Wort »Machtergreifung«[1] heraushören. Was würde sich ändern aufgrund des Willens der neuen Machthaber? Auch in München?

In einem Text vom 3. Juli 1933, der Kardinal Faulhaber vorlag, vermutlich (aufgrund handschriftlicher Korrekturen) von ihm selbst erarbeitet, konnte man lesen: »Die nationale Revolution nimmt in Bayern weit radikalere Formen an als im übrigen Deutschland. Im Laufe der letzten 14 Tage wurden in Bayern mehr als 70 Geistliche in Schutzhaft genommen. Die meisten (40) in der Diözese Würzburg, etwa 20 in der Diözese Speyer, von denen 2 halb tot geschlagen wurden, 12 in der Diözese Eichstätt, 6 in der Diözese München. In München sollte zuerst eine grösser Zahl verhaftet werden, was durch persönliche Verhandlungen verhütet wurde. Der Grund, der amtlich nicht angegeben wird, war in der Pfalz das Eintreten für die Bekenntnisschule... In anderen Diözesen wurde behauptet, die Geistlichen hätten kritische Bemerkungen gemacht über die Regierung, über den Brand des Reichstags, über das baldige Fiasko der Regierung u. dgl. ... Dem Erzbischof in München wurde wiederholt Hausdurchsu-

---

[1] Bracher, Sauer, Schulz, Die nationalsozialistische Machtergreifung. – Bald nach diesem Termin setzte sich P. Mayer am 9. 8. 1933 in einem Schreiben an den Bischof von Osnabrück, Hermann Wilhelm Berning (1877–1955, seit 1914 Bischof), für Menschen ein, die ihrer »nichtarischen Abstammung wegen entlassen« wurden und »äußerst schwer unter dieser Deklassierung« litten (RMA 6.).

chung und einmal auch die Schutzhaft angekündigt, weil er gegen die Vorkommnisse auf dem Gesellentag[2] Protest erhoben hatte. Die ganze Bewegung zeigt immer mehr antikatholische Tendenzen. ›Nieder mit der schwarzen Bande‹ kann man überall hören. Reichskanzler Hitler ist mit den Übergriffen der Unterführer nicht einverstanden, von unten her aber wird immer lauter eine neue Revolution gefordert...«[3]
Das waren die ersten Erfahrungen mit der neuen Regierung nach der »nationalen Revolution«. Wie sollte es weitergehen? Es stand zwar das Reichskonkordat in Aussicht, das gewiß zur Mäßigung bewegte. Als es[4] dann – nach schwierigen Verhandlungen – am 20. Juli 1933 zwischen dem Deutschen Reich und dem Vatikan abgeschlossen wurde, stellte sich dennoch die Frage: Bot es wirklich eine staatsrechtliche Gewähr für geordnete Verhältnisse zwischen Staat und katholischer Kirche? Wie würde sich die von Tag zu Tag sich mächtiger aufspielende NSDAP verhalten, deren Einfluß im Bereich der Justiz bald nicht mehr zu übersehen war? Bedrängende Fragen.

ÜBERWACHT DURCH DIE GESTAPO

Im Ordenshaus von St. Michael tauchten – laut Hauschronik – am 12. Januar 1934 erstmals »drei Herren von der politischen Polizei« auf mit der Begründung, es würden im Haus politische Zusammenkünfte gehalten, »Es kämen... spät am Abend Leute in Jesuitenkleidern, die keine Jesuiten seien«. Da P. Superior Ludwig Koch[5] all dies als Gerede leicht in Abrede stellen und widerlegen konnte, zogen die Herren befriedigt ab. Was Absicht dieses Besu-

---

2 Vom 8. bis 11.6. 1933 fand in München der 1. Deutsche Gesellentag statt, der wegen der handgreiflichen Ausschreitungen der SA und SS am Schlußtag in der Frühe abgebrochen werden mußte. Vgl. Volk, Der Bayerische Episkopat, 95 ff.
3 EAM 120.1. Vermutlich Entwurf zum Schreiben Faulhabers an die Staatsminister in Bayern vom 5.7. 1933; vgl. Stasiewski, Akten Bischöfe I, 257.
4 Vgl. Volk, Der bayerische Episkopat, 121 ff.
5 Ludwig Koch SJ (1878–1936), 1933–1936 Superior von St. Michael in München, Herausgeber des bekannten Jesuitenlexikons.

ches war und wie die Anzeige gelautet hatte, ist nicht bekanntgeworden.[6]

Knapp zwei Monate später, am Samstag, dem 3. März 1934, wurde P. Alois Stökle[7] auf die Polizeidirektion bestellt. Die politische Polizei warf ihm vor, er habe sich abfällig gegen den Staat geäußert, »indem er vor der Hitlerjugend warnte in den Predigten«. P. Stökle führte dagegen aus, daß er die Mütter von der Hitlerjugend zur Wachsamkeit gewarnt habe, weil Jungen von der Hitlerjugend »am Sonntag nicht zur Messe kommen«. »P. Stökle wurde zur Vorsicht bei den Predigten ›ermahnt‹ und dann wieder ziehen gelassen.«[8]

Nach diesen Vorspielen, die einerseits eher ängstliche Vorsicht bewiesen, andererseits aber eine merkwürdige Verknüpfung von Partei und Staat offenbarten, kam es Mitte August 1934 zur ersten kritischen Reaktion auf eine Predigt P. Mayers. Er hatte in St. Michael gepredigt und damit eine »alte Hitlerin« zu einem Schreiben[9] vom 18.8.1935 an den »sehr verehrten, geliebten Führer«, den »hochgeschätzten Herrn Reichskanzler Adolf Hitler« veranlaßt. Frau E. Hofmann[10] hatte, da sie erfuhr, daß Hitler sich in Berlin aufhielt, ihr Schreiben vom Münchner Bahnhof aus an Joseph Goebbels geschickt, mit der Bitte, es an Hitler weiterzugeben. Sie kritisierte in ihrem Schreiben an »Ihrem Pater Mayer«[11], dieser habe anfangs seiner Predigt beteuert, er spreche nicht gegen den Nationalsozialismus, er habe bei diesen Worten aber eine Lüge ausgesprochen. Denn »er schrie dann ins Volk hinein, ›ich spreche gegen die gemeinen unwahren Behauptungen der kirchenfeindlichen Zeitungen. In einem katholischen Lande erlaubt man sich,

---

6 Hist M 47.
7 Alois Stökle SJ (1891–1966), Mütterseelsorger in der Erzdiözese München und Freising.
8 Hist M 49.
9 StAM, Pol. Dir. 10116.
10 Ob Frau Hofmann mit dem sog. »Hitlermutterl« identisch ist, läßt sich nicht mehr klären, da die Briefe nur in Abschrift vorliegen. Obgleich Stil und Devotion gegen den »Führer« diese Vermutung stützen, ist Zurückhaltung geboten. Vgl. auch: Roman Bleistein, Zur Biographie Hitlers: »Das Hitlermutterl«, in: StdZ 204 (1986) 427–429.
11 Diese Formulierung legt die Unterstellung nahe, daß eine enge Verbindung zwischen Hitler und Rupert Mayer bestand, zumindest daß man sie für möglich hielt.

in unerhörter Weise das Haupt der katholischen Kirche anzugreifen. Wir haben durch das Konkordat einen Freundschaftsabschluß zwischen Vatikan und Regierung (das bringen sie bei jeder Gelegenheit) und wir hoffen, daß die Regierung nicht charakterlos ist und gegen diese gemeinen Unwahrheiten einschreitet.‹«

Die Klagen der »alten Hitlerin« gingen noch über drei Seiten. Sie schloß dann mit der großen Hoffnung: »Ich glaube, daß unser Führer den inneren Frieden nur erreichen kann, wenn er auch die inneren Feinde kennenlernt und durchschaut. Sieg Sieg Sieg Heil unserem verehrten Führer.«

Frau Hofmann hatte ebenfalls einen Brief an P. Mayer persönlich gerichtet und eine Abschrift der Polizeidirektion München zukommen lassen. Auch in diesem Brief bezog sie eine klare Position mit den Vorwürfen: »Wie kann man sich so in einen Hass hineinreden, wie kann man um sich schlagen und sich so überschreien im Gotteshaus, Feindschaft predigen, wie immer in verschleierter Form, wo Frieden sein soll?«[12] Eine Reaktion Mayers auf dieses Schreiben ist nicht bekannt. Dieser Konflikt signalisierte allerdings die emotionalisierte Situation im Umfeld der Volksabstimmung, die am 19. August 1934 über das Gesetz vom 2. August 1934 stattfand und zu einem großen Sieg Hitlers führte.

Im Oktober 1934 mußte sich P. Mayer gegen die Ausführungen eines Majors Meiler wehren,[13] der Kreisleiter der SA-Reserve II von München war. Dieser hatte – wie P. Mayer zugetragen worden war – im September 1934 bei einer Versammlung vor 800 Unterführern der SA gesagt: »Es gäbe zwar auch jetzt noch Staatsfeinde wie vor 20 Jahren, und er scheue sich nicht, diese Staatsfeinde öffentlich zu nennen. Es seien dies Freimaurer, Juden und Jesuiten.«

Mayer suchte den Major persönlich auf und sagte ihm, er würde diese Aussage auf keinen Fall »auf sich sitzen lassen« und ebensowenig auf dem ganzen Orden, weil das eine völlig unwahre

---

12 StAM, Pol. Dir. 10116.
13 Hugo Meiler, (1877–1954), Major a. D., sehr kämpferisch in der nationalsozialistischen Bewegung engagiert; vgl. StAM, Pol. Dir. 6698. – Übrigens berichtete Josef Müller, daß P. Mayer durch einen Mittelsmann in seiner Kanzlei über die Aufgabe des »Sicherheitsdienstes« der SS informiert wurde. Vgl. Müller, Bis zur letzten Konsequenz, 67.

Behauptung sei. Der Herr Major könne zwar irren, aber er (Mayer) könne verlangen, daß er – eines anderen belehrt – die Sache offiziell in der nächsten Versammlung vor dem gleichen Auditorium zurücknehme. Der Major erbat sich Bedenkzeit, doch Mayer blieb felsenfest: »So leid es mir tue, würde ich, wenn keine Zurücknahme erfolge, jede Gelegenheit benützen, um meine alten Kameraden über diesen Irrtum ganz energisch aufzuklären und keine Macht der Erde könne verhindern, für meine angegriffene Ehre einzutreten. Ich sagte ihm auch, daß dies indirekt ein Angriff auf den Papst sei, wenn man einen, vom Papst ausdrücklich gut geheissenen und bei jeder Gelegenheit belobten Orden eines solchen Verbrechens zeihe.«[14] Mayer notierte, man sei zwar äußerlich »ganz freundlich von einander geschieden«; er habe aber den Major gebeten, er solle – wo immer er Gelegenheit habe – »alle Hebel in Bewegung setzen, die maßgebenden Kreise darüber aufzuklären, daß sie doch ja den Kampfgeist gegen die katholische Kirche einstellen; denn das führe todsicher zum Untergang unseres Volkes«.

In diesem Besuch bei Major Meiler kam – neben der Anklage in der Predigt und der Widerrede in öffentlichen Versammlungen – eine dritte Methode des Kampfes P. Mayers zum Vorschein: die persönliche Beschwerde bei dem Verantwortlichen für jene Reden und Taten, die Mayer im Blick auf Kirche und Vaterland für unverantwortlich hielt, weil sie den einfachen Menschen im Volk verwirren und beunruhigen konnten. Da fühlte sich P. Mayer herausgefordert, und er setzte sich mit dem ganzen Gewicht seiner Persönlichkeit ein, Wahrheit und Gerechtigkeit wiederherzustellen. Wie der oben dargestellte Konflikt am Ende bereinigt wurde, ist nicht bekannt.

Im Jahr 1935 drängte sich P. Mayer ein neues Feld des Kampfes auf: der Schulkampf.[15] In der Gesamtstrategie des Dritten Reiches gegen die Kirchen ging es sozusagen um die »Außenwerke der Kirchen«, um Schulen, Verbände und Presse. Für die Schule galt

---

14 ML 193–195.
15 Vgl. Gotto, Repgen, Die Katholiken und das Dritte Reich, 104 ff. – Bereits vor dem Dritten Reich gab es gegen die kirchliche Schulpolitik einen großen Kampf. Vgl. Scharnagl, Die Schulpolitik in Bayern; Koellreutter, Staat, Kirche und Schule.

dabei, daß man einerseits pädagogisch argumentierte: Es gehe nur um das Beste des einen Volkes in der einen Schule; andererseits aber war die Absicht dieser Auseinandersetzung eine politisch-weltanschauliche: Man wollte den Einfluß der Kirchen auf die Jugend zurückdrängen. Es läßt sich nicht übersehen, daß letzteres der wahre Grund war; denn man setzte politisch angeblich unabhängige Vereine in Bewegung, um diese »Modernisierung« voranzubringen. Wie gefährlich dieses Vorhaben allerdings auch außenpolitisch war, brachte der Konflikt mit dem Vatikan an den Tag; denn im Reichskonkordat von 1933 hatte man in Artikel 13 den Schutz der Konfessionsschule zugesichert. Mayer empfand diesen Konflikt gewiß nur als Fortführung des alten Kampfes. 1919 mußte er gegen eine linke Schulpolitik antreten, dieses Mal kam die Attacke auf die Konfessionsschule von rechts. Am Ende doch merkwürdige »Verbündete« im Einsatz für die »Modernisierung«.

Am Abend des 15. Februar 1935 nun fand in München im Bürgerbräukeller eine Massenkundgebung für die Gemeinschaftsschule statt. Laut Polizeibericht war die Versammlung vor allem von Nationalsozialisten besucht, Hauptredner war der als Nationalsozialist bekannte Oberstadtschuldirektor Josef Bauer.[16] Die Anwesenheit von P. Mayer, des »hinreichend bekannten politischen Gegeners«, fiel gleich auf, sie erregte Unruhe und wurde dem Streifendienst der Polizei gemeldet. Als Mayer begann, sich Notizen zu machen, befahl der Oberstleutnant der Schutzpolizei Nagel, »ihn möglichst unauffällig aus dem Saale zu entfernen und ihn der Kriminalpolizei, die in einem Nebenlokal mit dem SA- und SS-Streifendienst untergebracht worden war, vorzuführen«. »Dort wurde er einem Verhör unterzogen.«[17]

---

16 Josef Bauer (1881–1958), Oberstadtschuldirektor, 1933–1945 MdL (NSDAP), Reichshauptstellenleiter der NSDAP, 1943 SS-Brigadeführer. – Die Beschönigungen Franz Sonnenbergers, der diese »Modernisierung« der Schulen erziehungswissenschaftlich hoch einschätzt und dabei die totalitären Maßnahmen gegen die Kirche eher übersieht, sind mehr als fragwürdig; vgl. Sonnenberger, Der neue »Kulturkampf«, in: Broszat (Hrsg.), Bayern in der NS-Zeit III. 235–327, vor allem 280 ff.

17 StAM, Pol. Dir. 10116 (= ML 425 ff.); vgl. auch: Kleinöder. Katholische Kirche und Nationalsozialismus im Kampf um die Schulen, in: Sammelblatt des Historischen Vereins Eichstätt 74 (1981) 7–199.

P. Mayer wurde, wie man ihm erklärte, weggeführt, »weil er sich Notizen gemacht hat, was nur Pressevertretern erlaubt war«. Er sagte dagegen später, man habe ihn aus dem Saal entfernt, damit er nicht verprügelt werde. Oberleutnant Nagel bestritt später, dies gesagt zu haben. Durch diese Attacke war P. Mayer in seinem Ehrgefühl zutiefst verletzt. Er wollte weder diese Behandlung durch die Polizei noch die Aussagen von Bauer hinnehmen, der massiv Kardinal Faulhaber angriff. Deshalb erschien Mayer anderentags nach vorheriger Anmeldung um 10.30 Uhr im Polizeipräsidium in der Ettstraße und wünschte den stellvertretenden Polizeipräsidenten zu sprechen. Eigentlich wollte er sich nur über diese ihn demütigende Entfernung aus dem Saal beschweren; doch er benutzte die Gelegenheit, noch so manches andere vorzubringen, was ihn bedrückte: Man habe durch Zwischenrufe Kardinal Faulhaber attackiert, ohne daß eingegriffen worden sei; man gehe dem sicheren Ende entgegen, wenn das so weitergehe; das Verhalten der Nationalsozialisten sei schlimmer als das der Kommunisten und Freidenker; denn diese hätten einen wenigstens nicht persönlich bedroht; Rosenbergs Mythus des 20. Jahrhunderts[18] sei ein Buch voller Fehler und Widersprüche, beschämend für einen »der hervorragendsten Repräsentanten des neuen Deutschland«. Laut Protokoll von Oelhafens[19] sagte er zur Jugenderziehung wörtlich: »Wir sind deshalb heute noch ihre Gegner, weil sie die Jugenderziehung an sich reißen wollen. Die Jugenderziehung aber ist ausschließlich Sache der Kirche und nicht Sache des Staates. Die katholische Kirche wird es niemals dulden, daß ihr die Jugenderziehung aus der Hand genommen wird, sonst kommt das Ende.« Den Einwand von Oelhafens, daß sich die religiöse Jugenderziehung genügend im Gottesdienst und im Religionsunterricht abspiele, bestritt P. Mayer. Endlich kam er auf den Schulkampf zu sprechen: Die Katholiken seien von der diesjährigen Schuleinschreibung überrascht worden, nächstes Jahr

---

18 Alfred Rosenberg (1893–1946), Der Mythus des 20. Jahrhunderts. München 1930. – Zur Auseinandersetzung mit diesem Werk: Baumgärtner, Weltanschaungskampf im Dritten Reich.
19 Emil von Oelhafen (1886–1952), Berufsoffizier, Kommandeur der Schutzpolizei und Stellvertr. Polizeipräsident von München, 1944 als Generalleutnant der Polizei im Ruhestand.

würden sie, wenn kein Druck ausgeübt werde, die alten Mehrheiten wieder zurückerobern. Auf die Eltern sei ein verheerender Druck ausgeübt worden.[20] Von Oelhafen war von diesem Besuch Mayers nicht wenig beeindruckt. Er beschloß sein Protokoll, das Tage später an das bayerische Innenministerium weitergeleitet wurde, mit einer kritischen Würdigung Mayers, der eine gewisse Hellsichtigkeit nicht abgesprochen werden kann: »Pater Mayer hat sich als offensichtlicher Gegner des 3. Reiches bekannt, was sowohl aus dem Inhalt seines Vorbringens, als auch aus der Form zu erkennen war. Vom Führer redete er als von ›Herrn Hitler‹... P. Mayer möchte offensichtlich gerne Märtyrer werden und sündigt in geradezu frivoler Weise auf seine Kriegsbeschädigung.«

Das war der Auftakt eines Kampfes, bei dem sich die Gegner auf die Dauer gut kennenlernten und bei dem am Ende jener unterliegen sollte, der keine politische Macht hinter sich hatte. Die Nationalsozialisten schätzten den Vorfall als gewichtig ein; denn am 8. März 1935 informierte das Staatsministerium des Innern den Ministerpräsidenten und billigte ihm gegenüber das Verhalten der Schutzpolizei; am 10. April 1935[21] berichtete der Chef der Gestapo München, Walther Stepp[22], an das Kultusministerium, von offenen Morddrohungen gegen Kardinal Faulhaber könne »überhaupt nicht die Rede sein«. Mayer habe allerdings ein provozierendes Verhalten an den Tag gelegt.

Im weiteren Verlauf des Jahres 1935 überkreuzten sich in dieser Auseinandersetzung zwischen Rupert Mayer und dem Nationalsozialismus immer wieder die ideologischen Fixierungen der Partei und die öffentliche Rolle des als Frontkämpfer hoch geschätzten Priesters. Einerseits versuchte die Gestapo, unter allen Umständen einen zeitlich unbegrenzten Auslandspaß für P. Mayer zu

---

20 In einer Predigt am 28. 2. 1937 im Dom zu Eichstätt führte Mayer aus, es seien Parteigenossen herumgeschickt worden, »die mußten sagen: Wenn Ihr Eure Kinder in die kath. Schule schicken wollt, dann müßt Ihr sie ganz aus der Stadt hinausschicken; denn nur dort ist eine konfessionelle Schule. Dem Arbeiter wurde gesagt: Wenn Du Dein Kind in dieser Schule einschreiben läßt, bekommst Du keine Unterstützung...« (Freundlicher Hinweis von Dr. Ludwig Brandl).
21 Volk, Akten Faulhaber II. Mainz 1975, 33–34.
22 Dr. Walther Stepp (1898–1972), 1935–1937 Leiter des Gestapozentrale/München, 1943 Präsident des Oberlandesgerichts München.

verhindern; sie hatte Bedenken, diesen Mann ins Ausland reisen zu lassen. Was würde er dort über das »neue Deutschland« berichten?[23] Andererseits erhielt P. Mayer am 1. Juni 1935 das »Ehrenkreuz der Frontkämpfer« im »Namen des Führers und Reichskanzlers«, und dies, nachdem wenige Tage zuvor, am 18. Mai, P. Mayer im Polizeipräsidium die Behinderung der Caritassammlung auf der Straße lautstark beklagt hatte.[24] Man wollte ihn zwar beruhigen, aber das konnte nicht gelingen. Auch dieser Protest Mayers lief ins Leere, wie am Ende der Protest wegen der Verweigerung eines Auslandspasses. Am 3. Juli 1935 wurde ihm dieser begrenzt bis zum 3. Dezember 1935 bewilligt. Als dann jedoch die Scherereien wieder begannen, war P. Mayer diese Bürokratie leid und stellte die Forderung auf einen Auslandspaß zurück.

Mitte des Jahres feierte die Männerkongregation ihr 325jähriges Bestehen. Anlaß genug, allen Zeitumständen zum Trotz ein großes öffentliches Fest zu begehen. Es wird darüber berichtet: »8 Uhr Abends Festkonvent und Festpredigt von P. Mayer, die in den Bürgersaal und die Studienkirche durch Lautsprecher übertragen wurde. Nach kurzer Segensandacht zogen all die Männer mit brennenden Kerzen und Rosenkranz betend durch die Neuhauserstraße – Stachus – Lenbachplatz – Pfandhausstraße – Karmeliterstraße – Löwengrube vor das Domportal, woselbst Erneuerung der Weihe an die Muttergottes. [Diese] war vor das Domportal gebracht und wurde hell erleuchtet. Mit einem vielstimmigen ›Großer Gott‹ schloß die Feier. Etwa 5–6 Tausend Männer, 30–40 Priester und fast das ganze Domkapitel nahm daran teil. ½11 Nachts Schluß.«[25] Mit solchen Aktivitäten lenkte der Präses der Männerkongregation wieder die Aufmerksamkeit der Gestapo auf sich und signalisierte, daß er und seine Männer nicht zu übersehen waren.

Ab Anfang Dezember 1935 scheinen die Predigten des P. Mayer systematisch überwacht worden zu sein. Dies mochte damit zusammenhängen, daß im April 1935 die politische Polizei in München einen Geheimbefehl erlassen hatte, besonders die Jesui-

---

23 Vgl. ML 195 ff.
24 ML 64.
25 HistM 61.

ten zu überwachen, weil sie in »scheinwissenschaftlichen Vorträgen« versuchten, das Ansehen des Nationalsozialismus und seiner Führer zu untergraben.[26] Es ist sicher, daß P. Mayer das erste Opfer dieser Order in München war, weil er eben immer wieder seine Stimme erhob, wenn ihm Recht und Wahrheit gefährdet schienen. Mayer konnte also Spitzel in seinen Predigten vermuten. Er ließ sich jedoch durch die damit heraufbeschworenen Gefahren nicht beeindrucken. Am 1. Dezember 1935 predigte P. Mayer in St. Michael und kam auf den sog. Leohausprozeß[27] zu sprechen. Beim Zusammenbruch der katholischen Filmgesellschaft »Leohaus« war auch Geld von vielen »kleinen Leuten« verlorengegangen. Allerdings wurde der Schaden durch solidarische Spenden der Priester voll ausgeglichen. Mayer sagte wörtlich: »Wir haben in letzter Zeit den Eindruck bekommen, daß Hunderte den Zusammenbruch des Leohauses kommen sahen. Da sieht man wieder die wunderbare Berichterstattung, um der katholischen Kirche eins auszuwischen. Es ist viel gesammelt worden, ausschließlich von Priestern. Warum läßt man das verschwinden? Warum stellt man das nicht richtig? Aber schlägt man auf den Priester, dann schlägt man auf die Kirche. Was da gesagt wird, das darf gesagt werden nach dem Konkordat. Es handelt sich um religiöse Fragen. Wenn es darum geht, die Kirche in der breiten Öffentlichkeit herunterzusetzen, dann haben wir das Recht, sie in Schutz zu nehmen.«[28]

Was P. Mayer damit sagte, wurde für einen Verstoß gegen das sog. Heimtückegesetz, das Gesetz vom 20. Dezember 1934, gehalten. Ebenso wie seine Predigt am 22. Dezember 1935 in Waldtrudering über das »Selbstzeugnis Christi«. Er führte aus, Jesus habe auch für die heutige Zeit gelebt, gelitten und sei für sie gestorben. Doch: »Das Leben großer Führer unserer Zeit hingegen gleiche einer Fieberkurve, die sich auf- und abwärts bewege. Auf- und Abstieg wechseln hier ab. Wenn auch Männer der heutigen Zeit in Büchern das Ende der katholischen Religion in einigen

---

26 Rösch, Kampf 459 ff.
27 Zum »Leohausprozeß« vgl. Volk, Akten Faulhaber I, 729; Krenn, Die christliche Arbeiterbewegung 341 ff.
28 StAM, Pol. Dir. 10116 (= ML 197 ff.).

Jahrzehnten ankünden, so beweise die Weltgeschichte, daß vor 1000 Jahren und mehr schon ähnliches vorhergesagt worden sei. Über den Gräbern dieser Propheten wachse schon längst kein Gras mehr, aber die katholische Religion bestehe heute noch. So werde es auch den Männern der Jetztzeit gehen.«[29] Gerade diese beiden Predigten wurden am 28. Februar 1936 dem Reichsminister der Justiz/Berlin[30] zur Kenntnis gebracht. Die Münchner Richter sahen allerdings in diesen Äußerungen kein strafwürdiges Verbrechen und beabsichtigten, das auf den Weg gebrachte Strafverfahren gegen P. Mayer »mangels strafbaren Tatbestandes einzustellen«.[31] Diese Entscheidung wurde am 5. März 1936 von Generalstaatsanwalt beim Oberlandesgericht, Sotier[32], übernommen und bestätigt.

Als P. Mayer im Januar 1936 dann beide Predigten nacheinander vorgelegt wurden, damit er dazu Stellung beziehe, wies er auf ein Mißverständnis seiner Aussagen und auf das Reichskonkordat hin.[33] Der ganze Vorgang wurde dann zwischen Gericht, Gestapo und Innenministerium in München weiter hin- und hergeschoben, bis am 22. April 1936 das Reichsjustizministerium in Berlin durch Dr. Crohne[34] entschied: »Dem Berichtsvorschlag bin ich trotz Bedenken nicht entgegengetreten. Der Oberstaatsanwalt ist jedoch ersucht worden, den Beschuldigten zu verwarnen.« In diesem Fall – aufgrund der Strafanzeige vom 13. Februar – setzte sich die Münchner Justiz mit ihrer milderen Interpretation durch. Die Verwarnung Mayers nahm am 8. Mai 1936 Dr. Grosser[35] vor. Dieser hatte allerdings geringe Hoffnung, dadurch eine »Besserung« bei Mayer zu erzielen.[36]

---

29 ebd.
30 Gürtner, vgl. S. 139.
31 StAM, Pol. Dir. 10116.
32 Adolf Sotier, Generalstaatsanwalt beim Oberlandesgericht München.
33 ML 197–201.
34 Dr. Wilhelm Crohne, Ministerialdirektor beim Reichsjustizministerium; vgl. Gruchmann, Justiz im Dritten Reich 1933–1940.
35 Dr. Ernst Grosser (1901–1959), 1934 I. Staatsanwalt bei der Staatsanwaltschaft beim Landgericht München, 1946 I. Staatsanwalt bei der Staatsanwaltschaft beim Oberlandgericht München, 1948 Oberstaatsanwalt bei der Staatsanwaltschaft beim Bayerischen Obersten Landesgericht, 1956 Präsident des Amtsgerichts München.
36 ML 86. – Notiz in HistM 68–69: »P. Mayer muß sich heute bei der Politi-

In den Wochen, in denen hinter den Kulissen der Justiz der Fall »Mayer« verhandelt wurde, feierte P. Mayer am 21. Januar 1936 seinen 60. Geburtstag. Die Münchner Zeitungen waren voll des Lobes für den »Heldenpater«: Im Krieg habe er sich für die Soldaten eingesetzt, er arbeite unermüdlich in der Seelsorge, »besonders setzte sich der Jubilar für die Armen und Bedrängten ein«;[37] er habe gegen den Kommunismus gepredigt und sei 1923 im Ruhrgebiet gewesen, um dort Erfahrungen zu sammeln; er sei der Präses der Marianischen Männerkongregation. Angesichts eines solch einhelligen Lobes kamen der Gestapo wohl Bedenken, ob sie gegen einen solchen Mann öffentlich vorgehen könne. Andererseits realisierte sie zugleich die Gefahr, die er ob seines Ansehens für das nationalsozialistische System bedeutete.

Mitte des Jahres ließ sich P. Mayer wegen der Männerkongregation wieder mit der Polizei ein. Man wollte die Lichterprozession einschränken. Mayer setzte sich aber – unterstützt durch den Generalvikar Buchwieser – durch: Die Lichterprozession konnte wie üblich stattfinden.[38]

Am 9. Juni 1936 wurde »auftragsgemäß der Vortrag des Pater Rupert Mayer in der Peterskirche überwacht«. Seine Ausführungen waren nach dem Urteil des Polizeibeamten religiös: »Politische Einwendungen wurden von P. Mayer nicht gebraucht.« Allerdings fiel Mayer dann mit seiner Predigt am 5. Juli 1936 in der St. Michaelskirche unangenehm auf. Er streifte die Problematik der sog. »Sittlichkeitsprozesse«, die damals in der Presse von den Nationalsozialisten groß aufgebauscht wurden. Er bestritt die Bedauerlichkeit der Vorfälle nicht und führte dabei wörtlich aus: »Gibt es denn sonst überall Engel? Vor ungefähr 2 Jahren wurden hohe Persönlichkeiten, die schlecht geworden sind, erschossen,[39] wehe wenn man das sagen würde, wie ich vorher erwähnt habe.« Der Kommentar der Münchner Polizeidirektion nahm P. Mayer eher in Schutz; sie merkte an: »Eine Anspielung auf den

---

schen Polizei im Gerichtsgebäude wegen Äußerungen in Predigten verantworten. Die Herren behandeln ihn freundlich und entlassen ihn mit einer Verwarnung.«
37 Münchner Zeitung vom 21. 1. 1936.
38 StAM, Pol. Dir. 8252. Dort auch der Briefwechsel in dieser Angelegenheit in den folgenden Jahren.
39 Deutliche Anspielung auf den sog. Röhmputsch vom 30. 6. 1934.

30. 6. 1934 findet sich auch in einem der Urschrift beigegebenen Artikel aus dem Völkischen Beobachter. Weiteres erscheint daher nicht veranlaßt. « In diesem Fall kam P. Mayer dank der Großzügigkeit der Polizei noch einmal davon. Die Polizei, bei der erst jetzt der besagte Brief von Frau Hofmann eintraf, nahm P. Mayer auch in dieser Frage in Schutz. Die Redewendungen Mayers seien von Frau Hofmann übertrieben worden. Die Polizei habe deshalb nach Rückfrage beim Beamten, der die Predigt mitgehört hatte, nichts veranlaßt. Im übrigen seien im Oktober acht Predigten überwacht worden, die keinen Grund zur Beanstandung ergeben hätten.

Am Ende dieses bewegten Jahres wurde P. Mayer in der Zeitung »Durchbruch, Kampfblatt für Deutschen Glauben, Rasse und Volkstum« (Stuttgart) vom 3. 12. 1936 bestätigt, wie sehr er doch mit seinen Predigten neben der Neuen Zeit liege. Der Beitrag »Echo einer Münchner Jesuitenpredigt« setzte sich mit Mayers Predigt vom 22. November 1936 in St. Michael auseinander, in der es um den spanischen Bürgerkrieg[40] und dessen Kampf gegen das Christentum ging. Mayer entdeckte einen ähnlichen Kampf bei den Nationalsozialisten. Er führte dabei folgendes aus: »Es wird heute sehr viel über nationalsozialistische Weltanschauung gesprochen, und man kann noch mehr darüber lesen. Aber man weiß nicht recht, was nun eigentlich zur nationalsozialistischen Weltanschauung gehört. Ich selbst habe mich gründlich mit dieser Frage befaßt, kam aber zu keinem richtigen Ergebnis. Ich kann mir auch heute noch nichts Genaues darunter vorstellen.«

Der Kommentar in besagter Zeitung hieß: »Es ist klar, daß sich diese überfremdeten Priesterhirne unter Nationalsozialistischer Weltanschauung nie etwas vorstellen können; denn wer die Nationalsozialistische Weltanschauung von einer uns gänzlich fremden Religionslehre aus betrachtet, kann nie zu einem richtigen Ergebnis kommen, da unsere Weltanschauung das Tatbekenntnis zu Führer, Volk und Reich ist.«

---

40 Der Militärputsch Francos gegen die Volksfrontregierung stürzte 1936 Spanien in einen grausamen Bürgerkrieg, der erst durch die militärische Hilfe des nationalsozialistischen Deutschland und des faschistischen Italien zum Sieg Francos führte.

Mayer setzte in der zitierten Predigt nochmals an, wandte sich gegen die nationalsozialistischen Schulungen, gegen die nationalsozialistische Erziehung, und schloß mit dem Satz: »Oft schon war ich bereit, mein Leben freudig meinem Vaterland zu opfern. Aber noch freudiger würde ich mein Leben unserem heiligen katholischen Glauben opfern.« Der Kommentar griff auf das Wort »Internationalismus« zurück, weil Mayer sein Leben für den (internationalen) katholischen Glauben hinzugeben bereit sei – und nicht ausschließlich für Volk und Vaterland. »Aber selbst mit seinem so hochtrabenden Märtyrermut wird Pater Mayer kein Glück haben, denn er wird allein auf weiter Flur stehen und seine Schäflein werden sich von ihm in keinen Religionskrieg treiben lassen. Wir aber wollen kämpfen, daß diese schwarze Reaktion endlich aus deutschen Landen hinweggefegt werde, denn wir Nationalsozialisten kennen nichts Höheres als unser ewiges Deutschland, das geheiligt ist durch das Blut von Millionen deutscher Kämpfer. Das Echo einer Jesuitenpredigt kann auch anders ausfallen, als man beabsichtigt.« Damit war wieder einmal die Grenze gezogen, die Front geklärt. P. Mayer stand gegen den neuen Geist, gegen jene »Weltanschauung«, die er bislang noch auf keinen Begriff hatte bringen können.

P. Mayer bewegte sich eindeutig jenseits des neuen Staates; gerade deshalb genoß er die besondere Kontrolle durch die Gestapo. Um so erstaunlicher mag es anmuten, daß eben in der Zeit der anhebenden Verfolgung P. Mayer am Samstag, dem 31. Oktober 1936, an der Beerdigung von Gebhard Himmler,[41] dem Vater von Heinrich Himmler,[42] im Südlichen Friedhof teilnahm. Ein Bericht von Dr. Franz Drexl bringt dieses tragische Schauspiel in den Blick:

---

41 Gebhard Himmler (1865–1936), 1894–1902 Gymnasiallehrer am Wilhelmsgymnasium und Prinzenerzieher in München, 1913–1919 Gymnasialdirektor in Landshut, dann in Ingolstadt, dann Oberstudiendirektor am Wittelsbachergymnasium in München bis 1930, Geh. Studienrat. Vgl. Wolfgang Scheffler, Himmler, in: NDB IX. Berlin 1972, 172.

42 Heinrich Himmler (1900–1945), 1919–1922 Studium der Landwirtschaft, Diplomexamen, 1923 Eintritt in die NSDAP, 1933 Politischer Polizeikommandeur von Bayern, 1936 Reichsführer SS und Chef der Deutschen Polizei; vgl. Ackermann, Heinrich Himmler, Reichsführer SS, in: Die braune Elite (hrsg. von Smelser/Zitelmann), 98–114.

»Man durfte nur mit Ausweis den Friedhof betreten. Die Aussegnungshalle war von SS umstellt. Man hörte, daß der ›Führer‹ erwartet wurde. Er erschien aber nicht. Etwa ½ Stunde nach der festgesetzten Zeit ordnete sich der Trauerzug vor der Halle: voraus eine Abteilung SS, dann die Fahne des katholischen Begräbnisvereins, dann der Stadtpfarrer von Herz-Jesu (Neuhausen) mit 2 Leviten, der Sarg, bedeckt mit der Hakenkreuzflagge und flankiert von betenden Kerzenträgern des Begräbnisvereins, die Witwe mit den Söhnen und Schwiegertöchtern, wieder eine Abteilung SS, endlich der Lehrkörper des Wittelsbacher Gymnasiums usw. Die Grabstätte wurde in weitem Bogen von der SS abgesperrt, nur die Geistlichkeit und die Männer des Begräbnisvereins durften ans Grab... Plötzlich stand P. Rupert Mayer neben mir. Was hatte ihn hergetrieben? Neugierde konnte es nicht sein... Er scheint mit dem alten Himmler befreundet gewesen zu sein. Als Stadtpfarrer Niggl[43] seine aufrechte, packende, mit lauter Stimme gesprochene Grabrede beendet und zum Vater Unser für den Verewigten aufgefordert hatte, vernahm man zunächst nur ein zaghaftes Summen; da fiel P. Rupert mit mächtiger Stimme ein und nun wurden auch wir lauter. Als die Geistlichkeit abgezogen war, wurden die ›Zivilisten‹ aufgefordert, sich zu entfernen...«[44]

Wie eng P. Mayer mit der Familie Himmler verbunden war, läßt sich nicht mehr klären.[45] Seine aufrechte Haltung bewährte sich auch in der Treue, in der er vielleicht einem Freund die letzte Ehre gab. Heinrich Himmler – in der Todesanzeige: »Reichsführer SS und Chef der Deutschen Polizei« – wird dies gewiß erfahren haben. Da Himmler sich auch in anderen Fällen wider Erwarten von einer gewissen Anhänglichkeit leiten ließ, kann diese Geste P. Mayers moderierend auf die Entscheidungen des Reichsführers SS im »Fall Rupert Mayer« eingewirkt haben.

---

43 Georg Niggl (1887–1971), 1913 Priester, 1933–1953 Pfarrer von Herz-Jesu/München.
44 Dr. Franz Drexl, Brief vom 23. 10. 1950 (RMA 6. 1.).
45 Laut Auskunft der Tochter Heinrich Himmlers (am 11. 10. 91) bestanden keine freundschaftlichen Beziehungen Mayers zur Familie des Großvaters. Der Name Gebhard Himmler war auch nicht in den Mitgliederverzeichnissen des CV und der Marianischen Männerkongregation/München zu entdecken.

PROVOKATIVE PREDIGTEN

Das Jahr 1937 sollte für P. Mayer zu einem Jahr der großen Erprobung werden. Auf jeden Fall fand er seit Anfang Januar die ungeteilte Aufmerksamkeit der Polizei und der Gestapo, die immer wieder einen Beamten in Zivil schickte oder glühende Parteigenossen fand, damit diese über Ablauf und Inhalt der Predigten Mayers berichteten. So lagen Geheimberichte[46] über die folgenden Predigten vor: 10. Januar in Dillingen, 24. Januar in Aichach, 24. Januar in St. Michael, 26. Januar in St. Theresia/München, 3. Februar in St. Josef/München, 29. März in Ursberg, 12. April in Weissenhorn, 18. April in Kirchheim, 2. Mai in St. Michael, 23. Mai in St. Michael.

Bei manchen Predigten verbat sich Mayer zu Beginn, bei der Predigt mitzuschreiben, er werde sich sonst zu wehren wissen. Damit wollte er nur signalisieren, daß er um die Gegenwart der Aufpasser wisse, wisse, daß man ihn verfolge und bespitzle. Trotz dieses ausgesprochenen Verbots hob er dann andererseits (in Ursberg) hervor, daß er eigentlich froh sein müsse, daß seine Predigt mitgeschrieben werde, damit hernach keine entstellenden Berichte eingereicht würden.

Zum Eingang seiner Predigten begrüßte er jung und alt und wies darauf hin, daß die Älteren in ihrem Glauben sicher seien, sich aber – was die Jüngeren angehe – die Frage erhebe: »Wie werden denn unsere Jungmänner diese Krise bestehen? Haben sie den katholischen Mut, den Heldenmut, sich durchzusetzen?« (Dillingen). Insbesondere begrüßte Mayer »seine alten Kriegskameraden«, mit denen er selber an der Front war, die er kenne und die ihn ganz genau kennten. In Not und Tod waren sie zusam-

---

[46] StAM, Stanw. 9115/1. Als Beilage zur Ermittlung (Teilweise in: ML 202–215). Trotz dieser Observation ließ sich P. Mayer nicht beirren. So stellte er in den Weihnachtstagen 1936 einen Kontakt zwischen Kardinal Faulhaber und Pfarrer Franz Weiß/Diözese Rottenburg (1892–1985) her. Dieser erbat vom Kardinal eine Unterstützung seiner »Acies ordinata«, d. i. die Mobilisierung von etwa 3000 Priestern, die im Ersten Weltkrieg an der Front angesehene Dienste geleistet hatten. Sie sollten demonstrativ die Öffentlichkeit angesichts der bedrohlichen Entwicklungen im Dritten Reich aufwecken: Paul Kopf, Das Bischöfliche Ordinariat (Rottenburg) und der Nationalsozialismus, in: Kirche im Nationalsozialismus, 115, 123.

Der Mensch darbt nicht an Brot allein,
Sein Kopf lern' auch bescheiden sein:
Beim Schulgesetz sieht jeder Christ,
Welch Heil ihm widerfahren ist.

mengeschweißt, hätten schwere Tage und Nächte miteinander verlebt, deshalb gelte auch heute die christliche Kameradschaft.« (Dillingen).

Nach solchen oder ähnlichen Einleitungen kam P. Mayer zu seinen großen Themen. Angekündigt war immer eine Auseinandersetzung mit »modernen Zeitströmungen«, und bald fand Mayer zu seinen drei Hauptproblemen: die Bekenntnisschule, die

Sittlichkeitsprozesse gegen Geistliche und Ordensleute, die nationalsozialistische Presse. Wie der Vergleich der verschiedenen Mitschriften ergibt, hatte Mayer einen Grundentwurf vorliegen, den er dann mehr oder weniger – je nach Situation und Zielgruppe – veränderte.

Die wichtigste Überschrift hieß: Entkonfessionalisierung des öffentlichen Lebens, Entkonfessionalisierung des Volkes durch das NS-Regime. Nach Klärung des Begriffs, bei dem P. Mayer auch auf die Ökumene zu sprechen kam, gab er zu, daß es auch während der Glaubenseinheit im Mittelalter dunkle Zeiten gegeben habe. Doch die jetzt angestrebte Glaubenseinheit sei ob einer erzwungenen Einheit unzureichend: »Was bliebe noch übrig? Das ganze praktische religiöse Leben müßte zusammenbrechen, da müßte man alles aufgeben, samt und sonders. Es bliebe noch übrig ein elendes Wrack der einstigen mächtigen katholischen Kirche, es müßte ein elender Zusammenbruch nicht bloß des Katholizismus, sondern auch des Protestantismus erfolgen. Liebe Freunde! Da möchte ich doch einmal fragen, was hätte denn unser deutsches Vaterland, unser deutsches Volk, von einer solchen Kirche, von einem solchen Katholizismus, von einem solchen Protestantismus?« (Dillingen). Einen solchen Einigungsversuch kenne die Geschichte bislang nicht, man unterschätze die Schwierigkeiten, die in einem solchen Zusammenschluß lägen. Der Kern des Christentums werde vergessen, die Unterschiede würden eingeebnet. Es gehe den Nationalsozialisten darum, »nicht den Katholizismus oder den Protestantismus, sondern das Christentum zu vernichten, dem Christentum den Todesstoß zu geben, ja das ist so« (Dillingen). Warum aber habe die Reichsregierung im Frühjahr 1933 vor aller Welt öffentlch erklären lassen, daß die beiden großen Konfessionen die Grundlage beim Aufbau des deutschen Volkes bilden sollten? Es würde doch gegen die Kirche gekämpft! Die religiöse Kindererziehung, die katholische Schule sollte fallen, die Kreuze sollten aus den Schulen weggenommen werden. »Da versteht man keinen Spaß mehr, da geht es hart auf hart.« Deshalb müßte man die Augen offenhalten, auf Papst und Bischöfe hören, keine Angst haben. Mayer gab wohl zu, auch einem Staat zu dienen, wo ihm und dem Volk manches nicht gefalle. Doch man gehorche, da Gott das zur Pflicht gemacht habe. »Aber, wenn es sich um religiöse Dinge handelt, da haben wir die Pflicht, unser Ohr nur der Kirche und dem kirchlichen Lehramt zu leihen und alles andere glatt abzulehnen. Wenn wir nun unser katholisches Werk so anschauen – und ich komme jeden Sonntag woanders hin –, da habe ich nun gar keine Sorge, daß unser katholisches Volk den Ernst der Lage nicht erkennt. So etwas fühlt man einfach, so etwas merkt man, daß manches jetzt nicht mehr so ist, wie es sein sollte und wie es sein müßte. Das fühlt allmählich auch der letzte gläubige katholische Mensch, und in dem Geist gehen wir voran, felsenfest vertrauend auf den Beistand und den Schutz Gottes und seiner heiligen Mutter« (Dillingen).

Zu den vorher genannten drei wichtigen Themen waren die Aussagen P. Mayers kurz und bündig: 1. Was die Einschreibung zur Gemeinschaftsschule[47] und damit die Option gegen die Bekenntnisschule angehe, habe man mit psychischem Druck gearbeitet. Um standhalten zu können, sollten sich die Katholiken an das Reichskonkordat und an die Enzyklika des Papstes[48] erinnern. Im übrigen würde er sich über einen solchen Sieg wie in München schämen.

2. Was die Sittlichkeitsprozesse[49] gegen Geistliche und Ordensleute angehe, so seien diese Verfehlungen für einen Katholiken gewiß schlimm. Aber auch Jesus habe unter den 12 Aposteln einen Judas gehabt. Im übrigen seien jene, die sich verfehlt hätten, eine Minderheit. Im Gegensatz dazu aber wäre in der Presse immer von »den Ordensleuten« die Rede. Alle würden herabgesetzt. Außerdem sollten sie vor der eigenen Türe kehren.[50] Aufgrund dieser Unwahrheiten und Lügen müsse man sagen, daß »der Nationalsozialismus der erbittertste Gegner der Kirche sei« (Aichach).

3. Was Rupert Mayer an der nationalsozialistischen Presse auszusetzen hatte, waren »die Angriffe gegen die Kirche, gegen den Papst und die Bischöfe«. Mayer attackierte sie auf scharfe Weise:

---

47 Vgl. Kleinöder, Der Kampf um die katholische Schule, in: Schwaiger, Das Erzbistum I, 596–638.
48 Am 14.3.1937 war die Enzyklika Pius XI. »Mit brennender Sorge« veröffentlicht worden, die den Nationalsozialismus aufs schärfste verurteilte; vgl. Volk, Kirche und Nationalsozialismus, 35–55.
49 Hockerts, Die Sittlichkeitsprozesse.
50 Erneuter Hinweis auf die Hintergründe des Röhmputsches.

»Es ist kaum zu glauben, was heute alles für Schriften, Bücher, Broschüren und Zeitungen auf den Markt gebracht werden. Vor allem in den letzten Monaten habe ich mich mit diesen Schriften befaßt; beim Lesen ergriff mich der Ekel, doch bezwang ich mich, die Schriften weiterzulesen, da man den Gegner ja nur bekämpfen kann, wenn man ihn kennt. Allem voran steht ›der Stürmer‹.«

Auf ähnliche Weise rechnete Mayer mit dem »Pfaffenspiegel«[51] ab, der von den Nationalsozialisten neu aufgelegt worden war. Er kritisierte auch Theater und Rundfunk. Schlimm sei vor allem, daß die Katholiken nicht die Möglichkeit hätten, die Wahrheit darzustellen.

Solcher Art waren die Themen der Auseinandersetzung. Mayer berief sich zur Rechtfertigung seines Widerspruchs auf das Reichskonkordat und auf die Enzyklika des Papstes »Mit brennender Sorge« (14. 3. 37)[52]. Er ermutigte, zusammenzustehen und keine Furcht zu zeigen: »Wenn es hart auf hart gehen sollte, was Gott verhüten möge, dann wird es sich zeigen, daß der katholische Glaube in den Herzen von Millionen viel tiefer verankert ist, als es manchmal zu sein schien. Und so, liebe Freunde, gehen wir mit frohem Mut der Zukunft entgegen. Wenn Christus mit uns ist, wer ist dann gegen uns? Kein Mensch! Dann sind wir geborgen und gesichert für Zeit und Ewigkeit« (St. Michael 24. 5.).

Am Ende ihrer Mitschriften notierten die Aufpasser noch, daß es Beifall und Zurufe gegeben habe, daß die Menschen sich gedrängt hätten. Sie hielten fest, Mayer »fanatisierte den katholischen Pöbel derart, daß es zu Bravorufen in der Kirche kam« (St. Michael, 24. 1.). Über die Predigt in Aichach urteilte der Parteigenosse M. Seubert, Lehrer in Mering: »Die ganze katholische Männerkundgebung war nichts anderes als eine verkappte Bayeri-

---

51 »Der Stürmer«, ein antisemitisches Hetzblatt, von Julius Streicher herausgegeben. »Pfaffenspiegel«, eine kirchenfeindliche Hetzschrift von Otto Corvin-Wiersbitzki (1812–1880); 1868 erstmals unter diesem Titel erschienen, im Dritten Reich neu aufgelegt; am 28. 2. 1937 wurde in der Erzdiözese München und Freising eine Kanzelverkündigung gegen den »Pfaffenspiegel« verlesen (Amtsblatt GV 2193 vom 25. 2. 1937).
52 Vgl. Gotto/Repgen, Die Katholiken, 28 ff.

sche Volksparteiversammlung übelster Art, wie solche nur unter Held und Brüning[53] abgehalten werden konnten.«

DAS REDEVERBOT

Während P. Mayer Sonntag für Sonntag fortfuhr, unter den Augen der Polizei und Gestapo seine systemkritischen Predigten zu halten, bahnte sich im geheimen der Eingriff des Staates an, der ihn am Ende vor das Sondergericht in München bringen sollte. Am 20. Januar 1937 bereits tauchte der Name P. Mayers auf einer als »vertraulich« gekennzeichneten Liste der Gestapo München von »Wanderpredigern« auf, deren Tätigkeit »besonders zu beachten« und »im Falle ihres Auftretens«[54] sofort nach München zu berichten sei.

Am 3. Februar 1937 wurde der Überwachungsbericht der Polizei vom 24. Januar 1937 der Gestapo vorgelegt mit der »Bitte um Weisung, ob im Hinblick auf die Entschließung vom 31. August 1936 gegen P. Rupert Mayer weiteres veranlaßt werden soll«. Am 31. März erhielt die Polizei von der Gestapo die Nachricht, daß »die Angelegenheit von der Geheimen Staatspolizei in Berlin noch nicht vorbeschieden worden ist«. Auch am 7. Mai empfing die Polizeistelle wieder die Nachricht, die Angelegenheit sei noch nicht vorbeschieden, es sei aber beabsichtigt, gegen Pater Rupert Mayer ein Redeverbot zu erlassen.[55] Die Weisung durch die Gestapo Berlin solle noch abgewartet werden. Noch am 20. Mai war die Münchner Polizei im Ungewissen, wie es sich mit P. Mayer verhalte; denn sie stellte fest, daß laut »Lagebericht der Gestapo für den April 1937 gegen Rupert Mayer ein Redeverbot besteht«, von einem solchen Verbot jedoch in München nichts bekannt sei.

Wohl am 7. April 1937 hatte die Gestapo Berlin ein Redeverbot

---

53 Heinrich Held (1868–1938), 1907–1933 MdL (Zentrum/BVP), 1924–1933 bayr. Ministerpräsident. Heinrich Brüning (1885–1970), 1924–1933 MdR (Zentrum), 1930–1932 Reichskanzler.
54 StAM, Pol. Dir. 10116, 71.
55 ebd. 73/74, 76.

für P. Mayer »aufgrund staatsabfälliger Reden« für das Gesamtreichsgebiet erlassen. Wann dieses Verbot dann endlich in München eintraf, ist unbekannt. Auf jeden Fall gab die Gestapo Stettin[56] dieses Redeverbot am 9. 4. 1937 an ihre Dienststellen weiter. Der Landrat des Landkreises Greifswald informierte darüber am 14. April 1937, also zu einer Zeit, als man von solch einem Redeverbot in München noch nichts wußte.

Wohl erst aufgrund des Drängens der Münchner Polizei gelangte auch in München die Sache auf die nächste Stufe, als nämlich P. Mayer am 28. Mai 1937 eine Erklärung zur Unterschrift vorgelegt wurde, in der er die Ausdehnung des Redeverbots auf den innerkirchlichen Bereich, ausgenommen St. Michael, bestätigte. Der Text lautete: »Der Reichsführer Himmler und der Reichskirchenminister haben entschieden, daß durch das Verhängen eines Redeverbotes den Geistlichen und anderen kirchlichen Personen jegliches Auftreten als Redner und Prediger in öffentlichen Veranstaltungen in kirchlichen und profanen Räumen verboten ist.«[57]

P. Mayer unterschrieb, daß er dies zur Kenntnis genommen habe, führte aber aus, daß er nach wie vor in der Kirche das Wort Gottes verkünden werde, solange der Bischof und der Ordensobere damit einverstanden seien. Die mündliche Erklärung der Beamten unterstrich, daß P. Mayer nur in der St. Michaelskirche predigen dürfe. P. Mayer erklärte jedoch: er werde am nächsten Sonntag in Münsing predigen.

Nachdem die Auseinandersetzung so weit gediehen war, stellte sich für die kirchlichen Oberen, für Kardinal Faulhaber und Provinzial Rösch,[58] die grundsätzliche Frage, ob die Kirche sich diesem Redeverbot unterwerfen solle bzw. dürfe. P. Rösch hatte deshalb mit P. Mayer gesprochen, der allen Folgen zum Trotz weiterpredigen wollte; er hatte auch die Zustimmung seines ordensinternen Beratungsgremiums, des Provinzkonsults, erfragt, der zwar das Risiko einer Auflösung des ganzen Ordens durch die

---

56 Landratsamt Worbis. Akte Worbis: Nr. 226; Stettin; Akte Rp. 3 b Wolgast Nr. 1737. S. 513. Auch: Bayr. HStA, MA 106 689 (MB Gestapo L–M April 1937).
57 Rösch an Faulhaber nach dem 28. 5. 1937; vgl. Volk, Faulhaber II, 346.
58 Augustin Rösch SJ (1893–1961), 1935–1944 Provinzial der Oberdeutschen Jesuitenprovinz, vgl. Rösch, Kampf.

Gestapo erkannte, aber dennoch in diesen Kampf für die Predigtfreiheit einwilligte. Am 28. Mai 1937 legte P. Rösch dem Kardinal zu dieser Frage ein Memorandum vor:

»Es erheben sich folgende Fragen:
1. Haben Staat, Polizei, Kirchenministerium das Recht, einem Priester, der sich nichts hat zuschulden kommen lassen, das Predigen zu verbieten? Reichskonkordat!
2. Soll der Pater das Predigen außerhalb St. Michael unterlassen?
   a) Verantwortung gegenüber dem Herrgott, gegenüber dem Ortsbischof, vor seinem eigenen Gewissen, vor dem katholischen Volke.
   b) Folgen des Zurückweichens vor der Gestapo, die damit ihre Ziele leichter erreicht.
   c) Eindruck bei der Öffentlichkeit.
3. Folgen bei Nichtbeachtung des Verbotes:
   a) Für den Ortsbischof.
   b) Für den P. R. Mayer.
   c) Für den Orden.

   Zu b) P. R. Mayer ist selbstverständlich bereit, was seine Person betrifft, alle Folgen auf sich zu nehmen in der Voraussetzung, daß er im Einverständnis und mit Willen und Wissen seiner Obern handelt.
   Zu c) Bei der Entwicklung der Verhältnisse scheint es – salvo meliore iudicio –, daß die Zeit grundsätzlicher Entscheidungen bezüglich Predigtverbot und anderer Fragen in nächste Nähe rückt.
Es ist Pflicht und Überlieferung der Gesellschaft Jesu, sich in diesem Kampf rückhaltlos dem hochwürdigsten Episkopat zur Verfügung zu stellen, in klarer Sicht der dabei für den Orden zu erwartenden Maßnahmen, aber auch in vollem Vertrauen auf Gottes Hilfe und den Segen der Oberhirten.«[59]

Kardinal Faulhaber wandte sich daraufhin am 31. Mai an das »Reichskirchenministerium« und erhob feierlichen Einspruch »gegen diesen polizeilichen Eingriff in das innerkirchliche Rechts-

---

[59] Vgl. Volk, Akten Faulhaber II, 347. Zum ganzen Vorgang vgl. Bericht Röschs in: ML 433–440.

gebiet, gegen diese Verletzung des Konkordates, das im 1. Artikel die öffentliche Ausübung der katholischen Religion gewährleistet und im 5. Artikel den Geistlichen in Ausübung ihrer geistlichen Tätigkeit den Schutz des Staates verbürgt«. Mayer sei im Krieg ein engagierter Geistlicher gewesen. Ihm lägen staatsfeindliche Absichten ferne. Vermutlich würden die Münchner Männer das Polizeiverbot nicht stillschweigend hinnehmen.[60] Die Antwort des Reichskirchenministeriums ließ nicht lange auf sich warten. Am 5. Juni schrieb Staatssekretär Hermann Muhs[61] an den Kardinal, er sehe einem Bericht der Geheimen Staatspolizei, insbesondere über die Gründe und den Umfang des Redeverbots, entgegen. Die weiteren Argumente Faulhabers wies er zurück. Die Verdienste Mayers im Krieg könnten keinen Freibrief »für staat- und parteiabträgliche Tätigkeit dieses Geistlichen im heutigen Deutschland« darstellen. Die Berufung auf das Reichskonkordat könne ebenso kein Freibrief sein. Endlich kam Muhs auf Faulhabers Sorge betreffend die Münchner Männerwelt zu sprechen und schrieb mit Entschiedenheit: »Sollte der Hinweis, daß das Polizeiverbot von der Münchner Männerwelt nicht stillschweigend hingenommen würde, eine Drohung enthalten und zu Ausschreitungen führen, so wird der nationalsozialistische Staat sich durchzusetzen wissen.«[62] Eine klare Äußerung, die eine Kraftprobe zwischen Staat und katholischer Kirche einkalkulierte.

Die Hauschronik von St. Michael vom 16. Mai 1937 faßte diese Entwicklung in wenigen Sätzen zusammen: »P. Rupert Mayer hielt die letzten Monate jeweils Sonntag Nachmittag an verschiedenen Orten apologetische Vorträge für Männer. Er sprach freimütig, mit großem Zulauf und großem Applaus der Männer aus der ganzen Umgebung. In diesen Tagen erhielt er

---

60 Faulhaber an Kerrl vom 31. 5. 1937; Bayr. HStA, MA 106 685 (MB Pol. Dir. Juni 1937; Volk, Akten Faulhaber II, 348.

61 Hermann Muhs (1894–1961), 1927 Rechtsanwalt in Göttingen, 1930 MdL/Preussen (NSDAP), 1932 Gauleiter des Gaues Südhannover – Braunschweig, 1933 Regierungspräsident in Hildesheim, Sept. 1936 Berufung ins Reichskirchenministerium, April 1937 Staatssekretär, 1942 im Reichskirchenministerium mit der Führung der Geschäfte beauftragt.

62 Muhs an Faulhaber vom 5. Juni 1937; vgl. Volk, Akten Faulhaber I, 349.

Die Verhaftung 209

von der Geheimen Politischen Staatspolizei ein Redeverbot, an das er sich hält. Da dies seine Predigttätigkeit nicht berührte, predigte er weiter. Darauf bekam P. Mayer ein Predigtverbot ausgesprochen von der Geheimen Staatspolizei. Zuerst lautete dies allgemein, konnte aber gemildert werden für die Michaelskirche und draußen in Kirchen aufgehoben werden. P. Mayer, den Standpunkt vertretend, daß nur kirchliche und Ordensobern ihm das Predigen verbieten können, predigt auch außerhalb Münchens weiter.«[63]

DIE VERHAFTUNG

Es kam, was kommen mußte: Rupert Mayer wurde verhaftet. Er selbst berichtete über diesen Vorgang:»Am 5. Juni 1937 kamen im Laufe des Vormittags zwei Beamte der Gestapo und sagten, daß sie mich verhaften müßten. Ich meldete das durch das Haustelefon dem P. Superior Waldmann[64], der sogleich kam. Während er sich mit den Gestapoleuten auseinandersetzte, konnte ich glücklicherweise einige Augenblicke verschwinden, um Briefe und schriftliche Aufzeichnungen, die ich zum Teil auch in meinem Schlafzimmer aufbewahrt hatte, zu vernichten. Da meine Tasche ja seit Monaten immer schon gepackt war, gab es weiter keinen Aufenthalt mehr. Im Auto wurde ich in's Wittelsbacher Palais gebracht. Ich wurde sofort vernommen, von wem, weiß ich nicht, und immer sehr anständig behandelt. Nach der Vernehmung, in der ich alles zugab, was mir aus den Predigten vorgeworfen wurde, wurde ich im Aufzug hinunter gefahren und kam nun in's Gefängnis der Gestapo. Dort wurde mir im Aufnahmeraum alles, was geeignet war, sich eine Verletzung beizubringen, abgenommen. Meine Tasche mit Büchern und Wäsche durfte ich behalten, nachdem sie durchgesehen war. Besonders anständig zeigte sich der Verwalter, der Chef des Gefängnisses. Ich wurde in eine soge-

---

63 HistM 79–80.
64 Georg Waldmann SJ (1902–1979), 1937–1941 Superior von St. Michael in München, Prediger, später Studentenpfarrer in München.

nante Ehrenzelle gebracht. Dieselbe war zwar sehr klein, aber neu und ganz sauber. Ich war nun ganz glücklich, weil ich um des Glaubens willens eingesperrt war.«[65]

Mayer war »vorbeugend« verhaftet worden, da bekannt wurde, daß er, obwohl gegen ihn durch den Erlaß des Geheimen Staatspolizeiamtes Berlin vom 7. 4. 1937 ein Redeverbot für das ganz Reichsgebiet verhängt worden war, »am Sonntag, den 6. 6. 1937 in Indersdorf bei Dachau predigen« wolle.[66] Die Gestapo rechtfertigte sich mit einem Schreiben an den Ermittlungsrichter vom 9. Juni: »Der Jesuitenpater Rupert Mayer ist seit Jahren in München und im übrigen Bayern als Kanzelredner in der Seelsorge tätig. Seit der Machtübernahme setzt sich P. Mayer mit Vorliebe mit den verschiedenen politischen Tagesproblemen auseinander, so mit der Entkonfessionalisierung des öffentlichen Lebens, der Einführung der Gemeinschaftsschule, der deutschen Presse usw. Der hierbei von Mayer eingeschlagene oder gewählte Ton ist dabei immer mehr und mehr ausfälliger geworden, die sogenannten kirchlichen Feiern, die Pater Mayer in der letzten Zeit abhielt, erweckten bei dem einigermaßen sachlichen Besucher eher den Eindruck einer politischen Parteiversammlung als den eines Gottesdienstes. Es war bisher in den deutschen katholischen Kirchen nicht üblich, daß die Ausführungen des Predigers, solange er das Wort Gottes verkündete, von Pfuirufen und sonstigen lauten Bei- oder Mißfallensäußerungen unterbrochen wurden.«[67] Dann wurden die besonders »ausfälligen Predigten« zitiert. Mit diesem Brief werden Inhalt und Struktur des kommenden Prozesses vorgegeben.

Am 11. Juni wurde Mayer im Gefängnis der Gestapo der Haftbefehl zugestellt, dem gemäß Untersuchungshaft angeordnet wurde, »da angesichts seiner Erklärung vom 9. Juni 1937 zu besorgen sei, daß er die Freiheit zu neuen strafbaren Handlungen

---

65 ML 69–70. Das »Wittelsbacher Palais«, 1848 für den Kronprinzen Maximilian erstellt, lag hinter einem baumbestandenen Vorgarten an der Briennerstraße; am 1. April 1933 von der Politischen Polizei (Abt. VI.) bezogen, bis zu seiner Zerstörung in der Nacht vom 24. auf 25. 4. 1944 die Gestapozentrale in München.
66 Schreiben des Oberstaatsanwalts vom 7. 6. 1937 an das Reichskirchenministerium und das Reichsjustizministerium.
67 StAM, Stanw. 9115/1.

Die Verhaftung 211

mißbrauchen werde«.⁶⁸ Die Erklärung Mayers lautete: »Ich erkläre, daß ich im Falle meiner Freilassung trotz des gegen mich verhängten Redeverbotes nach wie vor, sowohl in den Kirchen Münchens als auch im übrigen Bayern, aus grundsätzlichen Erwägungen heraus, predigen werde. Ich erkläre insbesondere, daß ich auch in Zukunft von der Kanzel herab in der bisherigen Form die Kirche gegen etwaige Angriffe mit aller Entschiedenheit und Offenheit und Schärfe, aber ohne persönlichen Angriff verteidigen werde. Ich werde auch weiterhin in der von mir bisher geübten Weise predigen, selbst dann, wenn die staatlichen Behörden, die Polizei und die Gerichte, meine Kanzelreden als strafbare Handlungen und als Kanzelmißbrauch bewerten sollten.«⁶⁹

Mit dieser überaus deutlichen Erklärung hatte es folgende Bewandtnis: P. Provinzial Rösch⁷⁰ hatte sich gleich nach der Verhaftung auf den Weg zu seinem Mitbruder im Wittelsbacher Palais gemacht und durchgesetzt, daß er mit ihm sprechen durfte, obgleich man ihm die Bitte zuerst abschlug. Aber er wich und wankte nicht. Als Dr. Stepp dann P. Mayer vorführen ließ, versuchte er – gerade auch unter Mithilfe des aber unwilligen P. Rösch –, P. Mayer zum Einlenken zu bewegen. Mit allen möglichen Argumenten drängte er ihn auf eine Kompromißerklärung. Aber P. Mayer gab nicht nach; er blieb unbeweglich und hart.

Stepp war von der Richtigkeit seiner Strategie so überzeugt, daß er Jahre später, 1971, bei einer Befragung behauptete,⁷¹ Mayer habe sich seinen Absichten gefügt – und er habe ihn am Tag nach diesem Gespräch erfreulicherweise entlassen können. Das war eine Täuschung des Chefs der Münchner Gestapo, wie die Tatsachen beweisen. P. Mayer war und blieb im Gefängnis. Er wurde noch zu diesen und jenen Details seiner Predigten verhört, wechselte dann vom Gefängnis im Wittelsbacher Palais am 10. Juni ins

---

68 STAM, Stanw. 9115/1. Dieser Haftbefehl wurde aufgrund der Anzeige von Otto Gambs (geb. 1900), Kriminalinspektor in der Gestapozentrale, ausgestellt.
69 StAM, Stanw. 9115/1.
70 Bericht Röschs: ML 436–439.
71 Stepp: IfZg ZS, Nr. 2335, 10–12.

Corneliusgefängnis[72] und landete schließlich am 11. Juni im Gefängnis Stadelheim[73].

P. Mayer wußte allerdings in diesen Wochen kaum, was alles für ihn in der Öffentlichkeit und in Briefen an staatliche Stellen in Bewegung gesetzt und versucht wurde. Dies alles wurde ihm erst später bekannt. Justizrat Dr. Warmuth machte eine Eingabe zur Aufhebung des Haftbefehls (12. 6.). Sie wurde abgelehnt (21. 6.).[74] Einfache Frauen schrieben an Reichsstatthalter Franz Ritter von Epp[75] und setzten ihn unter Druck, daß er »unseren Pater Mayer« bald wieder freigebe. Das Ordinariat München legte angemessene Beschwerde ein,[76] nachdem es auch in Gottesdiensten durch offizielle Kanzelerklärungen die Verhaftung Mayers kundgegeben und zu Gebetszeiten für ihn aufgefordert hatte. Mit kleinen Handzetteln wurde die Verhaftung Rupert Mayers weiter bekanntgemacht. Daß es nach der Verkündigung seiner Verhaftung vor St. Michael und vor dem Wittelsbacher Palais am 7. Juni zu Demonstrationen kam,[77] war für die Gestapo ungewohnt. Aber es ist Tatsache, daß etwa 400 Leute sich gegen dieses Vorgehen der Gestapo wandten, einige von ihnen von der Ge-

---

72 Corneliusgefängnis in der Corneliusstraße, links der Isar.

73 Stadelheim liegt im Osten Münchens, Ortsteil Giesing. Aus Stadelheim schrieb P. Mayer jede Woche an seine Mutter: »Ich bin so glücklich in meiner Gefängniszelle« (24. 6.). »Es ist ja fast ein Wunder, daß ich so viele Jahre hindurch intensiv habe arbeiten können« (27. 6.). »Denn auch das mußte mal kommen« (7. 7.). »Gegen Ende des Monats ist die Verhandlung, der ich mit stolzer Ruhe entgegensehe, nur vielleicht noch um einige Grade gefestigter in meinen Grundsätzen« (14. 7.).

74 Dr. Joseph Warmuth (1881–1957), seit 1910 Rechtsanwalt in München, Berater von Prov. Rösch in Rechtsfragen; auch Kardinal Faulhaber und Georg Heim gehörten zu seinen Klienten. Vgl. Volk, katholische Kirche, 291.

75 Franz Ritter von Epp (1868–1945), 1928–1945 MdR (NSDAP), 1933 Reichskommissar für Bayern, Kommissarischer Ministerpräsident, 1933–1945 Reichsstatthalter in Bayern. Post an den Reichsstatthalter: Bayr. HStA, Reichsstatthalter 812.

76 Aktivitäten des Ordinariats: Kanzelerklärung vom 13. 6. 1937; Brief von Generalvikar Buchwieser an Innenminister Frick vom 9. 6. (Bayr. HStA, MK 38, 150); Gebetsgottesdienste in den Kirchen Münchens.

77 Alfred Resch, Demonstration in München anläßlich der Verhaftung des Pater Rupert Mayer (7. 6. 1937): StAM, Pol. Dir. 10 116 (= ML 429ff.). Die Erwartung vieler Münchner, daß sich die vielen, mit P. Mayer befreundeten Offiziere und Soldaten demonstrativ in der Öffentlichkeit für ihren »Heldenpater« einsetzen würden, erfüllte sich leider nicht; vgl. Deutsche Briefe II, 728–729.

Die Verhaftung

stapo verhaftet und ihre Personalien festgestellt wurden. Am 17. Juni kam es zu einer Haussuchung in St. Michael: Man wollte weitere Materialien für den Prozeß entdecken.[78]

Nachdem bereits am 17. Juni das Reichsministerium der Justiz/ Berlin dem Oberstaatsanwalt beim Landgericht/München I mitgeteilt hatte, daß Strafverfolgung gegen P. Mayer aufgrund § 2 des Gesetzes vom 20. 12. 1934 angeordnet sei und daß es eine Beschleunigung der juristischen Schritte erwarte[79], begann die Münchner Justiz sich mit dem Fall Mayer intensiv zu beschäftigen.

Das Reichsministerium für Justiz zeigte sich am 18. Juni zutiefst beunruhigt, weil die ausländische Presse (Times, de Telegraaf vom 14. 7.) im Besitz von Informationen über den Fall Mayer sei. Muhs schrieb deshalb einen eher unfreundlichen Brief an Faulhaber: »Ich bitte um Bericht, auf welche Weise nach dortiger Ansicht die Auslandspresse in den Besitz dieser (richtigen) Informationen gekommen sein könnte.«[80] Faulhaber antwortete ihm erst am 3. Juli und wies auf, daß die ausländischen Zeitungen durchwegs falsche Details des Falles Mayer berichtet hätten; er stellte klar: »Ich spreche nicht eine Drohung aus, wie die Antwort aus dem Kirchenministerium vom 5. Juni im sattsam bekannten Stil des Herrn Ministerialrates Roth[81] vermutet. Ich lehne aber für die kirchliche Seite die Verantwortung ab, wenn die Berichterstatter der Auslandspresse von der weiteren Behandlung der Angelegenheit Kenntnis erhalten. Ich bin der Ansicht, Gestapo und Kirchenministerium sind bereit, für Maßnahmen, die in das innerkirchliche Rechtsgebiet und in das Herz des Volkes derart tief eingreifen, auch vor dem Ausland die Verantwortung zu übernehmen.«

---

78 Zur Haussuchung vgl. ML 449; ebenso HistM 80–81: »10 Beamte machten von 8.45 bis 12.45 die Haussuchung, sie nahmen Briefe, Zeitschriften, Rundschreiben des Generals der Jesuiten mit.« Vgl. auch den Bericht der SS/München: »Auswertung der im Bergmannskolleg (!) zu Pullach, im Ignatiushaus, Kaulbachstraße und im Kloster St. Michael, Maxburgstraße beschlagnahmten Jesuitenakten am 17. 6. 1927« (Bericht vom 6. 12. 1937) und »Auswertung der bei den Jesuiten beschlagnahmten Akten« (25. 12. 1937), in: Archiv des Parteivorstandes der CDU (Berlin-Ost) Bestand Zentrum Nr. 12 (vgl. ML 449 ff.).
79 StAM, Stanw. 9115/1.
80 Muhs an Faulhaber in: Volk, Akten Faulhaber II, 349.
81 Joseph Roth, vgl. S. 119.

Bereits zuvor, am 12.6., hatte sich Dr. Michael Höck an den Kardinal gewandt und ihn darauf aufmerksam gemacht, daß engagierte Männer ebenso wie evangelische Christen vom Kardinal einen flammenden Protest gegen die Verhaftung Mayers erwartet hätten.[82] Einstweilen geschah jedoch nichts von seiten des Kardinals, während der zuständige Staatsanwalt hingegen regelmäßig an das Reichsministerium der Justiz berichtete.

So schrieb Staatsanwalt Resch[83] am 23.6. im Nachgang zu seinen Berichten vom 7. und 12. Juni, das Sondergericht habe die Haftbeschwerde verworfen. »Ich beabsichtige in die Anklageschrift die Äußerungen anzunehmen, auf welche das Sondergericht seinen Beschluß vom 21.6.37 stützt und derentwegen nach Ansicht des Gerichtes mit einer Verurteilung gerechnet werden kann. Zur Zeit werden noch einige ergänzende Erhebungen durchgeführt. Ich glaube, die Anklage bis Anfang Juli erheben zu können, so daß die Hauptverhandlung voraussichtlich Mitte Juli stattfinden kann...«[84]

In Unkenntnis all dieser Vorgänge besuchte Kardinal Faulhaber am 30.6. P. Mayer im Gefängnis Stadelheim. Er notierte darüber in seinem Tagebuch: »Eintrag 30.6.1937, Mittwoch 17.00 Uhr, Besuch bei P. R. M. Stadelheim. Haupteingang. An der Türe ein Feldwebel mit großem Schlüsselbund. Er schließt ein Zimmer auf. ›Bitte nehmen Sie Platz.‹ Es kommt Regierungsrat... Besprechung im 1. Stock im Zimmer des Arztes ist er dabei. Das Zimmer wurde verschlossen. Dann aber doch noch in den 2. Stock, um die Zelle zu sehen. Adresse der Mutter. Er studiert Philosophie. Man darf ihm nichts geben, aber an der Türe abgegeben. An der anderen Türe: Guten Tag, rufen Gefangene auf dem

---

82 Michael Höck (geb. 1903), Priester, 1934 Schriftwalter der Münchner Katholischen Kirchenzeitung, 1941–1945 im KZ Dachau, 1945 Regens des Klerikalseminars in Freising, 1958 Pfarrer in Rimsting, 1968 Direktor des Bildungshauses Freising; vgl. Volk, Akten Faulhaber II, 353–354.

83 Alfred Resch (1890–1968), 1935 Oberstaatsanwalt, 1943 Oberlandesgerichtsrat beim Oberlandesgericht, 1947 Landgerichtsdirektor beim Landgericht München I, 1948 Oberlandesgericht beim Bayerischen Obersten Landesgericht, 1950 Senatspräsident beim Bayerischen Obersten Landesgericht, 1954 Präsident des Oberlandesgerichts München.

84 Bayr. HStA, MK 38 150.

Die Verhaftung 215

Gang. Lazarettverwalter Habermeier[85] betreut diese Zellen. Amtsgerichtsrat Dr. Mugler[86] hat den Erlaubnisschein ausgestellt durch Rösch.«[87]
Einige Tage später ließ P. Mayer dem Kardinal ein kleines Kärtchen zukommen, mit dem er sich aufs herzlichste für den Besuch bedankt:
Faksimile P. Mayer (siehe Seite 216).[88]

Am 7. Juli lag dann endlich die Anklageschrift[89] vor. Sie berief sich auf den bekannten Kanzelparagraphen und das sog. Heimtückegesetz und zitierte in langen Passagen aus den Predigten P. Mayers.
P. Mayer war von all dem nicht sonderlich beeindruckt und mußte erst durch Justizrat Dr. Warmuth dazu ermutigt werden, sich mit den Details der Anklageschrift auseinanderzusetzen. Auf 14 eng beschriebenen Seiten[90] ging er die Anklage Schritt für Schritt durch. Er wies vor allem die Unterstellung zurück, daß er ein »Kampfhahn« sei und sich mit jedem anlege. Er bestritt, sich geändert zu haben. Er habe immer nur zwei Dinge gekannt: die Religion und das Vaterland. – Er wird sich später im Gerichtssaal an diese Notizen halten. Im übrigen stand er in seinen Notizen zur Verteidigung zu seinen früheren Aussagen in den Predigten und sammelte noch weitere Argumente aus Presse und Kultur, um seine Thesen zu erhärten: die Entkonfessionalisierung des öffentlichen Lebens, die Gemeinschaftsschule, die Agitation gegen die Ordensleute, die unglaubwürdige Presse.

---

85 Lazarettverwalter Habermaier, nicht geklärt.
86 Dr. Hans Mugler (geb. 1904), Amtsgerichtsrat, 1953 Landgerichtsrat beim Landgericht München I, 1965 Oberlandesgerichtsrat beim Oberlandesgericht München, 1964 Oberlandesgerichtsrat beim Bayerischen Obersten Landsgericht. Dr. Mugler lehnte allerdings auch Besuchsanträge anderer – etwa von P. Alois Stökle SJ – als unbegründet ab.
87 Information aus dem Tagebuch Kardinal Faulhabers von Prälat Johannes Waxenberger. Am 1. 7. 1937 schrieb der Kardinal an die Mutter von P. Mayer nach Stuttgart: »... P. Rupert sieht gut aus, ist guten Mutes und sagt offen, daß er freundlich und wohlwollend behandelt werde« (Kopie im RMA).
88 EAM 5975.
89 StAM, Stanw. 9115/1.
90 Diese Blätter wurden erst 1989 wiederaufgefunden (nun im RMA 6.3.3.); vgl. ML 237–246.

In diesen Tagen wurde bekannt, daß der Prozeß gegen Rupert Mayer vor dem Sondergericht am 22. Juli stattfinden sollte.[91] In Vorbereitung dieses Prozesses ließ der Verteidiger von P. Mayer, Justizrat Dr. Warmuth, dem Gericht umfangreiche Dossiers zukommen, die Schritt für Schritt die Anklage zu entkräften beabsichtigten; Texte, die heute noch in den Archiven aufbewahrt werden.[92]

---

91 Termin des Prozesses wurde am 9. 7. 1937 angeordnet: StAM, Stanw. 9115/1.
92 Die Dossiers liegen bei der Prozeßakte: StAM, Stanw. 9115/2.

»FLAMMENZEICHEN RAUCHEN«
(PREDIGT KARDINAL FAULHABERS)

Es kam der 4. Juli 1937, jener Tag, an dem endlich Kardinal Faulhaber sich öffentlich für P. Mayer einsetzen sollte. Im Tagebuch des Kardinal ist darüber folgendes notiert:

4. Juli 1937 »Consekration der Rosenkranzkirche in Rosenheim-Fürstätt, 2 Altäre, 9–¾ 12 Uhr, weil die Abholung des Allerheiligsten vom alten St. Quirin-Kirchlein sehr lange dauert. Sehr heiß. 12 Uhr Tisch kurz und 12.40 Uhr zurück nach München. 15 Uhr Predigt vor der Männerkongregation in St. Michael über Verhaftung von P. Rupert Mayer. 17.20 Uhr ab über Siegsdorf, die Kirche von Hammer besucht...«[93]

Faulhaber begann seine Predigt mit dem Wort aus Ekklesiastes 3,7: »Es ist eine Zeit zu schweigen und eine Zeit zu reden«. Er führte dann aus, es sei das erste Mal, daß P. Mayer, der Präses der Kongregation, nicht auf der Kanzel stehe: »Ich benütze diese erste feierliche Gelegenheit, um öffentlich zu erklären, mit welcher Bestürzung und Entrüstung, ja mit welcher Verbitterung die katholischen Männer von München die Verhaftung von Pater Rupert Mayer am 5. Juni vernommen haben und wie schwer die Fortdauer der Haft auf den Katholiken lastet. ›Es ist Zeit zu reden‹.«[94]

P. Mayer habe in der Feldseelsorge tausendmal sein Leben eingesetzt: Das sei der Dank des Vaterlandes. Als Männerapostel von München habe er immer gefordert, dem Staat zu geben, was des Staates ist; er habe »aber auch die Kurpfuscher und Falschmünzer in religiösen Fragen zurückgewiesen«. Er hätte längst frei werden können, wenn er sich unterschriftlich verpflichtet hätte, außerhalb von München nicht mehr zu predigen. Aber »das Wort Gottes läßt sich nicht in Fesseln legen« (2 Tim 2.9.). Die Männerkongregation habe getreu der Weisung des Kardinals Disziplin gehalten, um der Staatspolizei keinen Anlaß zu geben, gegen »die verhaßten Katholiken vorzugehen«.

Dann verteidigte der Kardinal P. Mayer gegen den Vorwurf, er habe Politik auf die Kanzel gebracht. Es gebe im Gegenteil andere

---

93 Freundliche Information durch Prälat Johannes Waxenberger.
94 Volk, Akten Faulhaber II, 367. Vgl. Text im Anhang, S. 395.

in der Führung – nicht Hitler –, die aus der politischen Bewegung eine zweite Reformation machen wollten. Christentum und deutsches Volk aber ließen sich nicht auseinanderreißen. Faulhaber gab »als Bischof« zur Verhaftung des P. Rupert Mayer folgende grundsätzliche Erklärung ab: »Der Staat hat kein Recht, einem Geistlichen die Predigttätigkeit im Kirchenraum zu verbieten, wenn dieser Geistliche die Anforderungen des Konkordats erfüllt und von seinem Bischof (wenn er Ordensmann ist, auch von seinem Ordensoberen) die Sendung zur Predigttätigkeit erhalten hat. Predigt ist ein wesentliches Stück der Seelsorge, die Seelsorge aber ist rein innerkirchliche Angelegenheit. Im Reichskonkordat Art. 32 heißt es: Der Geistliche soll keine parteipolitische Tätigkeit entfalten. Dazu wurde zwischen Reichsregierung und Vatikan vereinbart: ›Das den Geistlichen und Ordensleuten Deutschlands in Ausführung des Artikels 32 zur Pflicht gemachte Verhalten bedeutet keinerlei Einengung der pflichtgemäßen Verkündigung und Erläuterung der dogmatischen und sittlichen Lehren und Grundsätze der Kirche.‹ Der Staat hat also kein Recht, einem Geistlichen, dem der Bischof die Sendung zur Predigt gab, das Predigen zu verbieten und ihn im Weigerungsfall zu verhaften.«[95] Mit der Verhaftung Mayers habe eine Stunde der Apostelgeschichte geschlagen, eine Stunde der urchristlichen Zeit. Er habe am 30. Juni P. Mayer in Stadelheim[96] besucht. Dieser sei körperlich und seelisch in guter Verfassung, bei diesem »unfreiwilligen Urlaub«.

Erneut setzte der Kardinal an: Die Verhaftung P. Mayers habe aber auch eine überpersönliche Bedeutung: »Diese Verhaftung ist ein Zeichen, daß der Kulturkampf zur Vernichtung der katholischen Kirche in Deutschland in einen neuen Abschnitt eingetreten ist. Es naht die Entscheidung. Der Menschensohn hat die Wurfschaufel zur Hand genommen, um Weizen und Spreu zu sondern. Es rauchen Flammenzeichen, und eines dieser Flammenzeichen ist die Verhaftung unseres Münchner Männerapostels.«[97]

Dann wandte er sich gegen die Rede von Gauleiter Adolf Wag-

---

95 ebd. 369.
96 Vgl. S. 214.
97 Volk, Faulhaber II, 371.

ner[98], die jener am 27. Juni 1937 in Fürstenfeldbruck gehalten hatte und in der er sich gegen die Kirche als »störend im völkischen Leben« ausgesprochen habe. Die Rede vom Geld, das der Staat an die Kirche gebe, sei überflüssig, wenn der Staat den Grundbesitz, den er in der Säkularisation der Kirche geraubt habe, zurückgebe. Das Wort von der Gleichheit aller gelte vor allem in der Presse nicht, man vergleiche nur die Angriffe auf die Kirche. Der Kardinal brachte noch weitere Beispiele von der Verleumdung der Kirche und der Agitation in der ausländischen Presse. Immer wieder referierte er kämpferisch die Ereignisse der letzten Wochen. Er schloß seine große Rede mit den Sätzen: »Wenn die Flammenzeichen rauchen, wird die Kirche Männer brauchen, nur am Kreuze wachsen sie.« Und fügte an: »Die Stunde der Entscheidung ist gekommen. Jeder einzelne wird vor die Frage gestellt werden: Bist du gottgläubig oder bekennst du dich zu Christus und seiner Kirche? Gottgläubig hat in dieser neuen Religionsstatistik nicht mehr die frühere Bedeutung des 1. Glaubensartikels, gottgläubig bedeutet heute: Ich glaube nur an Gott, wie auch die Türken und Hottentotten gottgläubig sind, ich sage mich los von Christus und seiner Kirche. Wer sich also als gottgläubig bezeichnet, hat damit Christus verraten und den Austritt aus der katholischen Kirche erklärt. Die Stunde der Entscheidung ist gekommen. Wenn also der einzelne gefragt wird: Bist du gottgläubig oder was bist du, dann ist die Zeit zum Reden und zum Bekennen ohne Wenn und Aber, ohne Zaudern und Kompromisse. Dann muß jeder Katholik freimütig und, wenn es gefordert wird, auch schriftlich erklären: Ich bin katholisch. Ich glaube nicht bloß an Gott, ich glaube auch an Christus und meine Kirche: ich bin katholisch. Ich bin katholisch. Ja und Amen.«[99]

---

98 Adolf Wagner (1890–1944), 1924–1933 MdL (NSDAP), 1929 Gauleiter des Gaues Groß-München, 1930 des Gaues München-Oberbayern, 1933–1944 MdR (NSDAP), 1933 bayr. Innenminister, 1936 zusätzlich Kultusminister, 1939 Reichsverteidigungskommissar, ab 1944 dienstunfähig. Über seine Rede in Fürstenfeldbruck berichtete der Völkische Beobachter am 30. 6. 1937: »Ich muß mit Bedauern feststellen, daß es heute noch eine Kraft und Macht gibt, die sich störend in unserem völkischen Leben bemerkbar macht. Diese Kraft sind die Kirchen.« Vgl. dazu: Volk, Akten Faulhaber II, 371.
99 ebd. 374. – In »Der Deutsche Weg« (Nr. 34 vom 29. 8. 1937, Seite 5–6) wurde der vollständige Text der Predigt Faulhabers unter der Überschrift »Ein

Mit dieser großen Rede hatte sich der Kardinal – wie sonst kaum ein Bischof in Deutschland – hinter einen seiner Geistlichen gestellt.[100] Er hatte zudem klar die Grenzen zwischen Staat und Kirche abgesteckt: ein Meilenstein im Kirchenkampf. Es verwunderte nicht, daß in »Der Angriff« vom 7. 7. 1937 unter der Überschrift »Das politische Gotteshaus« polemisch über die Predigt berichtet wurde und daß »Der Durchbruch« am 5. 8. 1937 die Predigt als »unerhörte Hetzrede des berüchtigten Germanenhassers und römischen Kardinals« bezeichnete. Faulhaber hatte mit seinen klaren Worten in ein Wespennest gestochen. Die Reaktionen waren entsprechend. Doch: Am 9. 7. wurde die Hauptverhandlung gegen P. Rupert Mayer vor dem Sondergericht für den 22. Juli 1937, 8.30 Uhr, anberaumt.

Kulturkampfdokument« abgedruckt (RMA 6.3.4.).

100 L. Volk urteilte über Faulhabers Predigt: »Kein anderer Oberhirte hat während der NS-Zeit öffentlich ein Solidaritätsbekenntnis von solcher Dezidiertheit für einen Priester abgelegt« (Volk, Katholische Kirche, 295).

Prozeß
vor dem Sondergericht München

Sondergerichte waren Schöpfungen der Weimarer Republik. Im August 1932 machte die Regierung Papen von der Dritten Verordnung zur Sicherung von Wirtschaft und Finanzen und zur Bekämpfung politischer Ausschreitungen vom 6. Oktober 1931 Gebrauch und gründete Sondergerichte. Sie wollte im Rückgriff auf diese Ermächtigung den wachsenden politischen Gewalttaten entgegentreten. Diese Sondergerichte wurden im Dezember 1932 von der Regierung Schleicher wieder aufgehoben, aber kurz nach der »Machtergreifung« im März 1933 wieder eingeführt, zunächst als vorübergehende Einrichtungen, als »Notgerichte«. Allerdings entwickelten sie sich im Laufe der politischen Geschichte des Dritten Reiches zu den eigentlichen Orten der Strafjustiz. In den ersten beiden Jahren der nationalsozialistischen Herrschaft wurden 6620 Sondergerichtsurteile gefällt. Am Ende arteten die Sondergerichte, weil die Sondergerichtsverfahren beschleunigt werden sollten, zu »Standgerichten« aus, nicht zuletzt aufgrund der eigens für sie erlassenen Verfahrensverordnungen. Diese machten sie zu Instrumenten einer politischen Justiz. Roland Freisler, der spätere Präsident des Deutschen Volksgerichtshofes, betonte bereits 1940, daß »der standgerichtliche Charakter... ein Wesensmerkmal der Sondergerichte«[1] sei. 1937 war die Entwicklung allerdings noch nicht so weit gediehen. Aber es haftete den Sondergerichten bereits eine gewisse Aura des Spektakulären an.

---

[1] Justiz im Dritten Reich, 946–953; vgl. auch: Blumberg-Ebel, Sondergerichtsbarkeit. 1990.

VERFAHREN DER JUSTIZ

Der Termin der Verhandlung vor dem Sondergericht ist nicht ohne zeitgeschichtliche Merkwürdigkeiten. Während P. Mayer im Gefängnis Stadelheim einsaß, fand am 22. Juni 1937 für den dem Nationalsozialismus wohlgesonnenen Benediktinerabt Alban Schachleitner[2], der am 20. 6. 1937 in Bad Aibling gestorben war, ein Staatsbegräbnis auf dem Waldfriedhof statt, dem ein langer, aufwendiger Trauerkondukt von der Residenz zum Waldfriedhof vorausgegangen war. Am 24. Juni wurde in St. Michael in München P. Alfred Delp[3] von Kardinal Faulhaber zum Priester geweiht. Alfred Delp feierte dann am 4. Juli in Lampertheim bei Mannheim seine Primiz, also an jenem Sonntag, an dem Kardinal Faulhaber seine große Predigt für P. Mayer und gegen die Knechtung der freien Verkündigung hielt. Am 18. Juli 1937 wurde von Hitler in einem großen Fest das »Haus der deutschen Kunst«[4] eingeweiht. München war herrlich geschmückt. Goebbels notierte am 19. 7. 1937 in seinem Tagebuch: »Ein herrliches Wetter! Schönster Sonnenschein. Welch ein Glück. Festzug der Münchener Künstler. 2000 Jahre deutscher Geschichte ein Rausch der Formen. Wunderbar. Wir alle sind tief ergriffen. Am meisten der Führer.«[5] Dann allerdings wurde am 19. Juli 1937 die Schandausstellung »Entartete Kunst«[6] im Hofgartengebäude eröffnet, jene Ausstellung, in der die Nationalsozialisten mit der modernen Kunst Abrechnung hielten. Seltsames Zusammentreffen von Licht und Schatten.

---

2 Alban Schachleitner OSB (1861–1937); nach dem Studium der Kulturgeschichte, Sozialwissenschaft und Musik Eintritt in das Benediktinerstift Emaus/Prag, 1903 Vorsitzender des Bonifaciusvereins; in Auseinandersetzung mit der »Los-von-Rom«-Bewegung, 1908 Abt; wegen seiner nationaldeutschen Gesinnung dreimal von den Tschechen verhaftet, 1920 Abdankung; als Titularabt von Sponheim in München; sehr in der Kirchenmusik engagiert, 1922 erste Begegnung mit Hitler; seitdem ein »Brückenbauer« zwischen Nationalsozialismus und Kath. Kirche; vor dem Tag von Potsdam suspendiert; am Krankenbett am 8. 11. 1936 von Hitler besucht; in seiner Sympathie für ein nationalsozialistisches Deutschtum unbelehrbar bis zum Tod, ein »Vorzeigekatholik« für die nationalsozialistische Propaganda. – Vgl. Walter Ackermann, Nationale Totenfeiern, 159 ff.
3 Bleistein, Alfred Delp, 123.
4 Preis, München unterm Hakenkreuz, 84 ff.
5 Goebbels, Tagebücher III, 1004.
6 Nationalsozialismus und entartete Kunst, hrsg. von Schuster, 7 ff.

33 Michael Kardinal von Faulhaber

34 Bei der Caritassammlung am 18. Mai 1935

P. Mayer war am Donnerstagmorgen mit der »Grünen Minna« vom Gefängnis Neudeck in den Justizpalast gebracht worden. Im Raum 211 fand die Verhandlung statt. Der Saal war bis auf den letzten Platz von Zuhörern gefüllt. Unter ihnen auch P. Provinzial Augustin Rösch und als Vertreter des Erzbischöflichen Ordinariats Domvikar Josef Thalhammer.[7] Noch vor Beginn der Verhandlung wurde P. Mayer eine Erklärung vorgelegt, die Rechtsanwalt Warmuth erarbeitet und der P. Provinzial Rösch zugestimmt hatte. Absicht der Erklärung war wohl, am Ende der Verhandlung die Aufhebung des Haftbefehls zu erreichen. Die Erklärung[8], die P. Mayer unterschrieb, lautete:

»Ich werde künftig wie bisher die katholische Kirche, ihre Glaubens- und Sittenlehre gegen alle Angriffe und Anfeindungen und Verleumdungen verteidigen. Das halte ich für mein Recht und für meine Pflicht als katholischer Priester. Ich werde dabei die staatlichen Gesetze achten und auch wie bisher meine Zuhörer zur Treue zum Staat auffordern. Ich werde mich trotz meines Temperamentes als Volksprediger bemühen, auch in der Form den gesetzlichen Vorschriften gerecht zu werden.«

Es ist nicht ausgeschlossen, daß sich das Gericht sofort mit dieser Erklärung beschäftigte und von daher die Verzögerung des Verhandlungsbeginns rührt. Um 9 Uhr, also mit halbstündiger Verspätung, wurde der Angeklagte von zwei Polizisten in den Gerichtssaal geführt. Die Verhandlung des Sondergerichts gegen »Herrn Rupert Mayer, Jesuitenpater in München« wurde von Landgerichtsdirektor Wölzl[9] eröffnet. Die beiden Verteidiger Justizrat Dr. Joseph Warmuth und Dr. Robert Bandorf wurden be-

---

7 Joseph Thalhammer (1906–1973), 1926 Priester, 1945 Sekretär des Erzbischofs, 1948 Domkapitular.
8 StAM, Stanw. 9115/1.
9 Die Richter: Dr. Robert Wölzl (1882–1966), 1936 Landgerichtsdirektor am Landgericht München I., auf Anordnung der Militärregierung am 11. 12. 1945 aus dem Dienst entlassen. – Michael Schwingenschlögl (1898–1972), 1936 Landgerichtsrat beim Landgericht München I, 1941 Oberlandesgerichtsrat beim Oberlandesgericht München, ab 1. 9. 1945 außer Dienst, 1952 Staatsanwalt bei der Staatsanwaltschaft Kempten, 1956 Landgerichtsrat beim Landgericht Kempten. – Dr. Ludwig Wachter (1901–1954), 1936 Landgerichtsrat beim Landgericht München I, 1944 Landgerichtsdirektor beim Landgericht München II, ab 8. Mai 1945 außer Dienst.

nannt. Die Zeugen wurden gebeten, vorzutreten; ihre Namen wurden verlesen und sie wurden darauf aufmerksam gemacht, daß ihre Aussagen möglicherweise vereidigt werden müßten. Dann legte der Richter anhand der Anklageschrift die Beschuldigung dar: »Es wird Klage erhoben gegen Mayer Rupert, geboren 23. Januar 1876 in Stuttgart, Sohn von Rupert Mayer und Emilie Wörle (!), lediger Jesuitenpater in München, deutsche Staatsangehörigkeit, noch nie bestraft, aber einmal verwarnt worden, letztes Jahr im Mai, nicht wahr, vom Staatsanwalt, der heute auch hier sitzt, am 7. Mai 1936, wegen verschiedener Äußerungen, die Sie in Ihren Predigten gemacht haben, heute vor dem Sondergericht beschuldigt, fortgesetzt hetzerische Äußerungen über leitende Persönlichkeiten des Staates und deren Anordnungen gemacht zu haben, die geeignet sind, das Vertrauen des Volkes zur politischen Führung zu erschüttern und als Geistlicher in Ausübung Ihres Berufes Angelegenheiten des Staates in einer den öffentlichen Frieden gefährdenden Weise zum Gegenstand Ihrer Erörterungen gemacht zu haben. In dieser Sache waren Sie von 5. bis 10. Juni in Polizeihaft und seit dem 10. Juni 1937 in Untersuchungshaft im Strafvollstreckungsgefängnis Stadelheim.«[10]

Der Richter wies darauf hin, daß P. Mayer seit Jahren als Seelsorger und Kanzelredner wirke, daß er seit der Machtübernahme eine »sich ständig verschärfende Stellung gegen die nationale Regierung« einnehme. Am 7. Mai 1936 sei er durch den Staatsanwalt deshalb bereits verwarnt[11] worden. Seit Beginn des Jahres 1937 habe der Angeklagte sich in mehreren seiner öffentlichen Predigten »mit dem Schulwesen, mit dem Strafverfahren gegen katholische Geistliche und Ordensangehörige wegen sittlicher Verfehlungen, mit dem Pressewesen, mit dem Nationalsozialismus als solchem, mit dem nationalsozialistischen Schrifttum befaßt«.

---

10 ML 273. Die Mitschrift des Prozesses stammt von Josefa Huber. Dieser Text besitzt von allen Mitschriften den höchsten Grad an Authentizität, da P. Mayer sie mit handschriftlichen Korrekturen versehen hat. – Es existierten später drei Berichte über den Prozeß gegen Rupert Mayer: einer mit fünf Seiten, ein zweiter mit sieben Seiten, ein dritter mit 55 Seiten. Alle waren im letzten vom Erzbischöflichen Ordinariat in München verantwortet und weit im Land verstreut. (RMA 6.4.5).
11 Vgl. Verwarnung durch Grosser vgl. S. 195.

Diese Kurzfassung der Anklageschrift wurde dann vom Richter in langen Zitaten aus den einschlägigen Predigten Mayers begründet. Die Zitate waren den obengenannten drei Themenkreisen[12] zugeordnet.

Der Richter schloß diese Verlesung, deren Text im wesentlichen der Anklageschrift entnommen war, mit dem Hinweis auf den strafrechtlichen Tatbestand: »Diese oben geschilderten Handlungen erfüllen den Tatbestand eines fortgesetzten Vergehens gemäß § 2 Abs. 1 des Ges. vom 20. Dez. 1934 in Tateinheit mit einem fortgesetzten Vergehen gem. § 130a, 73 des RStr.G.B. 3. Durch Entschließung vom 7. 7. 37 ist die Verhandlung angeordnet worden, Terminbestimmung und Fortdauer der Untersuchungshaft. Das Sondergericht München ist zuständig.«[13]

Es setzte nun eine erste Befragung Mayers ein, verbunden mit der Vernehmung der Zeugen. P. Mayer habe sich zwar gegen den Haftbefehl[14] beschwert, aber bei der Justiz bestand die Sorge, er werde die Freiheit erneut zu Predigten in der beanstandeten Form benützen. Wölzl wies dann auf Mayers neue Erklärung vom Tage hin, die P. Mayer sofort aufgriff und präzisierte: »Soweit ich das mit dem Gewissen vereinbaren kann. Und wenn ich das nicht mehr kann, dann werde ich mich selbst dem Staatsanwalt melden, daß das meinen Beruf schwer schädigt und daß ich in Zukunft eben nicht mehr so haarscharf auf das achten kann, inwieweit das mit dem Gesetz vereinbar ist oder nicht.«[15]

Dann kamen die einzelnen Themen aus den Predigten P. Mayers zur Sprache. Zuerst die Aussage, daß die Wahlentscheidung zur Gemeinschaftsschule ein Sieg gewesen sei, »der denen, die ihn gefeiert haben, gewiß nicht zur Ehre gereicht. Ein Sieg war das, ein Terror..., ein Gewaltsieg«. Der Richter fügte an: »Sie haben sich damit gegen § 130 des Gesetzes vergangen.« Mayer erwiderte, indem er einige Vorbemerkungen machte: »Wenn Sie erlauben, werde ich einige allgemeine Bemerkungen vorausschicken,

---

12 Vgl. Thematik der Predigten.
13 Zu den Paragraphen vgl. Blumberg-Ebel, Sondergerichtsbarkeit, 195 ff., 29–30, 40 ff.
14 Beschwerde durch Justizrat Dr. Warmuth am 12. 6. 1937; wurde abgelehnt. Vgl. ML 278.
15 ML 218.

damit Sie eine Auffassung bekommen über mein Innenleben dieser Sache gegenüber, sonst kann man das nicht beurteilen. Die Anklagepunkte sind aus dem Zusammenhang gerissen, teilweise entstellt wiedergegeben, besonders was gegen den National-Sozialismus geht, ist ohne jeden Sinn zusammengeschrieben. Ich habe jetzt die schönste Zeit meines Lebens verbracht. Das sollte man nicht für möglich halten. Ich war so glücklich, so restlos glücklich, wie noch nie im Leben. Nur jetzt, wie diese Sache kam, daß ich mir Gedanken machen mußte über... ich habe gar nicht gewußt, daß ich das Vaterland so lieb habe, wie es tatsächlich ist. Was mich quält, ist die Zukunft unseres Vaterlandes.«[16]

Der Richter griff diesen Faden auf und stellte kurz das Leben Mayers dar: seine Ausbildung im Orden, sein Engagement während des Weltkriegs, seine Ehrenzeichen, seine Verwundung, sein Einsatz nach dem Krieg in der Türkenkaserne. Er lobte den Mut Mayers. Auch daß er sich nach dem Krieg in Kommunistenversammlungen und Freidenkerversammlungen engagiert habe. Er habe zum 25jährigen Priesterjubiläum sogar ein »Handschreiben vom Führer und Reichskanzler« erhalten. Gefragt, ob er es dabei habe, gestand Mayer: er habe alles vernichtet.

Danach fügte Mayer eine längere Rede an mit dem Tenor: Er sei der alte geblieben; er habe eine einzige Richtung gehabt: Vaterland und Religion. Er spielte darauf an, daß er gewiß der Held des Tages wäre, wenn er sich von Rom trenne. Ihm habe das Wort Hitlers geholfen: »Deutsch sein heißt wahr sein«. »Wenn es zu deutscher Art gehört, wahr zu sein, dann muß man doch die Wahrheit sagen dürfen und dann müssen doch die Leute auch die Wahrheit ertragen müssen.«[17] Weiter führte P. Mayer aus: Er sei ein vaterländischer Mensch. Er kümmere sich nicht um die Politik. Dennoch habe er bei der Caritassammlung 1935 protestiert und ebenso 1936 bei der Kampagne für die Einschreibung zur Gemeinschaftsschule. Aber das Volk werde verhetzt. »Seien wir doch vernünftig; halten wir doch zusammen. Wir sind bereit, durch dick und dünn zu gehen mit dem Staat, aber Finger weg von der Religion.«

---

16 ML 279.
17 ML 282.

Mayer stellte in einem Rückblick heraus, daß er 1912 von Kardinal Bettinger nach München für die Zugereisten gerufen worden sei. Er habe Organisationen aufgebaut und die Leute besucht und erkannt, welchen Schaden der Kommunismus anrichte. Seit 1914 habe er in den Versammlungen den Atheismus und Kommunismus studiert. Dort sei er oft beschimpft worden. Dabei habe er auch den Nationalsozialismus kennengelernt, etwa bei der Versammlung: »Kann ein Katholik Nationalsozialist sein?«. Er habe etwa 70mal im Monat gepredigt, sonntags 6 bis 7mal, aber nie eine politische Rede gehalten. Und jetzt: dieser Schulkampf.

Der Richter unterbrach P. Mayer, um auf seine Predigt mit dem »Schulterror« zu sprechen zu kommen. Dieser Ausdruck sei zu scharf. Mayer rechtfertigte seine Redeweise mit der gespannten Situation. Gegeneinwurf: Er gefährde den Frieden. Doch Mayer berief sich auf den Kirchenminister, der anderes versprochen habe als das, was zur Zeit vorfalle.[18] In den folgenden Auseinandersetzungen bemerkte Mayer etwas spitzbübisch: »Ich bin viel lieber Angeklagter als Richter.«[19] Auf seine Aussage hin, daß seine augenblickliche Lage zum Fortschreiten des Evangeliums beitrage, bestritt der Richter, daß er ein Märtyrer sei. In der Sache selbst stimmte Mayer am Ende zu, sich in Zukunft bei schwierigen Fragen mit Juristen zu besprechen.

Der Richter griff dann die Aussagen Mayers zu den drei großen Themen der Anklage auf. Das Gespräch zwischen Richter und P. Mayer – zuweilen mit Einwürfen des Verteidigers – vollzog sich beim Zeugenverhör jeweils in folgenden Schritten: Mayer bejahte die Aussagen, die ihm vorgeworfen wurden, klärte sie nur insoweit, als Verdrehungen durch Hör- und Schreibfehler der Spitzel vorhanden waren: Türkensieg statt Pyrrhussieg, Staatsbetrug statt Mordsbetrug, Prozesse statt Presse; Präzisierungen, die für das Strafmaß nicht unerheblich waren. In der Sache aber wich P. Mayer keinen Deut zurück: Er habe aus Verantwortung für das Kirchenvolk das Recht, die Wahrheit zu sagen; dabei sei ihm das »Grobe«[20] lieber. Dabei berief er sich auch des öfteren auf das

---

18 Hans Kerrl (1887–1941), seit 1935 Reichskirchenminister.
19 ML 287.
20 ML 288.

Reichskonkordat. Beim Zeugenverhör stellte sich heraus, daß die Zeugen nur sehr unzureichend stenografieren konnten und ihre Protokolle teilweise durch das Zusammenfügen mehrerer Mitschriften entstanden waren. Eine peinliche Situation für die Anklagevertretung, die natürlich von der Verteidigung ausgenützt wurde, um die Glaubwürdigkeit der Zeugen herabzusetzen.

Für den Schulkampf gelte, so wurde vom Verteidiger aufgewiesen, daß die »Schulgemeinde«, ein eingetragener Verein, die Interessen des Staates verfolge; an der Spitze des Kampfes stehe der Stadtschulrat Josef Bauer.[21] Man gebe sich auf diese Weise eine fragwürdige Mühe, das Reichskonkordat nicht zu verletzen. Nach solchen Klärungen brachte P. Mayer die Diskussion wieder auf den Punkt: Man habe die Konfessionsschule zugesagt. Minister Rust habe gesagt: »Was wir versprochen haben, das halten wir.«[22] Das sei 1935 gewesen – und was sei jetzt? Mayer blieb bei seiner Meinung: Seine Zuhörer verstünden auch seine »starken Ausdrücke«, denn sie hätten den Schulkampf miterlebt.

Ähnlich verlief der Prozeß beim zweiten Thema: die Strafverfahren gegen katholische Geistliche und Ordensangehörige sowie Pressestimmen dazu. Es handle sich um die sog. Sittlichkeits- und Devisenprozesse. Mayer warf ein, er unterscheide vollständig unwahre Berichte, übertriebene Berichte und verallgemeinernde Berichte. Für alle Möglichkeiten brachte er Beispiele und forderte für sich das Recht – zumal in der Presse nichts richtiggestellt wurde –, auf der Kanzel die Verallgemeinerungen und Unterstellungen zurückzuweisen. Es sei nur eine Minderheit von Ordensleuten, die sich bedauerlicherweise verfehlt hätten. Wenn er sich scharf äußere, sei dies »religiöse Notwehr im äußersten Fall«. Der Richter bestritt ihm dieses Recht.

Das dritte Thema »Nationalsozialismus und nationalsozialistisches Schrifttum« wurde in der gewohnten Weise behandelt: Feststellung und Präzisierung der Aussage, Befragung der Zeugen.

---

21 Josef Bauer, vgl. S. 190.
22 Bernhard Rust (1883–1945), Reichserziehungsminister. Er sagte am 1. 6. 1935 auf dem Gauparteitag in Guben: »Wir haben in einem Konkordat die konfessionelle Schule zugebilligt. Was wir versprochen haben, das halten wir...« (Lt. Völkischer Beobachter vom 3. Juni 1935, in: Evangelisches Schulblatt 69 (1935) Heft 7, 315).

Mayer blieb auch hier bei seinem Wort: Man könne der Meinung sein, der Nationalsozialismus sei der erbittertste Gegner der Kirche.[23]

Nach Beendigung der Zeugenvernehmung hielt der Staatsanwalt[24] sein Plädoyer. Er schickte einiges Grundsätzliche voraus: »Ich sehe mich veranlaßt, eine kurze Erklärung vorauszuschicken. Ich werde meine Ausführungen als Vertreter des Staates und der staatlichen Autorität und auf Grund meiner Überzeugung machen, ohne Rücksicht auf die Anwesenheit irgend welcher Personen in diesem Saal entsprechend meiner Auffassung, daß das, was jetzt zur Sprache kam und noch zur Sprache gekommen ist, durchaus geeignet ist, in aller Öffentlichkeit erörtert zu werden, entsprechend einem Satze, den auch der Herr Reichsminister in seiner bekannten Rede in der Deutschlandhalle geprägt hat: Es gibt kein Problem, das nicht in aller Öffentlichkeit vor dem Deutschen Volke erörtert werden könnte. Das setzt selbstverständlich voraus, daß auch die Presse, gleichgültig welcher Richtung, die hier vertreten ist, der heutigen Verhandlung im vollsten Umfange Gerechtigkeit widerfahren läßt und aufs deutlichste und eindringlichste es widerlegen wird, was je der deutschen Presse zum Vorwurf gemacht worden ist, das gilt selbstverständlich auch für die Vertreter einer Außerdeutschen Presse. Ich spreche auch nicht auf Grund einer gebundenen Weisung, sondern was ich für notwendig halte im Interesse von Recht und Gerechtigkeit.«[25]

Nachdem er so seinen nationalsozialistischen und juristischen Standpunkt bestimmt hatte, erinnerte er an die Stunde, in der er P. Mayer habe verwarnen müssen. Er sei schon damals der Meinung gewesen, daß »der Angklagte mit dem Gericht einmal in Konflikt geraten würde«. So konnte er sagen: »Meine Voraussicht von damals, hat sich erfüllt. Er steht heute vor Ihnen, um aus Ihrem Munde sein Urteil zu erfahren über sein Vergehen der letzten Wochen und Monate in München und auswärts. Und mit ihm steht ein Mann vor Ihnen, der in den weitesten Kreisen Münchens hinaus bekannt und geachtet ist als Kanzelredner, Prediger, der

---

23 ML 315.
24 Dr. Grosser, vgl. S. 195.
25 ML 317.

einen bedeutenden Ruf genossen hat, dessen vaterländische Gesinnung auch bekannt ist und von dem man allgemein weiß, daß er sie seinerseits mit seiner Gesundheit im Felde bezahlt hat.«[26] Der Staatsanwalt meinte zu Beginn, Ursache, Zusammenhänge und Hintergründe des Falles darstellen zu müssen. Der Nationalsozialismus versuche in diesem Staat seine Weltanschauung durchzusetzen; alles werde im nationalsozialistischen Sinne umgestaltet: »Es mußte dabei selbstverständlich auch aufgeräumt werden mit manchen überkommenen Begriffen und Anschauungen aus früherer Zeit. Es ist selbstverständlich, daß bei einer so grundlegenden Umgestaltung des ganzen völkischen Lebens, die in der Verwirklichung des Gedankens von der Totalität des Staates ihren Ausdruck gefunden hat, Zusammenstöße erfolgen mußten mit jenen Mächten, die außerhalb des Nationalsozialismus eine Einflußnahme auf diesen Gebieten für sich forderten. Es erwies sich in der Folgezeit, daß gerade die katholische Kirche, oder noch allgemeiner politischer Konfessionalismus in Deutschland eine behindernde Macht war, die sich gegen diese Bestrebungen des Nationalsozialismus als Weltanschauung gestellt hat. Die Reichsregierung hat in dem Bestreben, sowohl nach innen wie nach außen nach der Revolution eine friedliche Revolution treten zu lassen, bald nach der Machtübernahme, schon im Jahre 1933 das Konkordat mit dem Hl. Stuhl abgeschlossen, um dadurch eine Befriedigung des interkonfessionellen Lebens zu erreichen. Dabei ist sie selbstverständlich von der Voraussetzung ausgegangen, daß die katholische Kirche ihrerseits mitarbeiten würde in der inneren Befriedung des deutschen Volkes.«[27]

Wenn der nationalsozialistische Staat die Früchte der Kampfzeit einheimsen wolle, müsse er in erster Linie bei der Jugend anfangen. Der Konflikt zwischen Staat und Kirche um die Schule liege also nahe. Die Jugend solle nicht zu einem katholischen oder protestantischen Menschen, sondern zu einem Deutschen erzogen werden. Das Problem sei in sich eine »gemischte Angelegenheit«. Es wäre wünschenswert gewesen, »daß hier eine tragbare Basis für ein gemeinsames Zusammengehen gefunden worden wäre«.

---

26 ML 317–318.
27 ML 319.

»Ebenso hat die Kirche erkannt, daß ihre Macht in erster Linie in der Jugend verankert sein muß. Die Jugend ist begeisterungsfähig, tatenfähig, so ist von Anfang an die Kampfstellung da, die in letzter Zeit zu immer schärferer gegenseitiger Befehdung geführt hat. Es hat keinen Sinn zu leugnen – im Interesse der Wahrheit –, daß tatsächlich von beiden Seiten ein Kampf geführt wird. Vom Staat, um seiner Idee, seines Bestandes, seiner völkischen Grundsätze willen, und daß dieser Kampf besonders sich annimmt um die Jugend. So hat der Nat.Soz. Staat das allergrößte Interesse auch an der Schulbildung, an der Gestaltung des Schulwesens. Deshalb gebe ich ohne weiteres zu, daß es der Wille des Staates ist, daß die Konfessionalisierung der Jugend, die der Staat als eine Störung der Volksgemeinschaft empfunden hat, ausgeschaltet werden sollte, schon in der Jugend.«[28]

Die Presse als drittes Thema sei im Hinblick auf den Grundsatz von der Totalität des Staates zu beurteilen. Der Staatsanwalt führte aus: »Der Staat hat weiterhin seinen Grundsatz von der Totalität des Staates, von der umfassenden Einflußnahme auf die Willensbildung des deutschen Volkes in der richtigen Erkenntnis von der Bedeutung der Propaganda und der Presse geprägt. Der deutsche Staat, der nationalsozialistische Staat hat bewußt Abstand davon genommen, daß die Presse ein Feld sein soll, wo die verschiedensten Meinungen ausgetragen werden sollen, auf dem Rücken des deutschen Zeitungslesers, der sich selbst seine Meinung bilden soll, ob er von dieser oder jener Richtung beeinflußt werden soll. Die deutsche nationalsozialistische Regierung will bewußt in ihrem Sinne, in ihrer Auffassung, nach ihren weltanschaulichen Grundsätzen das deutsche Volk erziehen und bedient sich dazu der deutschen Presse. Es ist abgerückt worden von dem füheren Grundsatz der freien Meinungsäußerungen. Wenn auch hier irgend etwas wie Recht an der Wahrheit im Interesse der einheitlichen Erziehung des deutschen Volkes unterdrückt werden soll – das gebe ich zu –, so ist das gerechtfertigt im Sinne der hohen Staatsauffassung, geboten im Sinne der nationalsozialistischen Weltanschauung, so ist es auch zu verstehen, daß da und dort sich Dinge in der Zeitung eingeschlichen haben, die nicht

---

28 ML 320.

gebilligt werden können, die verurteilt werden müssen, aber das hat zurückzutreten gegenüber dem großen Ziel, dem einheitlichen großen uniformen Ziel, der Erziehung des deutschen Volkes.«[29] Aus dieser grundsätzlichen Äußerung über das Selbstverständnis des neuen Staates ergäbe sich: Der Angeklagte habe »Dinge des Staates (Schule und Presse) auf der Kanzel in der Öffentlichkeit vor einem Forum von Gläubigen erörtert – und zwar in einer zersetzenden Weise hat er gegen die Interessen, gegen den eindeutigen Willen des Staates verstoßen«.[30]

Dann griff der Staatsanwalt die bekannten Äußerungen P. Mayers auf und kommentierte diese mit Qualifikationen wie »dies ist eine außerordentlich scharfe, aggressive Form«, oder, man dürfe das Volk »nicht zum Spielball widerstreitender Gefühle« machen. Am Ende seiner Ausführungen stellte der Staatsanwalt fest: »Der Angeklagte hat sich aber über diese Vergehen des § 130 a hinaus auch noch eines Vergehens gegen das Heimtückegesetz vom 20. Dezember 1934 schuldig gemacht, das sich der Staat geschaffen hat, um derartige Querschüsse von vorneherein zu hintertreiben, um abzuhalten, daß die klare Linienführung einer Politik weltanschaulicher Erziehung beeinträchtigt werden könnte. Der Angeklagte hat in hetzerischer Weise, also mit der Absicht, mit dem Bewußtsein, einen Zwiespalt hereinzutragen, das Vertrauen des Volkes zur Staatsführung zu untergraben versucht, versucht, den großen Kampf, der schwebt, hier auflodern zu lassen und das Volk zu einer Stellungnahme für und gegen zu entflammen, also in aufwühlender Absicht gehandelt, und zwar gegen Maßnahmen staatlicher Stellen, wobei es nicht notwendig ist, gerade die betreffenden Personen im einzelnen festzuhalten, es genügt, im allgemeinen darauf hinzuweisen, daß alle diese Anordnungen vom Staat nicht nur gebilligt werden, sondern ausdrücklich gewünscht werden – also gegen Anordnungen und Einrichtungen maßgebender Persönlichkeiten des Staates und des Nationalsozialismus gekämpft in der Absicht, das Vertrauen des Volkes zur politischen Führung zu untergraben. Seine Ausführungen waren auch geeignet, dieses Ziel zu erreichen, daher ein Ver-

---

29 ML 321–322.
30 ML 323.

Verfahren der Justiz

gehen gegen § 2 Abs. 1 des Gesetzes vom 20. Dezember 1934 vorliegt.«[31] Danach zog der Staatsanwalt aus seiner Darstellung die rechtlichen Konsequenzen für das Strafmaß: »Ich beantrage, den Angeklagten wegen dieser beiden Vergehen auf Grund eines einheitlichen Willensentschlusses, bei jeder sich ihm bietenden Gelegenheit wegen fortgesetzten Vergehens nach dem St.G.B 130a und § 2 Abs. 1 des Gesetzes vom 20. Dezember 1934 zu verurteilen.«[32] Als strafmildernde Gründe nannte er die Unbescholtenheit des Angeklagten und seinen Einsatz während des Krieges, seine Orden und sein Engagement gegen den Kommunismus nach dem Krieg. Dann forderte er die folgende Strafe: »Ich fasse all die Gründe, die zu Gunsten und zu Lasten des Angeklagten sprechen, zusammen und beantrage gegen den Angeklagten, da er in Strafe zu nehmen ist, wegen einem fortgesetzten Vergehen § 2 Abs. 1 des Ges. vom 20. 12. 1934 in Tateinheit mit einem fortgesetzten Vergehen gemäß § 130 a des RStG eine Gefängnisstrafe von 6 Monaten auszusprechen. 1 Monat Untersuchungshaft ist anzurechnen. Der Notwendigkeit, mich zu der Frage zu äußern, ob mit Rücksicht auf die Überzeugungstat des Angeklagten im Rahmen des § 130a u. U. eine Festungshaft hier angezeigt wäre, bin ich enthoben, weil ja die Strafe nicht dieses Gesetz allein betrifft, sondern auch das Gesetz vom 20. 12. 34 zum Schutze von Volk und Staat, so daß die andere Frage hier nicht mehr aufgeworfen werden kann.«[33]

Ganz am Ende kam er auf das Problem der Haftfortdauer für P. Mayer zu sprechen. Aufgrund von Mayers neuer Erklärung und seiner eigenen Erwartung, daß Mayer alles unterlassen werde, was irgendwie die Interessen des Staates gefährden würde, hoffe er, daß »deshalb ein Grund über die Fortdauer der Haft nicht besteht«.[34]

Es folgte die Rede des ersten Verteidigers, Justizrats Dr. Warmuth. Er setzte begütigend ein: »Meine Herren! Ich danke ohne

---

31 ML 329–330.
32 ML 330.
33 ML 332.
34 ML 333.

Vorbehalt für die ruhige und sachliche und vorbildliche Führung des Prozesses und anerkenne auch, daß der Staatsanwalt sich vor allem bemüht hat, der Bewertung des Tatbestandes objektiv gerecht zu werden, wenn ich auch einschränkend sagen muß, daß er nach meiner Ansicht nicht ganz der juristischen Bewertung gerecht geworden ist. Solche Vorbilder verpflichten. Ich werde deshalb auch ruhig und sachlich plädieren. Ich sehe deshalb auch davon ab, daß eine Zeitung den Herrn P. Rupert Mayer als Bundesgenossen des Bolschewismus beschimpft hat. Vielleicht ist ein Berichterstatter für den ›Stürmer‹ heute im Prozeß anwesend. Vielleicht sorgt dieser Herr dafür, daß diese Beschimpfung korrigiert wird. Ich bin gespannt, ob mein Optimismus sich als gerechtfertigt erweisen wird. Ich beschränke mich darauf, die Gesichtspunkte vorzutragen, die nach meiner Ansicht wesentlich sind.«[35]

Dann hob Warmuth hervor, daß der Prozeß gegen P. Mayer seine Auswirkungen auf die bedauerliche Spannung zwischen Staat und Kirche habe. Er bedaure »als katholischer Deutscher... diese Spannung tief« und wünsche sehnlich, daß sich bald eine Lösung finde. Er sei seit 25 Jahren mit P. Mayer befreundet, und es gehöre zu den Höhepunkten seines Lebens, ihn verteidigen zu dürfen. Dann beschwor er ein unvergeßliches Bild des Angeklagten: »Mir ist verbürgt folgende Episode erzählt worden: Der Gefechtsbereich steht unter schwerstem feindlichen Feuer. Alles hat Deckung gesucht. Drüben liegt noch ein verwundeter Kamerad, der nicht rechtzeitig hat geborgen werden können. P. Mayer geht aufrechten Ganges zu dem Verwundeten und deckt ihn während der ganzen Dauer der Beschießung mit seinem Körper. Ich bewundere solche Größe. P. Mayer ist ein deutscher Mann. P. Mayer ist ein katholischer Mann! Meine Herren, ich bitte Sie, das Bild von dem Manne, der den verwundeten Kameraden deckt, mit in ihr Beratungszimmer zu nehmen, das ist der richtige Wegweiser für den richtigen Weg zum richtigen Urteil!«[36] P. Mayer sei kein Geistlicher, der die Religion zu politischen Zwecken mißbrauche.

---

35 ML 333–334.
36 ML 334.

Warmuth kam dann auf die einzelnen Anklagen des Gerichts zu sprechen, die sich teilweise auf eine Wortexegese einließen, etwa in Sachen »Staatsbetrug« als »Mordsbetrug«. Er plädierte dabei jeweils für die mildere Interpretation. Immer wieder griff er auf den Mythus Rosenbergs, auf das Programm der NSDAP, das Reichskonkordat und eine Fülle von Denkschriften zurück, um das Engagement von P. Mayer im Kampf um die Konfessionsschule zu rechtfertigen. Er sagte wörtlich: »Herr P. Mayer ist kein politisierender Geistlicher, politische Motive haben bei ihm noch nie eine Rolle gespielt. Gott und Vaterland sind die Pole seines Lebens. Für ihn ist Gottesdienst auch Dienst am Vaterlande. Herr P. Mayer ist ein Mann von großer Gesinnung und tiefer Überzeugung, seine religiöse und patriotische Leidenschaft ist in meinen Augen verehrungswürdig. Bei P. Mayer darf auch nicht im entferntesten Zusammenhang das Schlagwort vom politischen Katholizismus, d. h. Mißbrauch der Religion zu politischen Zwekken, gebraucht werden. Zu einem solchen Mißbrauch fehlt es bei P. Mayer an jeder Voraussetzung. Herr P. Mayer ist in meinen Augen ein großer katholischer Deutscher. Ich persönlich bedauere, daß sein Vorbild für mich unerreichbar ist.«[37] Im übrigen sei die Schärfe der Abwehr in der Schärfe des Angriffs begründet. Es handle sich also nicht um ketzerische Äußerungen Mayers im Sinne des Heimtückegesetzes, sondern um Notwehr.

Zum Thema der Sittlichkeitsprozesse gegen Geistliche verlief der Gang der Argumentation auf ähnliche Weise – mit dem Schluß: P. Mayer sei der Überzeugung, daß es die Pflicht des Staates und des Gerichtes sei, diese Pest auszurotten, aber der Ansicht, daß man die Pest nicht noch mehr verpesten solle durch Aufbauschen, Übertreibung und Tendenzberichterstattung; demzufolge habe er sich in jenen drei Predigten zu diesem Thema geäußert.[38] Warmuth bestritt endlich die Anklage des Kanzelmißbrauchs. Mayer habe sich lediglich an dem ihm zur Verfügung stehenden Ort gewehrt.

Der ganze Bereich der NS-Presse wurde von Warmuth zurück-

---

[37] ML 334–335.
[38] ML 344.

bezogen auf die feierliche Erklärung Hitlers vom 23. 3. 1933.³⁹ Wie lasse sich diese mit der Propaganda durch den »Pfaffenspiegel« Corvins, mit den Attacken auf Kardinal Faulhaber vereinbaren? Warmuth wies immer wieder auf jene Belege aus dem nationalsozialistischen Schrifttum zurück, die er dem Gericht bereits vor Tagen hatte zukommen lassen.

Zum Abschluß seiner flammenden Rede griff Warmuth noch einmal auf das Argument der Notwehr zurück und führte aus: »Nur in Notwehr, in berechtigter Abwehr, hat P. Mayer das Wort ergriffen, in heiligster Überzeugung von der Notwendigkeit zur Abwehr. Meine Herren! Für mich ist der Gedanke, daß hier von einem Staatsfeind, von einem heimtückischen Hetzer gesprochen werden könnte, eine absolute Unmöglichkeit. Ich wiederhole es noch einmal: Die Schärfe der Abwehr ist nur die Auswirkung, das Echo der Schärfe des Angriffs. Er kann nicht stumm bleiben, wenn sein Heiligstes bedroht ist, er kann nicht mit Platzpatronen schießen, wenn Bomben geworfen werden. Er wird immer in vorderster Front stehen und mit seinem Körper, mit seiner Person, die heiligen Interessen schützen, deren Pflege und Betreuung ihm Gott anvertraut hat. Nicht der ist verantwortlich, der abwehrt, sondern der Angreifer! Meine Herren! Ich beantrage die Freisprechung des Pater Rupert Mayer und bitte Sie um Aufhebung des Haftbefehls!«⁴⁰

Ähnlich wie Warmuths Rede war auch die des zweiten Verteidigers Dr. Bandorf aufgebaut. Er bekannte sich als Kriegskamerad Mayers und gestand, daß er religiös mit P. Mayer nicht einiggehe. Er erinnerte an seine Kriegs- und Nachkriegserlebnisse und bestritt dem Gericht das Recht, das Heimtückegesetz auf das Verhalten Mayers anzuwenden. Er sagte: »Ich möchte Sie wirklich bitten, aus dieser richtigen und allgemeinen Erwägung heraus, das Heimtückegesetz nicht anzuwenden, denn der Mann hat in breitester Öffentlichkeit, wissend, daß er von der Gestapo kontrolliert wird, die Äußerung gemacht, von deren innerer Wahrhaftigkeit er so überzeugt war, daß er überhaupt nicht auf den Gedanken kom-

---

39 Gemeint ist die Regierungserklärung vom 23. 3. 1933 mit der Aussage vom »positiven Christentum«.
40 ML 349.

Verfahren der Justiz 239

men konnte, man zeihe ihn in einem Satz der Unwahrheit... Ich darf Sie bitten, dieses Gesetz zu vermeiden. Dann komme ich gleich zu dem Strafmaß, das dem vorliegenden Falle gerecht wird. Für § 2 des Heimtückegesetzes steht in Frage nur Gefängnis, im vorliegenden Fall, wo ein Mann, ich muß noch einmal das wundervolle Wort des Herrn Staatsanwaltes anführen, aus einer glühenden, inneren Religiosität heraus seine Äußerungen getan hat, ist das gegeben, daß man diese innerste Überzeugung nicht mit Gefängnis, sondern mit der Ehrenhaft der Festung bestraft.«[41]

Er hob dann vor allem das soziale Engagement Mayers in der Nachkriegszeit heraus und unterstrich, daß Mayer immer offen geredet habe: »Wer so offen, ehrlich, wahrheitsfanatisch und wahrheitsliebend auch das bekennt, was gegen ihn wirkt und spricht, dem darf man in einem solchen Moment vertrauen und sagen: Ich, Richter, unterstelle bei der Beurteilung deiner Handlungen und Äußerungen und Predigten das, was du mir bekennst, dann fällt der § 2 des Ges.v. 20. 12. 34 (Heimtückegesetz) absolut weg. Ich komme zum Schluß. Wenn Sie diesen Mann, den der Herr Staatsanwalt in einer vornehmen, objektiven Weise anerkennt und bestätigt und den jeder als wahrheitsliebend anerkennen muß und der aus innerster Überzeugung heraus nur das predigt – in vielleicht zu scharfer Form –, was er für absolut wahr hält, verurteilen, dann kann man noch nach dem § 130 a ihm die Strafe geben, die man dem ehrlichen Gegner, der mir ehrlich mit seiner Überzeugung, aber auch Tatkraft entgegentritt, zubilligt: Ehrenhaft. Sie als Vertreter des Dritten Reiches, unsers Staates, der die Ehre des Einzelnen ganz besonders hoch stellt, der seine Weltanschauung ganz besonders auf die Ehre des Mannes, auf die Tapferkeit, auf die Gesinnung aufbauen will, dürfen einem solchen Manne diese Ehrenhaft geben. Ich bitte Sie daher, wenn sie dem Antrag des Herrn Justizrates stattgeben, um Freisprechung!«[42]

Schließlich wies Dr. Bandorf noch einmal darauf hin, wie viele Tausende aus den Predigten Mayers Kraft gefunden hätten, wie

---

41 ML 354.
42 ML 357–358.

viele in der Zeit der Inflation bei diesem stillen Mann Zuflucht gefunden hätten. Viele Millionen Reichs-Mark seien durch seine Hände gegangen. Dieser Mann habe Tausenden seelisch geholfen ohne jede Rücksicht auf die Konfession. Er schloß: »Gibt es etwas Schöneres, etwas Edleres, daß die deutsche Seele dankbar ist, daß sie dem Manne, der so viel geholfen hat, innerliche Dankbarkeit, treue Dankbarkeit entgegenbringt. Ich plädiere auf Freispruch!«[43]

Noch am Abend des 22. 7. besuchten P. Provinzial Rösch und Justizrat Warmuth den Kardinal und berichteten ihm über den Verlauf des Prozesses gegen P. Mayer, wie eine kurze Notiz im Tagebuch des Kardinals belegt.[44]

Als am 23. 7. P. Mayer zur Urteilsverkündung in den Gerichtssaal geführt wurde, erhoben sich alle Leute. Auch die Gestapoleute mußten sich erheben, um nicht aufzufallen. Dann wurde das Urteil des Sondergerichts im Prozeß gegen Rupert Mayer verkündet: »Mayer Rupert wird wegen eines fortgesetzten Vergehens gegen § 130a in Tateinheit, eines fortgesetzten Vergehens gegen §2 des Heimtückegesetzes, zur Gefängnisstrafe von 6 Monaten unter Anrechnung der 6wöchentlichen Untersuchungshaft verurteilt. Der Haftbefehl wird aufgehoben, weil ein gesetzlicher Haftgrund nicht besteht.«[45]

Die Urteilsbegründung griff auf die zehn Predigten zurück, die P. Mayer über die Gemeinschaftsschule, die Berichterstattung über die Strafverfahren gegen katholische Geistliche und Ordensleute sowie über das nationalsozialistische Schrifttum gehalten hatte. Kernpunkt der Argumentation des Gerichtes war: »Das Schul- und Pressewesen einschließlich des nationalsozialistischen Schrifttums sind nach Auffassung des Gerichts zweifellos und eindeutig Angelegenheiten des Staates. Der Angeklagte hat sich aber in den Predigten in einer Weise damit befaßt, die geeignet ist, den öffentlichen Frieden zu gefährden. Namentlich durch Worturteile, die nicht anders als verallgemeinernd bezeichnet werden müssen, durch Wortlaute, die z. Teil aufhetzerischer Art sind, mußte der

---

43 ML 359–360.
44 Freundliche Information durch Prälat Johannes Waxenberger im Brief vom 7. 6. 1991.
45 ML 360.

Eindruck bei den Zuhörern erweckt werden, bei einzelnen oder einem größeren Teil, als herrsche im heutigen Deutschen Reich Unordnung. Solche Ausführungen mußten das Gefühl einer Beunruhigung hervorrufen, und zwar dahin, daß die der Bevölkerung durch die Rechtsordnung garantierten Interessen nicht mehr geschützt seien. Solche Ausführungen sind geeignet, das Vertrauen zum Staat, zur Staatsordnung und namentlich zur Staatsführung in schwerster Weise zu untergraben. Es mußte der Eindruck erweckt werden, als würde ein Gegensatz zwischen Anhängern und Gegnern der Regierung bestehen. Solche Predigten sind nicht mehr allein eine Verkündigung des Wortes Gottes, sondern das ist eine Verletzung der staatlichen Obrigkeit und ihrer Belange.«[46]

Dann wurde festgestellt, Mayer habe sich nie über die Klosterprozesse empört, habe aber durch seine Predigten der Form nach den Frieden gefährdet und sich auch gegen das Heimtückegesetz verfehlt. Bewußt und öffentlich habe er das Vertrauen zur politischen Führung und ihrer Gerechtigkeit zu untergraben riskiert. Der Angeklagte habe bei allen seinen Predigten vorsätzlich in Richtung § 130a gehandelt. Seine Äußerungen hätten auch hier den öffentlichen Frieden gefährdet. Diese Anklage wurde dann noch im einzelnen auf die drei bekannten Themen hin entfaltet, mit dem Schluß: P. Mayer sei zwar ein außerordentlich volkstümlicher Prediger, er zähle zu den Tapfersten unter den Tapferen, er sei ein Priester von echter und tiefer Religiosität, ein stets hilfsbereiter Mensch und habe allen Menschen geholfen, die ihn in seelischer und materieller Not um Hilfe gebeten hätten; er habe sich auch in der Verhandlung als ganzer Mann und als einsichtig gezeigt. Dennoch: »Er mußte bestraft werden, trotz seiner Verdienste als Persönlichkeit, die nur beim Strafausmaß in Betracht gezogen werden konnte. Es war nicht leicht, das zu tun bei dieser Persönlichkeit des Angeklagten... Wer ein Haus in Brand steckt, muß wegen Brandstiftung verurteilt werden, auch wenn er früher einmal selbst hervorragend mitgeholfen hat, einen Brand im gleichen Haus zu löschen. Ein Staat, der sich behaupten will, muß jeden Angriff auf seine Autorität deutlich zurückweisen, um so

---

46 ML 361.

deutlicher, wenn die Nation damit gegenüber dem Ausland bloßgestellt werden kann, oder gar, was ich nicht behaupten will, bloßgestellt werden soll. Er hat erklärt, daß er seiner Kirche die Treue halten wolle, damit muß aber die Treue gegen den Staat verbunden sein, der diese Kirche stützt...«[47]

Trotz strafmildernder Gründe – Mayers Einsatz an der Front, sein unbescholtenes Leben – habe das Gericht so entscheiden müssen: »Es war zu berücksichtigen, daß er noch nicht vorbestraft ist, er war im Felde als wirklicher und tüchtiger Frontkämpfer und hat gegen den Bolschewismus furchtlos gekämpft und hat sich in der Hauptverhandlung als ein aufrichtiger Mensch gezeigt. Hingegen war zu berücksichtigen, daß der Angeklagte in aller Anerkennung seiner tiefen religiösen Einstellung ebenso hartnäckig immer wieder Angriffe unternommen hat, die mehr oder weniger scharf waren. Die ihm zweifellos bekannte große Einflußmöglichkeit gegenüber seinen Zuhörern und der Umstand, daß er bei seiner tiefen Bildung die Grenzen wissen mußte, die seinen Äußerungen gezogen sind. Dabei ist der Angeklagte von einer selten tiefen Bildung – einer Bildung des Herzens und des Geistes, die sich ja auch schon in seinen Gesichtszügen ausprägt – und gerade deshalb mußte er erkennen können, was andere schon erkennen müssen. Der Angeklagte wurde schon einmal verwarnt, weil er sich in abfälliger Weise geäußert hatte... Dem Angeklagten waren die Kosten des Verfahrens aufzuerlegen.«[48]

Am Ende stand noch die Frage, ob der Haftbefehl aufgehoben werden solle. Das Gericht hatte entschieden, der Haftbefehl müsse aufgehoben werden. Gegen das Urteil des Sondergerichts gebe es keine Revision und keine Appellation an das Reichsgericht. Der Richter drückte noch seine Hoffnung aus, daß der Angeklagte, »der durch die Aufhebung des Haftbefehls zunächst seine Freiheit wiedererlangt«, das Gericht nicht damit belaste, daß man ihm zum Vorwurf mache, der halte sein Versprechen doch nicht: »Ich habe diese Befürchtung nicht. Der Eindruck, den ich von dem Angeklagten gewonnen habe, ist der, daß er zu diesem Wort auch steht, und ich bitte den Angeklagten auch bei seinen geistlichen

---

47 ML 364–365.
48 ML 365.

Verfahren der Justiz 243

Amtsbrüdern hinzuwirken, daß sich eine Wiederholung derartiger Prozesse erübrigt.«[49]

Endlich fragte der Vorsitzende P. Mayer: »Nun, Pater Mayer, haben Sie noch etwas zu sagen?« P. Mayer antwortete: »Ich bin mit dem Urteil sehr zufrieden. Ich danke den Herren für die Mühe und Arbeit, die sie mit mir gehabt haben.«[50]

Damit war der Prozeß gegen P. Mayer beendet. Mayer wurde weggeführt und am Nachmittag um 17.00 Uhr aus der Haftanstalt Stadelheim entlassen. Diese Entlassung war aber sicher nur möglich, weil Provinzial Rösch – gewiß in Absprache mit Justizrat Dr. Warmuth – am 22. 7. bereits folgende Erklärung bei der Gestapo abgegeben hatte: »Als Provinzial des Pater Rupert Mayer erkläre ich folgendes: Im Falle der Aufhebung des Haftbefehls gegen Pater Rupert Mayer verpflichte ich mich:

1. Pater Rupert Mayer wird zunächst und zwar bis etwa Mitte September 1937 in die Ferien gehen.
2. Heute abend wird er München verlassen, sich nach Rottmannshöhe begeben, von dort morgen in der Frühe unauffällig nach Lindenberg im Bayer. Allgäu fahren.
3. Während der Zeit der Ferien wird er nicht ohne vorherige Erlaubnis der Gestapo München (z. B. im Falle einer notwendigen Konsultation des Arztes) nach München kommen.
4. Während der Ferien wird Pater Rupert Mayer nicht predigen.«[51]

Am Abend des 23. 7. notierte Kardinal Faulhaber in sein Tagebuch: »Urteil P.R.M«. Der Kardinal nahm also am Schicksal seines Männerseelsorgers regsten Anteil.[52]

Wie Ludwig Volk aufwies, konnte ein Staat, der die staatliche Rechtsautonomie verabsolutierte, nicht tolerieren, daß selbst ein

---

49 ML 366. Dabei zeigte Wölzl Mut; denn in der Nacht vor Prozeßbeginn hatte ihn der Gauleiter Adolf Wagner heimlich besucht und ihn bestimmt, den Haftbefehl nicht aufzuheben und eine mehrjährige Gefängnisstrafe zu verhängen. Vgl. Gritschneder, Ich predige weiter, 203.
50 ML 366.
51 RMA 6.4.5. Diese Erklärung wollte die Aufhebung des Haftbefehls erreichen und zugleich eine von der Gestapo erzwungene »Schutzhaft« vermeiden; sie konnte gewiß auch als Kurs des Einlenkens, des Kompromisses und weiterer Zugeständnisse mißdeutet werden.
52 Freundliche Mitteilung von Prälat J. Waxenberger im Brief vom 7. 6. 1991.

»Heldenpater« kirchenfeindliche Maßnahmen aufdeckte und bloßstellte und auch ein anderes Recht als das staatliche aufwies. Das Argument der »religiösen Notwehr« verschwand »im Nebel der Unerheblichkeit«.[53] »Gegen den ihm bekannten Willen des Staates verstoßen«[54] zu haben, war in den Augen des Gerichts letztlich das eigentlich strafwürdige Vergehen P. Mayers. Bereits damals deutete sich eine Rechtsauslegung an, die Jahre später die Justiz unter dem Präsidenten Dr. Roland Freisler zum Mordgehilfen eines rechtlosen Staats degradierte.

PRESSEECHO

Das Echo auf den Prozeß gegen P. Rupert Mayer war in der Münchner Presse durchwegs sachlich und zurückhaltend. Zunächst wurde der Verlauf des Prozesses dargestellt, dann das Urteil mit seiner Begründung vorgetragen. Je nach politischer Ausrichtung folgte danach ein Kommentar. So stellten die »Münchner Neusten Nachrichten« vom 24. Juli 1937 fest: »Wenn er einmal bemerkte, daß ein ›Märtyrertum‹ wirkungsvoller sei als tausend Vorträge, die er halten könne, so wird ihn die Verhandlung darüber belehrt haben, daß aus diesem Prozeß kein Märtyrer hervorgehen konnte.« Oder: »Wenn er endlich religiöse Notwehr für sich in Anspruch nahm, so blieb zu erwidern, daß sie ihn andere Wege als die des Kanzelmißbrauchs hätten führen müssen.« Der Beitrag wurde geschlossen mit der Erwartung, »daß eine hervorragende seelsorgliche Kraft sich ganz in den Dienst der Volksgemeinschaft, und zwar im Sinne des Zusammenhaltes wie Stahl und Eisen stellt«. Selbst der »Völkische Beobachter« vom 24. 7. 1937 bemühte sich um eine korrekte Darstellung des Gerichtsverlaufs, sieht man von dem Ausdruck »fortgesetzt öffentliche hetzerische Äußerungen über leitende Persönlichkeiten des Staates und deren Anordnungen« ab.

Mit den Beiträgen in den Münchner Tageszeitungen war sozu-

---

53 Volk, Kirche, 299.
54 Gritschneder, Die Akten des Sondergerichts, 189.

sagen ein Muster für alle jene Berichte vorgegeben, wie sie im »Burgstädter Anzeiger und Tagblatt« vom 24. 7. 1937, im »Westfälischen Kurier« vom 24. 7. 1937, in den »Bremer Nachrichten« vom 24. 7. 1937 und im »Oberschlesischen Wanderer« vom 25. 7. und anderswo enthalten waren. Letzterer setzte mit dem Untertitel »Politische Brunnenvergiftung von der Kanzel herab« einen besonders scharfen Akzent. Alle diese Texte wurden von der Münchner Justizpressestelle[55] gesammelt und verwahrt.

Von eigener Qualität waren die Berichte in ausländischen Zeitungen. So schrieb »The Times« am 24. 7., daß der Prozeß einer »äußersten Geheimhaltung« unterlag: »Nach dem Gesetz hätte der Prozeß öffentlich stattfinden sollen, aber durch Methoden, die eher trickreich als genial waren, wurden die Vertreter der ausländischen Presse während der meisten Zeit ausgeschlossen.« Mit dieser Bemerkung spielte die englische Reporterin auf Schwierigkeiten an, die sie bei der Zulassung zum Gerichtssaal hatte. »Le temps« kam am 25. 7. unter der Überschrift »Verurteilung eines katholischen Priesters« auf den »berühmten bayerischen Prediger P. Rupert Mayer« zu sprechen.[56] Es wird dort angemerkt, daß Kardinal Faulhaber gegen die Verhaftung P. Mayers von der Kanzel aus protestiert habe. Im Vergleich mit der kirchenpolitischen Bedeutsamkeit des Prozesses war das Echo auf das Urteil gegen P. Mayer eher dürftig. Es ist nicht ausgeschlossen, daß sich auf diese Weise bereits eine gelenkte Pressepolitik auswirkte.

Einen etwas anderen Überblick gab allerdings der Monatsbericht für Juli des Polizeipräsidiums München vom 7. 8. 1937. Dort war zu lesen: »Gegen den am 6. 6. 1937 verhafteten Jesuitenpater Rupert Mayer fand am 22. und 23. Juli 1937 die Verhandlung vor dem Sondergericht München wegen Kanzelmißbrauch statt. Während der Verhandlung wurde mehrfach von Angehörigen katholischer Vereine versucht, Unruhe im Saal hervorzurufen. Durch Entfernung dieser Personen konnte die Störung ohne weiteres beseitigt werden. Die abendlichen Betstunden für den Ver-

---

55 StAM, Stanw. 9115/1.
56 Wölzl wies später darauf hin, daß ein Saaldiener wohl übereifrig die Dame von »The Times« zurückgehalten habe, er selbst sich aber für deren Zulassung eingesetzt habe, da der Prozeß öffentlich war.

hafteten in der Michaelskirche wurden weiter durchgeführt. Bei der Gebetsfeier am 22. 7. 1937 war die Michaelskirche sehr stark besucht. Der Gottesdienst beschränkte sich auf ein halbstündiges Gebet; irgendwelche Ordnungstörungen erfolgten weder in noch außerhalb der Kirche. Hatte das Ordinariat bei der Verhaftung des Paters noch damit zu drohen versucht, daß die Katholiken Münchens die Maßnahmen gegen Mayer nicht ruhig hinnehmen würden, so zeigte die Art der Verteidigung in der Verhandlung, daß Mayer selbst zu der Einsicht seiner Schuld gekommen sein mußte. Es sollten durch Hervorhebung seiner früheren Verdienste im Krieg und im Kampf gegen den Marxismus seine Vergehen abgeschwächt werden. Die Verurteilung (6 Monate Gefängnis und Anrechnung von 6 Wochen Untersuchungshaft) wurde in München durchaus ruhig aufgenommen. Wie bekannt wurde, soll auch das Ordinariat den Pater fallen lassen und ihn von München wegversetzen. Pater Rupert Mayer wurde sogleich nach der Urteilsverkündung in eine auswärtige kirchliche Anstalt verbracht, da das Gericht nicht Haftfortdauer anordnete. Das energische Vorgehen gegen den Hetzer hat zweifelsohne reinigend gewirkt, so daß mit einer gewissen Entspannung im Verhältnis zwischen Staat und katholischer Kirche gerechnet werden kann. Über die Gerichtsverhandlung wurde in den Tageszeitungen ziemlich ausführlich, aber sehr sachlich berichtet, wobei die Münchner-Neuesten-Nachrichten die Urteilsbegründung ausführlicher brachten. Die Münchner Katholische Kirchenzeitung berichtete nur über die Tatsache der Anklage und Verurteilung und fügte an, daß Mayer sich bis zum Antritt der Strafverbüßung in Freiheit befindet.«[57]

EIN ECHO VON WEIT HER

In zwei ganz unterschiedlichen Stimmen antinationalsozialistischer Herkunft schlug sich der aufsehenerregende Prozeß ebenso nieder. Es handelte sich um »Der deutsche Weg« und um die Deutschlandberichte der Sozialdemokratischen Partei Deutsch-

---

[57] Bayr. HStA. MA 106 689.

lands (SOPADE). In »Der deutsche Weg«[58] wurde regelmäßig über P. Mayer, über seinen Kampf und sein Schicksal berichtet, zuweilen in einen Kontext mit Adolf Hitler gebracht. So wurde am 20. 6. 1937 im Bericht über die Verhaftung Mayers geschrieben: »Nun hat diesen unerschrockenen Apostel die Gewalt erreicht. Durch ganz München geht jetzt die Frage: ›Was wird Reichskanzler Hitler dazu sagen?‹«[59] Den gleichen Tenor hatte auch die Überschrift des Berichts über das Urteil des Sondergerichts: »Der Kampfgenosse Hitlers: 6 Monate Gefängnis«[60].

Worauf diese Anspielungen im einzelnen zielen, ist nicht mehr festzustellen. Die später von Friedrich Muckermann SJ, der gewiß diese Texte schrieb, mitgeteilten Informationen[61] gehören eher in das Reich der Legenden als der Tatsachen und erklären insoweit nichts.

Im Bericht der SOPADE vom August 1937, der sich in manchen Details ebenfalls durch Legenden auszeichnet, lautet der Schluß: »Inzwischen hat die Verhandlung gegen ihn stattgefunden. Seine schwache Verteidigung vor Gericht hat die Münchner Katholiken schwer enttäuscht. Viele schreiben seine Haltung der obrigkeitlichen Anweisung zu, alles zu vermeiden, was die Sache weitertreiben könnte«[62]. Da erhebt sich jedoch die Frage: Wer sind »die Münchner Katholiken« und welche »Obrigkeit« hat hier Anweisungen gegeben? Kardinal Faulhaber? Provinzial Rösch? Aufgrund der vorliegenden Tatsachen läßt sich dieser Verdacht nicht begründen. Die Aussage selbst beweist allerdings, daß

---

58 »Der deutsche Weg« wurde seit 1934 von Friedrich Muckermann SJ (1883–1946) als Informationsblatt über den Zustand des von den Nationalsozialisten unterdrückten Deutschlands (bis 1934 in Oldenzaal, ab 1935 in Rom) herausgegeben. P. Muckermann kannte P. Mayer persönlich und hatte auch sonst gute Kontakte nach München.
59 Der deutsche Weg vom 20. 6. 1937, S. 2.
60 Der deutsche Weg vom 1. 8. 1937, S. 2.
61 Vielleicht beruhen sie auf der Einschätzung Muckermanns, Mayer habe des öfteren mit Hitler – zwar ohne Erfolg – gesprochen. Vgl. Muckermann, Im Kampf zwischen zwei Epochen, 582.
62 Deutschlandberichte der Sozialdemokratischen Partei Deutschlands (SOPADE) 1934–1946. IV. 1172. Es wird von einem »P. Meier« gesprochen. Ferner wird berichtet, P. Mayer sei kurz vor einer Predigt im vollen Ornat von der Gestapo verhaftet worden. Dies entspricht nicht den Tatsachen, sondern eher dem Wunschdenken von Exilanten.

die Informanten aus der Sozialdemokratie doch in einem recht losen Kontakt zur katholischen Kirche standen und vermutlich Nachrichten aus dritter Hand weitersagten.

AKTIVITÄTEN NACH DEM PROZESS

Am 2. August 1937 sandte Justizrat Dr. Warmuth die Abschrift des Urteils des Sondergerichts München vom 23. Juli 1937 an P. Provinzial Rösch. Er bemerkte dazu in seinem Brief: »Ich kann unmöglich die Berechtigung dieser Urteilsbegründung anerkennen. Ich bin unglücklich darüber, daß es keine Möglichkeit gibt, gegen eine solche Urteilsbegründung anzukämpfen.«[63] Bekanntlich gab es bei Urteilen eines Sondergerichts keine Revision. Seit dem 11. August 1937 lag eine »vollstreckbare Ausfertigung« des Urteils gegen P. Mayer vor. Auf dem entsprechenden Dokument des Sondergerichts war vermerkt: »Die 3 Beilagenbände mit Bl 65–81 wurden vom Herrn Vorsitzenden zurückbehalten.«[64]

P. Mayer verbrachte die Zeit nach dem Urteil des Sondergerichts – wie es P. Provinzial Rösch der Gestapo zugesagt hatte – im Exerzitienhaus der Jesuiten auf der Rottmannshöhe am Starnberger See. Briefen an die Mutter läßt sich entnehmen, wie sich P. Mayer dort fühlte. Am 3. 8. schrieb er: »Ich bin ja hier sehr gut aufgehoben. Das Exerzitienhaus tut viel mehr, als mir lieb ist.« Am 4. 9.: »Am 15. 9. geht die Schonzeit zu Ende. Und ich bin herzlich froh. Wie es dann weiter gehen wird, ist noch nicht ganz klar. Es wird sich wohl in den nächsten Tagen entscheiden. Jedenfalls habe ich mich gut erholt. Es mag kommen, was da will...« Am 15. 9. schrieb er bereits aus München: »Eine Entscheidung ist noch nicht gefallen aus äußeren Gründen ... Mein Wiedererscheinen in München hat viel Freude ausgelöst. – Ein Fräulein hat meinen 7 Wochen lang geschmückten Beichtstuhl photographiert und zwar für Dich...«

Kaum war P. Mayer aus München abgereist, stellte am 10. Au-

---

63 RMA 6.4.4.
64 Die Beilagen wurden später wieder zu den Sondergerichtsakten gegeben.

gust 1937 sein Verteidiger Dr. Bandorf an die Staatsanwaltschaft beim Landgericht München I ein Gesuch um »bedingten Straferlaß«, eventuell auch das Ersuchen, die Gefängnisstrafe auf dem Wege der Begnadigung in eine Festungsstrafe umzuwandeln. Am 21. 8. 37 bewilligte der stellvertretende Vorsitzende des Sondergerichts Wölzl »für diesen Ausnahmefall die ausnahmsweise Bewilligung der Strafaussetzung«. Zur gleichen Entscheidung kam der Oberstaatsanwalt Resch am 2. 9. 1937 in seinem Schreiben an den Reichsminister der Justiz. In diese bereits mit dem Reichsministerium abgesprochene Sache platzte sozusagen am 1. Oktober 1937 ein Schreiben von P. Mayer mit folgendem Inhalt: »Ich bin durch das Urteil des Sondergerichtes vom 23. Juli 1937 zu einer Gefängnisstrafe von 6 Monaten verurteilt worden. Ich habe erst neulich erfahren, daß Herr Dr. Bandorf ein Begnadigungsgesuch eingereicht hat. Zur Vermeidung von Mißverständnissen erlaube ich mir die Mitteilung, daß das Begnadigungsgesuch ohne mein Wissen eingereicht wurde. Wie mir Herr Dr. Bandorf in einem persönlichen Schreiben mitteilt, hat er das Gesuch nur in seiner Eigenschaft als ehemaliger Kriegskamerad gemacht.«[65]

Damit war nun eine große Konfusion entstanden. Hatte Dr. Bandorf P. Mayer in einem Gespräch mißverstanden? Hatte er ohne dessen Vollmacht gehandelt? Es ergab sich ein langer und höchst diffiziler Briefwechsel, bis dann am 10. Januar 1938 das Reichsministerium der Justiz folgendes telefonisch nach München mitteilte:

»I. Staatsanwalt Dr. Kühn[66] im Reichsjustizministerium rief soeben (12.15 Uhr) fernmündlich an und teilte mit, daß das Gnadengesuch für Pater Rupert Mayer mit Rücksicht auf die Übertretung des Redeverbots abgelehnt worden sei; die schriftliche Mitteilung werde noch zugehen; inzwischen solle die Strafverfolgung mit größtmöglicher Beschleunigung eingeleitet werden; nach einer dem Reichsjustizministerium vorliegenden Mitteilung der Geheimen Staatspolizei entspreche dies auch deren Interesse.«

Zu diesem Zeitpunkt hatte P. Mayer bereits seine Haft in Landsberg angetreten. Deshalb wurde dem Vorstand des Strafge-

---

65 Ganzer Vorgang in: StAM, Stanw. 9115/2.
66 Dr. Kühn, Oberregierungsrat im Reichsjustizministerium.

fängnisses in Landsberg am 18. Januar 1938 die Entscheidung des Reichsministers der Justiz mitgeteilt. Schon am 6. 1. 1938 hatte man P. Mayer verhaftet und damit genau den Wünschen des Reichsministers für Justiz und der Gestapo nach »Beschleunigung« entsprochen.

Da nun P. Mayer in der Öffentlichkeit nicht mehr seine kritische Position einnehmen konnte, wollte er doch wenigstens an entscheidender Stelle auch nach der Heimkehr von seinem »Sonderurlaub« am Starnberger See seine Meinung kundtun. So sprach er am 6. 10. 1937 beim Staatssekretär des Reichsstatthalters Franz Ritter von Epp, Hofmann, vor und führte bewegliche (!) Klage darüber, daß auf der ganzen Linie die christliche Weltanschauung angegriffen und in die einzelnen Familien und das ganze Volk ein großer Zwiespalt hineingetragen werde: Frauen gegen ihre Männer und Kinder gegen die Eltern und umgekehrt. Das praktische Ergebnis des sog. Weltanschauungskampfes sei, daß dem Volk der religiöse Glaube erschüttert würde und damit letzten Endes großer Schaden erwüchse. Auf den Einwand des Staatssekretärs hin, daß der Staat nicht gegen das Christentum eingestellt sei, es wohl Entgleisungen gäbe, die aber eher einem gewissen »laisser aller« entsprächen, wies P. Mayer auf Äußerungen in SA- und SS-Zeitungen hin.

Als Hofmann einräumte, diese seien keine amtlichen Organe, er gäbe aber einen gewissen Geisteskampf zu, den die Konfessionen selbst führen müßten, und daß diese auch durch ihre Verpolitisierung sich um allen Einfluß gebracht hätten, betonte Mayer immer wieder die schweren Folgen, die letzten Endes damit für das Gesamtvolk durch diesen Kampf entstünden. Abschließend stellte Hofmann fest: Mayer habe ihm nichts Neues gesagt; natürlich sei auch die Religion an der Existenz und dem Lebenskampf eines Volkes interessiert. Aber auch die Geistlichen müßten eben in erster Linie Deutsche in allen Lebensfragen des Volkes sein.[67]

Mayers Vorsprache beim Adjutanten des Reichsstatthalters hatte gewiß den Sinn, sich gleichsam an jener Stelle zurückzumelden, der er eine kritische Einstellung zur Partei zumindest unterstellte. Auf keinen Fall wollte er tatenlos alle Entwicklungen weltanschaulicher Art in diesen Monaten hinnehmen.

---

67 Bayr. HStA, Reichsstatthalter 812 (= ML 446–448).

DER VATIKAN SETZT SICH FÜR P. MAYER EIN

Während sich dies in München ereignete – und dies weithin ohne jede Aussicht auf eine Änderung der gespannten Verhältnisse –, knüpfte Kardinal Faulhaber Kontakt zum Kardinalstaatssekretär Pacelli[68] in Rom, der – nach präziser Information durch den Kardinal am 5. 10. 1937[69] und aufgrund dessen Bitte um Intervention – am 16. 11. 1937 eine Protestnote an den deutschen Botschafter Bergen[70] in Rom richtete. In diesem Text griff der Kardinalstaatssekretär ausdrücklich auf den Fall Rupert Mayer zurück, stellte diesen ausführlich dar und schloß mit der entschiedenen Bitte: »Angesichts dieser Sachlage und im Hinblick auf die Tatsache, daß Predigtverbote dieser Art mit der Vorschrift des Schlußprotokolls zu Art. 32 des Reichskonkordats unvereinbar sind und eine geordnete Seelsorge unmöglich machen, nimmt der Heilige Stuhl Veranlassung, die Aufmerksamkeit der deutschen Regierung hierauf zu lenken und um Abstellung zu ersuchen.«[71]

Bergen leitete diesen Protest am 27. 11. an das Auswärtige Amt in Berlin weiter. Dieses gab den Text zur Information an das Innenministerium, das Reichsjustizministerium und an die Gestapo weiter, bat allerdings das Reichskirchenministerium um eine Stellungnahme. Die schon vorbereitete Antwort des Reichskirchenministeriums vom 8. 12. 1937 hatte folgenden Tenor: Wenn Maßregelungen wegen Kanzelmißbrauchs erfolgt sind, dann waren sie notwendig wegen der Form, in der die Redner ihre politischen Überzeugungen vor das Volk brachten. Dies zumal deshalb, da man nach den Erfahrungen der letzten Jahre in die kirchlichen Oberbehörden nicht das Vertrauen setzen kann, »daß diese von sich aus hemmungslosen Predigern Einhalt tun«. Im übrigen »bleiben auch diejenigen Deutschen, die mit der Priesterweihe qualifizierte Diener der Kirche geworden sind, deutsche Staatsbürger mit allen ihren Pflichten gegenüber Staat und Volks-

---

68 Eugenio Pacelli (1876–1958), 1917 Nuntius in Bayern, 1920–1929 Nuntius in Berlin, 1930 Kardinalstaatssekretär, 1939 Papst Pius XII.
69 Volk, Faulhaber II, 4040.
70 Diego von Bergen (1872–1944), 1919 Preußischer Gesandter, 1920–1932 Deutscher Botschafter beim Hl. Stuhl.
71 Bundesarchiv Potsdam RKM 21678.

gemeinschaft«. »Werden diese Pflichten verletzt, so haben die Justiz-, Polizei- und sonstigen Staatsbehörden selbstverständlich die Pflicht zum Handeln; auch ein Konkordat kann die Gleichheit aller Bürger vor dem Gesetz nicht aufheben oder schmälern. Insofern muß der Einspruch des Hl. Stuhles vom 16. XI. 37 als Einmischung in innerstaatliche Angelegenheiten gekennzeichnet und zurückgewiesen werden.«[72] Auch dieser Text ging als Abschrift an die zu Beginn genannten Stellen. Der Entwurf dieses Textes wurde nicht weiterbearbeitet und auch nicht abgesandt.[73] Damit war dieser Einsatz Faulhabers, über den Vatikan etwas im Grundsätzlichen zu bewegen, zumindest in seiner konkreten Wirkung ins Leere gelaufen. Gewiß hatte man in Berlin bemerkt, daß Rom sozusagen nicht allzuweit von München lag. P. Mayer wird von diesen diplomatischen Aktivitäten seinetwegen sicher nichts gewußt haben. Kardinal Faulhaber[74] bedankte sich schließlich in einem Schreiben vom 27. 12. 1937 bei Kardinalstaatssekretär Pacelli für die Protestnote Mayers wegen. Im gleichen Brief teilte er mit, daß Mayer am 2. Weihnachtsfeiertag in St. Michael gepredigt habe, »ohne daß in den 24 Stunden nachher ein Nachspiel erfolgte«. Doch der Kardinal hatte sich zu früh gefreut.

---

72 Bundesarchiv Potsdam RKM 21678.
73 Albrecht (Hrg.), Der Notenwechsel zwischen dem Heiligen Stuhl und der Deutschen Reichsregierung II., 63. Anm. 4.
74 Volk, Akten Faulhaber II, 462. Die weiteren Aktivitäten in dieser Frage begrüßte Pacelli in einem Schreiben vom 4. 2. 1938. Darin sicherte er dem Kardinal in München die »Zustimmung des Hl. Stuhles und seine nachdrückliche Unterstützung« zu (EAM 1201).

Exkurs:

»POLITISCHER KATHOLIZISMUS« UND DER PROZESS VOR DEM SONDERGERICHT MÜNCHEN

Da nach der Machtergreifung der nationalsozialistische Staat mit neuen revolutionären Zielen und Methoden errichtet werden sollte, war jeder Einfluß von »Fremdem« unerwünscht. Eine entschiedene Abwehr solcher Einflußnahme stellte bereits das Reichskonkordat vom 20. Juli 1933 dar, das in seinem Artikel 20 jede politische Betätigung von Geistlichen ausgeschlossen hatte. Damit war der Wirksamkeit von »politischen Prälaten« oder politisierenden Geistlichen, zumal in Dörfern und Kleinstädten, ein Riegel vorgeschoben. Wie sich im Lauf der ersten Jahre herausstellte, reichte diese Regelung nicht aus, um alle wirklichen oder vermeintlichen Angriffe gegen den neuen Staat abzuwehren.

In der erfolgreichen Abwehr trafen sich dann zwei Entwicklungen: einmal die Wirksamkeit der bestehenden »Sondergerichtsbarkeit« und zum anderen die gegen den »politischen Katholizismus« gerichteten Attacken, die seit Hermann Görings Runderlaß »Zur Bekämpfung des politischen Katholizismus« vom 16. Juli 1935[75] immer deutlichere Formen annahmen. Am Ende ergab sich eine Zusammenarbeit zwischen Justiz und Partei, im Schatten der mächtigen Gestapo.

»Politischer Katholizismus«

Eigentlich war dieser Begriff im Kontext der Organisation der Katholiken in katholischen Parteien entstanden, also Zentrum und Bayrische Volkspartei (BVP), die beide in ihrem gesellschaftlichen Einfluß von der kommunalen Ebene bis zum Reichsparlament in

---

75 Blumenberg-Ebel, Sondergerichtsbarkeit, 199–203; Schorn, Richter im Dritten Reich, 110–115; Wagner, Volksgerichtshof, 77–78, 283–284, 418–428, 856 ff.

Berlin nicht zu unterschätzen waren. Dazu traten die katholischen Verbände, vor allem der »Volksverein für das Katholische Deutschland«, die die Ansichten und Forderungen des katholischen Bevölkerungsteils unüberhörbar zur Sprache brachten. In diesem Engagement flossen sowohl die Erfahrungen aus der Zeit des Kulturkampfes wie das Selbstverständnis einer konfessionellen Minderheit zusammen. Dabei mag der Geist der »Katholischen Aktion« zusätzlich eingewirkt haben.[76] Seit der Machtergreifung jedoch waren weder die Parteien vorhanden noch war der Wirkungskreis der Verbände groß; sie waren entweder verboten, eingeschränkt oder eingeschüchtert. Infolgedessen entbehrte der Begriff »Politischer Katholizismus« jedes präzisen Inhalts; er war nur eine Agitationsformel zur Rechtfertigung der Übergriffe des Staates auf die Kirche.[77]

Kardinalstaatssekretär Eugenio Pacelli hatte – in Reaktion auf Görings Runderlaß – in seiner Note vom 26. Juli 1935 an die deutsche Botschaft beim Heiligen Stuhl einiges klargestellt: Er bezeichnete den Terminus als »bequemes Schlagwort« und eine »Zweckthese«, die davon ablenken solle, daß nicht die gläubigen Katholiken in das Rechtsgebiet des Staats übergriffen, sondern daß der weltanschauliche Totalitätsanspruch des Staates auf eine für den Christen unerträgliche Verneinung der Absolutheit der religiösen Wahrheiten und Werte hinauslaufe und so in den Bereich des kirchlichen Auftrags eingreife.[78] Pacelli führte weiter aus: »Gegenüber dem Mißbrauch, der mit dem vieldeutigen Wort ›politisch‹ getrieben wird, und dem Versuch, alles, was von kirchlicher Seite zu Fragen des öffentlichen Lebens gesagt und getan wird, als eine Verletzung staatlicher Zuständigkeit zu bezeichnen

---

76 Zipfel, Kirchenkampf, 61.

77 Vgl. die Schrift aus dem »Zentralverlag der NSDAP«: Dieter Schwarz, Die große Lüge des politischen Katholizismus. München 1938. – Schwarz weist in Texten und Bildern auf, wie es der katholischen Kirche in Deutschland erging. Er schreibt u. a.: »Nach Märtyrern im Ordenskleid wird der Weltkatholizismus im nationalsozialistischen Deutschland vergeblich suchen; es sei denn, daß jene Mönche und Nonnen, die wegen Sittlichkeitsverbrechen und Devisenvergehen von deutschen Gerichten ihrer gerechten Strafe zugeführt wurden, unter den betriebsamen Händen gewissenloser Hetzer in Märtyrer verwandelt und einer sensationslüsternen Leserschaft als Opfer des Nationalsozialismus vorgeführt werden« (23).

78 Albrecht, Notenwechsel I, 259–268.

und zu ahnden, weist der Heilige Stuhl mit Nachdruck darauf hin, daß die Ausübung der der Kirche von Christus übertragenen, vom Staat nicht einengbaren Mission sich nicht nur auf den Einzelmenschen und die Leitung und Pflege seines Gewissens beschränkt.« Am Ende äußerte der Kardinalstaatssekretär die Befürchtung, man wolle mit dem Erlaß den Weg der »geistigen Gewaltanwendung« beschreiten. Ihr habe die Kirche nur moralische Kräfte entgegenzustellen. Zudem werde mit solchen Erlassen zugleich verwischt, was unter »politisch« zu verstehen sei.[79]

Da die Partei die Macht innehatte und diese auch voll zu gebrauchen entschlossen war, setzte sie die jeweils ihr gefallende und nützliche Definition von »politisch« durch. Jede Äußerung eines Geistlichen zu weltanschaulichen Fragen, zu öffentlichem Unrecht, war »politisch« und deshalb vor die Sondergerichte zu bringen, die die nationalsozialistische Ordnung – in jeder Gefahr, vergleichbar einem »Kriegszustand« – durchzusetzen hatten.

Die Sondergerichtsbarkeit

Der Begriff »Sondergericht« wurde erstmals 1919 verwendet. Sondergerichte wurden immer in Zeiten politischer Spannungen eingesetzt. So waren die Sondergerichte vom 1. März 1933 für politische Delikte zuständig, wurden allerdings allmählich zur »Durchsetzung der Gleichschaltung der Gesinnung, zur Abschreckung oder Beseitigung jedes Störfaktors«[80] verwendet. Die Sondergerichte rechtfertigten ihre Urteile, besonders gegen Geistliche, mit dem Rückgriff auf zwei Gesetze: dem Heimtückeparagraphen vom 20. Dezember 1934[81] und dem bekannten Kanzelparagraphen. Aufgrund solcher juristischen Vorgaben, die der »staatsfeindlichen Tätigkeit« von Geistlichen ein Ende bereiten sollten, dienten die Sondergerichte der Gleichschaltung der katholischen Bevölkerung, die sich in den Wahlen als eher resistent

---

79 Dr. Warmuth hatte im Prozeß gegen P. Mayer seinen Begriff von »politischem Katholizismus« klar definiert: »Mißbrauch der Religion zu politischen Zwecken« (vgl. S. 237).
80 Blumberg-Ebel, 33.
81 Ebd. 96–99.

Der Reichsführer-SS
Der Chef des Sicherheitshauptamtes

Geheim!

Leitheft

über

Der Jesuitenorden

— August 1937 —

gegenüber dem Nationalsozialismus erwiesen hatte,[82] der Diskriminierung der Geistlichen und der Durchsetzung jener Herrschaftsvorstellungen, die sich aus dem Begriff des totalitären Staates letztlich begründeten und herleiteten.

Das Sondergericht in München[83]

Das Münchner Sondergericht wurde – im Vergleich mit den anderen Sondergerichten im Deutschen Reich – als »milde« eingeschätzt und zeichnete sich durch eine relative Mäßigung gegen Geistliche[84] aus. Beides läßt sich auch sowohl am Verfahren gegen P. Mayer wie im Urteil aufweisen.

Beim Verfahren selbst ist festzuhalten, daß P. Mayer ausdrücklich betonte, er sei nie »politisch«[85] gewesen. Nur steht dieser Aussage wiederum die vage Definition des Begriffs »politisch« entgegen. Mayer setzte sich deutlich für weltanschauliche Positionen ein, zumal seiner Meinung nach die Kirche auch in der Gesellschaft eine Verantwortung tragen müsse.[86] Seine Reden auf dem Königsplatz im Januar 1923 waren gewiß auch in der Agitation gekonnt (man erinnere sich nur an den Schwur der 10000 Männer!),[87] und die Rechtfertigung seiner Reise in das von französischen Truppen besetzte Ruhrgebiet im gleichen Frühjahr endete mit der Ansicht, daß Priester sich aus der Politik nicht zurückhalten könnten.[88] Dies alles war »politisch«, sicher nicht im Sinne der Parteipolitik. Welcher Partei P. Mayer selbst zuneigte, hat er nie geäußert. Es läßt sich nur vermuten, daß er auf der Seite der BVP stand, zumal solange, als sie einen vaterländischen Kurs verfolgte.[89]

---

82 Falter, Hitlers Wähler, 186–193.
83 Hüttenberger, Heimtückefälle, in: Broszat IV, 435–526.
84 Blumberg-Ebel, 44; vgl. Broszat, Zur Sozialgeschichte, in: VfZg 34 (1986) 302.
85 ML 238. P. Mayer: »Nichts wäre mir verhaßter, als wenn ich politisieren müßte.«
86 ML 281 ff.
87 Vgl. S. 149.
88 Vgl. S. 153.
89 Das schwierige Problem der »res mixta«, d. h. der gemeinsamen Zuständigkeit von Staat und Kirche für einen Sachbereich, etwa den Religionsunterricht in

Was das Verfahren des Sondergerichts München angeht, muß man ihm bestätigen, daß es sich von höchster Achtung gegen P. Mayer leiten ließ.[90] Daß dabei der Vorsitzende des Sondergerichts der Pression des Gauleiters Adolf Wagner ausgesetzt war[91] und der Runderlaß Hermann Görings die Freiheit der Justiz auch nicht gerade stärkte, sei nicht vergessen. Eigentliche, auch verbale Schärfe gab es in der Verhandlung gegen P. Mayer nicht, zumindest nicht gemäß dem Protokoll, das Josefa Huber im geheimen aufgezeichnet hat.[92]

Im Urteil wurde jedoch festgehalten, Mayer habe vorsätzlich gehandelt, und seine Predigten müßten vor allem vom einfachen Volk als harte Kritik am nationalsozialistischen Staat aufgefaßt werden. Der Einwand des Verteidigers Dr. Josef Warmuth, Mayer habe »aus religiöser Notwehr« gehandelt, wurde vom Gericht mit dem Hinweis zurückgewiesen, über das Reichskonkordat habe die katholische Kirche zu wachen, nicht aber jeder einzelne Geistliche. Daß dann am Ende ein Strafmaß von sechs Monaten zustande kam, beruhte auf Strafmilderungsgründen: Mayers Verdienst im Krieg, sein Einsatz in der Nachkriegszeit gegen die Kommunisten und seine grundsätzlich positive Einstellung gegenüber dem Staat. Als Zeichen eines schlechten Gewissens mag dabei gelten, Mayer habe »aus religiöser Besorgnis heraus« gehandelt.[93]

Gründe für dieses relativ milde Urteil mögen letztlich darin zu finden sein, daß man zum einen wegen der Bekanntheit und Beliebtheit P. Mayers in München kein öffentliches Aufsehen erregen wollte; zum anderen, daß die politische Situation eher abriet, hohe Strafen zu verhängen, und vor allem, daß man aus P. Mayer keinen »Märtyrer« machen wollte. Da man die Katholiken ja noch gewinnen wollte, damit sie sich voll und ganz hinter den neuen Staat stellen, herrschte bei den Nationalsozialisten große Angst vor einem »Märtyrersyndrom«.[94] – Einen nicht unbedeutenden

---

der Schule, sei nur angedeutet.
90 Blumberg-Ebel, 44.
91 Vgl. S. 219.
92 ML 272–366.
93 Blumberg-Ebel, 128–129.
94 Blumberg-Ebel, 75. Und dies trotz der sehr abwertenden Auseinanderset-

Exkurs

Einfluß auf das Urteil dürfte auch der hervorragenden Leistung des Rechtsanwalts Dr. Warmuth zuzusprechen sein, der bereits vor dem Prozeß mit dem Vorsitzenden Richter ein Gespräch geführt hatte.[95] Nach dem Ende des Prozesses stellten sich noch zwei Probleme: 1. Die Aufhebung des Haftbefehls. Aufgrund der neuen Erklärung Mayers vom 22. 7. 1937 unmittelbar vor Prozeßbeginn schien es dem Vorsitzenden verantwortbar, den Haftbefehl aufzuheben.[96] Er entschied sich damit offensichtlich gegen die im geheimen geäußerten »Wünsche« des Gauleiters Adolf Wagner. 2. Eine von der Gestapo durchgesetzte Schutzhaft.[97] Diese willkürliche Verhaftung auf unabsehbare Zeit suchte P. Rösch mit seiner Erklärung vom 22. 7. 1937[98] abzuwenden. Der Provinzial sicherte in ihr zu, daß P. Mayer vorläufig nicht predigen werde, sich also an das Predigtverbot halten werde. Adressat dieser Zusicherung war die Gestapo, die damals bereits begann, die Entscheidungen der Justiz zu unterlaufen. Wie sehr sie sich durchzusetzen verstand, wurde erst später[99], im Januar 1938 bei der Einlieferung Mayers in das Gefängnis, offenbar.[100]

---

zung mit kritischen Aussagen, vgl. Schwarz, Angriff auf die nationalsozialistische Weltanschauung. München 1936. Abwehr von Aussagen der Jesuiten-Patres Friedrich Muckermann (19), Walter Mariaux (32), Matthias Dietz (34) zu Themen wie Führer, Rasse, Deutschtum,

95 Blumberg-Ebel, 159.
96 ML 365–366.
97 Schutzhaft in Konzentrationslagern war »mindestens erschwerte Freiheitsberaubung«; vgl. Kempner, Priester, 484.
98 Vgl. S. 243.
99 ML 378.
100 Daß bereits in diesen Jahren nichts Gutes zu erwarten war, konnte man bei »Schwarz, Angriff auf die nationalsozialistische Weltanschauung« (44) nachlesen. Als Zitate einer Proklamation »des Führers« auf dem Parteitag der Freiheit 1935 wurden gebracht: »Wir sind daher zu jeder Stunde und zu jeder Aktion gewappnet. Die Partei ist auch eine ›streitbare‹, und sie hat bisher noch jeden ihrer Gegner zu Boden geworfen. Sie wird auch in der Zukunft den Kampf mit diesen Erscheinungen um so weniger scheuen, als sie ihre Kraft in der Vergangenheit an diesen Gegnern schon erwiesen hat.«

Im Gefängnis Landsberg

Nachdem P. Mayer von seiner Erholung im Jesuitenhaus auf der Rottmannshöhe am 20. September wieder nach München heimgekeht war, verhielt er sich still. Wie es P. Provinzial Rösch am 22. 7. 1937 der Gestapo zugesagt hatte, predigte P. Mayer nicht. Er litt aber zusehends unter dem Eindruck, es sei ein fauler Kompromiß geschlossen worden, doch er hielt sich an die Abmachung; das Redeverbot vom 7. 4. 1937 und neu eingeschärft am 28. 5. 1937 galt für ihn weiterhin, obgleich ihn die Aussage des Gauleiters von Oberbayern, Adolf Wagner, bei einer Veranstaltung in Fürstenfeldbruck nicht wenig ärgerte. Dieser hatte gesagt, man müsse nur drohen und schon würden die Kritiker verstummen.[1] Allmählich wuchs auch in P. Rösch die Einsicht, daß für P. Mayer die Situation unerträglich war, und er erlaubte ihm – gewiß nicht ohne Rücksprache mit dem Kardinal – wieder die öffentliche Predigt.

So begann P. Mayer ab 15. November 1937, den ehemaligen Bahnhofsgottesdienst nun an Sonn- und Feiertagen um 4.00 Uhr in der Frühe in der Bürgersaalkirche zu feiern. Am zweiten Weihnachtsfeiertag und am 1. und 2. Januar 1938 stand er in St. Michael auf der Kanzel. Er hielt sich – wie die Mitschriften dieser Predigten beweisen – dabei an betont religiöse Themen, um nicht in den Verdacht zu geraten, er wolle die Gestapo absichtlich provozieren. Aber alle Vorsicht war umsonst. Wie es scheint, hatte die Gestapo nur auf einen neuen Vorfall gewartet.

Am 5. Januar 1938 um 14.00 Uhr kamen um Mittag zwei Gestapobeamte zu ihm und fragten ihn, ob er am Fest der Dreikönige wieder predigen wolle. P. Mayer bejahte dies entschieden, »und da meinten sie, daß sie mich dann verhaften müßten«. »Da ich

---

[1] Deutsche Briefe 1934–1938, hrsg. v. Hürten, 1046.

immer eine Handtasche mit Büchern bereit hatte, konnte ich sofort mitgehen. Mit Auto ging es wieder ins Wittelsbacher Palais.«[2] Dort erklärte P. Mayer, nur der Bischof und der Ordensobere hätten das Recht, ihm das Predigen zu verbieten, die Gestapo jedoch nicht. Infolgedessen sei dies ein schwerer Eingriff des Staates in die kirchlichen Rechte.[3]

Schon anderntags, am 6. Januar 1938, teilte die Gestapo der Staatsanwaltschaft mit: »Pater Mayer hat unter Mißachtung des Verbotes bereits am 15. 11. 1937 im Wartesaal im Hauptbahnhof München und von diesem Zeitpunkt an jeden Sonn- und Feiertag morgens um 4 Uhr in der Bürgersaalkirche, ferner am 26. 12. 1937 und am 1. und 2. 1. 1938 in der Michaelskirche gepredigt. Auf Vorhalt erklärte Mayer, daß er das Redeverbot nicht mehr länger einhalten konnte, weil es gegen seine Ehre verstoße. Pater Mayer wurde wegen Übertretung des Verbotes am 5. 1. 1938 vorerst in Polizeihaft genommen.«[4] Die Gestapo wolle damit nur im Hinblick auf das schwebende Begnadigungsverfahren von der Festnahme Pater Mayers Kenntnis geben.

Aufgeschreckt durch diese Nachricht versuchte die Justiz, P. Mayer in ihre Hände zu bekommen. Er wurde also am 15. Januar, 11.20 Uhr, in das Strafvollstreckungsgefängnis Stadelheim eingeliefert. Allerdings hatte die Gestapo bereits vorgesorgt und dem Generalstaatsanwalt mitgeteilt: P. Mayer sei es in Stadelheim – wie er selbst gesagt habe – sehr gut gegangen; er sei von den zwei Gefängnisbeamten Josef Habermeier und Johann Rossmeier – beide »als sehr religiös bekannt« – betreut worden. Es sei also damit zu rechnen, »daß P. Mayer während der Verbüßung der Gefängnisstrafe in Stadelheim alle erdenklichen Vorteile eingeräumt werden«. »Damit die Tat des Mayer auch volle Sühne findet, bitte ich zu erwägen, ob nicht Mayer zur Verbüßung seiner Strafe in das Strafvollstreckungsgefängnis Landsberg/Lech über-

---

2 ML 84.
3 ML 84.
4 PAL (= RMA 6.5.1). Die Kanzelverkündigung des Erzbischöflichen Ordinariats vom 15. 1. 1938 hatte vier Ziele: 1. Über die erneute Verhaftung P. Mayers zu informieren. 2. Erneut gegen diese Rechtsverletzung zu protestieren. 3. Mitzuteilen, daß P. Mayer jedes Gnadengesuch ablehne. 4. Zu ermutigen, »die volle Ruhe zu bewahren«.

führt werden kann. Ich darf um beschleunigte Anweisung bitten. Auf alle Fälle bitte ich, dem Verurteilten das Zelebrieren der Messe nicht zu genehmigen.«⁵ Generalstaatsanwalt Sotier veranlaßte daraufhin, daß die »Strafvollstreckung im Strafgefängnis Landsberg« durchgeführt werde. So wurde P. Mayer am Nachmittag des 17. Januar »durch einen Polizeibeamten mit Privatauto im Strafgefängnis München-Stadelheim abgeholt und nach Landsberg überstellt«. Die Einlieferung in das dortige Strafgefängnis erfolgte am 17. Januar 1938 um 16.30 Uhr. Die Vergünstigung dieses Einzeltransportes – nicht in der »Grünen Minna« – war dem erneuten Einsatz von Dr. Warmuth zu verdanken. In den Begleitpapieren war zu lesen: 1. Mayer ist aufzunehmen, einzukleiden und dem Hausarzt vorzustellen. 2. Lichtbild ist aufzunehmen.⁶

HÄFTLING NR. 9469

Das Gefängnis Landsberg am Lech liegt nicht weit westlich vor der Stadt, ein großer Bau, der von der Stadt aus sichtbar ist. P. Mayer kannte das Gefängnis, denn er hatte bereits im März 1934 dem dort inhaftierten Münchner Stadtpfarrer Dr. Emil Muhler⁷ einen Besuch abgestattet.

Unter Nr. 9469 wurde »P. Mayer, Ordensgeistlicher« in das große »Gefangenenbuch Landsberg«⁸ eingeschrieben. Sein Name stand zwischen einem Schlosser, der Unzucht mit Kindern begangen hatte, und einem Arbeitsmann, der wegen Dienstvergehen im Reichsarbeitsdienst einsaß. Ein Häftling unter Häftlingen.

Da die Personalakte von P. Mayer aus Landsberg überliefert ist, sind alle wichtigen Vorgänge von dort bekannt. Es lassen sich die

---

5 Schreiben der Gestapo (Schimmel): StAM, Stanw. 9115/1.
6 Schreiben vom 17. 1. 1938, PAL.
7 Dr. Emil Muhler (1892–1963), in der Zeit des Nationalsozialismus des öfteren verwarnt und verurteilt, schließlich vom 18. 9. 1944 bis 27. 4. 1945 im KZ Dachau; vgl. Schwaiger I, 461.
8 Gefangenenbuch Landsberg 1935–1938: StAM Justizvollzugsanstalt Landsberg Nr. 338.

Monate der Haft bis ins Detail rekonstruieren. Bei der Aufnahme ins Gefängnis mußte P. Mayer alle Dinge, die er mitgebracht hatte oder als Kleidung trug, abgeben. Laut Verzeichnis hatte er an Geld 378,47 RM bei sich. Belassen wurde ihm »eine Brille, ein künstliches Glied (Bein, zwei Wollstrümpfe für links), ein paar eigene Schuhe, ein Rosenkranz, ein Brevier«.[9] Die Vermögensverhältnisse des Häftlings Mayer wurden als »vermögenslos, da im Orden« beschrieben. Kriegsbeschädigung: »60 oder 70%, linker Fuß künstlich«. Rente: »Etwa 250,– RM monatlich«. Fortkommen nach der Entlassung: »noch unbestimmt«. Merkwürdig ist die 2. Verfügung: »Er ist dem Herrn Anstaltslehrer vorzustellen und, wenn er das 30. Lebensjahr noch nicht überschritten hat, von diesem über seine Schulkenntnis zu prüfen.« Obgleich P. Mayer bereits 61 Jahre alt war, mußte er dennoch den neunseitigen »Schulbogen«[10] ausfüllen, in dem er auf seine Fremdwortkenntnisse bis hin zu seiner Rechenkunst geprüft wurde. Mayer wich dabei den Fragen nach weltanschaulicher Einstellung aus, weil er weder lügen noch andere durch seine Auffassungen beleidigen wollte.

Die Personalbeschreibung hielt fest: Größe: 1,78 m. Haare: grau meliert. Augenfarbe: grau. Kennzeichnung: kleine Augenbrauen, blond, Kennzeichnung: stark. Hände: groß, gepflegt. Sprache: deutsch, französisch, lateinisch. Der ärztliche Bericht bestätigte einen »mittleren Ernährungszustand, Herz, Lungen o(hne) B(efund), chronischer Nasenkatarrh, Entzündung des Zahnfleisches. Bein in der Mitte des Oberschenkels abgesetzt«. Wichtig waren die Konsequenzen der Untersuchung: Arbeitsfähigkeit: »Zu leichten Arbeiten im Sitzen«. Einzelhaft: »Ja«. Bemerkungen: »Dauernd Hofmitte«. Diese Bemerkung betraf den Lauf beim Spaziergang im Gefängnishof: Mayer sollte im kleinen Kreis gehen im Gegensatz zum großen Kreis, der am Rande des Hofes lag und mehr Kraft erforderte.

Wie selbstverständlich diese Prozedur vom Messen der Körperlänge bis zur Erstellung eines »Verbrecherfotos« auch war, Mayer nahm alle Aktivitäten ein wenig verwundert wahr. So zeigt das

---

9 Ausschnitt aus dem Effektenbuch von Landsberg: RMA 6.5.1.
10 ML 41 ff.

Häftling Nr. 9469   267

Verbrecherfoto das Bild eines Mannes, der in seiner Ehre zutiefst verletzt scheint. Über all dies berichtete er später:

»Nach der Aufnahme im Büro des Gefängnisses wurde ich für das Verbrecheralbum in verschieden Stellungen fotografiert. Nach einem warmen Bad wurde ich neu eingekleidet (Sträflingsanzug und Wäsche) und von einem geschoren. Wie ausdrücklich angeordnet wurde, nicht so kurz wie sonst bei Sträflingen üblich. Die Kleider und alles, was ich mitgebracht hatte, wurden fortgeschafft und gut verwahrt, wie ich mich bei meinem Abschied selbst überzeugen konnte. Nun ging's in's eigentliche Gefängnis, das 500 Einzelsträflinge aufnehmen kann. Ein Beamter wies mir parterre eine Zelle an. Das Gefängnis ist in Kreuzesform gebaut, hat außer dem Parterre noch drei Stockwerke. Treppen und Galerien, alles aus Eisen. In der Mitte des Gefängnisses ist in der Höhe des 1. Stockes eine Zentrale aufgebaut. Man hat von hier aus in einem Augenblick einen totalen Überblick, nicht nur über die Gänge, sondern man kann von hier aus selbst die Türen sämtlicher Zellen ins Auge fassen.

In dieser Zentrale befindet sich bei Tag und Nacht ein Beamter; er kann alles und jedes beobachten, was im Gefängnis sich abspielt. Dort ist auch die Haupttelefonstelle. Man kann sich mit jedem Beamten innerhalb des Gefängnisses und mit dessen Privatwohnung verbinden. Ist Alarm, so kann er durch den Druck auf einen elektrischen Knopf sämtliche Beamte innerhalb und außerhalb des Gefängnisses zusammenrufen. Zur Zentrale führen von den Gängen im ersten Stock eiserne Brücken. In der Zentrale werden elektrische Zeichen gegeben, die das ganze Gefängnis angehen.«[11]

Mayer wurde also zuerst in die Zelle Nr. 272, Abt. B I gebracht und mußte ab 19. 1. als »Papierarbeiter« Dienst tun. Am 2. Februar wurde er in die Invalidenabteilung verlegt.

Kaum war P. Mayer in Landsberg eingetroffen, setzten die Bemühungen vieler Freunde, vor allem seines Verteidigers Dr. Warmuth, ein, um ihm die Haft zu erleichtern. Bereits am 24. Januar besuchte dieser den Gefängnisdirektor und bat »um verschiedene Vergünstigungen, insbesondere um öftere Kommunion und um

---

11 ML 86–87.

Zelebrieren in der Zelle, allenfalls um öfteren Besuch der Kirche«. Der Gefängnisdirektor wies im Bericht an den Generalstaatsanwalt darauf hin, daß Mayer »nicht schlechter und auch nicht besser wie ein anderer schwerkriegsbeschädigter Pfarrer hier behandelt« werde und daß die Behandlung der Sonderwünsche technisch-dienstliche Schwierigkeiten haben dürfte.[12]

In den vier Monaten seiner Inhaftierung gab es mit der Gefängnisdirektion folgende Konflikte: 1. Der »Schriftverkehr« Mayers war aufwendig; denn es liefen zwischen dem 20. 1. und dem 3. 5. 1938 für ihn allein 46 Briefe ein, die alle von der Gefängnisleitung zensiert wurden und bis zur Entlassung zu den Akten kamen. Auch die ausgehende Post bereitete, wie die Personalakte P. Mayers beweist, Schwierigkeiten, weil Mayer entweder zu viel über das Gefängnis berichtet oder Kritik an staatlichen Organen geübt hatte. So wurde ihm ein Brief an P. Provinzial Rösch zweimal zurückgegeben, bis endlich der dritte Brief – im Inhalt nichtssagend – die Zensur passieren konnte. Ein Brief an »Hochgeboren Reichsführer SS Himmler«, in dem Mayer um Wiederherstellung seiner Ehre nachsuchte – denn er sei in Stadelheim nicht besser behandelt worden, wie die Gestapo behauptet hatte –, wurde nicht abgeschickt und zu den Personalakten Mayers gelegt.[13]

2. Ein weiteres Konfliktfeld war Mayers Arbeit, das Tütenkleben. In handwerklicher Tätigkeit ungeübt, mißlangen ihm die meisten Tüten oder die Produktion nahm zu viel Zeit in Anspruch. Er unterschritt das tägliche Soll an Tüten gewaltig. Dabei wurde ihm eine absichtliche Schwerfälligkeit unterstellt. Mayer fühlte sich in seiner Ehre verletzt und bat um einen »Bittrapport« beim Gefängnisdirektor. Er wurde am 25. Januar vorgelassen und vertrat dort die Ansicht, »er mache seine Arbeit, so gut er könne«.

3. Wichtig für P. Mayer war die Teilnahme an der Eucharistiefeier. Auf Verwenden des ihm sehr zugetanen Gefängnisgeistlichen Morgenschweis[14] wurde am 22. Januar von der Gefängnisleitung bestimmt, daß »Mayer 9469« beim Gottesdienst »in einem

---

12 PAL.
13 ML 378–379 (RMA 6.5.1).
14 Karl Morgenschweis (1891–1968), 1932–1947 Gefängnisseelsorger im Gefängnis Landsberg.

Stuhle oben an der Orgel untergebracht wird, ferner zum Empfang der Sakramente in die Spitalkapelle geführt wird«. Nach zwei Monaten, am 19. März, wurde dann der »Reichsminister der Justiz«[15] – auf einen Bericht vom 15. Februar hin – tätig und teilte dem Generalstaatsanwalt in München mit:

»Mit Rücksicht auf die im Urteil des Sondergerichts München vom 23. Juli 1937 angeführten Strafmilderungsgründe bin ich damit einverstanden, daß dem im Strafgefängnis Landsberg Gefängnisstrafe verbüßenden Pater Rupert Mayer gestattet wird, in seiner Zelle täglich die Messe zu lesen, ohne daß Beamte, Mitgefangene oder Dritte ministrieren oder sonst zugegen sind, und ohne daß der Reichsjustizverwaltung Kosten erwachsen.«[16] Der für die Feier der heiligen Messe nötige Meßkoffer wurde P. Mayer am 29. März von Kardinal Faulhaber persönlich bei seinem Besuch in Landsberg überbracht. Mit dieser Vergünstigung aber hatte man die Gestapo in München wiederum aufgeschreckt. Bereits am 29. März – wohl durch einen Spitzel der Gestapo im Gefängnis Landsberg über die Mess-Erlaubnis informiert – erbat sie von der Gefängnisleitung die »Mitteilung, ob dies zutreffe und gegebenenfalls, aufgrund welcher Anordnung«. Der Gefängnisdirektor war in Nöten, da ihm die Anordnung betreffs des »Messelesens« P. Mayers als »vertraulich« zugegangen war. Deshalb wandte er sich an den Generalstaatsanwalt Sotier in München. Dieser teilte dann am 4. April die Entscheidung des Reichsjustizministers Gürtner der Gestapo mit, mit dem Hinweis, dieser habe sich auf die »im Urteil des Sondergerichts München vom 23. 7. 1937 angeführten Strafmilderungsgründe berufen«. Damit hatte diese Sache ihr Bewenden.[16]

4. Ein weiteres Problem waren die geplanten Besuche. Sechs Besuche – mit 3 bis 15 Minuten Dauer – wurden erlaubt; unter ihnen auch der Besuch von Kardinal Faulhaber am 29. 3.

Unermüdlich tätig war in allen Belangen Justizrat Dr. Warmuth für seinen Freund P. Mayer. Er erreichte, daß philosophische und religiöse Bücher an P. Mayer gegeben werden durften, daß er in

---

15 Die Erlaubnis gab der dem Kardinal in München gut bekannte Reichsjustizminister Franz Gürtner.
16 PAL. Ganzer Vorgang in PAL.

die Invalidenabteilung verlegt wurde, daß man den Besuch seiner Schwester Hildegard gestattete, daß er – durch Vermittlung zwischen Kardinal Faulhaber und Reichsjustizminister Gürtner – die heilige Messe feiern durfte. P. Mayer selbst hatte wenig Ahnung von dem, was in der Freiheit alles für ihn getan wurde, und war eher überrascht, wenn ihm wieder eine neue Vergünstigung mitgeteilt wurde.

Mayer lebte das alltägliche Leben eines Häftlings. Er hatte sich eine Tagesordnung gegeben, gemäß der er betete, studierte, meditierte und auch ausruhte. In der Eintönigkeit des Gefängnisses gefielen ihm besonders die sonntäglichen Gottesdienste. Er beobachtete immer den »Menschen im Gefängnis« und bekam so manche Techniken mit, etwa in Richtung Wand zu sprechen, um weit entfernt gehört zu werden. In seinem Lebensbericht notierte er: »Die Kost war für mich ausreichend; besonders in den ersten Wochen meiner Gefängnishaft hatte ich wenig Bedürfnis nach Speise und Trank. Im Laufe der Zeit ist es besser geworden. Selbstverständlich lag man auf Strohmatratzen. Die Angewöhnung machte keine Schwierigkeiten. In der Invalidenabteilung hatten wir eine andere Matratze; dieselbe war aber derart uneben und durchgelegen, daß es im Schlaf störend wirkte. Schlimmer aber war, daß alle zwei Stunden eine Wache durch das Gefängnis marschierte. Durch das laute Auftreten wurde ich immer wieder aufgeweckt. Ich hörte das Geräusch der regelmäßigen lauten Schritte schon lange, bevor der Beamte in unsere Abteilung kam. Daran habe ich mich nicht gewöhnen können, auch später nicht im Konzentrationslager. Seitdem habe ich einen unruhigen Schlaf. Das hat das Studium zweifellos beeinträchtigt. Täglich war im Gefängnis eine Stunde Spaziergang in einem der Höfe. Das ist eine segensreiche Einrichtung. Der Spaziergang fiel nur bei ganz schlechtem Wetter aus.«[17]

Der Gefängniswärter in Landsberg, Franz Hemmrich, berichtete später über den Häftling Mayer: »Der Einschluß in der kleinen Zelle 272 traf ihn, den kränkelnden Amputierten, daher doppelt schwer. Aber dieser heiligmäßige Mann, dessen Leben gezeichnet war von dem unabänderlichen Willen, Gott und dem

---

17 ML 90–91.

Menschen zu dienen und sich dem Regime Hitlers unter keinen Umständen zu beugen, nahm ohne jeden Widerspruch jede Entbehrung auf sich. Pater Mayer wurde mit Papiertütenkleben beschäftigt. Er mühte sich ehrlich, sein tägliches Soll zu erfüllen, aber als Kleriker für solch eine Arbeit gänzlich unbeholfen, brachte er es fast nie dazu und hatte seine liebe Not damit. Bei meinen gelegentlichen Rundgängen durch die Anstalt kam ich öfters in seine kleine Zelle und war erstaunt, mit welcher Ruhe und Gelassenheit dieser charakterlich und geistig so hochstehende Mann die durch seine schmerzhafte körperliche Behinderung erschwerte Haft hinnahm.«[18]

In diese Zeit in Landsberg fällt aber ein noch wesentlich schmerzhafterer Einschnitt im Leben Mayers. Als bereits bekannt war, daß seine Entlassung bevorstand, hatte ihm der Gefängnisgeistliche Karl Morgenschweis von Kardinal Faulhaber mitzuteilen, »daß er nach seiner Entlassung nicht mehr predigen solle«. Dies war ausdrücklicher Wunsch des Kardinals und des Provinzials Rösch. Grund für dieses Verlangen war: Man »fürchtete oder wußte bereits, daß die Gestapo bei Übertretung ihres Predigtverbotes ihn dann neuerdings holen und sicher in ein KZ verbringen würde. Um das zu verhüten, gaben ihm die Vorgesetzten dieses Verbot«. Morgenschweis hielt dann auch den Eindruck fest, den P. Mayer ihm in diesem Augenblick bot: »Es war für ihn wie ein Zerschlagen seiner ganzen priesterlichen Tätigkeit, ja seiner sich selbst gestellten Lebensaufgabe. Zunächst hat er sich empört darüber, daß seine Vorgesetzten trotz seiner wiederholten Bitte hier nun dennoch nachgegeben hatten. Und das selbst auch noch der Kardinal. Er meinte, das nicht über sich bringen zu können. Es bedurfte einiger Zeit und Überredung, daß er sich dann doch dem Wunsche seiner Vorgesetzten und des Kardinals fügte und versprach, es zu tun. Es war für ihn wirklich ein ganz großes und schweres Opfer.«

Morgenschweis reflektierte dann noch auf die Entscheidungssituation P. Mayer Er fügte hinzu: »War ihm doch die Kanzel Leben und Predigt und Unterricht geradezu sein Lebenselement. Wußte

---

18 Hemmrich, Die Festung Landsberg am Lech 1920–1945. (Landsberg 1970; Ms.) in: IfZg ED 153.

er ja auch, welche Kämpfe vom Nationalsozialismus gegen die Kirche geführt wurden und wollte er doch so recht als Offizier und Schüler des hl. Ignatius in vorderster Linie stehen und kämpfen. Wir wissen, daß er es nicht allzu lange aushielt, unter diesem Verbot, und wieder die Kanzel bestieg, um dann wieder verhaftet zu werden...«[19]

Somit vollzog sich schon damals eine einschneidende Wende im Leben P. Mayers: die Entscheidung zum Einlenken und die Unterwerfung unter die kirchliche Obrigkeit. Der Rückzug P. Mayers aus der »politischen« Öffentlichkeit scheint auch später noch des öfteren zur Debatte gestanden zu haben, wie die Einreden von Dr. Warmuth und eine Auseinandersetzung mit P. Provinzial Rösch beweisen. Es war jedoch nicht zu übersehen, daß seit der Haft Mayers in Landsberg die Gestapo nicht mit sich spaßen ließ und zu jedem Einschreiten gegen P. Mayers Predigttätigkeit bereit war. Letztlich wurde diese Anordnung von seiten der kirchlichen Obrigkeit »gegen« Mayer von folgender Alternative bestimmt: entweder P. Mayer seinen Weg der Konfrontation gehen zu lassen und ihn damit zu opfern, oder ihn zu retten und damit einen engagierten Mitarbeiter in der Zeit nach dem Krieg zu besitzen. Wenn bereits damals gesagt wurde, Kardinal Faulhaber habe Mayer um das »Martyrium gebracht« (Theodor Haecker)[20], so enthält diese Aussage nicht wenig an Wahrheit. Allerdings wird dabei die Frage unterschlagen: Inwiefern hätte der damaligen Kirche ein Martyrium Mayers genützt? Daß damals jemand an eine »triumphalistische Kirche« nach dem Krieg gedacht haben könnte, ist unwahrscheinlich. Auch die Frage, ob mit einem solchen »Aufstand des Gewissens« dem System des Dritten Reichs

---

19 Diese Textfassung stammt vermutlich aus den sechziger Jahren. In einem früheren Text von 1948 schrieb Morgenschweis: »Es bedeutete für ihn, den mächtigen Streiter und Kämpfer für das Reich Gottes, für Wahrheit und Gerechtigkeit, für ihn, dem die Kanzel und die Predigt das ›Leben‹ war, ein ungeheuer schweres Opfer, in das er sich wirklich nur nach hartem inneren Kampf fügen konnte.« Morgenschweis, Gefangener Nr. 9469 »Pater Rupert Mayer SJ«. Erinnerungen und Ergänzungen (RMA 9.3.). Der zitierte Text ist entnommen: Morgenschweis, Strafgefangener Nr. 9469. München 1968, 41–42.

20 Bernhard Hanssler, Predigt vom 30. 5. 1987 (Ms. S. 5) und Brief vom 25. 11. 1992 (beides ARM 10. 6.). Die Bemerkung Theodor Haeckers stammt vermutlich aus dem Sommer 1942 und beruht auf den Kenntnissen des Jahres 1942(!).

bleibender Schaden zugefügt worden wäre, war damals wie heute schwer zu beantworten. Indem P. Mayer sich in dieser Frage für den Gehorsam entschied, brachte er dieses Thema seines Lebens auf eine eindeutig religiöse Ebene.

In bezug auf die Haft Mayers in Landsberg sind noch einige Einzelheiten wichtig. Einmal: Die Direktion von Stadelheim ließ es nicht auf sich sitzen, daß – laut Gestapo – P. Mayer während seines Aufenthaltes im Gefängnis Stadelheim bevorzugt behandelt worden sei. Der Vorstand von Stadelheim schrieb am 20. Januar 1938 an den Generalstaatsanwalt einen langen Bericht, in dem er die verleumderische Aussage aufgriff und feststellte, daß die Angaben, die an die Geheime Staatspolizei in dieser Sache gemacht worden seien, in gröbster Weise den wahren Sachverhalt entstellten.

Dann nannte der Direktor den Namen des »Angestellten Josef Schoberth«, der bis zum 31. Dezember 1937 in Stadelheim tätig gewesen war. Dieser habe an den P. Mayer gewährten Vergünstigungen Anstoß genommen und sich gebrüstet, sich persönlich zur Geheimen Staatspolizei begeben und darüber Beschwerde geführt zu haben. »Es ist daher zu vermuten, daß die böswillig entstellten Angaben an die Geheime Staatspolizei über die Behandlung des Mayer von Schoberth herrühren. Der Angestellte Schoberth dürfte sich hierdurch einer schweren Pflichtverletzung schuldig gemacht haben.« Ein mutiger Brief in der permanenten Auseinandersetzung zwischen Justiz und Gestapo in den damaligen Jahren.[21]

Zum anderen schrieb P. Mayer am 8. Februar 1938 aus Landsberg an seinen Provinzial, man möge die Gerichtskosten begleichen, sonst werde er in acht Tagen gepfändet. Es lag noch eine »Kostenrechnung vom 20. Januar 1938 vor«. Mayer sollte 273,10 RM entrichten. Davon entfielen RM 50,– Gebühr 1. Instanz und RM 132,– Zeugen- und Sachverständigengebühren. Weiteres auf Post- und Telefongebühren – und endlich Haftkosten für 42 Tage je 1,50 RM vom 10. Juni bis 22. Juli 1937. Rest später nach Verbüßung der Strafe.[22] In dieser Hinsicht wollte Mayer dem Staat nichts schuldig bleiben.

---

21 PAL.
22 RMA 6.6.

P. Mayer war auch in seinen Geldfragen ein korrekter Mann. Deshalb teilte er am 3. Juni 1938 dem Versorgungsamt München[23] Stadt mit, daß er vom 15. Januar bis zum 3. Mai 1938 im Gefängnis gewesen war. Ihm sei mitgeteilt worden, er habe für diesen Zeitabschnitt keinen Anspruch auf eine Rente. Da er die Rente für Januar vollständig bezogen habe, obgleich er seit 15. Januar im Gefängnis war, bitte er darum, diese abzuziehen. Für den Juni aber habe er den vollen Anspruch auf die ganze Rente. Damit war auch der finanzielle Anspruch zwischen Gefängnis und Freiheit geregelt.

DIE AMNESTIE

P. Mayer saß im Gefängnis Landsberg, als am 12. März 1938 die deutschen Truppen »triumphal« in Österreich einmarschierten und am 13. März 1938 das Gesetz zum »Anschluß Österreichs« erlassen wurde. Bald sollte dieser Vorgang auch für ihn bedeutsam werden.

Am 21. April 1938 erbat die Gestapo München die Strafakte Mayers vom Sondergericht München. Was sie beabsichtigte, war erst dem späteren Verlauf der Dinge zu entnehmen. Mayer wurde nämlich ganz plötzlich und für ihn selbst überraschend am Nachmittag des 3. Mai 1938 aus der Haft entlassen. Er erhielt seine Kleidung zurück, empfing Ermahnungen des jungen Mitarbeiters des Gefängnisdirektors und wurde an der Haftanstalt von P. Provinzial Rösch, Justizrat Dr. Warmuth und seinem Freund Baptist Huber[24] mit dem Auto abgeholt.

Was war geschehen? »Aus Anlaß der Wiedervereinigung Österreichs mit dem Deutschen Reich« hatte die Deutsche Reichsregierung am 30. April 1938 ein »Gesetz über die Gewährung von Straffreiheit« beschlossen. Im Paragraph 2.1 des Gesetzes hieß es: »Über § 1 hinaus wird für Straftaten, die aus politischen Beweggründen begangen sind, Straffreiheit nach Maßgabe folgender

---

23 Akte des Versorgungsamts München: ARM 4.4.
24 Baptist Huber (1905–1991), Buchdruckereibesitzer, Freund P. Mayers.

Vorschriften gewährt: 1. Bei Inkrafttreten dieses Gesetzes rechtskräftig erkannte und noch nicht vollstreckte Strafen werden erlassen, wenn sie in Geldstrafen und in Freiheitsstrafe von nicht mehr als sechs Monaten, allein oder nebeneinander, bestehen«.

Aufgrund dieses Gesetzes hatte Justizrat Dr. Warmuth sofort mit dem zuständigen Staatsanwalt, wohl am 1. Mai 1938, verhandelt und erreicht, daß der Staatsanwalt die Entlassung von P. Mayer veranlaßt, »sobald der offizielle Text des Amnestiegesetzes und der Durchführungsverordnung vorliegt«. Die einschlägige Nummer des Reichsgesetzblattes[25] war nicht zugestellt worden. So berichtete Dr. Warmuth am 2. Mai der Mutter Mayers und fügte hinzu: »Ich hoffe, daß Ihr Herr Sohn morgen entlassen wird.«

Als P. Mayer also am 3. Mai wider alles Erwarten entlassen wurde, war Dr. Warmuth bereits am Werk gewesen. Gewiß war auch vom zuständigen Staatsanwalt die Zustimmung der Gestapo eingeholt worden. Nicht ohne Grund gab die Gestapo die Gerichtsakten Mayers am 3. Mai 1938 wieder an das Sondergericht zurück.

P. Mayer konnte also entlassen werden. Er berichtete später darüber: »Alles war in bester Ordnung. Dann wurde ich aus dem Gefängnis entlassen und atmete wieder die Luft der goldenen Freiheit. Ich begab mich ins Pfarrhaus, wo ich zu meiner großen Freude R. P. Provinzial, Justizrat Dr. Warmuth und meinen lieben Freund Baptistl antraf. Nach einer gemütlichen Kaffee-Plauderstunde brachte uns Baptistl nach St. Michael in München, wo sich bereits Freunde eingefunden hatten. Durch Herrn Justizrat ließ mir die Gestapo sagen, ich müsse möglichst bald München wieder verlassen.«[26]

Nachdem P. Mayer nun wieder in München war, teilte Justizrat Warmuth dies am 4. Mai, wie mit Oberkommissär Hollweck verabredet, sofort der Gestapo München mit: Mayer sei am 3. Mai aufgrund der Amnestie entlassen worden; er halte sich noch einige Tage in München auf, um seine Zähne und seine Nase behandeln

---

25 Reichsgesetzblatt Nr. 69 vom 1. Mai 1938.
26 ML 96. Im übrigen verhinderte der stellv. Leiter des Gefängnisses in Landsberg noch, daß man P. Mayer beim Verlassen des Gefängnisses fotografierte.

zu lassen; anschließend werde er nach Krumbad in Schwaben gehen, um sich dort zu erholen. Zur Beruhigung der Gestapo fügte Dr. Warmuth noch an: »Herr Pater Rösch wird nach Möglichkeit dafür sorgen, daß jedes Aufsehen vermieden wird. Ich werde ihn dabei nach besten Kräften unterstützen. Es ist auch der dringendste Wunsch des Herrn Pater Rupert Mayer, daß jedes Aufsehen vermieden wird. Herr Pater Rupert Mayer wird für die Dauer seiner Erholung nicht predigen. Dies entspricht der Anordnung des Herrn P. Provinzial Rösch. Ich werde mitteilen, wohin Herr Pater Rupert Mayer nach Abschluß der ärztlichen Behandlung zur Erholung gehen wird.«

P. Mayer ging am 14. Mai nach Krumbad und war damit vorläufig aus dem Gefecht gezogen. Doch bald schrieb Mayer, am 10. Juni 1938, aus Krumbad eine offene Postkarte ein P. Rösch: »Heute bekam ich ein ruhiges Schreiben, das meiner Lage durchaus gerecht wird. Ein herzliches Vergelt's Gott. RM.«

Diese Karte läßt vermuten, daß P. Mayer Tage zuvor ein »heftiges« Schreiben von P. Rösch erhalten hatte. Leider ist dieses nicht erhalten, so daß man sich weder über Form noch Inhalt der offensichtlichen Auseinandersetzung zwischen Rupert Mayer und P. Rösch ein Urteil bilden kann. Man kann nur vermuten, daß es wieder um die Unterwerfung unter das Redeverbot der Gestapo ging.

Noch vor der Rückkehr Mayers nach München traf Dr. Warmuth am 6. Juli 1938 im Wittelsbacher Palais zufällig den Regierungsrat Schimmel. Dieser fragte ihn sofort, wo P. Mayer sei und wie es ihm gehe. Der Justizrat erklärte ihm, daß P. Mayer seit Samstag wieder in München sei. Nach einer Besprechung mit P. Rösch ließ er Regierungsrat Schimmel am 8. Juli übermitteln, »daß Herr Pater Rupert Mayer jetzt wieder hier sei und daß er vorerst nicht predigen werde«. P. Mayer war bereits in Landsberg von diesem »Kurs der Schadensbegrenzung« verständigt worden. Im Ansatz hatte er ihm wohl zugestimmt. Ein Zugeständnis, ein grimmiges Zugeständnis. Besser: ein erstes Verstummen des Propheten.

ZWISCHENZEIT

P. Mayer hatte also die Wochen vom 14. Mai 1938 bis zum 3. Juli 1938 in Krumbad im Haus der Ursberger Schwestern verbracht. Er bemerkte in seinen Erinnerungen, daß er mit seinen Studien fortgefahren sei, daß er an der Fronleichnamsprozession in München an der Spitze seiner Männer teilgenommen habe, aber noch am Nachmittag wieder nach Krumbad zurückgefahren sei.

Nach seiner Amnestierung durfte Mayer zwar nicht mehr predigen, aber er war, sicher nicht ohne Wissen der Gestapo, da und dort tätig. Er besuchte etwa Bischof Johannes Baptista Sproll,[27] der am 24. August 1938 aus seiner Diözese vertrieben worden war, in seinem Exil in Krumbad, und der Bischof erwiderte kurze Zeit später diesen Besuch in München. Diese Begegnungen müssen wohl zwischen Juli und November 1938 stattgefunden haben. P. Mayer nahm auch am Begräbnis von Geheimrat Dr. Georg Heim[28] teil, der am 17. August 1938 in Würzburg gestorben war. Der kirchliche Trauerzug wurde mehrmals von der Gestapo fotografiert. Hans Wutzlhofer hielt fest: »Auf eine Bemerkung meinerseits hin, ob er das sähe und was er dazu dächte, sagte P. Mayer nur den Satz: ›Verbum dei non est alligatum.‹« Er meinte damit wohl, daß es neben der ihm verbotenen Predigt viele Weisen der Verkündigung gebe – etwa auch die einer zeugnishaften Teilnahme am Begräbnis eines Freundes und Regimegegners. Diese Ausflüge in eine gewisse Normalität konnten aber nur als Außenseiten seines Lebens betrachtet werden. Eigentlich war P. Mayer innerlich mit anderem beschäftigt. Er merkte in seinen Erinnerungen an: »Nach einigen weiteren Wochen schlug ich meinen Wohnsitz mit Gutheißung des P. Provinzial wieder in St. Michael auf. Durch Herrn Justizrat Warmuth ließ mir die Gestapo mitteilen, daß ich weder predigen noch Vorträge halten dürfe. Daß an mich persönlich nie eine derartige Aufforderung gerichtet wurde, freut mich, so oft ich daran denke. Die Herren wußten ganz genau, was ich darauf geantwortet hätte. Da der Herr Kardinal unter den

---

27 Johannes Baptista Sproll (1870–1949), 1895 Priester, 1900 Subregens im Priesterseminar Rottenburg, 1909 Pfarrer in Kirchen bei Ehingen, 1912 Domkapitular, 1913 Generalvikar, 1912 Weihbischof, 1927 Bischof; am 24. 8. 1939 Ausweisung wegen Nichtteilnahme an der Reichstagswahl; bis 1945 an verschiedenen Orten untergebracht, vor allem ab 1941 in Bad Krumbad; am 12. 6. 1945 Rückkehr nach Rottenburg; gestorben am 4. 3. 1949. Vgl. Kopf, Johann Baptista Sproll. – Zu P. Mayer hatte Sproll dann während Mayers Zeit in Ettal Kontakt.

28 Georg Heim (1865–1938), Realschullehrer, 1898–1912 MdR (Zentrum), 1919–1924 MdR (BVP), 1897–1911 MdL/Bayern (Zentrum), 1921 Mitgründer des Heimat- und Königsbundes. Vgl. Dr. Hans Wutzlhofer, Brief vom 2. 1. 1953 (RMA 6.6.).

gegebenen Umständen nicht wünschte, daß ich durch Übertretung des Gestapo-Verbotes einen Krach heraufbeschwöre, und auch P. Provinzial es nicht für richtig hielt, dem ausdrücklichen Wunsch des Herrn Kardinals entgegen zu handeln, fügte ich mich, wenn auch sehr schweren Herzens. Ich hatte bisher bei meinem Berufsarbeiten und bei meinem öffentlichen Auftreten immer nur im besten Einvernehmen mit meinen kirchlichen Oberen gehandelt. Das sollte nicht anders werden, so sehr es mich auch drängte, die eingeschlagene Bahn weiter zu verfolgen und lieber alles auf mich zu nehmen, als mich dem völlig unberechtigten polizeilichen Predigtverbot zu unterwerfen. Wohin wäre auch das Christentum gekommen, wenn die Apostel sich solchen Verboten gefügt hätten. Aber ich sagte mir, hundertmal besser ist Gehorsam als Opfer. Der Herr Kardinal ließ mir sagen, ob ich nicht die Frühgottesdienste beibehalten wolle; es genüge ja, das Evangelium zu verlesen. Das habe ich abgelehnt, da ich mich öffentlich nicht dem Predigtverbot unterwerfen wollte.«[29]

GESPRÄCHE MIT DEM REICHSSICHERHEITS- HAUPTAMT

Bereits lange zuvor, am 21. Mai 1938, hatte Domkapitular Neuhäusler[30] an Bischof Heinrich Wienken[31] geschrieben, daß P. Mayer infolge der Amnestie seit ein paar Wochen frei sei und sich zur Zeit im Urlaub befinde. Dann stellte Neuhäusler die folgenden grundsätzlichen Fragen: »Wäre es nun nicht Zeit, einmal das ganze Problem P. Mayer und überhaupt das Verhältnis unseres

---

29 ML 97.
30 Johannes Neuhäusler (1888–1973), Prälat, Politischer Berater von Kardinal Faulhaber; am 4. Februar 1941 von der Gestapo verhört, am 11. Juli 1941 ins KZ Dachau eingeliefert, dort bis Kriegsende; 1947 Weihbischof von München und Freising. Vgl. Neuhäusler, Kreuz und Hakenkreuz.
31 Heinrich Wienken (1870–1940), 1913 Kaplan in Berlin, 1921 Caritasdirektor, 1929–1933 Stadtverordneter (Zentrum) in Berlin, 1937 Weihbischof mit dem Recht der Nachfolge für das Bistum Meißen, Leiter des Kommissariats der Fuldaer Bischofskonferenz in Berlin, 1951–1957 Bischof von Meißen. Vgl. Martin Höllen, Heinrich Wienken, der »unpolitische« Kirchenpolitiker. Mainz 1981.

Ordinariates mit der Gestapo in Berlin in aller Ruhe zu besprechen? In persönlicher Aussprache klärt sich vieles auf und kann die ganze Atmosphäre gereinigt werden. Würden Sie es für gut halten, wenn ich zu diesem Zweck in den nächsten Wochen einmal nach Berlin käme und mit Ihnen dann zur Gestapo ginge? Wäre es ev. angezeigt, daß Sie vorher direkt bei der Gestapo um eine Beprechung nachsuchen würden?«

Nach mehreren Briefen, die zwischen Berlin und München hin- und hergingen, kam es zu folgenden neuen Vereinbarungen: Ministerialdirigent Dr. Werner Best im Reichssicherheitshauptamt[32] bestätigte in einer Besprechung mit Bischof Wienken, daß die Freiheit in der Verkündigung der religiösen Wahrheiten der Kirche gewährleistet sei. Auch wurde erneut zugesichert, daß in Zukunft von einer beabsichtigten Anordnung eines Redeverbotes oder einer Anweisung seitens der Geheimen Staatspolizei mit dem jeweiligen zuständigen Ordinariat Fühlung genommen werden soll.[33] Ein Zugeständnis von seiten der Gestapo!

Was P. Mayers Person selbst anging, war die Antwort von Bischof Wienken eher rätselhaft-andeutend: »Sehr dringend habe ich sodann Herrn Min. Dirigenten Dr. Best gebeten, daß die Angelegenheit des H. Herrn P. Rupert Mayer baldigst geregelt werde. Es wurde eine wohlwollende Nachprüfung zugesichert. Freilich wurde auch darauf hingewiesen, daß das Geheime Staatspolizeiamt in dieser Sache nicht allein zu entscheiden habe, sondern daß auch noch andere höchste Stellen daran interessiert sind und vor der Erledigung gehört werden müssen.«[34]

Wer waren die »anderen höchsten Stellen«? War es Hitler, der Mayer seit 1919 kannte? Es konnte sich auch um Heinrich Himmler handeln, der bei Anordnungen, die P. Mayer betrafen, gewiß immer die Hände im Spiel hatte – zumal zu dieser Zeit, in der in

---

32 Dr. Werner Best (1903–1989), 1929 Gerichtsassessor (»Boxheimer Dokumente«), 1933 Landspolizeipräsident in Hessen, oberster Rechtsberater der Gestapo, 1939–1940 Leiter des Amtes I des RSHA, 1941 im Verwaltungsstab des Militärbefehlshabers in Frankreich, 1942–1945 Reichsbevollmächtigter für Dänemark; 1948 von einem dänischen Gericht zum Tod verurteilt, dann begnadigt zu fünf Jahren Haft, 1951 aus der Haft entlassen; weitere Prozesse gegen ihn folgten.
33 Brief vom 21. 10. 1938 (HA Neuhäusler im EAM).
34 Ebd.: EAM.

München bereits die »konspirative Monarchistische Bewegung« von der Gestapo aufgerollt wurde. Eine Aktion, bei der der Gestapo wiederum der Name Rupert Mayer unter die Augen kommen sollte.

FEIERLICHE GELÜBDE

Diese schwierigen Zeiten für P. Mayer endeten mit einer doppelten großen Bestätigung seines Tuns von seiten seines Ordens. Denn er empfing ein Schreiben des Generals der Jesuiten, Wladimir Ledochowski, vom 9. August 1937. In diesem sehr persönlichen Text anerkannte der General den – wenn auch schmerzvollen – Weg, den P. Mayer in den letzten Wochen zu gehen hatte. Er äußerte auch seine Enttäuschung darüber, daß man Mayers große Verdienste während dieser Auseinandersetzungen nicht gewürdigt habe und er drückte seine Hoffnung aus, »daß Sie in Freiheit bleiben und bald wieder ihre segensreiche, schöne Tätigkeit aufnehmen können«. P. Mayer war offensichtlich von diesem Schreiben sehr beeindruckt. Er hat den Brief lange bei sich getragen.[35]

Von der Sache her entsprach diesem Schreiben die Zulassung P. Mayers zu den feierlichen Profeßgelübden, die auch der P. General erteilt. In der Chronik der Residenz bei St. Michael ist unter dem 15. September 1938 notiert: »Heute Donnerstag, dem Fest der Sieben Schmerzen Mariä, durfte P. Rupert Mayer, aus besonderer Vergünstigung des hochw. P. Generals in Anbetracht seiner Verdienste, die feierlichen Profeßgelübde ablegen, in der Kreuzkapelle, in die Hände des hochw. P. Provinzial Augustin Rösch, assistiert von unserem Superior Georg Waldmann. Zeugen dabei waren Rechtsanwalt Justizrat Dr. Warmuth (Verteidiger P. Mayers in seiner Gerichtsverhandlung) und der Präfekt der Männerkongregation, Joseph Lurtsch. Ministranten waren P. Delp und P. König.«[36] Der Ort der Gelübde, die Teilnehmer an diesem Fest

---

35 ML 445–446.
36 HistM 92–93. Joseph Lurtsch (1881–1952), Reichsbanksekretär, Präfekt der Marianischen Männerkongregation. – Zu P. Delp vgl. Bleistein, Alfred Delp; zu

und nicht weniger der Termin sprechen eine deutliche, teilweise eine prophetische Sprache. Für P. Mayer wird diese feierliche Übergabe an Gott und in seinen ungeteilten Dienst zugleich eine Bestätigung seines kritischen Weges und eine Ermutigung für ein unbeugsames Festhalten an seinem Kurs gewesen sein.

Wie Rupert Mayer selbst diese beschwerliche Zwischenzeit[37] einschätzte, kam in einem Gebetsandenken zum Ausdruck, das er zu seinem 40jährigen Priesterjubiläum am 2. Mai 1939 an die Gläubigen verteilte. Als Schriftwort hatte er gewählt: »Alles geschieht um euretwillen, damit die Gnade auf recht viele überströme und so der Dank sich mehre zur Verherrlichung Gottes. Darum verzagen wir nicht. Mag auch unser äußerer Mensch aufgerieben werden, unser innerer erneuert sich jeden Tag« (2 Kor 4,15f). P. Mayer fügte hinzu: »Am Tage des hl. Athanasius wurde ich vor 40 Jahren zum Priester geweiht. Allen, die diesen Gedenktag still mit mir im Gebete feiern, sage ich von ganzem Herzen Vergelt's Gott!« Erst in dieser gefährdeten Lebenssituation hatte P. Mayer für sich den heiligen Athanasius entdeckt, jenen Mann, der als Patriarch von Alexandrien (295–373) um der Wahrheit des Glaubens willen des öfteren vertrieben, ausgewiesen und verbannt worden war. Über 17 Jahre seines Lebens hatte er im Exil verbracht. In diesem Heiligen und Kirchenlehrer hatte Mayer nun ein tröstendes Vorbild gefunden: seinen Patron.

P. Lothar König: Dossier Kreisauer Kreis, 11–32.
37 P. Mayer hielt im geheimen regelmäßig Vorträge im kleinen Kreis. Als er dann im November 1939 verhaftet wurde, führte P. Alfred Delp diese Arbeit bis 1941 weiter; vgl. Berta Hofmann, Meine Erinnerungen...12–15 (ARM 10.1.9).

Die dritte Verhaftung

P. Mayer war seiner staatskritischen Predigten wegen noch nicht verurteilt, als schon sein Name bei der Gestapo in einem anderen verdächtigen Zusammenhang auftauchte, nämlich im Kontext der »Monarchistischen Bewegung«, einer konspirativen Widerstandsgruppe, die sich dem bayrischen Königshaus verbunden wußte.

KONTAKTE ZUR MONARCHISTISCHEN BEWEGUNG

Bereits am 1. März 1937 sagte Josef Zott[1], einer der Hauptverantwortlichen der Monarchistischen Bewegung, in einem Verhör aus, daß man den Versuch gemacht habe, den Jesuitenpater Rupert Mayer für die Bewegung zu gewinnen. Der Kommentar von Regierungsassessor Weintz, Gestapo München, in seinem späteren Bericht von 187 Seiten über die Monarchisten (vermutlich Oktober 1939) auf diese Nachricht lautete: »Mayer ist ein schwerkriegsbeschädigter Geistlicher mit großer rednerischer Begabung, der in früheren Jahren von gewissen katholischen Bevölkerungsteilen Münchens wegen seiner gehässigen Angriffe gegen den Nationalsozialismus geradezu gefeiert wurde. Staatspolitische Maßnahmen und Gerichtsverfahren mußten gegen ihn durchgeführt werden, um ihn zur Mäßigung bei seinen hetzerischen Kanzelre-

---

[1] Josef Zott (1901–1945), Städt. Bauaufseher, Hauptkreisleiter der (Katholischen) Monarchistischen Bewegung für München – Oberbayern und Kreisleiter für München; verhaftet am 4. 8. 1939 und – nach einem Prozeß vor dem Volksgerichtshof – am 15. 1. 1945 in Brandenburg hingerichtet.

den zu bringen. In der letzten Zeit sind fast keine Klagen mehr gegen ihn laut geworden, ebenso fanden sich keine Anhaltspunkte, daß er der monarchistischen Bewegung seine Unterstützung gewährt habe.«[2] Trotz dieses zurückhaltenden Urteils über Mayer war die Widerstandsgruppe verdächtig. Die Gestapo observierte sie weiterhin. Offensichtlich maß sie ihr eine große Bedeutung bei; denn sie setzte eine Sonderkommission ein, zu deren Leiter Regierungsassessor Weintz ernannt wurde. Ab Mitte 1938 begann sie die Monarchistische Bewegung aufzurollen und hatte am 25. Oktober 1939 bereits 133 Leute von ihr verhaftet.[3]

Während der vielen Verhöre, unter denen die von Josef Zott im August und September 1939 von besonderer Bedeutung sind, kam am 27. September 1939 auch der »etwa 6 Seiten umfassende Schreibmaschinenbericht über eine Gerichtsverhandlung gegen Rupert Mayer« ins Gespräch.[4] Er sei in mehreren Exemplaren verteilt worden. Die Gestapo vermutete sogar 500 Exemplare, die in der Bevölkerung kursiert seien. Wieder war der Name Mayer in den Verhören aufgetaucht. Den Ausschlag für die Verhaftung Mayers mag dann Michael Fischer gegeben haben, der als Spitzel der Gestapo zur Monarchistischen Bewegung zählte und vermutlich mit jenem »Müller« identisch ist, von dem P. Mayer als einem seiner Besucher in seinem Lebensbericht[5] erzählte. Es war also eine Eskalation von Verdächtigungen, die am 3. November 1939 zur dritten Verhaftung Mayers führte. Die Gestapo hatte lange zugewartet; denn seit dem 4. August 1939 hatte sie einen Monarchisten nach dem anderen verhaftet, allein am ersten Tag fast 40 auf einmal.

Der Verhaftung Mayers war eine Vorladung bei der Gestapo am 29. September vorausgegangen, zu der Mayer wie üblich mit der Aktentasche, also mit dem Notwendigsten für sein Leben, erschien. Er wurde nach seinen Kontakten zu einem Herrn »Müller«

---

2 StAM Gestapo 56.
3 Seutter von Lötzen, Bayerns Königstreue im Widerstand, 114–125; Seutter über Weintz: »eine ebenso unmögliche Figur wie ausgesprochener Berliner Fatzke« (ebd. 50).
4 Bundesarchiv Potsdam NJ 1245, Bd. 3. Es handelt sich um die vom Münchner Ordinariat erstellte Kurzfassung des Prozeßberichts.
5 ML 98–99.

befragt. Er verweigerte die Aussage – und wurde wieder entlassen. Doch er hatte ein ungutes Gefühl. Er notierte später: »Ich ging mit dem Bewußtsein nachhause, daß die Sache noch nicht erledigt sei, sondern das dicke Ende noch komme. Das habe ich in St. Michael gesagt, und überall da, wo von der Vernehmung gesprochen wurde.« Domkapitular Neuhäusler ermutigte P. Mayer, er solle den Vorgang dem Herrn Kardinal berichten. Aber Mayer hatte da seine Probleme, wie er später (1943) bemerkte: »Aber seit der Silvesterpredigt 1938 über die Einfachheit war in meinem Herzen etwas gesprungen, was mich abhielt, mich dort noch einmal sehen zu lassen.«[6] In jener Silvesterpredigt hatte der Kardinal nämlich gesagt: »Das ist der Vorzug unserer Zeit: Auf der Höhe des Reiches haben wir das Vorbild einer einfachen und nüchternen, alkohol- und nikotinfreien Lebensführung. Wenn die deutsche Jugend und die deutschen Männer in dieser Stunde die vernünftige Einfachheit in der Lebensgestaltung nicht lernen, werden sie es niemals lernen.«[7] Mayer war über diesen positiven Hinweis auf Adolf Hitler entsetzt; er verstand den Kardinal nicht mehr, mit dem er doch bisher in einer Front gegen den Nationalsozialismus gestanden hatte. Wirkte hier vielleicht noch die Begegnung Faulhabers mit Hitler am 4. November 1936[8] auf dem Obersalzberg fort?

Am 3. November 1939 gegen neun Uhr[9] kamen zwei Gestapobeamte nach St. Michael; es ging ihnen um eine Liste von Theologen, die im Krieg waren. Mayer lieferte diese aber nicht aus. Daraufhin wurde er verhaftet: »Per Auto gings ins Wittelsbacher Palais. Dort wurde ich in einem sehr großen Zimmer ... schon erwartet. Das Verhör wurde von einem Regierungsassessor namens Weinz oder Wenz geleitet, während Regierungsrat Schimmel im Hintergrund stand und nicht zu Wort kommen konnte, weil das der Assessor zu verhindern wußte. Dieser sprach nicht mehr vom Verzeichnis der Theologiestudierenden, sondern fing

---

6 ML 100.
7 Michael von Faulhaber, Das Lied der neuen Zeit, die Einfachheit; in: Paulus 16 (1939) 157.
8 Volk, Akten Faulhaber I, 184–194.
9 Laut Hauschronik von St. Michael kamen die Beamten um 8.25 Uhr. Sie verließen das Haus mit dem verhafteten P. Mayer um 10.27 Uhr (HistM 99).

gleich an vorzulesen, was der früher genannte Müller über seinen Besuch bei mir beim Gestapoverhör angegeben hatte. Der Assessor richtete an mich die beiden Fragen, wie viele Leute in den letzten Jahren in der Königsparteiangelegenheit bei mir vorgesprochen hätten und wer das gewesen sei. Ich blieb bei der Verweigerung jeglicher Aussage.«[10] Damit waren das Thema und der Konflikt genannt: Das Thema hieß konspirativer Widerstand; der Konflikt brach am Ende an der Verschwiegenheit eines Geistlichen aus.

In seinem Lebensbericht notierte P. Mayer noch folgenden Einwurf des Assessors: »Ich wollte scheint's mit Gewalt Martyrer werden. Ich entgegnete, das Martyrium dürfe man nicht herausfordern. Das würde ich auch nicht tun. Aber die Schweigepflicht müsse ich unter allen Umständen halten.«[11] War das damals in der Tat die Alternative: reden und damit die Schweigepflicht brechen oder ein Märtyrer werden?

KONFLIKT MIT DER GESTAPO

An diesem 3. November 1939 kam es dann zu einer heftigen Auseinandersetzung zwischen dem Ordinariat, vertreten durch Domkapitular Neuhäusler,[12] und der Gestapo, die in Regierungsassessor Weintz ihren Sprecher fand. Drei Kontakte zwischen beiden sind für diesen Tag zu verzeichnen. Nachdem im Ordinariat bekannt geworden war, daß neben dem Jugendseelsorger Kurat Stephan Wellenhofer[13] auch bei P. Mayer nach Sammeladressen von Feldzugsteilnehmern gesucht und Mayer verhaftet worden war, rief Domkapitular Neuhäusler bei der Gestapo, bei Regierungsrat Schimmel, an und stellte im Hinblick auf diese Feldpostbriefe klar: Das Verbot vom 31. Oktober 1939, Feldpostanschrif-

---

10 ML 102–104.
11 ML 103.
12 Zum ganzen Vorgang vgl. Handakte Neuhäusler im EAM.
13 Stephan Wellenhofer (1895–1980), 1919 Priester, 1930 Diözesanpräses des Kath. Jungmännerverbands, 1938–1948 Diözesanjugendseelsorger für Männerjugend, 1948–1969 Pfarrer in München/Fronleichnam.

35 Kundgebung
der Katholischen Männervereine
auf dem Königsplatz in München
(7. 5. 1933)

36 P. Provinzial Augustin Rösch SJ

37 Feier des 60. Geburtstags am 23. Januar 1936 in der Hauskapelle der Familienschwestern

38 Nach einer der Predigten im Jahr 1937. Rechts im Bild ein Gestapo-Mann

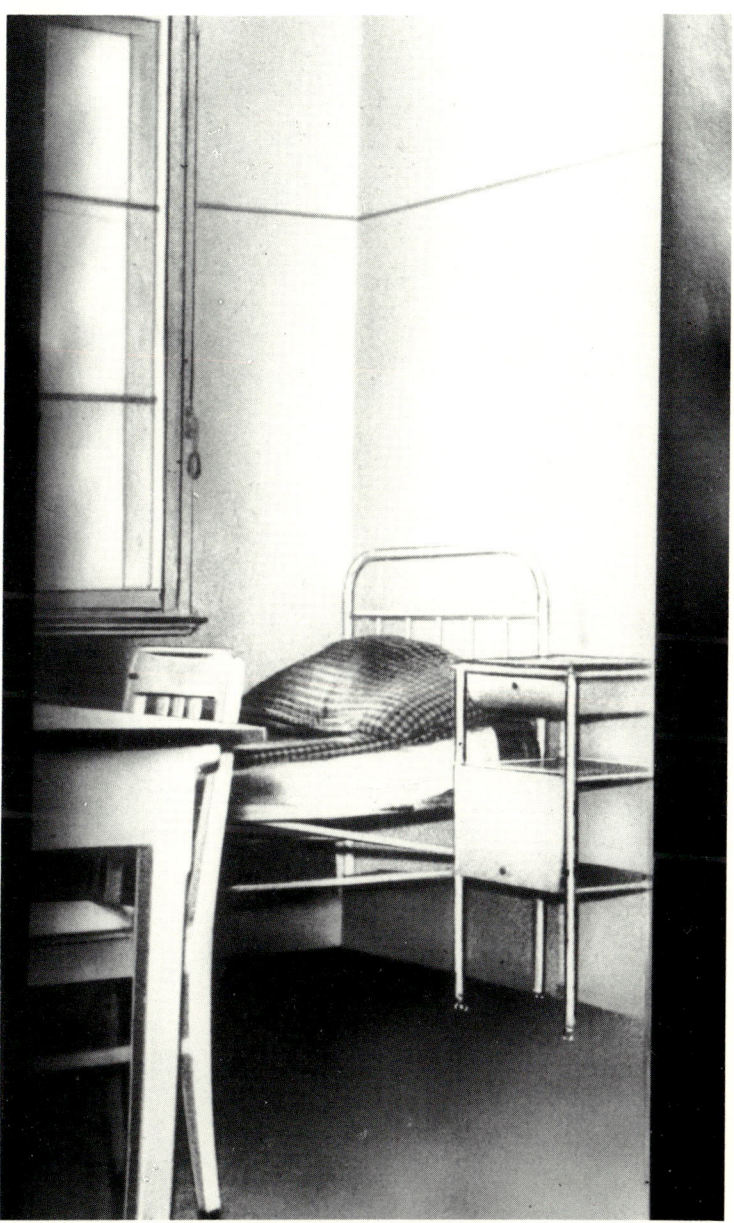

39 Gefängniszelle von P. Mayer in Stadelheim/München

40 Das Wittelsbacher Palais an der Briennerstraße: Gestapozentrale München

41 Blick auf das Gefängnis in Landsberg am Lech

Konflikt mit der Gestapo 289

ten zu sammeln, sei erst am 2. November dem Generalvikar bekannt geworden; es habe demnach noch nichts unternommen werden können; es sei selbstverständlich, daß die Geistlichen »ihren Seelsorgsbefohlenen ins Feld schreiben usw.«. Neuhäusler wurde daraufhin zu Regierungsrat Weintz, Zimmer 33, im Wittelsbacher Palais bestellt.

Um 11.45 Uhr ging Neuhäusler zur Gestapo. Er berichtete: »Nach kurzem Warten kam Herr P. Rupert Mayer aus dem großen Saalzimmer des H. Regierungsrat Weintz und Neuhäusler wird vorgelassen. Herr Regierungsrat berichtet kurz, daß die Gestapo im August/September eine monarchistische Bewegung aufgedeckt habe. Dabei sei festgestellt worden, daß man auch an P. Rupert Mayer herangetreten sei mit der Einladung, dieser Bewegung beizutreten. Als schlauer Fuchs habe er dieses Ansuchen abgewimmelt. Weil der Gestapo bekannt war, daß Leute dieser Bewegung bei P. Rupert Mayer gewesen seien, habe sie ihn am 29. September 1939 und am 3. November hierüber vernommen. Die Protokolle hierüber werden Neuhäusler vorgelesen. Die in diesen Protokollen niedergelegte absolute Weigerung von P. Rupert Mayer zu irgendwelchen diesbezüglichen Aussagen würden eine Unbotmäßigkeit gegenüber dem Staat darstellen und könnten nicht geduldet werden. Bevor die Geheime Staatspolizei weitere Schritte tue, möchte sie der höchsten kirchlichen Stelle hierorts, Herrn Kardinal, Gelegenheit geben, die Auffassung von P. Rupert Mayer zu erfahren und eventuell auf ihn belehrend einzuwirken.« Neuhäusler sagte dann, er könne nur angesichts des genauen Wortlautes etwas unternehmen. So wurde das Wichtigste aus den Protokollen ihm zu stenografischen Notizen bekanntgegeben.

P. Mayer hatte in diesem Protokoll eindeutig gesagt, er bleibe trotz des Vorhaltens, daß er dadurch eine Unbotmäßigkeit gegenüber dem Staat begehe, auf seiner Aussageverweigerung bestehen. Er schloß seine Aussage mit den Sätzen: »Ich bin der felsenfesten Überzeugung, daß ich über alles, was mir von meinen Besuchern schlechthin als Seelsorger mitgeteilt wird, strengstes Stillschweigen gegenüber jedermann und jeder Behörde zu halten habe. Ich fasse diese Stillschweigeverpflichtung so weit auf, daß ich auch über gemeine Verbrechen wie Mord u. a. schweigen muß.« Daraufhin geriet Neuhäusler mit Regierungsrat Weintz in einen Disput, wie weit das Seelsorgegeheimnis gehe. Er rechtfertigte die Aussage Mayers, Weintz bestritt sie: sie gehe ihm zu weit; im übrigen gehe es ihm nicht darum, dies oder jenes zu erfahren, sondern um das Prinzip: P. Mayer weigere sich überhaupt, der Staatspolizei Erklärungen abzugeben. Als Grund dieses Verhaltens Mayers stellte Neuhäusler heraus: Mayer fühle sich – im Zusammenhang seiner Haftverbringung nach Landsberg – durch die Gestapo beleidigt, da diese wahrheitswidrig nach Berlin berichtet habe, daß er seinerzeit in Stadelheim zu gut behandelt worden sei. »Solange ihm hierfür nicht eine Sühne wird, wird er freilich der Staatspolizei jede Erklärung verweigern.« Neuhäusler wollte dann noch wissen, ob es sich bei Mayers Verhaftung um Schutzhaft oder Untersuchungshaft handle. Weintz erklärte den Tatbestand: es handle sich eher um eine Schutzhaft, da Mayer an der illegalen Sache selbst nicht beteiligt sei. Dann wies er vorsorglich darauf hin, daß bei einer eventuellen Festnahme Mayers von seiten der Kirche »in beruhigender Weise auf die Bevölkerung und auf die Geistlichkeit einzuwirken ist«. »Sollten sich Vorgänge ereignen, die die öffentliche Ruhe, Ordnung und Sicherheit gefährden, so wird von seiten der Staatspolizeileitstelle München die ausschließliche Verantwortung der kirchlichen Behörde auferlegt, wenn nicht von derselben vorbeugende Maßnahmen zur Beruhigung ergriffen worden sind. Die Staatspolizeileitstelle München hält es für angebracht, im Falle der eventuell anzuordnenden Festnahme des Pater Mayer eine Verständigung der nachgeordneten kirchlichen Behörden darüber herbeizuführen, daß durch Geistliche jegliche Erörterung der staatspolizeilichen Maßnahmen zu unterbleiben habe.« Weintz sagte sogar, daß zum Begriff »Erörterung« auch die Abhaltung von Bittgottesdiensten zähle. Dem war zu entnehmen, daß die Gestapo einen harten Kurs fuhr und sich nicht auf das Risiko eines öffentlichen Eklats einlassen wollte. Zumindest fürchtete sie einen solchen Vorfall. Er war angesichts des großen Sieges im Krieg gegen Polen höchst unerwünscht.

Nach weiteren Debatten über Sinn und Inhalt der Schweigepflicht, in denen sich die genannten Positionen unversöhnlich gegenüberstanden, machte sich Neuhäusler auf den Weg, um Kardinal Faulhaber den Fall vorzutragen. Leider lag der Kardinal krank zu Bett, so daß Neuhäusler ihn nur eine halbe Stunde am Krankenbett sprechen konnte. Die Erklärung, die er dann um 17 Uhr bei der Gestapo abgab, hatte er infolgedessen in der Formulierung selber zu verantworten.[14]

Um 17 Uhr gab Neuhäusler eine Erklärung mit sieben Punkten ab, deren wesentlicher Inhalt zusammengefaßt so lautet:

1. Kardinal Faulhaber ist überzeugt, P. Mayer erkenne als Christ, Priester und deutscher Staatsbürger voll die staatsbürgerlichen Pflichten an.

2. Der Kardinal sieht in der Weigerung Mayers keine »Unbotmäßigkeit«, sondern ein persönliches Gewissensurteil seelsorglicher Art.

3. Dieses Schweigerecht ist im Reichskonkordat reichsgesetzlich geschützt. »Der Bischof kann sich in diese Gewissensfrage des einzelnen nicht mit Befehlen einmischen.«

4. Der Kardinal versteht den Begriff »Mord« in der Erklärung Mayers als Hinweis auf einen begangenen Mord.

5. Die Verantwortung für eventuell entstehende Unruhen bei der Verhaftung Mayers kann die oberhirtliche Stelle nicht übernehmen. »Sie erklärt sich aber auf das besondere Ersuchen der Staatspolizei bereit, den Geistlichen zu verbieten, den Fall P. Rupert Mayer irgendwie in der Kirche zu behandeln.«

Wörtlich fuhr Neuhäusler dann in der Erklärung fort:

»6. Würde man die oberhirtliche Stelle für jede Beunruhigung (in diesem Falle) verantwortlich machen, so könnte man sie ebenso gut für die in Frage stehende illegale Bewegung oder für die Teilnahme von Geistlichen an derselben verantwortlich machen, obwohl sie hiervon nicht das Geringste wußte.

7. Sollte die Gestapo sich verpflichtet fühlen, die Sache vor die allerhöchste Stelle zu bringen, so muß der Kardinal sich vorbehalten, dieser allerhöchsten Stelle noch einige andere Vorkommnisse

---

14 Kardinal Faulhaber notierte im Tagebuch: »3. November 1939. Casa nova von Staatspolizei wegen RM. Der Kardinal soll bis 5 Uhr eine Erklärung abgeben, daß er sich verpflichtet, die Personen zu nennen, die bei mir (!) waren, andernfalls würde es an höherer Stelle vorgelegt. Ich liege mit Fieber im Bett, wir entwerfen allg. eine Antwort« (Mitteilung von Prälat J. Waxenberger im Brief vom 12. 8. 1991).

vorzulegen, z. B. die unerhörte Störung der diesjährigen Fronleichnamsprozession.«[15]

Persönlich fügte Neuhäusler als seinen Nachtrag an, daß Mayers staatstreue Gesinnung gerade darin zum Ausdruck komme, »daß er seit Jahr und Tag das Predigtverbot der Gestapo achtete, so ungeheuer schwer ihm dies auch fiel«.

Zum Abschluß der Unterredung sagte Weintz Neuhäusler zu, ihm »noch in den nächsten Stunden die Entscheidung der höheren Stelle mitzuteilen«. Als Neuhäusler kurz vor 19 Uhr telefonisch verständigt werden sollte, war er nicht zu erreichen. Deshalb rief er selbst um 19.15 Uhr bei der Gestapo an. Dort wurde ihm mitgeteilt: »Herr Regierungsrat Weintz ist nicht mehr da. Ich soll Ihnen folgende Mitteilung machen: Der höhere SS- und Polizeiführer in Bayern hat die Festnahme des P. Rupert Mayer wegen Unbotmäßigkeit angeordnet. Regierungsrat Weintz beehrt sich, hiervon Kenntnis zu geben.« So war am Abend dieses bewegten Tages die Situation klar: Die Gestapo hatte in Sachen P. Mayer das Heft fest in der Hand und ließ sich in nichts hineinreden.

Die neuerliche Verhaftung Mayers hatte natürlich Nachwirkungen, von seiten des Ordinariats wie von anderen politischen Stellen.

Das Ordinariat gab bereits am anderen Tag, am 4. November 1939, ein Schreiben an den »hochwürdigen Klerus der Erzdiözese München und Freising« heraus, dessen Wortlaut in seiner vollen Bedeutung erst nach Kenntnis der vorausgehenden Verhandlung mit der Gestapo zu erfassen war: »Mit lebhaftem Bedauern geben wir dem Diözesanklerus Kenntnis, daß gestern, den 3. November 1939, der höhere SS- und Polizeiführer in Bayern die Festnahme des P. Rupert Mayer S. J. wegen Unbotmäßigkeit angeordnet hat. Die Unbotmäßigkeit erblickt die Geheime Staatspolizei nach den uns bekannt gewordenen Mitteilungen in der Aussageverweigerung des Paters in einer Sache, welche die Geheime Staatspolizei im Gegensatz zur Auffassung von P. Mayer als nichtseelsorgerlich

---

15 Gerade als das Allerheiligste vorbeigetragen wurde, riefen zwei Männer weit vernehmbar vom Balkon des Spatenbräurestaurants: »Landesverräter«. Die beiden wurden von beherzten Katholiken ergriffen und der Gestapo übergeben. Von der Gestapo wurde allerdings nichts gegen diese Störer unternommen. Vgl. Loichinger, Die Münchner Fronleichnamsprozession; Schwaiger II, 116.

erachtet. Irgend eine Erörterung oder Erwähnung des Falles in der Kirche hat zu unterbleiben. Allenfalls notwendige weitere Informationen oder Maßnahmen behält sich die oberhirtliche Stelle selbst vor.« Der Text war von Generalvikar Buchwieser gezeichnet – und sollte dem »Frieden im Staat« dienen, obgleich der Schlußsatz etwas rätselhaft schien. Ein letzter Rechtsvorbehalt?

Eine weitere Reaktion kam vom bayerischen Innenminister und Gauleiter Adolf Wagner, dem die Erklärung Neuhäuslers im Falle Mayer zugespielt worden waren. Er verstand den Punkt 7 als Drohung. Deshalb wurde Neuhäusler am 6. November 1939 wieder zur Gestapo gebeten. Er erschien um 11.30 Uhr. Dort wurde er von dem Protest des Ministers Wagner unterrichtet: »Der Herr Staatsminister ersucht um eine sofortige Äußerung, die noch im Lauf des heutigen Tages bei der Staatspolizeileitstelle München einzureichen ist.«[16]

Neuhäusler legte dem noch immer kranken Kardinal einen Briefentwurf vor, den dieser bis auf zwei Anführungszeichen, die er beim »Hochverrat« setzte, billigte. Der Kardinal notierte auf einem kleinen beigefügten Zettel: »Ich war der Meinung, die höchste Stelle sei das Polizeiamt Berlin. Von Staatsminister Wagner war keine Rede, soweit ich mich erinnere.« Dieser Brief Neuhäuslers klärte zuerst den Begriff »Drohung« nach der Definition des Strafgesetzbuches und legte dann den näheren Zusammenhang des inkriminierten Textes dar. Neuhäusler schrieb am Ende wörtlich: »Im übrigen deutet die Anführung dieses Punktes an letzter Stelle der Erklärung an, daß ihm keine wesentliche Bedeutung beigemessen wurde, vielmehr nur die Absicht kundgetan werden wollte, jene höchste oder allerhöchste Stelle, welche sich für die Aufdeckung der Münchner Hochverratssache innerhalb der nächsten paar Stunden interessiere, auch dafür zu interessieren, daß bei Gelegenheit der Fronleichnamsprozession in aller Öffentlichkeit den unmittelbar um das Allerheiligste gescharten Teilnehmern der Vorwurf ›Landesverräter‹ gemacht wurde, eine Be-

---

16 Der Kardinal notierte im Tagebuch: »Gestrige Erklärung von H. Staatsminister als Drohung aufgefaßt, man erwarte eine neue Erklärung. 16 Uhr wird die neue Erklärung fertig, ich muß sie ergänzen und will sie hinüberschicken« (Information von Prälat J. Waxenberger im Brief vom 12. 8. 1991).

leidigung schwerster Art, die seit 6 Monaten der Sühne harre.«
Neuhäusler stellte die Tatsachen klar, ohne klein beizugeben; denn
er erneuerte einschlußweise den Vorwurf, daß man im neuen Staat
selektiv nach Recht und Ordnung schaue.

In den folgenden Wochen war es verboten, P. Mayer zu besuchen. Ein Antrag (für P. Rösch?) von Dr. Warmuth wurde »kategorisch« abgelehnt, mit der Begründung: Ein Besuch sei so lange nicht möglich, als »Herr Pater Rupert Mayer keine Angaben mache«. Allein die Mitbrüder von St. Michael ließen ihm Dienstag und Freitag das zukommen, was er gewünscht hatte.

IN HÄNDEN DER GESTAPO

In den folgenden Wochen wurde es still um P. Mayer. Nur ein alter Freund Mayers, Generalmajor Karl Jaud,[17] zu dessen Regimentsstab einst der Kriegspfarrer Mayer zählte, teilte auf Anregung der Nürnberger Jesuiten am 17. November 1939 dem Ordinariat mit, er sei gern bereit, beim »Reichsführer Himmler ein gutes Wort für Mayer einzulegen«. Er fragte nun beim Ordinariat an, ob es sich davon einen Erfolg verspreche und ob er sich selbst durch ein solches Engagement nicht gefährde. Generalvikar Buchwieser antwortete ihm am 27. November 1939, es habe am ehesten ein Wort von militärischer Seite Aussicht auf Erfolg. Als mögliche Fürsprecher für Mayer nannte er den obersten Leiter der Geheimen Staatspolizei, Staatsminister Wagner, und das Oberkommando der Wehrmacht. Im übrigen solle er sich natürlich nicht gefährden. Generalmajor Jaud schrieb dann nach einem Monat, am 16. Dezember 1939, an die Mutter Mayers, es sei zunächst aussichtslos, sich für ihren Sohn zu verwenden. Er habe sich an den mit ihm befreundeten persönlichen Adjutanten des Feldmarschalls Göring um Rat gewandt, aber keine Antwort erhalten. Er habe sich auch mit einem Polizeipräsidium in Verbindung gesetzt, das den Fall Mayer gut kenne. Ihm sei aber auch hier glattweg

---

17 Karl Jaud (1864–1944), Generalmajor im 19. Bayr. Inf. Reg.; Brief von Jaud an Mutter Mayer vom 16. 12. 1939 im ARM 6.8.

abgewinkt und indirekt zu verstehen gegeben worden, P. Mayer sei bei der Reichsführung so angekreidet, daß von vornherein auch die wärmste Fürsprache jetzt aussichtslos wäre. Auf diesem Wege war also nichts zu erreichen. Aber es war zumindest geklärt, daß der »Fall Mayer« in Berlin zur Entscheidung vorlag, selbst wenn die Instanz »Reichsführung« offenließ, ob es sich in ihr um Hitler selbst oder um Himmler handelte. Fest stand: Mayer war ein Fall »erster Klasse«.

Fernab von all diesen Unternehmungen schrieb Mayer am 27. November 1939 aus dem Gefängnis Wittelsbacher Palais an seine Mutter einen Brief: Über das, was ihn wieder ins Gefängnis gebracht habe, könne er nichts schreiben; doch er gestand, daß er »dem lieben Gott in den letzten stillen Wochen innerlich ein gutes Stück näher gekommen zu sein« glaube.[18]

Wie ging es nun mit P. Mayer weiter? Aus dem Lebensbericht Mayers ist zu erfahren, daß er plötzlich in der Nacht vom 22. auf den 23. Dezember 1939 aus München abtransportiert und in das Zellengefängnis des KZ Sachsenhausen gebracht wurde.

Einige Unklarheiten, die in München über den Verbleib Mayers herrschten, wurden erst am 3. Januar 1940 beseitigt. Um 11 Uhr wurde Neuhäusler[19] fernmündlich mitgeteilt, Regierungsrat Weintz lasse bitten, gelegentlich vorbeizukommen. Er habe ihm ein Schriftstück in Sachen Rupert Mayer vorzulegen. Man vereinbarte 15 Uhr als Zeit des Treffens. Anstelle von Weintz las Kriminalrat Häusler[20] Neuhäusler folgenden Text von der Gestapo vor: »Der Reichsführer SS hat auf Grund des Berichtes vom 28.11.39 angeordnet, daß P. Rupert Mayer in Schutzhaft zu nehmen ist. Als Kriegsbeschädigter ist er in einer besser ausgestatteten Zelle unterzubringen. P. Rupert Mayer wurde in letzter Zeit in steigendem Maße von illegalen und reaktionären Personen aufgesucht. Er erklärt, hierüber aus seelsorglichen Gründen nichts aussagen zu können. In seiner Vernehmung am 3.11.39 hat er ausdrücklich erklärt, auch einen ihm etwa gebeichteten Mord nicht bekanntge-

---

18 MB vom 27.11.1939.
19 Handakte Neuhäusler (EAM).
20 Kriminalrat Häusler: Nicht verifiziert. – Es fehlt bislang eine Studie über die Gestapo München (Wittelsbacher Palais).

ben zu können. Da nicht damit zu rechnen ist, daß P. Mayer von seinem Standpunkt abgeht, was von katholischem Standpunkt aus erklärlich ist, andererseits aber der Staat ein Interesse daran hat, Illegalitäten zu verhindern und Mördern nicht bei Geistlichen Deckung finden zu lassen, wird zur Vermeidung weiterer solcher Konflikte verfügt, daß P. Mayer für die Dauer des Krieges in Isolierungshaft zu nehmen ist.«
Verständlicherweise erbat Neuhäusler eine Abschrift des Erlasses. Diese wurde ihm jedoch verweigert. Ebenso wurde ihm nicht gesagt, wo Mayer nun sei. Das wisse man nicht, hieß die Antwort, was sogar zutreffen mochte. Als Neuhäusler am 4. Januar endlich Regierungsrat Weintz telefonisch erreichte, wurden ihm beide Bitten wiederum nur kurz abgeschlagen. Auch weitere Bitten nach Besuchserlaubnis und nach der Möglichkeit, P. Mayer Beichte und Kommunion zukommen zu lassen, wurden abgewiesen. Selbst der Hinweis Neuhäuslers, die ausweichenden Antworten der Gestapo könnten in der Bevölkerung die Befürchtung wecken, daß P. Mayer nicht mehr lebe, machten auf den Gestapomann keinen Eindruck.

Doch das Ordinariat ließ nicht locker. Nach einigen Tagen Ruhe setzte Neuhäusler wieder an. Am 20. Januar 1940 schickte er an das Geheime Staatspolizeiamt Berlin einen langen Brief und trug die bereits in München vorgetragenen, aber abgeschlagenen Bitten erneut vor. Der Brief, am 65. Geburtstag Mayers verfaßt, schloß mit dem Hinweis: »Wir bitten um wohlwollende Behandlung dieser Bitten, zumal die von P. Mayer aus seelsorglichen Gründen eingenommene Haltung auch in der erwähnten Haftverfügung des Herrn Reichsführers SS als vom katholischen Standpunkt aus verständlich erklärt wurde und durch die einschlägigen gesetzlichen Bestimmungen gedeckt wird.«

Es sollten noch einige Wochen verstreichen, bis sich das RSHA endlich bereit erklärte, Mayers Aufenthaltsort preiszugeben. Am 9. Februar 1940 konnte Weihbischof Wienken dem Münchner Ordinariat mitteilen, er habe am Freitag im RSHA erfahren, daß Mayer im KZ Sachsenhausen bei Oranienburg sei. »Was die Gewährung von Erleichterungen für ihn betrifft, so wurde mir zugesichert, daß vor allem auf seine Kriegsbeschädigung weitgehend Rücksicht genommen werde.«

Diese Zusage wurde von der Gestapo eingehalten; denn der »Schutzhäftling« Mayer – im Zellengefängnis im KZ Sachsenhausen – genoß, nachdem die unermüdlich vom Ordinariat München und von Bischof Heinrich Wienken geäußerten Bitten erfüllt wurden, viele Ausnahmen vom harten Alltag eines Konzentrationslagers.

Im KZ Sachsenhausen

Einige Stunden vor seiner Abreise aus der Gestapozentrale in München teilte der Verwalter P. Mayer mit, er werde noch in dieser Nacht, also vom 22. auf den 23. Dezember, nach Oranienburg bzw. Sachsenhausen in das Konzentrationslager überführt. Aufgrund dieser Vorwarnung war Mayer nicht überrascht, als ihn nachts kurz vor 23 Uhr zwei Gestapobeamte von seiner Zelle holten. Sie fuhren mit ihm zum Bahnhof und bestiegen im Berliner-Zug ein Dritte-Klasse-Abteil, das innen und außen die Aufschrift trug: »Für Gestapo reserviert«. Mayer berichtete später: »Der Zug hatte große Verspätung. Erst gegen ein Uhr gings dahin. Ich hüllte mich anfangs in absolutes Schweigen, bis ich mich mit der Veränderung meiner Lage, die in ein neues Stadium getreten war, innerlich völlig abgefunden hatte und innerlich ganz ruhig geworden war. Ich betrachtete diese Abfahrt von München als einen Abschied auf Nimmerwiedersehen.«[1]

REISE INS UNGEWISSE

Sobald P. Mayer sich wieder gefaßt hatte, fragte er nach den Umständen des Attentats vom 9. November 1939; denn er hatte im Gefängnis an diesem Tag ein lautes Kommen und Gehen mitbekommen. Da mußte etwas Besonderes vorgefallen sein. Der Beamte Krauss behauptete, der Attentäter auf den Führer sei gefaßt worden. Aber Mayer traute dieser Aussage nicht. In diesem Zusammenhang sagte Krauss, es tue ihm leid, daß so oft ein katholischer Geistlicher wegen der Bischöfe verhaftet würde. »Ich

---

[1] ML 109.

sagte, er möge das näher erklären, wie er das meine. Da sagte er, die Gestapo habe geglaubt, sie müßte die schwersten Kämpfe mit dem Episkopat ausfechten. Und nun sei bis jetzt alles erstaunlich leicht gegangen. Ernste Schwierigkeiten machten der Gestapo nur einige Geistliche. Darum würden ihm die Herren leid tun. Das alles nütze nichts, es würde nur den Herren schweren Schaden bringen. Ich beruhigte den Krauss, indem ich ihm erklärte, daß ich mich nicht für die Bischöfe als Personen einsetzte, sondern daß ich meinen Kopf für den katholischen Glauben hinhielte. Und das habe mit der Haltung der einzelnen Bischöfe nichts zu tun.«[2]

Im Laufe der langen Bahnfahrt kamen zwischen den Reisenden noch andere Themen zur Sprache, etwa die Konversion des Gestapobeamten Krauss – und daß er jetzt wieder alles aufgegeben habe. Mayer stellte daraufhin fest, der Konvertitenunterricht sei wenig gründlich gewesen; und er fügte hinzu, wenn er mit dem Leben davonkäme, würde er ihn später einmal aufsuchen, wohl um den Konvertitenunterricht nachzuholen.

Sie kamen in Berlin an. Miteinander gingen sie zur Untergrundbahn. Auf Plakaten in der U-Bahn las Mayer ab, daß die Fahrt nach Norden ging. In Oranienburg blieb dann der jüngere Beamte bei Mayer, während Krauss mit dem KZ telefonierte. Mayer nutzte die Gelegenheit, den jungen Mann zu fragen, wie man sich auf den Gestapoberuf vorbereite. Offenbar kam diese Frage bei dem Gestapomann nicht gut an. Aber Krauss kehrte glücklicherweise rasch zurück und teilte mit, sie würden in Sachsenhausen erwartet und bald sei ein Auto für sie da.

Dann kam Mayers erste Begegnung mit einem KZ. Er berichtete: »Schweigend wurde in das von einem SS-Mann gesteuerte Auto eingestiegen. Und schon bald sah ich einen hohen Stacheldrahtzaun, und da bogen wir auch schon nach der Kontrolle durch den Wachtposten durch ein breites Tor in das Lager ein. Das Auto hielt an der ersten Barackenreihe an. Durch einen Posten wurden wir zu der Aufnahmebaracke geführt. Begrüßt wurden wir durch eine SS-Charge im Range eines Oberfeldwebels, d. h. ich wurde

---

[2] ML 110. Spätestens ab 1941 gab es eine Anordnung der Gestapoführung, sich auf keinen Fall mit katholischen Bischöfen einzulassen. Bestätigt durch den ehemaligen SS-Mann Dr. Karl Neuhaus (im RSHA) im Brief vom 1. 3. 1988.

Reise ins Ungewisse

wegen meiner Priesterkleidung überhaupt keines Blickes gewürdigt. Durch die Handbewegung wurde mir bedeutet, in ein weiter rückwärts gelegenes Zimmer einzutreten. Die Herren besprachen sich im Geschäftszimmer. Nach einiger Zeit wurde auch ich dorthin gerufen. Die SS-Charge beachtete meinen Gruß nicht, sondern fing gleich an, mich als Zentrumspfarrer höhnisch zu begrüßen. Das war mein erster und letzter Deutscher Gruß.«[3] Bald darauf wurde telefonisch angeordnet, daß Mayer in das (Zellen-) Gefängnis im KZ Sachsenhausen kommen solle. Er wurde sofort dorthin gebracht.

Sachsenhausen ist ein kleiner Ort 25 Kilometer nördlich von Berlin, nahe Oranienburg. Das KZ[4] wurde im Juli 1936 gebaut und zählte im Dezember 1937 bereits 2500 Gefangene in 51 Barakken, die hintereinander gestaffelt auf dem großen Appellplatz lagen. Als ständig Häftlinge vor allem aus Österreich, Polen und der ČSSR dazukamen, erreichte die Lagerstärke im Dezember 1940 eine Zahl von 10 577 Häftlingen.

Rechts des etwas pompösen Lagertores, jenseits der Baracken, standen diejenigen Häuser, in denen sich die Zellengefängnisse für besondere Häftlinge befanden. In diesen niederen Bauten, in den engen Gängen Zelle an Zelle, war auch Pastor Martin Niemöllers[5] für einige Jahre untergebracht. In einem der Häuser saß also P. Rupert Mayer einige Monate lang ein.[6]

---

[3] ML 113.

[4] Firns, Sachsenhausen 1936–1950, 5 ff.

[5] Martin Niemöller (1892–1984), evang. Pfarrer von Berlin-Dahlem, 1937–1945 KZ-Haft, zuerst in Sachsenhausen, dann in Dachau. – Alle Briefe dieses Vorgangs in: Handakte Neuhäusler (im EAM).

[6] Am 6. Oktober 1990 wurde im Zellenbau eine Gedächtniszelle für P. Rupert Mayer eingerichtet. Der Bau, in dem P. Mayer eingesessen hatte, wurde allerdings von der NVA (Nationale Volksarmee) wieder abgerissen. Vgl.: Gedenkzelle Pater Rupert Mayer, KZ Sachsenhausen. Berlin 1990.

Konzentrationslager Sachsenhausen
Lageplan

1. Eingänge des KZ
2. Standorte des Galgens
3. Baracken 38 und 39 (jüdische Häftlinge)
4. Fächerförmige Lage der Baracken
5. Baracken des "Kleinen Lagers"
6. Desinfektion / Entlausung
7. Baracke 58 (Isolierung der Verhafteten; Häftlinge durch die Sonderkommission des Reichskriminalamtes und des Reichssicherheitshauptamtes, 1944)
8. Fälscherwerkstatt (Baracken 18 und 19; streng isoliert und bewacht)
9. Strafkompanie (Baracken 13 und 14)
10. Kriegsgefangenenarbeitslager für sowjetische Soldaten und Offiziere (Baracken 11, 12, 35, 36)
11. Revier bzw. Krankenbau und Pathologie
12. **Zellenbau (Gefängnis der Gestapo) (Gedächtniszelle P. Rupert Mayer)**
13. Sonderhäuser für Gefangene "besonderer Art"
14. Sonderlager für kriegsgefangene Offiziere und Soldaten der westlichen Alliierten
15. Häftlingsküche (jetzt Lagermuseum)
16. Wäscherei (jetzt Kino und Ehrensaal der Nationen)
17. Gärtnerei der SS und Schweinestall
18. Krematorium und Station "Z"
19. Erschießungsgraben
20. Internierungslager 1945-1950
21. IL-Denkmal (1990)

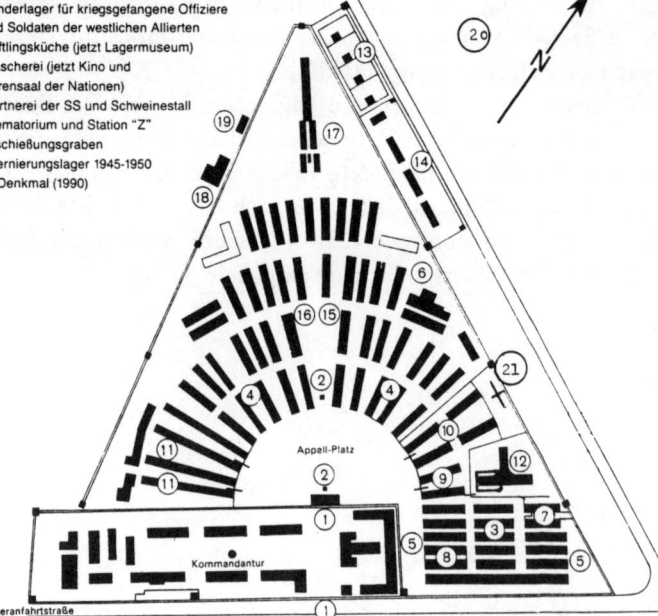

IM ZELLENGEFÄNGNIS

In seinem Lebensbericht hielt Mayer sein alltägliches Häftlingsdasein fest: »Die Tagesordnung war: nach fünf Uhr Aufstehen, sieben ½ Uhr Frühstück, elf Uhr Mittagessen, abends zwischen vier ½ und fünf Uhr Abendessen. Um acht Uhr wurde das Licht gelöscht. Mir wurden die Mahlzeiten durch einen Handlanger der SS-Charge, einem Mithäftling, auf die Zelle gebracht... Die Zelle hatte eine eiserne Tür, die durch zwei große Riegel verschlossen wurde. Bei Tage war nur ein Riegel vor... Nachts war zweimal Kontrolle, einmal vor Mitternacht und einmal nach Mitternacht. Die SS-Charge ging von Zelle zu Zelle, machte Licht, schaute durch das Guckloch und knipste wieder zu. Das wirkte sehr störend, deshalb unterließ eine Charge bei mir die Kontrolle vollständig und einer begnügte sich mit einer Kontrolle.«[7] Konzentrationslageralltag. Mit einigen Unterbrechungen: Etwa zwanzigmal hörte Mayer, daß ein Gefangener geschlagen wurde; er vernahm Schmerzensschreie. Einmal sah er mit eigenen Augen, wie ein Häftling mit einer Peitsche geschlagen wurde. Aber das waren eher Ausnahmen.

P. Mayer hatte also eine Einzelzelle und blieb die ersten 6 Wochen richtiggehend versteckt. Sein Name wurde nirgends verzeichnet, er wurde auch nicht genannt; Mayer durfte sich nicht in der Öffentlichkeit des Lagers zeigen. Was Wunder, daß aufgrund der langsamen Aktengänge selbst im RSHA in Berlin nicht jedermann wußte, wo Mayer sich befand. Das waren die schlimmen Wochen zwischen Weihnachten und dem 16. Januar 1940. Erst an diesem 16. Januar durfte P. Mayer einen Brief schreiben. Er ging an seine Mutter und richtete die alte Frau mit guten Nachrichten auf: Er habe ihren Brief vom 22. Dezember am vergangenen Sonntag erhalten, er habe sich mit seinem Los abgefunden, er sei von allem und von allen abgeschlossen. Und er blieb beharrlich bei der Aussage: »Ich sah das seit längerer Zeit auf mich zukommen, ich habe in St. Michael davon gesprochen. Keiner hat's geglaubt. Nun ist es so gekommen. Gott weiß warum.«[8] In Zu-

---
7 ML 115.
8 MB vom 16. 1. 1940.

kunft sollte P. Mayer alle 14 Tage einen Brief schreiben dürfen. Die Hälfte dieser Briefe ist nicht erhalten, sei es, weil sie von der Gestapo nicht verschickt wurden, sei es, daß sie unterwegs verlorengingen. Mayer selbst hatte Sorge, wie viele seiner Briefe überhaupt ihre Adressaten erreichten.

In diesen Monaten sandte das Münchner Ordinariat, meist Domkapitular Neuhäusler, in Sorge um P. Mayer bald jede Woche ein Schreiben an Bischof Heinrich Wienken, der der Kontaktmann der deutschen Bischöfe zum Reichskirchenministerium und zum RSHA war. Am 9. Februar wurde ihm mitgeteilt, P. Mayer sei im KZ Sachsenhausen. Am 13. Februar kam diese Nachricht nach München, und am 18. Februar wurde sie in der Öffentlichkeit bekannt. P. Heinrich Bleienstein[9] berichtete bei einer Versammlung der Lehrerinnenkongeration: P. Mayer ist im KZ Sachsenhausen.

Inzwischen hatte P. Mayer am 2. Februar 1940 einen zweiten Brief an seinen Hausobern, P. Georg Waldmann[10], geschickt, ihm allerdings von seiner Situation nichts geschildert; denn er wußte seit Landsberg: Seine Briefe wurden zensiert, es durften weder politische Anspielungen noch Tatsachen über das KZ sondern nur unpolitische Dinge mitgeteilt werden. So bat er um das Brevier und um Literatur und erwähnte, daß er zur Zeit die Exerzitien mache. Unverfängliche Nachrichten, ein Lebenszeichen, mehr nicht.

Über die vierzehntägigen Briefe hinaus gab es für P. Mayer, neben dem alltäglichen KZ-Betrieb, nichts Besonderes, zumal er nicht wissen konnte, was für ihn von anderen unternommen wurde. Nachdem man in München erfahren hatte, daß P. Mayer in ein KZ verschleppt worden sei, nahm sich Domkapitular Neuhäusler – wohl in Absprache mit P. Provinzial Rösch, der seltsamerweise nicht in Erscheinung trat – einige Dinge vor. Sie wollten durchsetzen, daß P. Mayer die heilige Messe feiern dürfe, daß er Literatur zum Studium erhalte, daß er – vermittelt durch Frau Dr. Berta Hofmann – mit den notwendigsten Medikamenten für

---

9 Hofmann, Meine Erinnerungen, 13. – Heinrich Bleienstein SJ (1884–1960), Lehrerinnenseelsorger, Herausgeber der Zeitschrift »Aszese und Mystik/Geist und Leben«.
10 Georg Waldmann SJ (vgl. S. 209).

Im Zellengefängnis

seine Gesundheit versorgt werde und daß Mutter Mayer ihren Sohn einmal im KZ besuchen dürfe. Bei diesen Vorhaben gab es anfänglich Koordinationsprobleme zwischen München, Berlin und Stuttgart. Auch der schleppende Verwaltungsbetrieb einer Geheimpolizei zögerte Antworten hinaus. Aber am Ende waren doch trotz der Bürokratie alle Wünsche erfüllt: Am 12. April erhielt P. Mayer – überbracht durch P. Lünenborg[11] – einen Meßkoffer mit allen Utensilien, die für eine Meßfeier notwendig sind; er bekam theologische Bücher, bei deren Auswahl die Gestapo großzügig war, und am 20. Juni 1940 wurde das erste Paket mit Medikamenten von München an ihn abgeschickt. Leider entnahm die Gestapo jedoch die Schmerztabletten, die für Mayer, dessen Beinstumpf entzündet war, hilfreich und notwendig gewesen wärenö. Der Besuch der Mutter Mayer glückte – zu deren Betrübnis – nicht. Zwar stimmte das RSHA ihm zu, aber die Schutzhaftabteilung lehnte dies ab. Die eigentlichen Gründe dafür schienen auch Bischof Wienken bekannt gewesen zu sein. Er schrieb nach München, er teile die Gründe der Ablehnung nicht mit, da ja P. Mayer selbst darüber Bescheid wisse, »warum die Erlaubnis zurückgezogen wurde«.[12] Leider ist nicht mehr zu klären, worauf sich diese Anspielung bezog. Hatte P. Mayer sich kritisch gegen das Dritte Reich geäußert? War er nach Meinung der Gestapo im Lagerbetrieb widerspenstig? Hielt die Gestapo einen Besuch angesichts der geplanten Konfinierung für überflüssig? Hatte sich noch einmal Himmler eingeschaltet, der in Sachen P. Mayer offenbar das letzte Wort hatte? Er hatte auch am 18. Juni Dr. Hofmann erlaubt, alle vier Wochen ein Päckchen mit Medikamenten an P. Mayer zu senden. Die Angelegenheit blieb ungeklärt.

---

11 Josef Lünenborg SJ (1898–1961), Pfarrer in St. Clemens/Berlin.
12 Wienken, Brief vom 9. 8. 1940.

VERGÜNSTIGUNGEN

Für P. Mayer gab es in diesen Wochen im KZ Sachsenhausen nur zwei besondere Ereignisse, über die er berichtete: die heilige Messe im KZ und die Erneuerung seiner Prothese. Beides traf sich zeitlich am Fest des heiligen Petrus Canisius, also am 27. April. Was die heilige Messe anging, so war, um dies durchzusetzen, ein langer Briefwechsel zwischen dem 22. Januar und dem 12. April 1940 notwendig. Am Karsamstag 1940, am 15. März, war Generalvikar Buchwieser persönlich im Wittelsbacher Palais in München mitgeteilt worden, daß P. Rupert Mayer im Lager Sachsenhausen die Erlaubnis erhalten habe, täglich zu zelebrieren, wenn ihm der Sachbedarf hierfür kirchlicherseits zur Verfügung gestellt werde. Buchwieser hatte daraufhin veranlaßt, daß ihm »zu diesem Behuf von München aus ein Meßtornister übermittelt werde«. Dieser Tornister kam bei den Jesuiten in St. Clemens in Berlin an und blieb erst einmal 10 Tage dort stehen, bevor Bischof Wienken informiert wurde. Dann brachte ihn P. Lünenborg am 12. April ins KZ. Seinen Mitbruder Mayer durfte er aber nicht sprechen, obgleich er es gewünscht hatte. Mayer bedankte sich am 15. April in einem Brief an Bischof Konrad von Preysing[13], dem er irrtümlicherweise die Hauptverdienste am Zustandekommen dieser Erlaubnis zuschrieb. Die eigentlichen Verdienste hatten sich jedoch das Ordinariat München und Bischof Wienken erworben.

Da P. Mayer in diesen Tagen keine Prothese hatte, mußte er den Termin der ersten heiligen Messe hinauszögern. Der Prothese wegen hatte er ohnehin Probleme mit der Gestapo. P. Mayer hatte sich am Beinstumpf wundgerieben, vor allem, weil das Bein abgemagert war und selbst etliche Strümpfe nicht schonend wirkten; und er traute nur der Firma Habermann in München eine gute Anpassung der Prothese zu. Die Gestapo hielt Mayers Forderungen für lächerlich, als ob man in Berlin keine guten Orthopäden hätte, und setzte durch, daß zwei Berliner Orthopäden P. Mayer

---

13 Konrad von Preysing (1880–1950), 1921 Domprediger, 1928 Domkapitular in München, 1932 Bischof von Eichstätt, 1935 Bischof von Berlin, 1946 Kardinal. Bischof von Preysing kannte P. Mayer seit seinen Tagen als Sekretär von Kardinal von Bettinger, d. h. seit 1917. Vgl. ML 391–392.

behandelten. Als die Prothese dann nach mehreren Versuchen endlich angepaßt war, kam es gleichsam zu einem »Schaulaufen« Mayers vor der Ärztebaracke, also unter den Augen eigens dort versammelten SS-Chargen. Mayer ärgerte sich darüber nicht wenig und beschloß, dieses Spiel nicht ein zweites Mal mitzumachen.

Aber: Er konnte am 27. April die heilige Messe feiern. Die Gestapo war über dieses Vorhaben zuerst entsetzt; denn sie meinte, Mayer würde nun anfangen, laut die Meßgesänge zu singen – und das schien ihnen in einem von der Gestapo verwalteten KZ doch mehr als merkwürdig. Als Mayer nun am frühen Morgen um 6 Uhr, gewiß mit großer Andacht, die heilige Messe feierte, ließ ein SS-Mann sein Radio laute Märsche spielen. Mayer entschuldigte diesen aber, indem er feststellte: »Es war wohl keine böse Absicht, sondern eben die Gewohnheit dieses Herrn.«[14]

Das Ende des Aufenthaltes im KZ kam für P. Mayer dann doch sehr überraschend. Am Nachmittag des 6. August wurde ihm gesagt, er werde abtransportiert und solle sich darauf vorbereiten. Das Ziel des Transportes wurde ihm nicht einmal angedeutet. P. Mayer glaubte, daß er – zumal angesichts des kleinen Gepäcks – zur Hinrichtung gebracht werde. Es sollte aber anders kommen.

Vermutlich war man im RSHA in Sorge, daß P. Mayer die KZ-Haft nicht überstehen und im KZ sterben könnte. Einen Rupert Mayer als »Martyrer« aber konnten sich die Nationalsozialisten in diesen Kriegszeiten – gerade vor Beginn der Luftschlacht um England am 13. August 1940 – nicht leisten. Inwieweit zusätzlich ein Zusammenhang zwischen dieser Entscheidung und der Verfügung Hitlers bestand, die Jesuiten in der Ostmark nicht zu verbieten, wie vom Reichskirchenministerium vorgeschlagen worden war, ist ungewiß. Die Anordnung Hitlers in dieser Sache war am 15. Juni 1940[15] getroffen und damit begründet worden, »daß der Führer alle nicht unbedingt notwendigen Maßnahmen zu vermeiden wünscht, die das Verhältnis des Staates und der Partei zur

---

14 ML 126.
15 Bundesarchiv Potsdam RKM 23316/1. Darin auch die negative Entscheidung Hitlers über die Frage, ob man nicht den Jesuitenorden in der Ostmark (= Österreich) verbieten solle.

Kirche verschlechtern könnten«. Es ist demnach nicht ausgeschlossen, daß diese »Aktion·P. Mayer« auch als eine Option für die moralische Unterstützung der Kirche im Krieg gedacht war.

In München wurde Domkapitular Neuhäusler am Vormittag des 6. August zur Gestapo gerufen. Dort wurde ihm »ein Telegramm des Reichsführers der SS inhaltlich bekanntgegeben, dahingehend, daß P. Rupert Mayer heute freigelassen wird gegen Garantie des Ordinariats München, daß P. Mayer sich nicht politisch betätigt und das Kloster nicht verläßt, in dem er Aufenthalt nehmen soll«. Die Gestapo München habe »dem Herrn Reichsführer SS Vorschlag zu machen, in welches Kloster er gehen soll«. Wenige Tage später erhielt Neuhäusler auf sein Schreiben vom 6. August 1940 hin einen Brief von Bischof Wienken, in dem dieser feststellte: »Ich hätte Ihnen von mir aus mitteilen können, daß P. Rupert Mayer aus dem Lager Sachsenhausen entlassen und ihm ein Aufenthaltsort in Bayern zugewiesen werden sollte. Die Geheime Staatspolizei hielt es jedoch für besser, mit einer solchen Mitteilung noch etwas zuzuwarten. Um so mehr freut es mich, daß inzwischen die Entlassung erfolgt ist. Ich erhielt auch von der Mutter des P. Mayer gestern bereits eine Mitteilung über die Entlassung.«

Wie es scheint, gab es bei der Gestapo unterschiedliche Bewertungen bezüglich der Entlassung Mayers: Die einen gaben sie sofort bekannt, die anderen wollten sie – aus ungeklärten Gründen – hinauszögern. Ein Beweis mehr, daß es innerhalb der brutalen Ordnung des SS-Staates noch Ermessensspielräume gab, deren Kriterien heute nicht mehr erkennbar sind. Im übrigen wurde nach Mayers Weggang aus dem KZ die Rückerstattung seiner Hinterlassenschaft pedantisch und bürokratisch abgewickelt: Am 21. August kam der Meßkoffer in München an und am 6. September die Bücher, die Mayer in der Eile der Abreise zurückgelassen hatte. Das Ordinariat bestätigte jeweils die Ankunft der Sendungen mit Dank an den Kommandanten des Konzentrationslagers. Mayer wurde über dies alles nur kurz verständigt. Es ist fraglich, ob es ihn in Ettal noch sehr interessiert hat. Für ihn war Sachsenhausen als eine »Episode« in seinem Leben der Verfolgung vergangen. Er hatte eine bewegte Zeit in Sachsenhausen verbracht,

Vergünstigungen

während der sich folgendes dort ereignete[16]: 31. Dezember 1939: Lagerstärke 12 168 Häftlinge; Januar: In Sachsenhausen werden ›Hungerblocks‹ eingerichtet, in denen Kranke und Arbeitsunfähige nur halbe Rationen bekommen. Tote im Januar: 702; Mitte April 1940: Das erste Krematorium wird in Betrieb genommen; 20. Mai 1940: Transporte aus Dachau und Flossenbürg; März bis September 1940: Einlieferung von 17 000 Häftlingen, vorwiegend Polen. Wieviel P. Mayer von diesen schrecklichen Vorgängen mitbekam, ist unbekannt; er lebte eher etwas »neben« dem KZ Sachsenhausen.

---

16 Firns, Sachsenhausen, 12–14.

Konfiniert in Ettal

Das Vorspiel für die Konfinierung des P. Mayer in Ettal liegt etwas im Dunkeln und läßt sich nur aus einigen Hinweisen erheben, solange die Akten des RSHA in Berlin nicht gefunden sind. In einem dreifachen Zugang läßt sich folgendes ausmachen:

Zugang 1: Gelegentlich eines Besuchs in der Gauamtsleitung bekam P. Johannes[1] OSB/Ettal einen längeren Telefonanruf bei Gauamtsleiter Froetsch[2] mit, wobei P. Provinzial Rösch der Anrufer war. P. Johannes konnte dem Gespräch entnehmen, daß vom Orden der Antrag gestellt wurde, P. Mayer mit Hinblick auf seine Verdienste im 1. Weltkrieg aus der Haft zu entlassen, zumal es einen schlechten Eindruck in der Öffentlichkeit mache, wenn gerade jener eingesperrt sei, der sich im nationalen Interesse solche Verdienste erworben habe. Nach Beendigung des Telefonats griff auch P. Johannes das heikle Thema auf und unterstützte den Antrag von P. Rösch, der ihm im übrigen gut bekannt war.

Bei einem späteren Besuch brachte P. Johannes beim stellvertretenden Leiter des Gestapoamtes München, Regierungsrat Alfred Schimmel[3], erneut dieses Thema zur Sprache, unterstützt mit dem Argument, es erwecke einen unguten Eindruck in der Öffentlichkeit, wenn ein so verdienter Mann eingesperrt sei. Es müßte ein Ausweg gefunden werden. Schimmel erklärte, es würden bereits Gespräche zum Zwecke der Entlassung P. Mayers geführt. Die Führung, vermutlich der Reichsführer SS, habe jedoch Bedenken, P. Mayer zu entlassen, weil dieser wieder in der Öf-

---

1 Johannes Albrecht, vgl. S. 412.
2 Froetsch: nicht verifiziert. Leider ist das Datum des Gesprächs unbekannt.
3 Alfred Schimmel (vgl. S. 393) spielte immer eine etwas zweideutige Rolle.

fentlichkeit politisch auftreten und dadurch zu Beunruhigung Anlaß geben würde. Deshalb könne dem Antrag von P. Rösch nicht stattgegeben werden, P. Mayer nach München oder in die Nähe Münchens zu entlassen. Auch dieses Gespräch wies darauf hin, daß neben P. Johannes auch P. Rösch und gewiß auch Domkapitular Neuhäusler tätig waren, um P. Mayer freizubekommen. Der schlechte Gesundheitszustand P. Mayers im KZ Sachsenhausen und die Erlaubnis der Gestapo an Frau Dr. Berta Hofmann, seit Mitte Juni 1940 Päckchen mit Medikamenten an P. Mayer zu senden, mögen zur baldigen Entscheidung beigetragen haben.

P. Johannes wurde einige Wochen nach diesem Gespräch von der Gestapo, von Herrn Schimmel, morgens um 7 Uhr angerufen und informiert: »Bleiben Sie, bitte, in Ettal, und erwarten Sie den Besuch, der hinauskommt.« Eine Bitte, die bei den guten Beziehungen zwischen P. Johannes und Herrn Schimmel zwar nicht ungewöhnlich, aber doch rätselhaft war. Welcher Besuch?

P. Johannes berichtete 1962: »Kurz vor 9 Uhr fuhr im Hof vor der Klosterkirche unterhalb des Klosterladens eine große schwarze Mercedes-Limousine vor, aus der P. Rupert Mayer und ein entsprechendes Begleitkommando entstiegen. P. Johannes nahm die Gelegenheit wahr, zunächst P. Rupert Mayer aufs herzlichste zu begrüßen, der offenbar angenommen hatte, daß das Kloster von seiner Ankunft im einzelnen benachrichtigt worden sei, was aber, wie geschildert, nicht zutraf. Nachdem P. Rupert Mayer auf das im Gastflügel gelegene Zimmer geleitet worden war, suchte ein Mitglied des Begleitkommandos, das seinen Namen nicht nannte, aber offenbar oder vermutlich ein Arzt war, von P. Johannes in höflichst bittender Weise eine Erklärung zu erhalten, daß P. Rupert Mayer wohlbehalten eingetroffen sei. P. Johannes war über dieses Ansinnen äußerst befremdet, was er auch dem Antragsteller offen bekundete, und erklärte, daß das Kloster natürlich gern bereit sei, einen Mann wie P. Rupert Mayer aufzunehmen, daß er aber nicht in der Lage sei, eine diesbezügliche Erklärung schriftlich abzugeben, weil er ja keine ärztlichen Kenntnisse habe und den Zustand von P. Rupert Mayer nicht zu beurteilen in der Lage sei und weil er überhaupt nicht übersehen könne, was diese Erklärung für Folgen haben würde und was der Hintergedanke dabei sei.«

P. Johannes beschloß seinen Bericht mit dem Satz: »Die Überführung von P. Rupert Mayer nach Ettal wurde dadurch möglich, weil sie der Gestapo aus einer wirklichen Verlegenheit half.« Die Verlegenheit bestand darin, einerseits einen »Martyrer« Mayer zu verhindern, andererseits aber einen politisch aktiven P. Mayer aus der Öffentlichkeit Münchens fernzuhalten. Die Konfinierung war die ideale Lösung des Problems.

AUF DEM WEG IN DIE »FREIHEIT«

Wie hatte sich dies alles aus anderer Optik und hinter den Kulissen abgespielt?

Zugang 2: Am 6. August 1940 wurde Neuhäusler in die Gestapohauptstelle in München im Wittelsbacher Palais gerufen. Ihm wurde von Regierungsrat Alfred Schimmel mitgeteilt, die Gestapo München habe aus dem RSHA ein Telegramm mit dem Inhalt erhalten: Der Reichsführer SS Heinrich Himmler habe verfügt, P. Mayer mit Rücksicht auf seine Gesundheit aus dem KZ zu entlassen und in einem Kloster unterzubringen. Mayer sei bereits auf dem Weg nach München. Große Überraschung. Nun stellte sich das Problem: Wo sollte Mayer seinen Aufenthalt nehmen? Der Gestapobeamte schlug Altötting vor. Neuhäusler lehnte dies mit dem Hinweis ab, Altötting[4] sei für einen Daueraufenthalt zu langweilig. Nachdem der Vorschlag Neuhäuslers, das Haus der Jesuiten auf der Rottmannshöhe am Starnberger See[5] als Unterschlupf zu nehmen, nicht die Zustimmung der Gestapo fand, einigte man sich auf das Kloster Ettal.[6] Nur eine Bedingung wurde

---

4 Altötting kam als Aufenthaltsort gewiß auch deshalb nicht in Frage, weil es zu viele Anreize für Besuche bot.
5 Rottmannshöhe, Haus auf der Anhöhe am linken Ufer des Starnberger Sees, sehr abgelegen und ruhig.
6 Benediktinerkloster Ettal, 1130 von Kaiser Ludwig dem Bayern gegründet, wurde in der heutigen Gestalt zwischen 1710 und 1753 erbaut; nach der Säkularisation 1803 zum Teil abgebrochen; seit 1906 wieder besiedelt; großer, weitausladender Bau mit mächtiger Kirche, in der Abgeschiedenheit zwischen den Bergen des Ammergebirges gelegen, nahe Garmisch-Partenkirchen.

gestellt: Mayer dürfe das Kloster nicht verlassen und nicht politisch reden. Neuhäusler teilte diese Entscheidung der Gestapo sofort Kardinal Faulhaber und dem Ordinariat mit.[7]

Zugang 3: In seinem Bericht »Der National-Sozialismus und meine Wenigkeit« kommt Mayer auch ausführlich auf seine Reise vom KZ Sachsenhausen nach Ettal zu sprechen. Am Nachmittag des 6. August 1940 wurde ihm plötzlich angekündigt, er werde in einer halben Stunde abtransportiert. In der großen Hetze mußte er alles zurücklassen und konnte nur das Notwendigste fürs Übernachten packen. Die Gefängniskleidung wechselte er mit dem Anzug eines Weltpriesters. Dann ging es schon mit einem Auto auf die Reise, ohne daß man ihm gesagt hatte, wohin. Aufgrund von Straßenschildern schloß er auf das Ziel Berlin. Nach einem kurzen Zwischenhalt im RSHA Berlin in der Prinz-Albrecht-Straße, einer damals gefürchteten Adresse, brachte man ihn zum Anhalter Bahnhof. Am Eisenbahnzug das Schild: Berlin–München. Mit drei Gestapobeamten saß er auf der langen, nächtlichen Reise in einem Abteil erster Klasse und versuchte, eine Unterhaltung mit ihnen in Gang zu bringen, doch ohne Erfolg, denn die Beamten waren protestantisch. In München wurden sie am Bahnsteig von einem Gestapobeamten empfangen. Durch den Nordausgang des Bahnhofs wurde Mayer ins Wittelsbacher Palais gebracht. Nach einer nur kurzen Pause startete ein Sechssitzer. Man nahm noch die drei Berliner Beamten am Hauptbahnhof auf. Dann fuhr der Wagen mit sechs Leuten besetzt gen Süden: Mayer, vier Gestapobeamte und der SS-Chauffeur. P. Mayer schrieb: »Begreiflich war meine Spannung, wohin es gehen werde. Da ich von meinen häufigen Autofahrten her die Gegend sehr gut kenne, sah ich bald, daß wir uns auf der Straße nach Weilheim–Murnau–Garmisch befanden. Aber wohin werden sie mich bringen? Da zweigten wir

---

[7] Kardinal Faulhaber notierte am 6. 8. 1940 in seinem Tagebuch: »Neuh. kommt von Gestapo: P. R. ist gestern entlassen, ist in Rottmannshöhe. – 7. 8. Neuh. schickt Mitteilung: P. R. M. sei heute Nacht von Berlin gekommen und fahre gleich nach Ettal. 16.30 Dr. Boes(miller). – Nachricht von P. R. M. Danach fahre ich nach Jahren wieder einmal zum Kleinhesseloher See, staubige Wege um den See« (Information von Prälat J. Waxenberger im Brief vom 12. 8. 1991). Offensichtlich hatte diese Nachricht den Kardinal innerlich sehr bewegt.

vor Garmisch bei Oberau rechts ab. Jetzt war mir klar. Die wollen mich im Kloster Ettal verschwinden lassen.«[8]

In Ettal wurden P. Mayer und seine Eskorte vom Zellerar des Benediktinerklosters, P. Johannes Albrecht OSB, begrüßt. Mayer wurde auf das Gastzimmer Nr. 6 gebracht. »In liebenswürdiger Weise hieß mich in Gegenwart der Gestapoleute der Herr Abt[9] willkommen. Ich fragte nun, was eigentlich mit mir los sei. Da sagten sie zu meinem größten Erstaunen, daß ich ganz frei sei. Sie wiederholten es, als ich es nicht glauben wollte. Nur meinten sie, allzuweit vom Kloster bzw. Ettal dürfe ich mich nicht entfernen. Mit bestem Dank für ihre Begleitung verabschiedete ich mich von den Herren.«[10] Da P. Mayer dem Frieden nicht traute, bat er P. Johannes, der am 9. August nach München reiste, im Ordinariat zu sagen, sie möchten in seiner Angelegenheit keine Konzessionen machen. Mayer schien Schlimmes geahnt zu haben. Das Unheil ließ nur wenige Tage auf sich warten.

Die drei Zugänge zum Akt der Konfinierung geben keinen Weg zu einem in sich stimmigen Bericht frei. Sie sind wie Steine eines Puzzles, die aus verschiedenen Spielen durcheinandergeworfen wurden: das Spiel der Gestapo München (Regierungsrat Schimmel), die Dienste des Prälaten Neuhäusler und endlich die Passion Pater Mayers.

DIE BEDINGUNGEN DER GESTAPO

Die neue Situation kam auf folgende Weise zustande: Am 12. August 1940 wurde Prälat Neuhäusler[11] zur Gestapo bestellt: Wittelsbacher Palais, Zimmer 33, Regierungsrat Schimmel. Absicht dieser Vorladung war nicht etwa, die Bedingungen der Konfinierung Mayers auszuhandeln, sondern sie wurden diktiert. Sie wurden von Neuhäusler nicht angenommen, sondern entgegengenommen. Er notierte:

---

8 ML 129ff.
9 Abt Dr. Angelus Kupfer (1900–1951) 1933 2. Abt des wiederbesiedelten Klosters Ettal.
10 ML 131–132.
11 Folgender Vorgang in Handakte Neuhäusler (EAM).

»1. P. Rupert Mayer darf in keiner Weise mit der Außenwelt in Berührung kommen. Zu diesem Zweck ist dafür zu sorgen, daß er das Kloster nicht verläßt.

2. Seine Korrespondenz ist auf ein Mindestmaß zu beschränken. Sie darf sich nur auf rein persönliche Angelegenheiten erstrecken und mit den nächsten Verwandtenkreisen geführt werden. Soweit im Einzelfall ein dringendes Bedürfnis vorliegt, bestehen gegen einen Briefverkehr mit den kirchlichen Stellen keine Bedenken, vorausgesetzt, daß der Inhalt der Korrespondenz rein persönlicher Natur ist.

3. Hinsichtlich des Empfangens von Besuchen gilt das unter 2) Gesagte sinngemäß mit der Einschränkung, daß ihn nur die allernächsten Verwandten besuchen dürfen. Im Falle einer etwaigen Erkrankung des P. Rupert Mayer steht der Inanspruchnahme eines Arztes nichts im Wege.

4. Gottesdienstliche Handlungen im Kloster dürfen von P. Rupert Mayer nicht abgehalten werden, wenn bei diesen eine Möglichkeit der Teilnahme von außenstehenden Personen besteht. Grundsätzlich ist aber P. Rupert Mayer das Beichthören verboten.«

Entscheidend war, daß das Ordinariat sich verpflichten mußte, diese Bedingungen an die Leitung des Klosters und an Rupert Mayer weiterzugeben und dafür Sorge zu tragen, daß diese Auflagen von P. Mayer auf das genaueste befolgt wurden.

Neuhäusler war entsetzt über dieses Vorgehen und versuchte, in den einzelnen Punkten maßvolle Änderungen durchzusetzen. Doch jeder Versuch wurde mit der Bemerkung abgetan: »Es ist Befehl von Berlin. Wir sind nur Übermittler. Wir können nichts daran ändern.« Neuhäusler wußte, daß diese Entscheidung für P. Mayer noch schwerer war als für ihn selbst. Er gestand: »Mit diesen Auflagen wurden ihm ja Fesseln angelegt, die für einen von apostolischem Eifer glühenden Priester ein geistiges Martyrium sind.« Aber er erkannte auch: »Konnte man ihm zumuten und zureden, daß er dies alles zurückwies und wieder in Kerker oder KZ zurückkehre und, wie es sein augenblicklicher Gesundheitszustand geradezu sicher scheinen ließ, dort sterbe?« Das konnte letzten Endes nur P. Mayer selbst entscheiden. Auch Kardinal Faulhaber und P. Provinzial Augustin Rösch waren der Auffassung Neu-

42 Leo Samberger: Der Kämpfer.
Charakterstudie von P. Mayer

43 Prälat Johannes Neuhäusler, der spätere Weihbischof von München

44 Wachtturm im KZ Sachsenhausen

45 Abt Willibald Wolfsteiner OSB mit P. Mayer
    im Kloster Ettal

46 Abreise P. Mayers vom Kloster Ettal. Links: P. Otto Pies SJ

47 P. Mayer am 11. Mai 1945 wieder in Sankt Michael
im Kreis ehemals inhaftierter Mitbrüder:
P. J. Wiedenmann, P. J. Baumann, P. A. Koerbling

Die Bedingungen der Gestapo

häuslers. So kam man zu dem Entschluß, P. Mayer zwar nicht zur Annahme der Bedingungen zu verpflichten, aber ihm den Rat zu geben, die Bedingungen anzunehmen – angesichts der Tatsache, daß sich seine Lage, verglichen mit der Haft im KZ Sachsenhausen, wesentlich verbessert habe: ordentliche Wohnung und Verpflegung, in guter Gesellschaft, Möglichkeit zu Studium und priesterlicher Tätigkeit im Kloster, ärztliche Betreuung. Dies alles waren nicht gering zu schätzende Vorteile. Aber: Wogen sie die Selbsteinschätzung Mayers auf, er sei um einen teuren Preis als laute Stimme gegen ein Unrechtssystem nun mundtot gemacht?

Am 15. August, dem Fest Mariä Himmelfahrt, besuchte Neuhäusler[12] P. Mayer in Ettal und überbrachte dem nicht wenig erstaunten Häftling die Bedingungen der Gestapo. Neuhäusler notierte: »Ich sah es ihm an und fühlte es ihm nach, wie schwer ihn dieser (der Erlaß der Gestapo) traf und wie er mit sich kämpfte, ob er sich diesem Diktat beugen ... sollte.« Mayer verlangte vom Erzbischöflichen Ordinariat jedoch nicht, daß es gegen die Auflagen der Gestapo protestieren solle. Neuhäusler hegte gewiß die Hoffnung, daß P. Mayer sich den Bedingungen füge, zumal dadurch gesichert wäre, daß seine angeschlagene Gesundheit sich bessere, sein Leben erhalten bleibe und daß er nach dem Krieg seine alte Tätigkeit wieder aufnehmen könne. Daß die Annahme dieser Auflagen einem »geistigen Martyrium« gleichkäme, verschwieg Neuhäusler nicht.

Doch fügte sich P. Mayer ohne Widerrede den Bedingungen der Gestapo. Vermutlich mag dabei auch sein trostloser Gesundheitszustand mitgespielt haben. Als ihn Dr. Berta Hofmann am 9. August 1940 erstmals in Ettal sah, erschrak sie: »Zum Skelett abgemagert, bleich, die Augen besonders tief in den Höhlen liegend, der Kragen so weit vom Hals abstehend, daß ich getrost die Faust hätte dazwischen legen können.« Nach dem Urteil der Ärztin bot er »das typische Bild des Hungerschadens«. Er wog noch knapp 50 kg. Als sie ihm sagte, daß er trotz Gefängnis und Konzentrationslager unverändert geblieben sei, »legte er die Hand aufs

---

12 Bereits am 8. August 1940 hatten P. Provinzial Rösch und P. Inderbitzi (Minister von St. Michael) P. Mayer besucht. »Sie fanden ihn zwar auch bleich und mager wie ein Totengerippe, doch fröhlich und guter Dinge« (HistM 103).

Herz und sagte, da drinnen hat sich doch was geändert, wenn man im Gefängnis war, ist man doch nimmer so, wie vorher«.[13]

Allmählich besserte sich seine Gesundheit durch das geordnete Leben in Ettal, durch die aufmerksame Sorge der Patres und Brüder und durch die ärztliche Betreuung von Dr. Hofmann, die ihn bis zum Kriegsende 1945 233mal in Ettal besuchte, bei jedem Wind und Wetter, trotz der Bombenangriffe und schwierigen Zugverbindungen. P. Mayer lebte in Ettal das Leben eines »Einsiedlers«, wie er selber schrieb. Er hatte sich eine Tagesordnung ersonnen, nach der sich sein tägliches Leben vollzog: Gebet, Studium theologischer Bücher, Lektüre, Teilnahme an den Mahlzeiten der Mönche, kleine Spaziergänge im Klosterbereich – unterbrochen durch Besuche von Freunden und Bekannten, so von Dietrich Bonhoeffer[14] und Heinrich Schlier[15]. Aber sich wirklich engagiert unter die Menschen zu begeben und ihre Nöte, Ängste und Fragen an Gott zu teilen, das war ihm verwehrt.

Die Devise, die Mayers Leben in Ettal bestimmte und die ihn über alle eigenen Nöte und unerfüllbaren Sehnsüchte erhob, hatte er 1941 an eine Ordensfrau[16] geschrieben:

---

13 Hofmann, Meine Erinnerungen, 8. – Die Reisen von Dr. Hofmann nach Ettal lagen am Ende sogar »im öffentlichen Reichsinteresse«, wie die Bestätigung der Reichsärztekammer zur »Benutzung der Eisenbahn« beweist (Brief vom 20. 4. 1945; RMA 10.1.).

14 Eberhard Bethge u. a., Dietrich Bonhoeffer, 186. Bonhoeffer war von Ende November 1940 bis Februar 1941 im Kloster Ettal. Mit P. Mayer führte er ein Gespräch über Volksmissionen und missionarische Seelsorge (Information von E. Bethge am 29. 11. 1991).

15 Heinrich Schlier (1900–1978). Sein Eindruck: »Wie ein gefangener Löwe kam er mir vor, der ungeduldig an den Gittern streicht. Wie wartete er Tag und Nacht auf die Freiheit zum Dienst« (Kurze Rechenschaft, in: Hardt, Bekenntnis, 171).

16 P. Mayer (im Wittelsbacher Palais) war die gleiche Karte im Dezember 1939 von Frau Mathilde Grießmaier geschenkt worden. Sie trug den Stempel: »Geheime Staatspolizei. Staatspolizeileitstelle München. Zensurstelle«. Mayer hatte auf ihr mit kleiner Schrift notiert: »[Seit] Dez. 39 habe ich dieses Gebet tägl. 3mal mit großem Nutzen gebetet. RM« (RMA 6.8.).

> **HERR,**
> wie du willst, soll mir geschehn,
> und wie du willst, so will ich gehn,
> hilf deinen Willen nur verstehn.
>
> **HERR,**
> wann du willst, dann ist es Zeit,
> und wann du willst, bin ich bereit,
> heut und in alle Ewigkeit.
>
> **HERR,**
> was du willst, das nehm ich hin,
> und was du willst, ist mir Gewinn,
> genug, daß ich dein Eigen bin.
>
> **HERR,**
> weil du's willst, drum ist es gut,
> und weil du's willst, drum hab ich Mut,
> mein Herz in deinen Händen ruht.

IM GOLDENEN KÄFIG

Was in P. Mayer vor sich ging, spiegelt sich zumindest in Briefen an seine Mutter, an Freunde und Bekannte wider. Ihnen ist seine jeweilige Stimmung abzulesen. So schrieb er am 16. Oktober 1940 an die Mutter: »In meinem Befinden ist keine Änderung eingetreten. Ich befinde mich in meinem früheren Zustand und nach mehr verlange ich nicht.« Er war zufrieden, er hatte sich anscheinend mit seiner Situation abgefunden.

Am 19. März 1941 reflektierte er: »Das Studium wird nach festgelegtem Plan weiterbetrieben; hoffentlich kann ich es gesundheitlich aushalten bis an mein seliges Ende. Sonst habe ich keinen Wunsch mehr. Die einzelnen Tage gehen unheimlich schnell vorüber, dagegen zieht sich eine Woche endlos in die Länge und erst ein Monat! Von einem halben Jahr gar nicht zu sprechen! Aber alles kann auch ein rasches Ende nehmen.«[17]

In dieser Zeit teilte er am 4. April 41 dem »Versorgungsamt München-Stadt« mit: »Ich erlaube mir die Mitteilung zu machen, daß ich seit August 1940[18] in Kloster Ettal wohne und für längere Zeit dort bleiben werde.« Ein Brief, der in seiner Sachlichkeit auch eine realistische Einschätzung seiner Situation zum Ausdruck bringt.

Als 1942/1943 Stalingrad die große Wende im Krieg signalisierte, deutete Mayer mit einiger Vorsicht seine Bewertung der Situation an: »Manche werden durch diese Katastrophe fast im Glauben irre. Mich bestärkt es im Gottesglauben. Denn es mußte so etwas kommen. Die Völker Europas haben sich mehr und mehr von Gott praktisch losgelöst. Nun sieht man klar, in welche Sackgasse die Menschen geraten sind! Man weiß nicht mehr, wo ein und wo aus. Wer Augen hat, der sieht deutlich, daß es ohne Gott einfach nicht geht. Schade, daß man kein Mittel hat, dies den Leuten zum Bewußtsein zu bringen... Übrigens hat die Not den Höhepunkt noch nicht erreicht. Das ist wenigstens meine Auffassung...«[19] In den Jahren 1943 bis 1945 verfolgte er mit Aufmerksamkeit das Kriegsgeschehen: die Zerstörung der deutschen Städte, den Kirchenkampf, über den Dr. Hofmann ihm aufgrund

---

17 MB vom 19. 3. 1941. In diesen Zeilen kommt Mayers Tagesordnung zum Vorschein: Gebetszeiten (Brevier, Rosenkranz), Feier der hl. Messe; Studium (1941: Josef des Vries, Critica; 1943: Max Planck, Wege zur physikalischen Erkenntnis), Zeiten der Erholung (Schwimmen im Klosterweiher). Diese Ordnung machte ihm die Tage einigermaßen kurz; dennoch erschienen ihm die Monate zuweilen sehr lang.

18 Versorgungsakte Rupert Mayer: RMA 4.4.

19 MB ohne Datum (1942?).

der geheimen Information von P. Rösch[20] berichtete, die Entwicklung des Frontverlaufs. Über all dies machte er sich seine Gedanken und meinte, es werde noch schlimmer kommen, er selbst werde den Krieg nicht überleben.[21] Aber Äußerungen zum konkreten Kriegsgeschehen – zum Beginn des Krieges gegen die Sowjetunion (22. 6. 1941), zur Einführung des Judensterns im Deutschen Reich (19. 9. 1941), zum Kampf deutscher Truppen in Afrika, zum U-Bootkrieg im Atlantik, zur Invasion der alliierten Truppen in Nordwestfrankreich (6. 6. 1944), zum Rückzug der deutschen Truppen an allen Fronten... – darüber findet sich in Briefen und Gesprächen Mayers nichts. Daraus läßt sich nur schließen, daß er sehr vorsichtig war, seine Lage nicht gefährden wollte und die Allgegenwart der Gestapo nicht unterschätzte.

KAMPF UM DIE ENTLASSUNG

Bald zwei Jahre hatte P. Mayer schon klaglos in der »Haft« in Ettal verbracht, als am 6. März 1942 Justizrat Joseph Warmuth[22], der Mayer einst beim Prozeß vor dem Sondergericht im Juli 1937 verteidigt hatte, eine Bittschrift »an das Reichssicherheitshauptamt, Kirchl. Abteilung, Berlin, Meinekestraße 10« richtete. Er räumte in diesem Schreiben ein, daß der Aufenthalt in Ettal für P. Mayer gewiß »eine wohlwollende, wesentliche Erleichterung bedeutet«. Trotzdem bat er, »anzuordnen, daß P. Mayer endgültig freigelassen werde«. Er begründete seine Eingabe mit folgenden Tatsachen: 1. P. Mayer habe im Krieg bewiesen, ein vorbildlicher Deutscher zu sein, 2. er habe bei den Auseinandersetzungen im Jahr 1937 nur aus glühender Religiosität gehandelt, 3. er sei wider seine Absicht von den Königsbündlern ins Vetrauen gezogen worden, und 4. er leide schwerst »unter dem Ver-

---

20 P. Rösch konnte sowohl über das Engagement des Ordensausschusses wie des Kreisauer Kreises berichten; vgl. Rösch, Kampf 147ff., 281ff.
21 MB vom 2. 3. 1944.
22 RMA 6.8.2.

dacht der Reichs-Feindschaft«. »Ich bitte deshalb dringend um Aufhebung des letzten Restes der staatspolizeilichen Maßnahmen gegen Rupert Mayer. Es ist mir ein schmerzlicher Gedanke, daß P. Rupert Mayer die letzten Jahre seines Lebens die Last dieses kränkenden Verdachtes tragen muß. Ich würde nicht um die Freilassung des P. Rupert Mayer bitten, wenn ich auch nur die leiseste Besorgnis hätte, daß durch die Freilassung die Interessen des Reiches auch nur im geringsten gefährdet würden.« Aber die Eingabe Warmuths führte zu keinem Erfolg. Am 13. April 1942 erhielt er aus dem RSHA vom »Chef der Sicherheitspolizei und des SD« die kurze Nachricht: »Auf Ihre Eingabe vom 6. März 1942 teile ich mit, daß ich mich im gegenwärtigen Zeitpunkt nicht in der Lage sehe, die gegen Pater Mayer angeordneten Maßnahmen aufzuheben.« Was die Gründe für die Härte der Gestapo bzw. Himmlers waren, wurde verschwiegen.

Justizrat Warmuth gab sich damit jedoch nicht zufrieden. Am 22. April 1942 wandte er sich an den Dichterarzt Hans Carossa (1878-1956)[23], der P. Mayer im Ersten Weltkrieg kennengelernt hatte, und bat um dessen Fürsprache bei Heinrich Himmler. Sein Wort als Präsident des »Europäischen Schriftstellerverbands« könne zum Erfolg führen. Er habe schon im August 1941 sein Buch (»Führung und Geleit«) an Regierungsrat Roth, den Sachbearbeiter bei der kirchlichen Abteilung, gesandt. Dieser kenne also Mayers Verdienste im Ersten Weltkrieg. Er schloß mit dem ausführlichen Hinweis: »Ich weiß, daß Herr P. Rupert Mayer bei allen Stellen in hoher Achtung steht, das Unglück ist, daß er auf Grund einer Geheim-Verordnung vom Jahre 1936 bei Ausbruch des Krieges als Reichsfeind[24] verhaftet worden ist«. Seine Freilassung wäre das Eingeständnis, daß die Verhaftung unnötig war. »Ich weiß, wie schwer solche Korrekturen der eigenen Maßnahmen sind.«

Hans Carossa antwortete erst am 15. Mai 1942, er kenne von nationalsozialistischen Instanzen nur die Reichsschrifttumskammer und wisse nicht, an wen er sich wegen P. Mayer, den er sehr schätze, wenden solle. Warmuth teilte ihm die entsprechende An-

---

23 Vorgang in: RMA 10.5.
24 Hinweis nicht verständlich.

schrift umgehend mit. Ob es zu einem Briefwechsel zwischen Carossa und dem RSHA in Sachen P. Rupert Mayer gekommen ist, war nicht auszumachen. Auf jeden Fall hat zur gleichen Zeit, also im August 1942, das Buch Carossas in der kirchlichen Abteilung des Reichssicherheitshauptamts vorgelegen. Regierungsrat Roth gab das Buch vermutlich an Bischof Wienken zurück. Dieser berichtete: »Meine Frage, ob das Buch auf die Sachbehandlung einen Einfluß gehabt habe, hat er weder bejaht noch verneint. Er hat dazu gelächelt. Ich bin persönlich überzeugt, daß die Qualifikation des P. Rupert Mayer in dem Buch die Entlassung aus dem KZ mitveranlaßt hat. Regierungsrat Roth hat meine Frage, ob nicht P. Rupert Mayer volle Bewegungsfreiheit eingeräumt werden könne, verneint und mich gebeten, weitere Bemühungen um die Freilassung P. Rupert Mayers einzustellen, weil die völlige Entlassung trotz aller Wertschätzung des P. Rupert Mayer nicht möglich sei.« Soweit die Notiz vom 10. August 1942[25], die beweist, mit welcher Mühe die amtliche Kirche sich für P. Rupert Mayer eingesetzt hat. – leider ohne Erfolg.

»LEBEND EIN TOTER«

Als Rupert Mayer wohl im Jahr 1943[26] seine Erfahrungen im Umgang mit den Nationalsozialisten niederlegte, kam er auch ausführlich auf die Bedingungen seiner Konfinierung zu sprechen. Als eigentlichen Grund der Annahme der Gestapobedingungen nannte er seine »grundsätzliche Einstellung gegen die kirchlichen Behörden«. In diesem Gehorsam – denn von nichts weniger ist in diesen formalen Begriffen die Rede – behielt er dennoch seinen Realismus bei; denn er akzeptierte nur mit »ungläubigem Kopfschütteln« den Hinweis Neuhäuslers, die strengen Auflagen seien

---

25 Mit der Anmerkung »Für Eminenz« und einer handschriftlichen Anmerkung »Warmuth«: EAM 5975.
26 Es ließ sich nur klären, daß P. Mayer auf Wunsch von P. Provinzial Rösch dem P. Richard Bauernfeld OSB (1886–1964) seine Erinnerungen diktierte (ML 53).

nur für den Anfang gedacht, die Auflagen würden im Lauf der Zeit erleichtert werden. Mayer merkte später an: »Tatsächlich habe ich recht behalten.«

An dieses Eintreffen seiner schlimmsten Befürchtungen schließt sich die Klage eines aufrechten Mannes an, die erstmals und einmalig in sein Herz blicken läßt: »Seitdem bin ich lebend ein Toter, ja dieser Tod ist für mich, der ich noch voll Leben bin, viel schlimmer als der wirkliche Tod, auf den ich schon so oft gefaßt war.« Er begründete diese Feststellung mit der Selbstachtung vor sich selbst und seiner Glaubwürdigkeit vor anderen. Beides sah er als eine Diskreditierung an; denn die Gestapo stehe gut da, obgleich sie ihn zum Schweigen gebracht habe, und das katholische Volk ahne gar nicht, was dieses »angenehme Leben« fern jeder Gefahr von Bombenangriffen in München für ihn bedeute. Dann folgte die klare Aussage: »Wenn ich nicht schon längst auf und davon gegangen bin – sie könnten mich dann ruhig einsperren oder um einen Kopf kürzer machen –, so halten mich verschiedene Rücksichten hier fest.« Er nannte folgendes:

»1. Die Rücksicht auf das Kloster, das für mich verantwortlich ist, und dem ich durch Zuwiderhandlungen gegen die Gestapoauflagen große Scherereien bereiten würde...

2. Die Rücksicht auf meinen Orden, dem ich wohl durch mein Entweichen von Ettal manche Ungelegenheiten bereitet hätte.

3. Die Rücksicht auf manche lieben, guten Menschen, denen ich durch erneute Einlieferung in ein Gefängnis oder in ein Konzentrationslager oder durch meinen herbeigeführten Tod großes Herzeleid zugefügt hätte.

4. Die Rücksicht auf den lieben Gott, dem ich durch meinen jahrelangen Kreuzweg und die dadurch allmählich erfolgte Loslösung von allem Irdischen und Zeitlichen entschieden näher gekommen bin wie wohl nie in meinem Leben. Sollte ich diese gerade Linie, die ich seit Jahr und Tag mit der Gnade Gottes eingehalten habe, nun durch eigenmächtiges Vorgehen gewaltsam unterbrechen? Vom Standpunkt des Glaubens aus betrachtet, glaube ich, diese Frage glatt verneinen zu müssen. So will ich das Kreuz weiter tragen und büßen und sühnen für meine eigenen Fehler und Schwächen, bis der liebe Gott durch sein Eingreifen

»*Lebend ein Toter*« 329

dieses Kreuz wieder abnimmt.«[27] – Am Ende dieses Kapitels nannte P. Mayer ausdrücklich noch jene, für die er das »schwere Kreuz tragen will«: »für alle verblendeten Menschen ... für unser so furchtbar heimgesuchtes Volk..., für alle in meinem langen Priesterleben mir anvertrauten Seelen.« Wie oft wird er sich dieser Gründe wohl innerlich vergewissert haben?

Was Rupert Mayer 1943 in seinem »Bericht« sehr ausführlich geschrieben hatte, brachte er in einer für das Nürnberger Militärtribunal am 13. Oktober 1945 verfaßten Kurzausgabe auf den einen Satz: »Lediglich aus religiösen Motiven habe ich es in Ettal ausgehalten, bis endlich Anfang Mai durch den Einmarsch der amerikanischen Truppen die Stunde der Befreiung schlug.«[28] Damit gab er mehr als deutlich die Schwere dieser Ettaler Jahre zu. In ihnen wuchs P. Mayer zu jener Größe heran, die ihn zum Maßstab für die Christen werden ließ.

Nach dem 20. Juli 1944 schrieb er einem alten Kriegskameraden: »Ich hoffe zuversichtlich, daß es mit Riesenschritten dem siegreichen Ende entgegengeht.«[29] In solch verschlüsselter Ironie offenbarten sich seine Erwartungen, seine Einschätzung der Lage. Am 5. September 1944 schrieb er an die Familienschwestern: »Inzwischen verstehen Sie wohl, was ich meinte, wenn ich von einem baldigen Wiedersehen schrieb. Vorausgesetzt, daß wir die kommende Zeit glücklich überstehen, rechne ich nur noch mit der einen oder anderen Woche, bis das Wiedersehen Wirklichkeit wird. Inzwischen frohen Mut und unerschütterliches Gottvertrauen.«[30]

Beides – Mut und Gottvertrauen – waren in den Wochen zwischen September 1944 und Mai 1945 bitter nötig: Väter und Söhne von Freunden fielen an der Front, gute Bekannte kamen in den Trümmern Münchens um, am 22. November 1944 wurde St. Mi-

---

27 ML 134–135.
28 ML 142.
29 MB vom 4. 8. 1944.
30 MB vom 5. 9. 1944. Ebenso wie P. Mayer regelmäßig mit den Familienschwestern korrespondierte und durch lange geistliche Texte deren Spiritualität weiter prägen wollte, so kümmerte er sich auch noch um die Männerkongregation. So schlug er am 30. 4. 1943 in einem Brief an Kardinal Faulhaber vor, den hochverdienten Präfekten Josef Lurtsch für eine päpstliche Auszeichnung vorzusehen (EAM 5565).

chael von Bomben zerstört, Stuttgart sank in Schutt und Asche. P. Mayer schrieb damals an seine Mutter folgende Reflexionen zur Zeit: »Wenn S. noch etwas jünger und gesünder wären, würden sie einen solch katastrophalen Zusammenbruch und das Gehen in eine menschlich ganz aussichtslose Zukunft weit besser verkraften. Wer kann sich vernünftigerweise einen Wiederaufbau der Städte denken? Wenn man das alles bis ins Einzelne durchdenkt, ist es kein Wunder, wenn einem vor der Zukunft graut. Der einzige Trost ist, daß wir der Ewigkeit entgegenpilgern. Darum ist es auch nicht so schlimm, wenn wir uns auf das einfachste und primitivste Leben einstellen müssen. Gottlob, daß wir hienieden keine bleibende Stätte haben, sondern der zukünftigen entgegengehen. Wie das Wesen Gottes für uns armselige Menschen viel Geheimnisvolles in sich schließt, so können wir uns auch nicht wundern, wenn wir so manches, was jetzt geschieht, nicht verstehen und mit der göttlichen Vorsehung nicht recht in Einklang zu bringen wissen: Zerstörung so vieler Kirchen. In einigen Jahrzehnten wird man schon klarer sehen. Manches kann man schon jetzt begreifen. Doch kann man jetzt nicht darüber schreiben. Selbst hier in E. muß man mit allem rechnen, wenn es einmal ernst wird...«[31]

Mayer litt immer mehr unter der ihm auferlegten Untätigkeit. In einem Brief an seine Mutter heißt es: »... sonst sieht es ja ganz düster aus. Die Nachrichten von Mü[nchen] lauten todtraurig. München ist nunmehr ein großes Trümmerfeld. Wie viele Menschen, die ich seit Jahren gut kenne, haben alles verloren, und manche sind getötet worden. Die Letzteren kann man nur beglückwünschen, daß sie dieses Jammertal verlassen durften. Denn wie sollen sich die Millionen noch Überlebenden in Zukunft anständig durchs Leben schlagen, zumal auch so viele durch die furchtbaren Aufregungen ihre Gesundheit ganz oder wenigstens zum Teil eingebüßt haben. Da gibt es viel zu beten und zu opfern für die arme zerrüttete Menschheit. Daß ich sonst nichts tun kann, ist für meine Aktivität sehr schwer...«[32]

---

31 MB vom 8. 12. 1944.
32 MB vom 22. 12. 1944.

HEIMKEHR

Es nahte das Ende des Krieges. Nachdem die amerikanischen Truppen in Ettal einmarschiert waren, setzte P. Mayer – wie sich Fr. Paschal Ehem erinnerte – »seinen« Hut auf und besuchte einige Familien von Ettal, denen er Dank sagen wollte. Am Fest Christi Himmelfahrt predigte er erstmals wieder nach Jahren des auferlegten Schweigens. Er sprach in der Kirche von Ettal vom Vergeben, Vergessen, Verzeihen. Am Vormittag des 11. Mai 1945 fuhr ein alter Holzgaser an der Pforte vor, den Kardinal Faulhaber geschickt hatte, um P. Mayer nach München zurückzuholen. »Sogleich wollte er fort, aber man hielt ihn über Mittag noch zurück, sollte doch wenigstens essen. Aber dann gings sogleich fort...«[33]

Wenige Tage später schrieb P. Mayer aus München an Abt Angelus einen Brief herzlichen Dankes: »... Der Ettaler Abschied war doch etwas zu plötzlich und kam zu unerwartet. Es drängt mich, Euer Gnaden und allen lieben Patres und Brüdern ein aus tiefstem Herzen kommendes Vergelts Gott zu sagen für die zahllosen Aufmerksamkeiten und Wohltaten, die ich während des vier Jahre und 9 Monate dauernden Aufenthaltes in Ettal in so überreichem Maße von der Klostergemeinde empfangen durfte. In der ganzen langen Zeit hat es nicht eine Verstimmung gegeben. Vielmehr wetteiferten die hochwürdigen Patres und die ehrwürdigen Brüder förmlich miteinander, mir das Leben in Ettal möglichst zu erleichtern; jeder Einzelne hat sich bemüht, mich mit großer Rücksicht und Hilfsbereitschaft zu behandeln. Wie schade, daß ich nicht mehr die Zeit hatte, dem Einzelnen die Hand zu drücken und mich zu bedanken! Aber im Gebet werde ich die Klostergemeinde Ettals nie mehr vergessen.«[34]

Die Jahre in Ettal waren für P. Mayer die schlimmsten Jahre seines Lebens. Er wollte reden und durfte nicht. Er wollte die Wahrheit sagen und mußte sie verschweigen. Er mußte in Ruhe und Sicherheit leben, statt den bedrängten Menschen in ihrer Not beizustehen und ihnen Orientierung zu geben. Er ließ das Anse-

---

33 Fr. Pachal Ehem OSB, Erinnerungen; vgl. Koch OSB, Die Benediktinerabtei Ettal, in: Schwaiger II, 401.
34 MB an den Abt vom 22. 5. 1945 (RMA 6.8.2.).

hen der Nationalsozialisten und der Gestapo unangetastet, indem er sich widerwillig mit all diesen »Vorteilen« abfand. »Lebend ein Toter« lautete die kurze Beschreibung seiner eigenen Situation. Niemand hätte dies Worte angemessener und glaubwürdiger von sich sagen können als er.

Vollendung

DIE LETZTEN MONATE

Als sich am Mittag des 11. Mai 1945 das Auto mit P. Mayer München, seiner Stadt, näherte, wird er gewiß voll Neugierde gewesen sein. Wie wird seine Stadt aussehen? Sicher hatte er nach den verheerenden Bombenangriffen – 70 waren es – immer sofort gehört, welche Kirche in Trümmer gesunken, welches Haus ausgebrannt, welches Stadtviertel zerstört worden war. Die Erzählungen der Besucher werden ihm eine gewisse Ahnung von dem vermittelt haben, was ihn erwartete. Aber ob seine Phantasie ausreiche, um sich die Realität auszudenken? Er wird gewiß erschüttert gewesen sein über den Anblick dieser Trümmerstadt: leere Fensterhöhlen, schwarze Gemäuer, schiefe Giebel, gekürzte Kirchtürme, rechts und links von den schmalen Straßen Berge von Schutt. Noch 540 000 Menschen lebten in der Stadt, als München wenige Tage zuvor, am 30. April 1945, von den Soldaten der VII. Amerikanischen Armee eingenommen wurde. Das historische München war zu 90 Prozent zerstört. Allein 41 Kirchen waren nicht mehr als Gottesdiensträume zu benutzen.[1]

Was steuerte das Auto mit P. Rupert Mayer zuerst an? Als erstes besuchte P. Mayer das Gnadenbild der Schmerzhaften Madonna aus der Herzogspitalkirche, das – nach der Zerstörung des Heiligtums – in der Maria-Theresia-Klinik am Bavaria-Ring ein Obdach gefunden hatte. Er begann den Neuanfang mit dem Gebet – nach über fünf Jahren schmerzlicher Abwesenheit. Dann brachte ihn das Auto – vorbei an der hohen Ruine von St. Michael, dessen Gewölbe am 22. November 1944 eingestürzt waren, mit Blick auf die schwer beschädigten Türme des Liebfrauendomes, der ohne Dach dastand – in das Erzbischöfliche Palais in der Promenadestraße. Das Haus hatte den Krieg gut überstanden. Nur in die

---

[1] Kurt Preis, München, 219.

Hauskapelle hatte am 30. April 1945 eine Granate der amerikanischen Truppen eingeschlagen, die aber nicht explodiert war. P. Mayer besuchte den Kardinal. Die Frage drängt sich auf: Wie haben sich wohl die beiden Kämpfer der vergangenen »Tausend Jahre« begrüßt? Jene, die sich zeitweilig auch fremd geworden waren! Was hatten sie sich zu sagen? Wer machte wem Mut? Gewiß wird es ein ernstes, herzliches Gespräch gewesen sein, über Vergangenheit und Zukunft. Erst dann fuhr der Heimkehrer zur Residenz der Jesuiten bei St. Michael. Die Kirche war zwar zerstört, aber die neben der Kirche liegenden Wohnungen der Patres waren unversehrt. Dort konnte P. Mayer wieder in seinem Zimmer im Parterre Wohnung nehmen. Ein neuer Abschnitt im Leben des nun 69jährigen Apostels Münchens konnte beginnen.

P. Mayer setzte offensichtlich den gleichen Lebensstil fort, den er vor seiner Verhaftung im November 1939 geübt hatte. Da die Zeiten sich geändert hatten – München war ein Trümmerfeld, der Krieg war verloren, der Hunger war groß, und zugleich gab es eine neue Freiheit –, empfand P. Mayer sich auch auf neue Weise herausgefordert. Sein Tagewerk wurde fast ausschließlich durch seinen Umgang mit Menschen in Not bestimmt. Da gab es Flüchtlinge, Witwen und Waisen, Ausgebombte, Wohnungssuchende, Arbeitslose, ehemalige Parteigenossen, aus den Lagern Befreite, Alte und Kranke, Krüppel und Menschen mit vielen Fragen an Gott. Rupert Mayer war wie früher für diese Gespräche da, schenkte Trost und Hilfe, unternahm für andere persönlich Gänge zu Ämtern und politischen Stellen.

Dies alles ist nicht objektiv dokumentiert. Es spiegelt sich nur in den vielen Briefen wider, die er in diesen Wochen durchwegs am Abend Bruder Augustin Steffen[2] diktierte. Da die Aktenordner mit den Briefen der Bittsteller und den Durchschlägen der Antwortbriefe noch vorhanden sind[3], läßt sich Genaueres über diese Arbeit P. Mayers erheben. Er schrieb in diesen Monaten 324 Briefe, an manchen Tagen 10 bis 15 Stück. In der Zeit zwischen dem 10. und dem 29. September brachte er es auf 97 Briefe. Die

---

2 Augustin Steffen SJ (1902–1982), Jesuitenbruder in Verwaltungsaufgaben des Ordens. Vgl. ML 407ff.

3 Briefakten im RMA.

48 Sankt Michael nach der Zerstörung

49 Der tote Pater Rupert Mayer

50 Requiem in der Kapelle des Berchmanskollegs in Pullach
    (4. 11. 1945)

52 Dreißigtausend Männer begleiten die Überführung
    der Leiche P. Mayers nach München am 23. Mai 1948 ▷

51 Kardinal Faulhaber am offenen Grab von P. Mayer auf dem Ordensfriedhof in Pullach

53 Das Grab des seligen P. Rupert Mayer
in der Unterkirche des Bürgersaals in München

Die letzten Monate 337

Adressaten seiner Schreiben waren meist politisch Verantwortliche: Bürgermeister oder Ministerpräsident, Lagerkommandant oder »die Militärregierung« (allein 35 Briefe). Die wichtigsten Anliegen, in denen er sich einsetzte, waren: Bitte um Anstellung in einem Beruf (47), Entlassung aus einem Lager (23), Suche nach vermißten Personen (9), Wohnungsprobleme (28), Geldfragen (3). Darüber hinaus sprach er Empfehlungen aus (20). Die meisten Briefe galten jedoch der Feststellung, daß Herr X oder Frau Y zwar »Nazi« gewesen sei, daß er oder sie sich innerlich aber immer als Katholik engagiert habe – und daß man ihn oder sie deshalb wieder in den alten Beruf aufnehmen solle (80 Briefe). Diese »Persilscheine«, wie sie damals genannt wurden, waren für die Spruchkammerverfahren bei der »Entnazifizierung« wichtig; sie rechtfertigten etwa auch die Wiedereinstellung eines Parteigenossen in seinen Beruf, der seines Parteibuchs wegen entlassen worden war. Mayer entschuldigte den Eintritt in die SA oder NSDAP mit »Druck«, d. h. mit der Absicht des Betreffenden, die »Existenz«, die »Stellung« nicht zu verlieren, um »Schikanen und Verfolgungen zu entkommen«, um »den zahlreichen Verfolgungen und Unannehmlichkeiten aus dem Weg zu gehen«. Mayer übte dabei große Nachsicht, wenn er sich auch nicht in jedem Fall wunschgemäß einsetzte. Er verwandte sich auch für Männer, die er im Laufe seines Prozesses 1937 nicht gerade von der noblen Seite kennengelernt hatte. Wo Not herrschte, durfte seiner Ansicht nach »Vergeltung« nicht die Oberhand gewinnen. Mayer mag trotz aller Höflichkeit in seinen Briefen als Bittsteller so manchem auf die Nerven gefallen sein. Aber ihm ging es um die konkrete Not und den Trost des einzelnen Menschen; ihm wollte er dienen.

In der Fülle der Briefe muß dennoch auffallen, daß P. Mayer von seiner Begegnung mit der Gestapo nicht loskam. Am 6. Juni bereits erhielt er einen Brief des ehemaligen Gestapomannes Otto Gambs:[4] Gerade jener, der durch seine Anzeige 1937 den Prozeß gegen P. Mayer in Bewegung gebracht hatte, erbat nun von ihm Hilfe bei der Suche nach seiner Familie in Thüringen. Am 10. Juni zog Mayer Erkundigungen über den ehemaligen Regierungsrat

---

4 Otto Gambs, vgl. 211.

bei der Gestapo, Alfred Schimmel, ein. Dieser war in der Münchner Gestapozentrale für Kirchen zuständig und verhörte P. Mayer des öfteren: er suchte seine Angehörigen. Am 14. Juni schrieb P. Mayer in Sachen des Kriminalsekretärs Josef Pflüger.[5] Dies war jener Mann, der nach dem 20. Juli Kardinal Faulhaber verhört hatte. Und am 13. September setzte Mayer sich für die Frau des ehemaligen Chefs der Gestapo, Stepp[6], ein. Er schrieb an den Bürgermeister von Pasing, um für sie eine bessere Wohnung zu erbitten. Seine Begründung lautete ganz einfach: »Wir können doch die Frau mit ihren 6 Kindern nicht ohne weiteres verkommen lassen.« Er unternahm auch einiges für den ehemaligen Gefängnisspitalverwalter Peter Klinger aus Landsberg, ebenso für den ehemaligen Generalstaatsanwalt Sotier[7], dem er bescheinigte, daß er – als der Letztverantwortliche – ihm die Feier der Messe in Landsberg erlaubt habe. Bei all diesen Belangen wurde nichts heimgezahlt und wurde nicht abgerechnet. Da waren Menschen in Not, denen geholfen werden mußte. Und P. Mayer tat dies mit größter Selbstverständlichkeit.

Die Briefe – ihre thematische Vielfalt und ihre unterschiedlichen Forderungen – geben auch einen Einblick in die Gespräche, die P. Mayer in St. Michael geführt hatte, und weisen auf seine Aktionen hin, die er von seinem kleinen Zimmer bei St. Michael aus in Bewegung setzte. Wie früher war P. Mayer aber auch unterwegs, in München und im Umland der Stadt, um dort Orientierung zu geben. Das Ende des Dritten Reiches und die Not des Kriegs forderten mehr als in anderen Zeiten das wegweisende Wort heraus. Beispielhaft für seine Aussagen mag jene Predigt gewertet werden, die er beim ersten Jahreskonvent der Marianischen Männerkongregation am 27. Mai 1945 hielt. Unter dem Beifall vieler Männer war er an der Seite von Kardinal Faulhaber in die St. Ludwigskirche eingezogen und hielt seine erste große Predigt[8] nach dem Krieg. Was waren dabei seine entscheidenden Themen?

1. Zuerst blickte er auf sein Leben zurück: »Der liebe Gott hat

---

5 Vgl. Volk, Faulhaber II, 1028–1030.
6 Walther Stepp, vgl. S. 192.
7 Sotier, vgl. S. 195.
8 ML 399–407.

mir die Freiheit wiedergeschenkt.« Er hatte nicht mehr daran geglaubt, hatte im KZ Sachsenhausen in zwei Nächten von München und seinen Freunden Abschied genommen. Er hatte dabei geweint. »Wider sein Hoffen und Denken« habe Gott ihm die Freiheit wieder geschenkt. Deshalb: Dank an Gott und Dank an alle Menschen, die für ihn gebetet und geopfert hatten.

2. Ein zweiter Rückblick galt der zerstörten Stadt, den vielen leidgeprüften Familien. Aber: Gott habe es so gefügt. Auch die schweren Dinge hätten ihre guten Seiten. Im übrigen habe Gott den Überlebenden noch eine Lebensaufgabe zugedacht.

3. Nach dem Dank an seinen Stellvertreter P. Koerbling und an den Präfekten für alle Dienste in der Männerkongregation forderte er auf, sich heute konkret zu engagieren: bei der Fronleichnamsprozession, beim Vertrieb der Münchner Kirchenzeitung. Er bitte um Nachsicht für die Militärregierung, sie habe eine schwere Aufgabe zu leisten; entscheidend sei doch, daß man von der Gewissenstyrannei befreit sei.

4. Zur grundsätzlichen Frage einer Kollektivschuld äußerte P. Mayer sich deutlich: »Das Deutsche Volk, d. h. das einfache Volk, der einfache Mann, konnte nichts dagegen machen.« Deshalb sei das einfache Volk nicht zur Verantwortung zu ziehen. Aber auch für Leute mit einem großen Namen hätte dies eine ›»ungeheuere Arbeit« erfordert; auch ihnen könne man keinen Vorwurf machen. Es sei zudem bekannt, daß eine ganze Reihe tüchtiger Menschen ihr Leben geopfert hätten.

5. Endlich blickte P. Mayer in die Zukunft: »Die Kirche Gottes braucht Mitarbeiter aus allen Kreisen unseres Volkes und wir wollen uns nicht vorbeidrücken an der Arbeit. Was an uns liegt, wird geschehen, mit unserer Kongregation das Apostolat aus unseren Reihen gefüllt. Mit ganzer Kraft sich einsetzen für Christi Reich, für die Kirche Gottes.«

Mit diesen aufrüttelnden Worten hatte P. Mayer einerseits Trost geschenkt, andererseits aber auch politisch Position bezogen. Endlich hatte er zu einem konkreten Engagement aufgerufen. Nicht verschwiegen hatte er seinen alten Standpunkt: »Wenn es mich alles kostet, ich werde auch in Zukunft der Wahrheit die Ehre geben. Und nichts aus diesem oder jenem Grund etwas sagen, was nicht gesagt werden darf.«⁹ Das war der alte P. Mayer. Er hatte seinen Geist des Widerspruchs durchgehalten.

Im Oktober berichtete die Hauschronik St. Michael: »P. Mayer gibt die Leitung der Männerkongregation mit Rücksicht auf seine Gesundheit auf. Er hat die Arbeit nun 25 Jahre geleistet – und scheidet auch jetzt nicht aus dieser Tätigkeit. Zu den abendlichen Predigten übernimmt er fast jeden Sonntag Männerversammlungen in Ulm, Augsburg, Kempten, Fürstenfeldbruck, Tölz, Wolfratshausen etc.«¹⁰ Aller altersbedingten Mühe zum Trotz blieb Mayer unermüdlich am Arbeiten.¹¹

Was P. Mayer dazu motivierte und wie er die allgemeine religiöse Situation selbst beurteilte, hatte er in einer Predigt an Pfingsten 1945 in der Dreifaltigkeitskirche dargelegt: »Früher hat man nur etwas gegeben auf Fortschritte in der Wissenschaft und Kunst. Auch vor dem Krieg, vor dem ersten Weltkrieg schon hat man etwas zurücktreten lassen die Weisheit Gottes, man hat sich nicht so sehr bemüht um die ewigen, unvergänglichen Wahrheiten der Religion. Es hat manche gegeben, die dagegen gekämpft und gestritten haben durch Wort und Schrift, aber seit dem Jahre 1933 ist das noch viel, viel schlimmer geworden. Damit kann man nicht vergleichen, was vor dem Weltkrieg von ungläubigen Kreisen gegen das Christentum gearbeitet wurde. Und die Erfolge sind dementsprechend. Leider Gottes müssen wir sagen, daß in weiten Kreisen unseres Volkes der Glaube an den wahren lebendigen Gott, an Christentum und Kirche einen schweren Stoß erlitten hat. Unsere Aufgabe ist es, mit allen Mitteln darauf hinzuarbeiten im eigenen Herzen und im Kreise unserer Umgebung, daß wiederum der Glaube an den wahren Gott und an das Christentum und die Kirche zu Ehren kommt.«¹² Gewiß: Prinzip und Fundament eines priesterlichen Lebens.

---

9 ML 406.
10 HistM 121.
11 Auf dem Tischkalender P. Mayers waren die folgenden Predigttermine noch notiert: 4. 11. Marktoberdorf; 11. 11. Weilheim; 18. 11. Ottobeuren; 2. 12. Immenstadt; 3. 12. Oberstaufen.
12 Mitschrift: RMA 7.3.

DER TOD

Rupert Mayer stürzte sich, nach dem Urteil seiner Mitbrüder und Freunde, nach seiner Rückkehr von Ettal »mit allem Schwung in die Arbeit«. Alle Ratschläge, sich zu schonen, schlug er in den Wind. Im Juli und September 1945 streifte ihn – nach der Diagnose seiner Ärztin[13] – ein Schlaganfall auf der Kanzel. Beide Male konnte er einige Zeit nicht sprechen. Das zweite Mal eine längere Zeit nicht, doch den Zuhörern fiel es nicht auf. Nach diesen Predigten klagte er allerdings, ihm falle nichts mehr von dem ein, was er vorbereitet habe. Es strenge ihn furchtbar an, trotzdem weiterzusprechen. Auch sein Hausoberer, P. Dold[14], merkte einige Tage vor dem Tod, daß er etwas wirr sprach, und er erinnerte sich später daran, daß P. Mayer bei Tisch vor sich hinsprach: »Also auf einmal, also, plötzlich wird Schluß sein.«

Es kam das Allerheiligenfest. Am Morgen um 8 Uhr hielt Mayer die heilige Messe in der Kreuzkapelle. Während der Predigt, die die Bedeutung der Eucharistie im Leben der Heiligen herauszustellen versuchte, hielt er plötzlich inne und setzte erneut an: »der Herr«; dann verstummte er und lehnte sich nach hinten, blieb aber schweigend am Altar stehen; denn seine Beinprothese hielt ihn aufrecht. Frauen riefen: »Pater Mayer!« Da kamen Mitbrüder aus ihren Beichtstühlen und trugen ihn in ein nahes Zimmer. Dort zogen sie ihm die priesterlichen Gewänder aus. Er würgte an einem Brechreiz, biß sich auf die Zunge. Er konnte nicht sprechen, aber sein Herz schlug noch regelmäßig. Nach einiger Zeit kam ein Krankenwagen und brachte den Schwerkranken ins Krankenhaus Josefinum in der Schönfeldstraße. Trotz sofort beginnender ärztlicher Behandlung setzte – nach einem regelmäßigen Schlag – das Herz aus. Die anfängliche Hoffnung, die Gehirnblutung könnte sich wieder zurückbilden, war vergebens. P. Rupert Mayer war tot. Es war 11.10 Uhr.[15]

Am Abend des gleichen Tages, bei Beginn der Abendmesse,

---

13 B. Hofmann, Meine Erinnerungen, 28 (RMA 10.1.).
14 Johann B. Dold SJ (1897–1967), 1944–1951 Oberer von St. Michael.
15 Auf dem Totenschein standen folgende Angaben: Krankheit: Arteriosklerose; Todesursache: Gehirnschlag.

hielt P. Superior Dold einen kurzen Nachruf auf seinen Mitbruder. Er sagte: »Es ist im Jesuitenorden nicht Brauch, Lobreden und Grabreden zu halten. Aber dieses eine Wort darf ich doch wohl in aller Bescheidenheit über unseren lieben toten Mitbruder euch sagen, obwohl ihr es ja schon wißt und obwohl es den meisten von euch ins Herz geschrieben steht. Er hat allen Menschen Gutes getan.« Nach einem kurzen Bericht über das Sterben von P. Mayer schloß P. Dold sein Gedenkwort: »Um 11 Uhr hat P. Mayer seinen letzten Satz, den er auf Erden angefangen hatte, im Himmel vollendet. Und die Vollendung hat geheißen – ohne Zweifel – ›ist gut‹. Der Herr – ist gut. Ja! Der Herr ist gut. Amen.«[16]

Die Nachricht vom Tod des Münchner Männerseelsorgers kam über den Bayrischen Rundfunk, die Zeitungen brachten Gedenkbeiträge, in denen sie vor allem des Widerstandes im Dritten Reich und des sozialen Engagements von P. Mayer gedachten. Die Marianische Männerkongregation wies auf Plakaten in den Kirchen auf den Tod ihres Präses hin, lud zum Abschied ein und nannte den Tag des Begräbnisses: Sonntag, den 4. November 1945. München hatte seinen »15. Nothelfer« verloren.

Der Leib P. Mayers wurde in der Fürstenkapelle, einem Saal über der Kreuzkapelle in der St. Michaelskirche, aufgebahrt. Freitag und Samstag konnten die Münchner von ihm Abschied nehmen. »Der Strom der vieltausend Menschen, die ihm ein stilles ›Vergelts Gott‹ sagten, die ihm einen letzten Blumenstrauß widmeten, sollte in diesen beiden Tagen nicht abreißen; ein ergreifender Abschied der Münchner von ihrem Männerapostel.«[17]

Am Allerseelensonntag fand die Beisetzung P. Mayers auf dem Friedhof des Berchmanskollegs in Pullach statt. Da sich so viele Menschen eingefunden hatten, daß die Kapelle des Kollegs sie nicht fassen konnte, wurde für die größere Zahl der Trauernden zusätzlich ein Requiem im Freien gehalten. Nach dem Requiem in der Kapelle des Kollegs, das P. Provinzial Franz Xaver Müller[18] in

---

16 Franziska Boesmiller, P. Rupert Mayer, 116, 117.
17 Text aus einer Zeitung unbekannter Herkunft.
18 Franz Xaver Müller SJ (1897–1974), 1931–1934 Lehrer am Kolleg Stella Matutina/Feldkirch, 1934–1939 Lehrer am Kolleg St. Blasien/Schwarzwald, 1944–1951 Provinzial der Oberdeutschen Jesuitenprovinz, 1951–1954 Lehrer am

Der Tod 343

Gegenwart von Kardinal Faulhaber feierte, bewegte sich der lange Trauerzug schweigend zum Friedhof. Fratres trugen den Sarg. Voraus gingen viele Welt- und Ordensgeistliche, vor allem die Mitbrüder P. Mayers. Dem Sarg folgte unmittelbar Kardinal Faulhaber. Auf dem Friedhof wurde der Sarg in eine Gruft gesenkt. Es war ein nebliger Novembertag, als der Präfekt der MC, als einziger Redner, ein Wort des Dankes und Gedenkens an den langjährigen Präses der Männerkongregation sprach.

Seit dem Tag seiner Beisetzung wurde der kleine Friedhof am Waldrand von Pullach zu einem Wallfahrtsort der Münchner. Der Strom der Beter und Hilfesuchenden am Grab P. Mayers nahm kein Ende. So kam der Gedanke auf, sein Grab nach München zu verlegen. Eigentlich wäre die St. Michaelskirche der rechte Ort seiner letzten Ruhe gewesen, der Ort seines langjährigen, unerschrockenen Wirkens. Aber St. Michael war noch eine Ruine. Deshalb wählte man die Unterkirche des Bürgersaals zu seiner letzten Ruhestätte.

Am Dreifaltigkeitssonntag 1948, am 23. Mai wurde P. Mayers Sarg von Pullach nach München gebracht. In einer Münchner Zeitung wurde darüber berichtet. Der große Trauerzug, die Heimholung des P. Mayer in seine Stadt, begann im Vorort Thalkirchen. Um 3 Uhr setzte sich der Zug in Bewegung: »Voran ging die kath. männliche Jugend, die Gesellenvereine, Studentenvereinigungen, alle mit ihren Bannern und Fahnen, Kongregationen von auswärts (darunter Teilnehmer eines Sonderzuges aus Altötting, starke Gruppen aus Landshut, Regensburg, Augsburg u. a.). Viele Kameraden seiner Division vom 1. Weltkrieg waren z. T. von weit her gekommen und reihten sich in den Zug ein. Das hohe Domkapitel, viel Klerus, Mitglieder der Staatsregierung und des Stadtrates gingen dem Sarg unmittelbar voraus. Den Leichenwagen flankierte polizeiliches Ehrengeleit. Hinter dem Sarg die Fahne der Kongregation und deren Konsult, die Mitbrüder des Toten aus dem Jesuitenorden und dann die Münchner Männerkongregation. Selten hat wohl Männertreue über das Grab hinaus solchen Triumph gefeiert, wie bei dieser Heimholung P. Mayers. Die Abertausende, die P. Mayer das Geleit gaben, die nicht weni-

---

Kolleg St. Blasien, 1955–1974 an der Universität Laboral in Gijón (Spanien).

Marianische Männer-Kongregation

Unser
P. Rupert Mayer
ist tot. R. I. P.

Wir können **Abschied nehmen** von ihm in der Kreuzkapelle, Ettstraße, wo er bis Samstag nachm. aufgebahrt ist.

Beerdigung im Ordensfriedhof Pullach, Sonntag vormittags 8³⁰ Uhr, (letzter Zug ab Isartalbahnhof 8 Uhr).

Feierliches Requiem am Dienstag, 6. November 1945 8 Uhr, in **St. Ludwig.**

Hauptkonvent fällt in diesem Monat aus

ger Zahlreichen, die auf dem langen Weg die Straßen säumten, waren ein erhebender Beweis von Liebe und Pietät. Unter dem Geläute der Domglocken traf der Trauerkondukt um ½5 Uhr an der Bürgersaalkirche ein. Soweit das Auge sehen konnte, vom Karlstor bis hinunter zur Ettstraße, füllten mehrere Zehntausende die Neuhauser Straße Kopf an Kopf. An der Außenseite der Kirche war der schön geschmückte Altar aufgebaut. Der Sarg wurde vom Wagen gehoben und zur Unterkirche gebracht.«

P. Rupert Mayer war für immer in »seine« Stadt heimgekehrt, zu den Menschen, die ihn nicht vergessen hatten.

VEREHRUNG

Der Sarg P. Mayers wurde am 23. Mai 1948 nach München überführt und in der Unterkirche des Bürgersaals beigesetzt. Damit wurde dem Wunsch jener entsprochen, die in P. Mayer über seinen Tod hinaus einen 15. Nothelfer erkannt hatten und sein Grab in Not und Trost aufsuchen wollten. Seitdem ist die Unterkirche, gewiß günstig an der Neuhauserstraße gelegen, ein Ort des Gebetes und der Besinnung. Noch heute knien Beter am Grab Rupert Mayers. Bereits im November 1945 wurde kurz nach der Beisetzung Mayers in Pullach in der Hauschronik von St. Michael notiert: »Schon bald werden die verschiedensten Gebetserhörungen gemeldet auf Anrufung des P. Mayer.«[19] Die frommen Münchner hatten also ihren Nothelfer bald nach seinem Tod – kraft eigener Autorität – »seliggesprochen«.

Durch diesen endlosen Zug der Beter bestätigt, durch viele Briefe und Petitionen von »kleinen Leuten« und Großen der Politik, von vielen einzelnen Menschen und von Verbänden ermutigt,

---

19 HStSt M. 122. Über den Fortgang und die Form der Verehrung liegt inzwischen eine Untersuchung vor. Darin kommt Angelika von Véver (in: P. Rupert Mayer SJ) am Ende ihrer philosophischen Dissertation (als Beitrag zur religiösen Volkskunde der Gegenwart) zu folgendem Ergebnis: »Moderner Anspruch und tradiertes Kultverhalten lassen sich in die Verehrung gerade ›neuer Heiliger‹ gut gleichberechtigt einbinden. Die Devotionsgeschichte des Münchener Pater Rupert Mayer bietet dafür ein lehrhaftes Beispiel.« (182)

eröffnete am 26. Juni 1950 Kardinal Faulhaber den Seligsprechungsprozeß, der sich über Jahre hinziehen sollte. Von 1950 bis 1952 dauerte der diözesane Informationsprozeß, bei dem viele Zeitgenossen Mayers als Zeugen gehört wurden. 1960 unterzeichnete Papst Johannes XXIII. das Dekret über das Apostolische Seligsprechungsverfahren. Dieses zog sich, bis es die einzelnen Schritte von einem erneuten Verfahren in München bis zur Feststellung der Heroizität der Tugenden P. Mayers in der Kardinalskongregation für Selig- und Heiligsprechungsprozesse in Rom zurückgelegt hatte, bis 1986 hin.[20]

Erst nach dreißig Jahren erfüllten sich die Wünsche all jener, die auf die Seligsprechung »ihres« P. Mayer warteten. Am 28. Juni 1986 kam aus Rom die Nachricht, Papst Johannes Paul II. werde zur Seligsprechung Rupert Mayers eigens nach München reisen. Und dann war es so weit: Am 3. Mai 1987 sprach der Papst den Jesuitenpater Rupert Mayer selig. Kulisse dieses für München einmaligen Ereignisses war das Olympiastadion, das bis auf den letzten Platz besetzt war. Der Papst sprach in die Stille hinein den entscheidenden, so juristisch klingenden Satz: »Ich nehme Rupert Mayer auf in das Verzeichnis der Seligen.« Der dann aufbrausende Beifall war nichts anderes als die frohe Zustimmung des Volkes Gottes.[21]

Der Papst hob in seiner Predigt vor allem die Bedeutung eines Heiligen für Welt und Gesellschaft von heute heraus, indem er sagte: »Sein Leben heiligen heißt aber auch, sich für das öffentliche Leben mitverantwortlich fühlen und es aus dem Geiste Christi mitzugestalten. Keinem Christen darf es gleichgültig sein, wie es in der Welt zugeht. Männer, Frauen und meine jungen Freunde, euch alle rufe ich auf: Setzt euch wie Rupert Mayer für Gottes Rechte und Gottes Ehre auch in der Öffentlichkeit ein. Laßt nicht zu, daß die Entchristlichung weiter um sich greift. Seid Salz der Erde und tragt das Licht der Wahrheit Gottes in alle Bereiche des Lebens hinein. Das ist der Dienst, den wir der Welt schulden. Es

---

20 Dokumentation zur Seligsprechung von Pater Rupert Mayer SJ. St. Ottilien 1987.
21 Vgl. zum Verlauf der Seligsprechung: Läpple (Hrsg.), P. Rupert Mayer. Ein Erinnerungsbuch.

geht nichts ohne Gott! Habt nach dem Vorbild unseres Seligen vor allem auch ein Herz für die Armen. Ihr lebt in einem Land, das zu den wohlhabendsten der Erde gehört. Laßt Euer Herz durch euren Besitz nicht stumpf werden für die Not der Hilfsbedürftigen und Vergessenen am Rande eurer Gesellschaft und in aller Welt. Macht auch ihr durch eure Güte Gottes Liebe sichtbar und erfahrbar unter euren Mitmenschen.«[22]

Während der Festwoche in München predigte am 5. Mai auch Dr. Georg Moser[23], der Bischof von Rottenburg, also der Heimatdiözese Mayers. Er kam dabei auf die besonderen Wesensmerkmale eines Heiligen zu sprechen: »Es scheint mir daher bedeutsam, daß wir uns von Pater Rupert Mayer und durch sein Leben klarmachen lassen, was wir unter einem Heiligen zu verstehen haben. Es ist ein Christ, der, wie wir sahen, sein ganzes Leben auf Gott hin ordnet und auf seinen heiligen, auf seinen gütigen Willen. Es ist ein Mensch, der keine eitlen oder wehleidigen Prozessionen um sich selber veranstaltet, vielmehr sieht er den anderen, den Nächsten, erkennt und liebt ihn, setzt sich für ihn ein, hilft ihm, steht ihm bei, und er findet sich bereit, den hohen Preis des Kreuzes zu zahlen. Heiligkeit ist nicht billig zu haben...«[24]

---

22 Predigtsammlung zur Seligsprechung von P. Rupert Mayer. München 1987, 40.
23 Dr. Georg Moser (1923–1988), 1970 Weihbischof, 1975 Bischof von Rottenburg.
24 Predigtsammlung zur Seligsprechung, 64.

Der verstummte Prophet

Was ist ein Prophet? Einer, dem ein Wort – süß oder bitter – von Gott in den Mund gelegt wurde, das er in eine Situation hineinzusagen hat, die der Deutung und Wegweisung bedarf. Die charakteristische Stimmung dafür ist das Zwielicht, eher als Helligkeit oder Dunkel, das Gemurmel, eher als Stille oder Lärm, das verschwimmend Vage, eher als die konturierte Gestalt. Propheten stehen deshalb auf des Schicksals Schneide, sie müssen mit Widerstand, Ablehnung, Niederlage und sogar Tod rechnen. Das Schicksal des Propheten ist sprichwörtlich.

Aber das macht nur die eine Seite des Prophetenlebens aus. Die andere heißt: Der Prophet versteht sich als von Gott berufen, oft wider Willen, oft macht er sich zähneknirschend auf den Weg seiner Sendung. Er hat sich Ort und Zeit seines Aufbruchs nicht ausgewählt, hat seine Pläne nicht selbst entworfen. Bilder für solche Schicksale bieten die Propheten des Alten Bundes: etwa Elias, Isaias, Amos.

I

Bis P. Mayer merkte, daß er ein entscheidendes Wort zu sagen hatte, waren schon 36 Jahre seines Lebens verstrichen. 1912 kam er in die Stadt München, die zu seinem Schicksal wurde. Damals stand er in seinen besten Jahren. Und die Identität, die er gefunden hatte, verhalf ihm zu Kraft und Gesundheit. Er war gleichsam grenzenlos belastbar – im Gegensatz zu früher.

Allmählich trat er an seinen Platz und fand in die Rolle eines unbestechlichen Kritikers gegenüber allen Bewegungen und Strömungen, die diese turbulente Stadt München überfluteten. Er war keiner, der von außen und a priori alles besser wußte, vielmehr einer, der sich die Kompetenz zu lauter Kritik aus seiner verbürgten Teilnehmerschaft erworben hatte: im Gespräch mit jungen Kommunisten ebenso wie mit dem weit rechts agierenden »Tannenbergbund« Ludendorffs oder mit dem ehemaligen protestantischen Pastor Dr. Schott, der zwischen Nationalsozialismus und Christentum Brücken bauen wollte und den Unterschied zwischen »christlich« und »nationalsozialistisch« als unbedeutend verwarf.

Weil P. Mayer die alltägliche Not der durch die Inflation verarmten Menschen kannte, wußte er, was ein Pfund Brot, ein Krautkopf, ein Paar neue Schuhsohlen kosteten. Seine Kompetenz wuchs ihm auch aus der Nähe solcher einfachen Erfahrungen zu. Wenn seine Mittel erschöpft waren, fand er Sponsoren; wenn seine Kräfte an die natürlichen Grenzen kamen, delegierte er die Aufgaben an andere. Er stand als »Oberapostel« (Kardinal Faulhaber) in der Mitte. Auf so »normale« Weise wurde er zu einer authentischen Stimme des Katholizismus in München. Das geflügelte Wort »Keine Feier ohne Mayer« bringt zwar eine gewisse Ironie zum Ausdruck, signalisiert aber zugleich jene Bewunderung für den, der gewiß dabei gewesen sein wollte, weil er längst zuvor mitgeredet und mitgestaltet hatte.

Was sich in den Jahren ab 1912 ereignete – und das Engagement des Divisionsgeistlichen Pater Mayer in den Jahren 1915 bis 1916 hatte die gleiche Sinnspitze –, diente nur dem einen Ziel: Menschen in der Großstadt auf ihrem gefahrvollen Lebensweg christlich-kirchlich zu begleiten.

II

1933 brach mit der sog. Machtergreifung eine neue Zeitrechnung an – gezählt wurde in Tausendjahren. In die Demokratie der Weimarer Zeit brach eine Diktatur ein; von Jahr zu Jahr wuchsen Überwachung, Terror, Rechtlosigkeit und Würdelosigkeit. Die einen schwiegen, die anderen tauchten unter, wieder andere paßten sich, oft aus allzu einsichtigen Gründen, an. Mayer konnte sich diese Taktiken nicht zu eigen machen; er hatte wie bislang sein Wort zu sagen. Dieses prophetische Wort bedeutete konkret: Freiraum für eine christliche Schule (wie im Reichskonkordat 1933 zugesichert), Achtung vor dem anderen – trotz seiner Fehler (zumal auch der Röhmputsch einen zwielichtigen Hintergrund hatte), Forderung nach einem besseren Stil in der Presse (wer einen anderen mit Worten niedermacht, wird bald auf ihn einschlagen).

Ort dieser prophetischen Rede waren die Kanzel in der St. Michaelskirche in München und viele Kanzeln im bayrischen Land; Ort war aber auch das Podium in den Vortragssälen. Dort mußte die Ermutigung für die Gleichgesinnten hinüberkommen, dort mußte die Konfrontation mit Freidenkern und Kommunisten, mit Nationalsozialisten und alltäglichen Wirrköpfen gesucht werden. Dort den Mund aufzumachen, verlangte Mut, Schlagfertigkeit und Kenntnis der Sache, um die es ging. Mayer bewies auch hier seine Kompetenz, auch seine Fähigkeit zu lernen; denn es ist nicht ausgeschlossen, daß er am Anfang kurz vom Patriotismus der Nationalsozialisten geblendet war. Er hatte aber bald begriffen: daß sie von einem anderen Vaterland sprachen als der »Feldpater«.

Am Ende dieser Entwicklung stand die wohlüberlegte direkte Attacke auf den totalen Staat mit seiner nationalsozialistischen Arbeiterpartei, mit seiner Gestapo, mit seinen Konzentrationslagern. Es mußte zum Konflikt kommen. Dieser nahm an Schärfe zu: Das Redeverbot, der Prozeß vor dem Sondergericht München, die Haft im Gefängnis Landsberg.

Diese Beachtung seines aufrührerischen Widerspruchs tat P. Mayer gut: Er war nicht zu überhören, weder von den Mitchristen noch von seinen »Feinden«. Allein der Glaubwürdigkeit halber hätte er – wenn es allein nach ihm gegangen wäre – keine persönlichen Kompromisse zwischen Kirche und Drittem Reich gemacht. Blieb hier nur die Alternative des Martyriums? Mayer meinte, man dürfe dieses einmalige Zeugnis nicht herausfordern, es werde einem auferlegt. Seine Schwester Ines berichtete in einem Brief vom 30. Juni 1950: »Als meine Schwester Hildegard mit meinem Bruder von der Enthauptung unseres Vetters Wehrle (Prediger in München) sprach, soll Rupert sinnend lange dagesessen sein; endlich sagte er: ›Hermann (Wehrle) durfte das erleben, nach dem ich mich schon so lange gesehnt habe.‹«[1] Gewiß also wäre er diesen eindeutigen Weg des Glaubenszeugnisses gerne gegangen: für die Freiheit des christlichen Glaubens und der katholischen Kirche, für die Rechte der Menschen. Der charismatische Prophet geht seinen Weg, ohne nach rechts oder links zu schauen, ohne sich nach irgendeiner Richtung hin abzusichern.

In dieser Situation wurde Mayer im Gehorsam ein erstes Mal zum Verstummen gebracht. P. Provinzial Rösch hatte dies – gewiß in Absprache mit Kardinal Faulhaber – im Sommer 1938 befohlen. Was mögen die Gründe dafür gewesen sein? Sie lagen gewiß tiefer als die vordergründige Absicht, P. Mayer vor dem KZ zu retten. Sie bestanden sicher nicht ausschließlich im Willen, den Jesuitenorden durch Mayers Engagement im süddeutschen Raum oder gar im Großdeutschen Reich nicht leiden zu lassen. Der theologisch relevante Grund war der unausweichliche Konflikt zwischen Charisma und Amt, zwischen Prophetie und Institution. Als Prophet und Einzelmensch kann Mayer für sich selbst die extreme Passion, als Zeuge zu sterben, auf sich nehmen. Jener aber, der als Provinzial eine Ordensprovinz zu verantworten hat oder als Kardinal einer Erzdiözese vorsteht, kann keinen derjenigen, die seiner Verantwortung anvertraut sind, zum Heroismus verpflichten, dem extremen Opfergang aussetzen. Damit aber ergibt sich der Konflikt zwischen Amt und Charisma ebenso notwendig, wie beide in sich sinnvoll sind. Erst aus dem Konflikt entspringt der geistliche Funke: einmal der kreuzförmige Gehorsam, ein andermal die ihm vorauslaufende Freiheit.

P. Mayer hat sich schrittweise diesem Schweigegebot unterworfen. Und es befriedigte ihn sehr, daß die Gestapo dabei nicht persönlich an ihn herantrat. Mayer verstummte. Später hat sein Provinzial den Gehorsam des P. Mayer als vorbildlich gepriesen, obgleich er diesen Mann unter der Unterwerfung leiden sah. Ein Mitbruder sagte: »Dem Predigtverbot beugte er sich nur im Gehorsam gegen die kirchlichen Vorgesetzten. Das war eines seiner

---

[1] Das Gespräch soll Ende 1944 geführt worden sein. Dr. Hermann Wehrle, Kaplan in der Pfarrei Heilig-Blut/Bogenhausen, war wegen seiner Kontakte zum 20. Juli 1944 (Rat an Major Ludwig von Leonrod in Sachen »Tyrannenmord«) vom Volksgerichtshof zum Tode verurteilt und am 14. 9. 1944 hingerichtet worden. (Brief von Ines Schuler geb. Mayer im RMA 8.2.).

schwersten Opfer.«[2] Nicht nur deshalb wird diese Verantwortung für P. Rösch schwer zu tragen gewesen sein; denn wie nach dem Krieg bekannt wurde, hatte er seit seiner ersten heiligen Kommunion darum gebetet, selber ein Martyrer werden zu dürfen.[3] Rösch mußte diese Herausforderung jedoch anders bestehen, nämlich dadurch, daß er zum Wohl des Ganzen den Eifer eines einzelnen moderierte – und sich auf diese Weise dem Verdacht aussetzte, es habe ihm an Mut und Einsicht gemangelt, er sei feige, anpasserisch oder gar dumm gewesen. So werden die Nachgeborenen vielleicht einmal urteilen. Rösch war aber nicht nur ein kluger Stratege, sondern auch ein Mann großen Gottvertrauens.

Mit diesem Verstummen aufgrund des Gehorsams gegen den Eingriff der Oberen – und diese theologische Betrachtung erweist das Wort vom »schwierigen P. Mayer« doch als recht schlicht – kommt erstmals das Schicksal des Propheten zum Vorschein. Aber es war nur seine erste Stunde.

III

P. Mayer war bereits Mitte 1937 bei der Gestapo München in den Verdacht geraten, mit der sog. Monarchistischen Bewegung, einer konservativ-katholischen Widerstandsgruppe, in Kontakt gewesen zu sein, gegen den nationalsozialistischen Staat, gegen »den Führer« zu konspirieren. Die Gestapo verhaftete ab Anfang August 1939 150 Mitglieder der Monarchistischen Bewegung Auch P. Mayer im Umfeld dieser Männer: ein Alptraum für die Gestapo! Daß dieser P. Mayer jede Antwort auf ihre Fragen in Berufung auf das vom Reichskonkordat zugesicherte Recht eines Geistlichen verweigerte, nährte noch mehr alle Skepsis der Gestapo. Von der Zentrale der Gestapo in München führte ihn der Weg in das Zellengefängnis im KZ Sachsenhausen. Aber weil der Gestapo ein toter P. Mayer, eben ein Martyrer, nicht in ihr Pre-

---

2 Georg Waldmann SJ: RMA 8.2.
3 Rösch, Kampf, 54.

stige paßte – der Krieg duldete keine Behinderung, die den großen »Endsieg« hinausschob –, wurde P. Mayer in das Kloster Ettal abgeschoben, versteckt in einem »Goldenen Käfig«. – So angenehm ihm diese Situation auch hätte sein können, sie war für ihn unerträglich. Viereinhalb Jahre mußte er schweigen, obwohl sein Wort gegen Krieg und Unrecht von vielen sehnlich erwartet worden wäre. Das war P. Mayers zweites Verstummen. Aufgrund des von Heinrich Himmler ergangenen Diktats: die Bedingungen für P. Mayers Leben in Ettal. P. Mayer konnte zwar überleben, aber um welchen Preis! Er nannte ihn kurz: »Lebend ein Toter«. Ein verstummter Prophet. Mundtot gemacht. Mitleiden, das war die einzige Tat, die ihm lange Jahre hindurch übrigblieb: Mitleiden als Teilnahme am Schmerz der Leidgeprüften. Vielleicht auch als Frucht überwundenen Ärgers über die anscheinend widerspruchslose Untätigkeit mancher Verantwortlichen in der Kirche. Zum zweiten Mal wurde ihm der Mund verschlossen. – Ein Prophet, der nicht mehr redet. – Welch sinnlose Rolle!

IV

P. Mayer überstand auch diese harten Jahre und gewann eine innere Freiheit, die ihm erlaubte, ab Mitte Mai 1945 noch einmal in seine alte Rolle zu finden: die »Katholische Stimme« in München (zum Wiederaufbau, zur Kollektivschuld der Deutschen, zur Solidarität mit allen Zerschlagenen) und der 15. Nothelfer für die vielen Tausenden in dieser Großstadt der Trümmer.

Es kam der 1. November 1945. Wie ein letztes großes Symbol für sein ganzes Leben rührte ihn der Engel des Todes während der Predigt an. »Der Herr, der Herr« lauteten P. Rupert Mayers letzte Worte. Noch zweimal der Name dessen, der ihn berufen und gesandt hatte – und er verstummte für immer. Aber er blieb – von der Prothese gestützt – am Altar stehen. Ein Zeichen über ein ganzes Leben: Ein verstummter, aber aufrechter Prophet.

V

Gerhard von Rad über »Die Botschaft der Propheten«:
»Wir sehen freilich nicht das Bild eines in sich harmonischen Menschen, vielmehr eines zwiespältigen und von der zunehmenden Verborgenheit Gottes hart angefochtenen Menschen, der sich aber doch in einer rätselhaften Freiheit zum Leiden bewährte.«[4]

---

[4] von Rad, Die Botschaft der Propheten, 54.

Anhang

I.
Rupert Mayer:
Balaams Weissagung (Kinderkatechese 1898/99)

Diese Katechese lag im Nachlaß P. Mayers, unter handschriftlichen Predigtentwürfen eines anderen Geistlichen versteckt. Mayer verfaßte sie während seiner Zeit im Priesterseminar. Die Korrekturen stammen von Regens Benedict Rieg (diese Information verdanke ich Domkapitular Dr. Werner Groß und Diözesanarchivar Dr. Bernhard Janker).

Handschriftliches Original im RMA 2.7.2. Unveröffentlicht.

Liebe Kinder!
Erzählung und Erklärung
Die Israeliten[1] gelangen nun auf die östliche Seite des Jordan. Weil die Könige des Landes ihnen den Durchzug verweigerten, die Israeliten nicht durch ihr Land ziehen ließen, schlugen sie dieselben mit der Schärfe des Schwertes[2], besiegten dieselben im Kampfe und eroberten das ganze Land jenseits des Jordan. Der König der Moabiter, dessen[3] Land östlich vom Toten Meere lag, geriet hierüber in Furcht, er fürchtete, daß die Israeliten nun auch sein Land erobern würden, er ließ nun einen heidnischen Wahrsager Namens Balaam kommen und sprach zu ihm. »Fluche dieses Volk«, verfluche, verwünsche dieses Volk, »vielleicht daß ich es dann schlagen und hinauswerfen kann aus meinem Lande«. Der abergläubische König hoffte also, wenn Balaam das Volk Israel verwünsche, würde er die Israeliten besiegen können. Hierauf führte er den Balaam auf 3 verschiedene Berge, von wo man das Lager der Israeliten überschauen konnte. Aber der Herr, Gott, ließ nicht zu, daß Balaams Worte des Fluches, der Verwünschung über

---

1 Vgl. die Geschichte Balaams (Bileam) in Nm 22–24 (auch Dt 23,5f., Jos 24,9f.). Balaam war ein Prophet aus Mesopotamien, der für die messianischen Weissagungen wichtig ist.
2 Anmerkung: d. h.?
3 Dieser Relativsatz ist eingeklammert.

Israel ausspreche, sondern zwang ihn, die Israeliten zu segnen. Ihr seht da, Kinder, auch die Heiden müssen Gott gehorchen, müssen tun, was er haben will, mögen sie wollen oder nicht! Denn Gott ist allmächtig auch den Heiden gegenüber.

Wie aber wird wohl der König zornig gewesen sein, als Balaam gerade das Gegenteil von dem tat, was er von ihm verlangte! Voll Unwillen rief er daher aus: »Meinen Feinden zu fluchen«, meine Feinde zu verwünschen, »habe ich dich gerufen und du hast sie gesegnet! Geh hin, woher du gekommen bist!« Balaam erwiderte: »Das Wort des Herrn«, was der Herr mir eingibt zu sprechen, »kann ich nicht ändern«. Und er schaute ein Gesicht, d. h. Gott ließ ihn in die Zukunft blicken und sprach: »Ich sehe ihn«, den Erlöser, »aber nicht jetzt«, sondern erst später: »Ich schaue ihn, aber nicht nahe«, sondern in ferner Zukunft. »Ein Stern«, ein helles Licht, »geht auf aus Jacob«, aus seinen Nachkommen, »ein Szepter«, ein Herrscher kommt hervor aus Israel, aus dem auserwählten Volke »und zerschmettert die Fürsten Moabs« die heidnischen Völker. Nach diesen Worten machte Balaam sich auf und kehrte in seine Heimat zurück.

Auslegung

Nun seht, Kinder, diese Geschichte ist von besonderer Wichtigkeit wegen der Weissagung, die in ihr erzählt ist. Diese Weissagung geht auf den Erlöser und ist an Jesus Christus tatsächlich voll und ganz in Erfüllung gegangen. Denn seht, Balaam hat vorhergesagt, daß der Erlöser erst nach langer Zeit kommen werde, und wirklich, so ist es eingetroffen. Denn erst 1450 Jahre später ist der Erlöser auf Erden erschienen; Balaam weissagt, daß der Erlöser aus dem Volk Israels hervorgehen werde, und seht: Der Erlöser stammt seiner menschlichen Natur nach von Jakob ab und ist im Judenlande geboren worden; ferner verkündigte Balaam vom Erlöser vorher, daß er wie ein Licht die Menschen erleuchten, wie ein König sein und seine Feinde besiegen werde. Ist es nun so gekommen? Gewiß! Jesus hat mit dem Licht des Evangeliums die Menschen erleuchtet, das Gottesreich der Kirche gegründet, er herrscht in demselben als König und besiegt alle seine Feinde.

Fragen

Die Könige des Landes verweigerten ihnen den Durchzug. Was heißt das? Was taten die Israeliten? Sie, die Israeliten, schlagen

Balaams Weissagung

dieselben mit der Schärfe des Schwertes. Was heißt das? Wer ist unter dieselben gemeint? Der König geriet (woher) in Furcht. Wo lag sein Land? Was fürchtete der König? Wen ließ er kommen? Was sprach er zu ihm? Fluche diesem Volk! Wie kann man dafür noch sagen? Was hoffte also der König? Wohin führte hierauf der König den Balaam? Was konnte man dort aus überschauen? Aber was ließ der Herr nicht zu? Sondern zu was zwang ihn der Herr? Ihr seht da... Denn wie ist Gott? Auch wem gegenüber? Was rief nun der König voll Unwillen aus? (Zu was habe ich Dich gerufen?[4] Was aber hast Du getan?) Was erwiderte Balaam? Was kann ich nicht ändern? Das Wort des Herrn. Was kann man dafür anders sagen? Er schaute ein Gesicht. Was heißt das? (Wohin ließ ihn Gott blicken?) Was sprach Balaam? Wer ist mit dem ihn gemeint? Aber nicht jetzt sondern wann? Was hat Balaam mit diesen Worten vom Erlöser vorhergesagt? (Daß er kommen werde, aber erst wann?) Ist es so eingetroffen? (Wann nämlich ist der Erlöser erschienen?) Ein Stern. Wie kann man dafür anders sagen? Aus Jacob. Was heißt das? Ein Szepter? Und zerschmettert die Fürsten Moabs. Was ist damit gemeint? Was hat Balaam damit vorherverkündigt? (Aus welchem Volk werde der Erlöser hervorgehen? Er werde die Menschen erleuchten, wie was? Was werde sein? Wen werde er besiegen?) Wie ist nun dies am Erlöser in Erfüllung gegangen?

Nutzanwendung

Ihr könntet aus dieser Erzählung etwas sehr Wichtiges lernen. Wie ihr gesehen habt, verhinderte Gott, daß Balaam das Volk der Israeliten verfluchte. Warum hat nun Gott das getan? Nun weil Gott das Fluchen haßt. Einen verfluchen, verwünschen heißt soviel als einem etwas Böses, z. B. eine Krankheit[5] oder sonst irgendein Übel wünschen. Wer solches tut, begeht eine Sünde und zwar versündigt er sich gegen das Gebot der Nächstenliebe, das ja heißt: Du sollst Deinen Nächsten lieben wie Dich selbst. Du selbst nun[6] wünschest sicherlich nicht, daß Dir etwas Übles zustoße, ebensowenig darfst Du deshalb solches einem anderen wünschen. Auch die Feinde darf man nicht verwünschen. Höret, was der

---

4 Am Rand: Oratio obliqua? (»er« »ihn«).
5 Am Rand. Nicht immer, vgl. 4 Kg 2,24.
6 »Wünschest« und »nun« umgestellt.

Heiland sagt und beherzigt es wohl: Segnet die, die euch fluchen.[7] Wenn euch also z. B. einer schimpft, schlägt oder sonst irgendwie beleidigt, so dürft ihr auch einem solchen nichts Böses anwünschen, sondern betet für ihn. Sollte euch das gar so schwerfallen, so schauet auf den göttlichen Heiland am Kreuze. Hat er etwa seinen Feinden und Peinigern geflucht? O Nein! Kinder, ihr wißt es ja, er hat für sie gebetet.[8] Macht es auch so und der göttliche Heiland wird euch sicherlich dafür belohnen.

2.
Rupert Mayer:
Das Glück, ein Kind der katholischen Kirche zu sein
(Predigt 1898/99)

Auch diese Predigt wurde erst 1992 entdeckt. Der Text wurde von Rupert Mayer als Probepredigt im Priesterseminar verfaßt. Der Text ist mit Korrekturen des Regens Benedikt Rieg versehen (vgl. Vorbemerkung zu Text 1).

Handschriftliches Original im RMA 2.7.2. Unveröffentlicht.

Mein Los ist mir gefallen aufs herrlichste, ein herrliches Erbe ist mir geworden! (Psalm 15.6)

Andächtige in Christo dem Herrn versammelte Zuhörer!

Wenn wir das Tun und Treiben der Menschen betrachten, wenn wir sehen, welch reges Leben, welch ein Verkehr in den Straßen größerer Städte herrscht, wie die Menschen dahineilen, so schnell sie ihre Füße zu tragen vermögen, wenn wir sehen, welch fieberhafte Tätigkeit sich in der Geschäftszeit in den geräumigen Verkaufsräumen entwickelt, welch rastloses Schaffen und Arbeiten in den gewaltigen, oft ganze Stadtviertel einnehmende Fabriken – wenn wir das alles an unserem geistigen Auge vorüberziehen lassen, so müssen wir uns unwillkürlich fragen: Was ist denn die Triebfeder dieses aufgeregten Treibens auf den Straßen, in den

---
7 Lk 6,28.
8 Lk 23,35–43.

Geschäftshäusern, was mag es wohl sein, das die Menschen veranlaßt, solche riesige Unternehmungen ins Leben zu rufen, was treibt so viele unserer Mitbrüder an, Vater, Mutter, Geschwister, Heimat, Vaterland – Alles zu verlassen und in andere Weltteile segelnd einer ungewissen Zukunft entgegenzugehen? Es ist der dem Menschen angeborene Drang nach Glück! Ja glücklich wollen die Menschen werden! Das ist es, was das Streben und Sehnen des Menschen ausfüllt. Die einen hoffen nun, das Glück zu finden im Reichtum, andere in Ehre und Ansehen der Welt, wieder andere in den irdischen Freuden und Genüssen. Und werden sie es da finden? O eitler Wahn, der das glaubt! Bittere Enttäuschung stellt sich nur allzubald ein! Das lehrt die tägliche Erfahrung. Den Glücksdrang im Menschen zu befriedigen, ist eben das Erdenglück nicht imstande; denn der Mensch ist zu Höherem geboren; für Gott geschaffen kann allein Gott den Menschen voll und ganz beglücken. Ein Vorgefühl von jenem Glück aber, das uns im Jenseits[9] erwartet, bietet uns hinieden das Reich Gottes auf Erden, die hl. kath. Kirche. Welches Glück deshalb ein Kind der kath. Kirche zu sein!

Bei diesem Gedanken wollen wir heute verweilen und erwägen: 1. wie unschätzbar groß das Glück ist, ein Kind der kath. Kirche zu sein und 2. auf welche Weise wir uns hierfür dankbar bezeigen sollen.

Andächtige Zuhörer! Wir sind auf Erden, um Gott zu erkennen, ihm zu dienen und dadurch in den Himmel zu kommen.[10] Das also ist der Zweck, das die Hauptaufgabe unseres Erdendaseins. Schauen wir nun, wie sich die uns umgebende Welt zu dieser unserer Aufgabe stellt. Ist sie etwa geeignet, uns in der Erreichung unserer Lebensaufgabe behilflich zu sein? O nein! Im Gegenteil! Es scheint, als ob es die Welt geradezu darauf absehen würde, uns von unserem Ziele abzubringen. Oder, sagt selbst, sind wir nicht allenthalben von den heftigsten Gefahren für Glaube und Sitte umgeben? Überall treten uns entgegen die Prediger des Irrtums, Apostel des Unglaubens, allenthalben stoßen wir

---

9 Anmerkungen am Rand: ein Sprung in der Gedankenentwicklung.
10 Das ist die Antwort auf die erste Frage des Katechismus: Wozu sind wir auf Erden?

auf Dinge, die nur allzu geeignet sind, uns von diesem Dienste Gottes abzuziehen und dem Teufel dienstbar zu machen. Bei dieser Sachlage drängt sich uns unwillkürlich die Frage auf, werden wir wohl unter solchen Umständen unserem Ziel unverwandt zustreben können? Wären wir auf uns allein angewiesen, müßten wir diese Frage wohl verneinen, aber Gott sei's gedankt! Wir stehen nicht allein in dieser Welt; eine gewaltige Stütze, eine sichere Zufluchtsstätte hat uns Gott gegeben in der hl. Kirche, die da ist voll der Wahrheit und der Gnade; in ihr finden wir also alles, was wir auf unserem Lebensweg vonnöten haben; als Stätte der Wahrheit ist uns die Kirche ein sicherer Führer den Irrtümern dieser Welt gegenüber und als Stätte der Gnade gibt sie uns die Mittel an die Hand, auch ein der Wahrheit entsprechendes Leben zu führen und so unser Ziel zu erreichen. Ja, Geliebte, unsere hl. Kirche ist eine Stätte der Wahrheit, sie und zwar sie allein, besitzt die volle, ganze Wahrheit. Dies wollen wir des Näheren betrachten.

Bekanntlich war die Lehr- und Wundertätigkeit Jesu Christi hinieden nur auf ein Volk und ein Land beschränkt. Da nun aber die christliche Religion, wie schon von den Propheten geweissagt und von Christus öffentlich verkündigt wurde, ein Gemeingut aller Völker aller Zeiten zu werden bestimmt war, so mußte Christus dafür Sorge tragen, daß seine Lehre der Nachwelt unverfälscht und unverkürzt, ohne menschliche Zutaten, verkündigt werde. Zu diesem Zweck nun stiftete Christus eine Kirche; sie sollte sein Werk hinieden fortsetzen, sollte bis ans Ende der Zeiten allen Völkern die Heilsgnade vermitteln. Um aber diese ihre Bestimmung erfüllen zu können, mußte Christus seine Kirche unfehlbar machen, d. h. er mußte bewirken, daß sie jederzeit vor allem Irrtum bewahrt blieb und so in den Stand gesetzt wurde, die von ihm den Menschen geoffenbarten Heilswahrheiten allen Generationen[11] zu verkündigen. Denn würde der von Christus gestifteten Kirche diese Eigenschaft mangeln, wäre für sie auch nur die Möglichkeit in den Irrtum zu fallen vorhanden, so wäre ja gerade das, was Christus mit der Stiftung seiner Kirche bezwecken wollte – nämlich die unverfälschte Überlieferung seiner Lehre – in Frage gestellt. Ein solches, den eigentlichen Zweck unter

---

11 Generationen: durchgestrichen.

Ein Kind der katholischen Kirche 367

Umständen verfehlendes Schaffen aber anzunehmen, widerspricht der Vernunft, weil ein solches Handeln durchaus unvereinbar ist mit der göttlichen Weisheit des Stifters Jesu Christi. Schon von der bloßen Vernunft her wird die Unfehlbarkeit der Kirche Christi gefordert. Über allen Zweifel erhaben jedoch wird dies, wenn wir die Worte betrachten, die Jesus Christus an die Apostel, die Vorsteher seiner Kirche richtet: Siehe, so sagt er, ich bin bei euch alle Tage bis ans Ende der Welt (Matth.)[12]. Welche Worte! Beachte, mein Christ, wer sie gesprochen! Es ist Christus, der eingeborene Sohn Gottes! Die ewige Wahrheit selbst also will unsichtbarer Weise in der Mitte der Apostel weilen und zwar nicht also etwa solange als die Apostel lebten, sondern alle Tage bis ans Ende der Welt; somit müssen diese Worte auch Geltung haben für die Nachfolger der Apostel, den Papst und die mit ihm vereinigten Bischöfe. Außerdem hat Christus seiner Kirche die Sendung des hl. Geistes verheißen; denn er wollte haben, daß seine Kirche alle Betätigungen ihres Amtes unter dem Einfluß des göttlichen Geistes mit seinem Beistand ausübe. Er sprach: Ich will den Vater bitten, er wird euch einen anderen Tröster geben, damit er in Ewigkeit bei euch bleibe: der Geist der Wahrheit, der Tröster aber, der hl. Geist, den der Vater in meinem Namen senden wird, er wird euch alles lehren und euch an alles erinnern, was ich euch gesagt habe.[13] Hätte Christus seiner Kirche größere Garantien[14] der Unfehlbarkeit geben können als diese?

Und nun die Frage: Welches ist denn die Kirche, die so glücklich ist, Jesus Christus (als) ihren Stifter nennen zu dürfen, welcher so herrliche Verheißungen sind gegeben worden, die das so große Glück hat, vom hl. Geist geleitet zu werden? Es ist die hl. kath. Kirche! Denn sie allein hat die Kennzeichen der wahren Kirche Jesu Christi an sich. Sie reicht hinauf bis auf Christus und die Apostel, nur in ihr findet sich ein ununterbrochen von den Aposteln her durch den Papst, die Bischöfe und die Priester fortgesetztes Lehramt. Erleuchtet und geleitet vom hl. Geist hat sie den von Christus und den Aposteln überkommenen Glauben durch alle

---

12 Mt 26, 28.
13 Joh 14, 26.
14 Garant: durchgestrichen.

Jahrhunderte hindurch und auf dem ganzen Erdkreis durchaus gleich und ohne die geringste Verschiedenheit verkündigt. Könnte es einen augenscheinlicheren Beweis dafür geben, daß die katholische Kirche die wahre, vom hl. Geist geleitete Kirche ist, als diese Einheit im Glauben, wie sie sich nur in ihr findet und wie sie ohne göttliche Leitung gar nicht denkbar ist?

Darum glücklich derjenige, wen die göttliche Vorsehung in der katholischen Kirche hat geboren und erzogen werden lassen, in der katholischen Kirche, jener Säule und Grundfeste der Wahrheit[15], wie sie der Apostel Paulus nennt! 3mal glücklich zumal in unseren Tagen, wo außerhalb der Kirche in religiösen Dingen soviel Unklarheit, soviel Irrtum herrscht. In der Tat zur richtigen Wertschätzung unseres Glücks kommen wir erst, wenn wir einen Blick werfen auf die außerhalb der Kirche stehenden Religionsgemeinschaften. Welche Zerfahrenheit, welche Zersplitterung gewahren wir hier! In eine Reihe von Sekten gespalten, sind die einzelnen Religionsgemeinschaften wiederum unter sich selbst uneins oft in den wichtigsten Wahrheiten des Glaubens und der Sitte. Kein Wunder, wenn da die Andersgläubigen aus dem Zweifel oft gar nicht mehr herauskommen!: Seht, Geliebte, dem allem seid ihr enthoben! Der katholischen Kirche könnt ihr voll und ganz vertrauen; denn was sie lehrt, ist die Lehre Jesu Christi und der Apostel; sie ist nicht Menschenwerk, wie die anderen Religionsgemeinschaften, sondern sie ruht fest und sicher auf dem Fundament Christi und der Apostel und ist der Leitung des hl. Geistes gewiß. Welch köstlicher Trost muß uns armen Erdenpilgern der Gedanke gewähren, im Besitz der vollen Wahrheit zu sein und hoffen zu dürfen, unsere ewige Bestimmung zu erreichen. Mit freudig bewegtem Herzen können wir darum mit dem Psalmisten ausrufen: Mein Los ist mir gefallen aufs Herrlichste, ein herrliches Erbe ist mir geworden.

Aber, Geliebte, wir sind auf Erden, nicht nur allein, um Gott zu erkennen, sondern auch um ihm zu dienen und uns so der ewigen Seligkeit würdig zu machen. Das vermögen wir aber nicht aus eigener Kraft, hierzu bedürfen wir der göttlichen Gabe. Wenn wir also auch im Besitz der Wahrheit wären, hätten aber die Gnade

---

15 1 Tim 3,13.

Ein Kind der katholischen Kirche 369

nicht, so würde uns das noch nichts nützen. Nun ist aber die hl. kath. Kirche nicht nur eine Stätte der Wahrheit, sondern auch eine Stätte der reichsten Gnade; denn die katholische Kirche besitzt alle Gnadenmittel, welche Christus zur Heiligung der Menschheit eingesetzt hat. Christus lebt nicht nur in der Predigt, sondern auch in den hl. Sakramenten in seiner Kirche fort und teilt hier fort und fort seine Gnaden aus. Seht her: Von der Wiege bis zum Grabe, ja über das Grab hinaus zieht sich eine ununterbrochene Kette von Gnaden, mit welchen die hl. Kirche uns in diesem Erdenleben zu Hilfe kommt, ja bei jedem Schritt, den wir in diesem Tränentale machen, steht sie uns hilfreich zur Seite.

Sie heiligt den ersten Seufzer unseres Lebens, indem sie uns in der hl. Taufe aus Kindern Satans zu Kindern Gottes macht. Und wie segenbringend ist das hl. Sakrament der Firmung! Wir wurden dadurch in die Reihen der Streiter Jesu Christi aufgenommen und erhalten durch die Mitteilung des hl. Geistes die Kraft, mutig und furchtlos für unseren hl. Glauben einzutreten, von welcher Bedeutung ist dies in unserer glaubensfeindlichen Zeit! Welche Gnadenfülle aber schließt erst in sich das allerh. Sakrament des Altars. In mächtigen Strömen ergießen sich bei der Darbringung des hl. Meßopfers die am Kreuz für uns verdienten Gnaden über uns aus; und welch mächtiges Förderungsmittel der Tugend ist nicht der Empfang der hl. Kommunion, wo der Gott der Liebe selbst in unserem Herzen Wohnung nimmt! O unbegreifliches Geheimnis, o unschätzbares Glück! Wieviel Trost in unseren Leiden hinieden muß uns doch die Nähe eines solchen Freundes gewähren, eines Freundes, dessen unendliche Liebe zu uns wir kennen, den wir jederzeit aufsuchen und dem wir rückhaltlos unser Herz ausschütten können. Ist das nicht gleichsam ein Stück Himmel in dieser Welt? – Und hat eines ihrer Kinder Schiffbruch erlitten in den Stürmen des Lebens, wie liebevoll, wie besorgt eilt ihm dann die hl. Kirche zu Hilfe, indem sie Balsam auf seine Wunden legt und in dem hl. Sakrament der Buße seine Gebrechen heilt. Wo findet man denn auf Erden eine Macht, die in diesem Maße die Schmerzen zu stillen, die Übel zu lindern wüßte?

Wie die Kirche den Menschen mit mütterlicher Liebe und Sorgfalt durch die Schmerzen und Freuden des Lebens führt, so steht sie ihm auch bei am Ende seiner Pilgerfahrt. Da liegt der Sterbende auf seinem Schmerzenslager hingestreckt, kalter Schweiß bedeckt seine zitternden Glieder, der Tod kommt mit großen Schritten näher, niemand kann ihm mehr helfen, weder Vater, noch Mutter, noch Freunde, da siehe! Im Auftrag der hl. Kirche kommt der Priester und stärkt mit den hl. Sterbesakramenten die scheidende Seele zur letzten Reise, den Heiland im Herzen kann der Sterbende getrost dem kommenden Gericht der Ewigkeit entgegensehen. Auch nach dem Tod hat die hl. Kirche noch Gnaden und Segnungen für ihre Kinder. Sie umkleidet sich mit Trauergewändern, besteigt den Altar und fleht für unsere ewige Ruhe. Wenn alle uns vergessen und verlassen haben, die Kirche vergißt uns nicht. Täglich empfiehlt sie unsere Seelen im Memento der hl. Messe dem himmlischen Vater und fordert auch die Gläubigen immer und immer wieder auf, der Verstorbenen im Gebete zu gedenken.

Andächtige Zuhörer! Wenn wir so die Segnungen und Wohltaten, die uns durch die hl. Kirche zuteil werden, betrachten, schlägt unser Herz nicht höher vor hl. Freude einer solchen Kirche anzugehören? Ja unwillkürlich drängt sich bei diesem Gedanken der Ruf des Psalmisten auf die Lippen: Mein Los ist mir gefallen aufs herrlichste, ein herrliches Erbe ist mir geworden. Und nun frage ich Euch, Geliebte, ist denn das so selbstverständlich, daß Ihr Glieder der katholischen Kirche seid? Ist das etwa Euer Verdienst? Ach, wer wollte so vermessen sein, das zu glauben! O Nein! Es ist dies ein ganz besonderes Gnadengeschenk des allgütigen Gottes. Millionen Euerer Mitmenschen wandeln noch im Schatten des Heidentums, abermals Millionen sind im Irrglauben befangen und müssen verzichten auf die unzähligen Tröstungen der katholischen Kirche. Uns nun hat der Herr auserwählt aus diesen Millionen und zur wahren Kirche berufen ohne das geringste Verdienst auf unserer Seite; welches Werk der göttlichen Liebe und Gnade! Können wir uns gegenüber einem solchen Gnadengeschenk Gottes teilnahmslos und gleichgültig verhalten? Wenn wir gerecht sein wollen, nie und nimmermehr! Wie für jede Wohltat, so sind wir ganz besonders auch für diesen Gnadenerweis Gott den allergrößten Dank schuldig.

Auf welche Weise wir uns nun hierfür des Näheren dankbar bezeigen sollen, davon im ff: Vor allem wollen wir unserer Dankbarkeit gegen Gott dadurch Ausdruck verleihen, daß wir recht oft in innigem Gebet Gott für das große Glück danken, das uns durch unsere Berufung in die wahre Kirche zu teil geworden ist. Ja, nehmen wir uns die Aufforderung, die der Apostel Paulus an die Colosser richtet, recht zu Herzen: »Dankt Gott, dem Vater«, so schreibt er, »der uns tüchtig gemacht hat, teil zu nehmen am Erbe der Heiligen im Licht, welches uns errettet hat aus der Gewalt der Finsternis und versetzt hat in das Reich des Sohnes seiner Liebe« (Col. 1,12.13). Wenn wir uns daher am Abend, ehe wir zur Ruhe gehen, vor Gottes unendlicher Majestät auf die Knie niederwerfen, um für die unzähligen leiblichen und geistigen Wohltaten, die wir den Tag über von ihm erfahren durften, heiße Dankgebete zum Himmel emporzusenden, wenn wir bei den sonn- und festtäglichen Gottesdiensten während des hl. Opfers unser Herz zu Gott, unserem fürsorglichen Vater, dankbar erheben, so wollen wir nie vergessen, dem lieben Gott noch ganz besonders für die Gnade unserer Berufung in die katholische Kirche zu danken.

Nächst Gott, Geliebte, schulden wir den größten Dank unserer hl. Kirche; sie ist es ja, die uns die Schätze der Wahrheit und Gnade mitteilt, die uns hilfreich zur Seite steht bei jedem Schritt, den wir in diesem Tränental machen. Liebe fordert Gegenliebe! Unsere Liebe und Anhänglichkeit der Kirche gegenüber wollen wir nun einmal dadurch zeigen, daß wir ihren Geboten und Anweisungen unbedingten Gehorsam entgegenbringen. Wie könnten auch wir die Kirche wahrhaft lieben, ohne uns um ihre Lehren und Anordnungen zu kümmern? Das ist durchaus unvereinbar!

In unserem höchsteigenen Interesse handeln wir aber auch, wenn wir unser Leben nach den Geboten der Kirche einrichten; denn solches ist vom göttlichen Heiland ausdrücklich geboten worden. Vernehmt, Geliebte, die geradezu vernichtenden Worte, die Jesus Christus denen zuruft, die sich des Ungehorsams gegen die hl. Kirche schuldig machen: Wer die Kirche nicht hört, so spricht er, der sei dir wie ein Heide und öffentlicher Sünder (Matth. 18,17). Und glaubst Du etwa, mein Christ, es würde Dir dereinst am Tage der Rechenschaft etwas nützen, der wahren Kirche hienieden angehört zu haben, wenn Du Dich in Deinem Leben um ihre Satzungen nicht gekehrt, ihre Gnadenmittel nicht gebraucht hast und so ein totes Glied an ihrem Leib gewesen bist?

Dies würde dich nicht nur nichts nützen, sondern im Gegenteil – Deine Verantwortung würde dadurch nur um ein Bedeutendes vermehrt werden! Vernimm die Warnrufe des göttlichen Heilandes über Corozain und Bethsaide und zittere, denn sie gelten auch Dir: Wehe Dir, Corozain! Wehe dir Bethsaide, wenn zu Tyrus und Sidon die Wunder geschehen wären, die bei Euch geschehen sind, so würden sie längst in Sack und Asche Buße getan haben; allein ich sage euch: Tyrus und Sidon wird es erträglicher ergehen am Tag des Gerichts als Euch! (Matth. 11,21–22). Ja erträglicher am Tag des Gerichts wird es dem ohne Schuld außerhalb der Kirche Stehenden ergehen, als Dir, der Du den wahren Glauben hast und nicht nach ihm lebst.

Aber, Geliebte, nicht nur die Dankbarkeit gegen die Kirche und unser eigenes Wohl, sondern auch die Pflicht der Nächstenliebe fordert, daß wir unseren kath. Glauben in die Tat umsetzen. Denn Leben nach dem Glauben, das wäre die beste Predigt für die Irrgläubigen, um sie von der Wahrheit und Kraft der katholischen Kirche zu überzeugen. Von besonderer Wichtigkeit ist dies in unseren konfessionell so gemischten Verhältnissen. Das gute Beispiel in Verbindung mit unserem Gebet ist ja das Einzige, was wir für unsere armen, getrennten Brüder tun können, um sie zur Erkenntnis der Wahrheit der katholischen Kirche zu führen und sie so unseres Glücks teilhaft zu machen.

So soll denn in Zukunft unser ganzes Streben darauf gerichtet sein, den Geist der Kirche in uns aufzunehmen. Ja! Mit ihrem Geiste wollen wir unser ganzes Leben und Wirken durchdringen und heiligen und uns so auch unserer Berufung in die hl. Kirche würdig erweisen!

Unsere Dankbarkeit, Liebe und Anhänglichkeit gegen die hl. Kirche müssen wir aber auch dadurch bekunden, daß wir jederzeit und unter allen Umständen bereit sind, unsere hl. Kirche gegen Beschimpfungen und Verleumdungen jeglicher Art in Schutz zu nehmen und für ihre Interessen einzutreten. O welch traurige und schmerzliche Dinge kann man doch da besonders heutzutage erleben! Die moderne[16] Gesellschaft gefällt sich geradezu darin. Verleumdungen oft der schimpflichsten Art über die Kirche aus-

---

16 moderne: durchgestrichen.

Ein Kind der katholischen Kirche

zustreuen. Und da gibt es Katholiken, die sich dazu verstehen können, solche Reden mitanzuhören und zu schweigen, ach!, wenn sie wenigstens nur immer schweigen wollten, aber Gott sei's geklagt, manchmal lassen sich Katholiken selbst dazu hinreißen, aus Menschenfurcht oder anderen Gründen, solchen Gesprächen zuzustimmen und Beifall zu klatschen. Ach! mit dem Herrn kann da die Kirche schmerzlich bewegt ausrufen: Söhne habe ich aufgezogen und emporgebracht, aber sie haben mich verachtet! (Isaias 1,2).

Andächtige Zuhörer! Was würdet Ihr von einem Menschen sagen, der ruhig mitanhören würde, wie in einer Gesellschaft seine Mutter verleumdet und beschimpft wird, ja der sich sogar selbst an derartigen Gesprächen beteiligen würde? Sicherlich würdet Ihr einen solchen Menschen wegen groben Undanks und Herzlosigkeit aus tiefster Seele verachten. Und das mit vollem Recht! Und nun frage ich Euch, Geliebte, handeln jene Katholiken nicht ebenso wie dieser Mensch? O gewiß! Denn die hl. Kirche ist jedes Katholiken Mutter; sie ist unsere geistliche Mutter. Davon, glaube ich, haben wir uns in der heutigen Betrachtung, genugsam überzeugen können.

Darum, Geliebte, ist es eine Ehrensache eines jeden aus uns, treu und unerschütterlich zur hl. Kirche zu stehen, in allen Drangsalen und Leiden, woran sie heutzutag so reich ist. Ja! Jederzeit wollen wir für ihre hl. Sache einzutreten bereit sein und keine menschlichen Rücksichten sollen uns je von der Erfüllung dieser Ehrenpflicht abwendig machen. So wahr uns Gott helfe.

Gottes Hilfe braucht auch die hl. Kirche gegen ihre zahlreichen Feinde. Darum wollen wir Gott inständig bitten, daß er auch fürderhin der hl. Kirche seinen allmächtigen Schutz gegen ihre Widersacher angedeihen lassen möge, eingedenk des Wortes des hl. Ambrosius: »Wo Petrus ist, da ist die Kirche«, wollen wir besonders auch den Oberhirten der Kirche, den Hl. Vater zu Rom, der göttlichen Barmherzigkeit empfehlen.

Andächtige Zuhörer! Ungewiß, in einen undurchdringlichen Nebel gehüllt, liegt die Zukunft vor uns. Was wird sie uns bringen? Wir wissen es nicht! Indes aus den Vorzeichen zu schließen, nichts Gutes! Allenthalben hören wir von Unruhen in der menschlichen Gesellschaft, Unzufriedenheit herrscht in allen

Kreisen, immer kecker erhebt der Unglaube sein Haupt und immer mehr greift um sich die Sittenlosigkeit in allen Klassen und Ständen. Doch unverzagt können wir der Zukunft entgegensehen, mag das kommen, was da will. Denn mögen auch die Irrtümer, der Unglaube, die Sittenlosigkeit wildschäumenden Wogen vergleich emporfluten, uns, die wir in dem Schifflein Petri sind, werden sie nichts anhaben können; denn ruhig und sicher wird diese geheimnisvolle Arche allen Stürmen und Wogen auf dem wilden Meer trotzend uns hinüberführen an die friedlichen Gestade der Ewigkeit. Amen!

3.
Soldat X:
Wie P. Mayer seinen Fuß verlor

Zum silbernen Priesterjubiläum von P. Rupert Mayer veröffentlichten alle Münchner Zeitungen eine Würdigung. Im Bayerischen Kurier Nr. 120 vom 3. Mai 1924 wurde der Text eines »Mitkämpfers von Rumänien« abgedruckt. Der Name des Verfassers ist unbekannt.

BayHStA, Abt. V. Mappe Rupert Mayer.

P. Mayer, der vorher in den Vogesen stand, war als Divisionsgeistlicher der 8. Bayer. Res.-Div. zugeteilt unserem 19. Res.-Reg.[17] Ich erinnere mich noch wie heute an die langen Märsche an der Grenze von Siebenbürgen und Rumänien, wo wegen des sehr gebirgigen Terrains die Reitpferde zurückbleiben mußten. Da hat der Pater selbst seinen Tornister geschleppt und Liebespakete[18] dazu. Wir sind einen Tag 30 Kilometer, den nächsten 40 Kilometer marschiert in diesem schlechten Gebirge. Wir haben oft die Köpfe hängen und die Füße schleifen lassen, aber er war immer lustig und hat die Leute aufgemuntert. Selbst hat er nicht geraucht, aber uns hat er oft Zigarren und Zigaretten gebracht. Er hat immer viele Freunde in der Heimat gehabt, die für Nachschub

---
17 Vgl. dazu S. 96.
18 Vor allem die Eltern von P. Mayer schickten viele Liebesgaben.

gesorgt haben. Wenn irgend ein Angriff los war, dann war der gute Feldpater immer mit vorne. Er war bei allen sehr beliebt, daher die große Bestürzung, als er am 20. November in der Nacht zum Angriff auf die Magyroashöhe mit uns durch den tiefen Wald ging und sich in der Dunkelheit durch herabhängende Zweige die Augen so verletzte, daß er nach Kronstadt ins Spital gebracht werden mußte. Zwei Tage lang sah er absolut nichts, man fürchtete das Schlimmste. Am dritten Tag kam das Augenlicht plötzlich wieder, da kam er aber sofort wieder zu uns an die Front. Drei Wochen lang sind wir in Clemnespik – so schreibt man es wohl, genau weiß ich es nicht mehr – in ganz unwirtlicher Gegend gelegen bis zum 20. Dezember, wir mußten schwere Kämpfe durchmachen. Unser Pater hat ganz vorne Gottesdienst gehalten, hat die Sterbenden versehen, die Verwundeten mit zurücktragen helfen, kurz, er hat überall zugegriffen, wo man ihn gebraucht hat. Mein Cousin von der 5. Komp. des 19. Res.-Regts, der schwer verwundet war (Beinschuß), hat mir oft und oft gesagt, ich wäre nicht zurückgekommen, wenn mich Pater Mayer nicht auf den Schultern zurückgeschleppt hätte. So etwas kettet zusammen.

In den Weihnachtstagen von Sostelek hielt der Pater vorn in den Schützengräben Gottesdienst über Gottesdienst, von einem Truppenteil zum anderen, denn die Kompanien waren weit ausgedehnt, um die Front überhaupt halten zu können. Täglich und stündlich den Tod vor Augen, waren wir für jedes aufmunternde und tröstende Wort dankbar. Dazu schleppte der Pater alleweil wie ein Packesel Liebesgaben herbei, auch sein Diener[19] war stets voll beladen. Lieber hat er sich's selbst vom Munde abgespart; sie sehen ja, wie halb verhungert er heute so aussieht.

Am 30. Dezember war ein Angriff gegen die Russen geplant, die vom Berg Wardasch vertrieben werden sollten. Von der Spitze oben konnten sie nämlich stets in unser Sultatal herabschauen und die Zufuhren und Truppenbewegungen beobachten. Vormittags ging Pater Mayer mit einem Oberleutnant, dem Kommandeur der Maschinengewehrabteilung, nach vorne in Stellung, wieder vollbepackt mit Liebesgaben für uns. Anders tat er's überhaupt nicht, solange er etwas hatte. Die schlauen Russen hatten sofort

---

19 Bruder Georg Karl SJ, vgl. S. 123.

gemerkt, daß bei uns unten etwas vorging. Sie haben deshalb dauernd Sperrfeuer geschossen. Da die Herren gerade mitten ins Sperrfeuer kamen, gingen sie nicht zusammen, sondern getrennt in Abständen von 70 bis 80 Metern. Oberleutnant Keim – er ist jetzt meines Wissens ins Augsburg[20] – geht voraus, 70 Meter nach ihm kommt P. Mayer, dann sein Diener, wieder in solchem Abstand der Bursche des Oberleutnant. Als P. Mayer gerade in schnellstem Laufschritt, weil unmittelbar vor ihm eine Granate eingeschlagen hatte, durch das Sperrfeuer über die Brücke hinwegspringen will, schlägt vor ihm eine schwere Granate ein. Starke Splitterteile reissen ihm das Fleisch des linken Unterschenkels vollständig weg. Er fällt rückwärts auf die Brücke und verliert sogleich soviel Blut, daß sein Bursche trotz sofort angelegten Notverbandes Verblutung befürchtet. Ein Pulsschlag ist nicht mehr zu spüren. Artilleristen, die in der Nähe ihren Gefechtsstand haben, eilen herbei und tragen ihn unter starkem russischen Feuer zurück in ihren Artillerieunterstand. Hier zeigt es sich buchstäblich, daß seine Leute für ihn durchs Feuer gingen. Er verstand es wie selten einer, mit den Offizieren und mit dem gemeinen Mann so umzugehen, daß er überall die höchste Achtung, ja geradezu Verehrung genoß. Nach einer halben Stunde kam der Batallionsarzt[21]. Er konnte nichts anderes tun, als den Notverband noch verstärken und den Blutlauf ganz unterbinden. Vom Artillerieunterstand weg wurde nun P. Mayer eineinhalb Stunden zurück auf den denkbar schlechtesten Wegen mit einem Ochsenkarren auf den Verbandsplatz Sostelek transportiert. Hier wurde ihm der Fuß zuerst unterhalb des Knies abgenommen. Da er aber nachträglich wieder zu eitern begann, wurde nochmals ein Drittel des Oberschenkels amputiert.

Wir sind überzeugt, mehr als seine vielen hohen Orden und das öffentliche Lob, das er im Regimentsbefehl gefunden hat, freut den Pater die Anhänglichkeit von uns Kriegskameraden. Und diese dankbare Verehrung bezeugen wir ihm auch heute zu seinem silbernen Priesterjubiläum. Ad multos annos!

---

20 Vgl. S. 102.
21 Hans Carossa, vgl. S. 115.

4.
Geistl. Rat Karl Haungs:
Volksmission in Karlsruhe
(1921)

Noch in jener Zeit, in der P. Mayer bereits in München eingesetzt war, hielt er Volksmissionen in Deutschland. Der Bericht über eine Volksmission in Karlsruhe 1921 spiegelt den Eindruck wider, den der Prediger Mayer hinterließ, und bezeugt die Herzlichkeit persönlicher Beziehungen, die er aufnahm.

Brief von Geistl. Rat Karl Haungs[22] vom 26. 4. 1950. Im RMA 3.2.

Es war im Jahre 1921. Ich war damals Stadtpfarrer der großen Liebfrauengemeinde in Karlsruhe. Stadtdekan war Geistlicher Rat Link.[23] Dieser vereinbarte mit uns Pfarrern des Stadtdekanates Karlsruhe gleichzeitig in allen Pfarreien Volksmission[24] halten zu lassen, durch verschiedene Ordensleute. Ja in die 4 großen Pfarreien St. Stephan, dann U. L. Frau, St. Bernhard und St. Bonifaz sollten Jesuiten gerufen werden. In meine Liebfrauengemeinde kamen folgende Herren: P. Göggel[25] als Superior der Mission, dazu P. Rupert Mayer und P. Gensert, alle drei Herren tüchtige und eifrige Missionare. Aber instinktiv, möchte man sagen, fühlten unsere Leute rasch heraus, welch überragende Persönlichkeit P. Rupert Mayer war. Wenn er predigte, war die Liebfrauenkirche jedesmal gesteckt voll. Am meisten aber begeisterte die Männerpredigt am Donnerstag-Abend in der Männerwoche, wozu auch die Männer aus den anderen Pfarreien herbeikamen. Ich begleitete als Pfarrer den P. Mayer zur Kanzel. Es war zufällig ein Tag, an dem ihn die Prothese bzw. das verlorene Bein sehr schmerzte. Als er die Kanzel hinaufstieg, biß er vor Schmerz die Zähne zusammen und sah ganz bleich aus.

Nach wenigen Minuten war aber Feuer in seinem Angesicht und in seinen Worten, und wuchtig erklangen die ewigen Wahrhei-

---

22 Karl Haungs (1874–1958), 1899 Priesterweihe, 1920 Pfarrer in Gernsbach, 1921–1948 Pfarrer in Karlsruhe-Liebfrauen, 1932 Geistlicher Rat.
23 Andreas Link (1870–1923), 1893 Priesterweihe, 1909 Pfarrer an St. Bonifaz-Karlsruhe, 1919 an St. Stephan in Karlsruhe und Stadtdekan, 1920 Geistlicher Rat.
24 Zur Volksmission, vgl. S. 64.
25 Quirin Göggel SJ (1864–1945), Volksmissionar. Georg Gensert SJ (1874–1956), Volksmissionar.

ten aus seinem Munde. Am Ende der Predigt, die von Anfang bis Ende in lautloser Stille angehört wurde, ein ergreifendes Aufatmen der Männerschar; wäre der Ort nicht der sakrale Raum der Kirche gewesen, wäre sicher lautes Händeklatschen und Bravorufe die Antwort gewesen. Schon während der ersten Missionswoche, aber noch mehr nach dieser Predigt, wurde der bescheidene P. Mayer reich mit Blumen und Geschenken bedacht, so daß P. Göggel ein bißchen vom Teufelchen der Eifersucht geplagt wurde.

Die Mission ging segensreich zu Ende, aber die Liebe der »Südstädtler« (die Liebfrauenkirche liegt im Süden von Karlsruhe, dem Hauptbahnhof vorgelagert, der die Südgrenze der Pfarrei bildet) dauerte fort bis zu seinem Tode... Die Anhänglichkeit an P. Mayer zeigte sich von 1921 an in einer einzigartigen Weise: Jeden Morgen um 8 Uhr ging ein direkter Schnellzug von Karlsruhe nach München, der um die Mittagszeit dort ankam. Unsere Zugmeister, Lokomotivführer, Schaffner und Bremser aus der Liebfrauenkirche benützten nun sehr häufig die Pause bis zur Rückfahrt des Zuges zu einem Besuch bei P. Mayer, der sich jedes Mal in liebenswürdiger Weise den Karlsruher Eisenbahnern widmete. Ich selbst besuchte ihn ebennfalls in seinem bescheidenen Arbeitszimmer hinter der Michaelskirche und sprach ihm frohen Dank aus für die Mühe, die er sich mit meinen Pfarrkindern machte...

5.
P. Rupert Mayer:
Katholische Eheanbahnung
(1928)

Aufgrund seiner Erfahrungen in der Großstadtseelsorge erkannte P. Mayer erneut die Bedeutung einer christlichen Ehe und Familie. Auch um konfessionelle Mischehen zu verhindern, setzte er sich für eine »Katholische Eheanbahnung«[26] ein.

Veröffentlicht im: Regensburger Korrespondenz- und Offertenblatt 1928.

---

26 In den »Meldungen aus dem Reich« Nr. 272 vom 30. März 1942 behandelt die Gestapo die »Mischehe« und kommt dort auch auf »den sogenannten Neuland-Bund, München-Pasing zu sprechen: »sie hat sich die Bekämpfung der religiösen Mischehe zur Aufgabe gemacht«. Boberach, Berichte des SD, 642.

Katholische Eheanbahnung

Auf einem gesunden Familienleben beruht die Kraft unseres Volkes. In katholischen, insbesondere in Seelsorgekreisen, beschäftigte man sich schon lange damit, einen Weg zu finden, um die so viel Unheil bringenden Mischehen zu verhindern oder wenigstens zu verringern; außerdem suchte man eine Möglichkeit, um für katholische Heiratslustige, die zurückgezogen leben, Gelegenheit zur Anbahnung einer Ehe zu geben. Viele der Besten und Edelsten, die für eine Ehe wie geschaffen sind, bleiben unverehelicht, weil sie keinen gesellschaftlichen Verkehr pflegen und keine Bekanntschaften machen können oder weil sie in einer Kleinstadt bzw. auf dem Lande wohnen, in der Mangel an Gleichgesinnten herrscht.

Der Umstand, daß für einen großen Teil von Katholiken die Auswahlmöglichkeit eine sehr geringe ist, führt häufig zur Mischehe. Wenn nun auch in solchen Ehen der katholische Teil in der Regel katholisch bleibt, so gehen unserer Kirche doch eine erschreckend große Zahl Seelen verloren, weil die Kinder sehr oft nicht katholisch erzogen werden. Die Erfahrung lehrt, daß bei Mischehen die Entscheidung über die Religion der Kinder zu unliebsamen Auseinandersetzungen und zu dauerndem Unfrieden und zu zahlreichen Ehescheidungen Anlaß gibt – ein Unglück für die Einzelnen und für das ganze Volk.

Der Neuland-Verlag in Pasing vor München hat mit Fühlungnahme des Erzbischöflichen Ordinariats München und der Hochwürdigen Geistlichkeit einen »Bund für katholische Ehe-Anbahnung« ins Leben gerufen und es wäre im Interesse unserer katholischen Kirche zu begrüßen, wenn alle Ehelustigen sowie deren Eltern, denen es um eine katholische Ehe zu tun ist und die sich nicht dem trügerischen Zufall oder dem bestehenden Schein des gesellschaftlichen Lebens ausliefern wollen, diesen Bund in Anspruch nehmen würden. Es handelt sich um keine Heiratsvermittlung und es ist auch keine Provision bei Zustandekommen einer Verbindung zu entrichten.

Die Bedingungen hier anzuführen, verbietet der Raum. Soviel kann jedoch gesagt werden, daß durch die zeitgemäße Organisation katholischer Ehelustigen Gelegenheit geboten wird, in durchaus vornehmer und diskreter Form, ohne Rücksicht auf Alter, berufliche oder gesellschaftliche Stellung, Familien- und Vermögensverhältnisse einen katholischen Lebensgefährten zu suchen und zu finden. Da die Bundesleitung (ohne Namensnennung) den Teilnehmern über die Verhältnisse der in Frage kommenden genaue Auskunft gibt, so kann sich jeder sofort überzeugen, ob die Dame oder der Herr für ihn geeignet ist. Dadurch werden nachträgliche Enttäuschungen, die sich bei sogenannten Gelegenheitsbekanntschaften so oft zeigen, zur Unmöglichkeit. Daß solche Ehen ein Segen der katholischen Familie, unseres kirchlichen Lebens und damit auch ein Segen unseres Vaterlandes sind, bedarf keiner besonderen Erwähnung. Der Neuland-Verlag Pasing vor München stellt bereitwilligst und ohne Verbindlichkeit die Bedingungen gegen 50 Pfg. in Marken zur Verfügung.

Rupert Mayer S.J., München C 2, St. Michaelskirche.

6.
P. Rupert Mayer auf dem Katholikentag in Nürnberg 26.–30. 8. 1931 (Bericht)

P. Mayer hatte auf dem Katholikentag[27] in Nürnberg am Samstag, dem 29. August 1931, zwei Festreden übernommen. Um 15 Uhr beim Festkonvent für die Männerwelt, veranstaltet von der Marianischen Männerkongregation in der St. Elisabethkirche; um 16 Uhr bei der großen Männerversammlung, veranstaltet vom Landesverband der katholischen Männervereine, im Saal der Rosenau, Splittertorgraben. Über diese Festrede findet sich eine ausführlichere Darstellung im Berichtsband: 70. Generalversammlung der Katholiken Deutschlands in Nürnberg vom 26. bis 30. August 1931, hrsg. von der Geschäftsstelle des Lokalkomitees (ohne Ortsangabe, vermutlich 1932), S. 516–517. Der Verfasser des Berichts ist nicht genannt.

Und nun betritt, von stürmischem Beifall begrüßt, der Führer, P. Rupert Mayer, das Pult. Große Worte liegen diesem schlichten Manne nicht, ein tiefer Ernst und ein heiliges Pflichtbewußtsein kennzeichnen jeden Satz seiner markigen Rede. Bittere Wahrheiten sagt er mitunter den Männern. Er hascht nicht nach Beifall, er will die Gewissen wachrütteln. Und er hat wie keiner das Recht,

---

27 P. Mayer hatte bereits 1913 auf dem Katholikentag in Metz eine begeisternde Rede über die in den Großstädten Zuziehenden gehalten. Vgl. ML 145–151.

bittere Wahrheiten zu sagen. Denn ihn legitimiert seine jahrzehntelange rastlose Arbeit im Vereinsleben; ihn legitimiert aber nicht zuletzt die Tatsache, daß er als Feldgeistlicher Gesundheit und Glieder in den Dienst des Vaterlandes gestellt. Zu einem solchen Manne hat das Volk und vor allem der Mann Vertrauen.

P. Mayer leitet seine Worte ein mit dem Hinweis, daß ihn eine hohe Achtung vor dem katholischen Leben Nürnbergs erfüllt. Beweist doch die Entwicklung der Diaspora, daß hier die Katholiken in opfervoller Arbeit sich durchgesetzt haben. Die Katholikentage sind nicht bloß Tage der Heerschau, sie sind auch Tage der inneren Einkehr. Seine Tätigkeit in den kommunistischen Versammlungen habe ihm die Augen dafür geöffnet, wie wichtig die Arbeit des Priesters ist. Hätten die Priester mehr Zeit, dann könnte manches besser werden. Dazu kommt noch, daß auch im katholischen Vereinsleben eine starke Kampfesmüdigkeit, Vereinsmüdigkeit Platz gegriffen hat, daß vielfach auch guten Menschen die Sicherheit in Glaubensfragen verloren ging, daß Gleichmütigkeit[28] eingezogen ist. Und doch bräuchte man wahren Frontgeist gegenüber den großen Zeitfragen.

Die religiöse Frage muß im Mittelpunkt der religiösen Vertiefung sein, die durchdrungen ist von der Wahrheit ihrer Sache. Die Apologetik ist so notwendig wie je, um sich gegenüber den lauten Helden[29] von heute zu behaupten. Für den Proletarier ist das Materielle entscheidend geworden. Ihm gegenüber müssen wir Antwort auf die Frage wissen, ob sich Gott um uns kümmert. Der Freidenker sieht im Menschen nur ein höheres Tier. Da bedarf es gründlicher Schulung im Verein und vor allem in der Kongregation. Von München aus würden in der letzten Zeit Zentren für die religiöse Männerbewegung geschaffen, um von unten auf wieder feste Stützen zu bauen. Denn es ist sehr schwierig geworden, in dieser Gegenwart und Umgebung nach katholischen Grundsätzen zu leben. Nur christlich gesinnte Männer können diese Schwierigkeiten überwinden, nicht »so wie die anderen« zu sein. Angesichts der großen Not, in der heute unser eigen Fleisch und Blut lebt und sich oft in die Winkel verkriecht, tut ein gewisser Radikalismus

---

28 Vermutlich ein Hörfehler: Gleichgültigkeit.
29 Vermutlich statt »Helden«: Heiden.

not, ein Radikalismus der christlichen Liebe. Der Moralgrundsatz, daß man nur vom Überfluß geben müsse, gilt heute nicht mehr!

Notwendig ist es ferner, unsere Leute apostolisch zu schulen. Der Priester kann durch heroische Hingabe an den Beruf und durch armes, hartes Leben wieder manches zu Gott führen. Die Laienwelt aber muß mithelfen. Mithelfen durch das Apostolat des guten Beispiels, durch Hausbesuche usw. Die Schulung dafür holt er sich in den Exerzitien. Der Weg zu den Exerzitien geht nur über die Kongregationen. In München ist es im letzten Jahr gelungen, 860–880 Männer den Exerzitien zuzuführen.

Das alles gibt uns das Rüstzeug für die Kämpfe der kommenden Monate. Dem Ruf »Los von Gott, los von Rom und los von der Kirche«[30] begegnen wir mit dem Ruf »Hin zu Gott, zu Christus, zu Rom und zur Kirche«!

7.
P. Rupert Mayer:
Wider die Entkonfessionalisierung
(1937)

Am 10. 1. 1937 hielt P. Mayer in der katholischen Stadtpfarrkirche in Dillingen eine große Predigt vor 3000 Männern und Jungmännern. Die Predigt wurde durch Lautsprecher in die Studienkirche übertragen, wo etwa 1000 Frauen versammelt waren. Dieser Predigt ist Argumentationsstil und Duktus der Predigten Mayers ebenso zu entnehmen wie das Ärgernis, das er den Nationalsozialisten gab.

Text aufgrund eines durch fünf weitere Personen ergänzten Stenogramms. Im RMA 5.4.

Meine lieben Männer und Jungmänner!

Die Gläubigen, die in der Studienkirche anwesend sind, möchte ich nur benachrichtigen, daß ich auf die Bitte des hochwürdigen Herrn Stadtpfarrers hin nach der Predigt in die Kirche hinaufkommen werde.

---

30 Anspielung auf die »Los-von-Rom-Bewegung«, Ende des 19. Jahrhunderts in Österreich gegründet und nicht ohne Einfluß auf den jugendlichen Adolf Hitler; vgl. Fest, Hitler, 65 ff.

Das ist die größte Freude, die Ihr mir habt machen können, ein solch überwältigender Besuch. Ich muß sagen, Ihr habt meine höchste Erwartungen übertroffen. In dieser schweren Zeit ein wunderbarer Abend. Etwas Schöneres kann es heutzutage für einen kath. Priester nimmer geben, als eine solch stattliche Anzahl von kath. Männern und Jungmännern, freiwillig zu einer religiösen Feier versammelt. Ein herzliches »Vergelts Gott« möchte ich allen denen sagen, die Ihr von nah und fern hierher gekommen seid.

Am liebsten möchte ich jedem die Hand drücken und ihm besonders dafür danken. Ihr habt Euch hier versammelt in der altehrwürdigen Stadtpfarrkirche von Dillingen[31], die ja wunderbar ist – ja, da geht man schon gern hinein, das muß ich sagen. Wenn man hier in Dillingen hereinfährt und das alles auf sich wirken läßt, da muß man sagen, das ist eine urkatholische Stadt und ich freue mich, nicht bloß ergraute Männer zu sehen, sondern auch jüngere Männer und Jungmänner. In manchem unserer Kreise, da hat man etwas Angst bei dem Gedanken: wie werden denn unsere Jungmänner diese Krise bestehen. Die im Dienste Gottes ergrauten Männer, die werden treu bleiben. Das müßte schon sonderbar gehen, wenn sie dem Glauben ihrer Väter untreu werden könnten. Aber manche haben Bedenken wegen der Jungmannschaft. Wie wird die diese Schwierigkeiten auf die Dauer überwinden? Haben die den kath. Mut, den Heldenmut, sich als kath. Jungmänner durchzusetzen in der heutigen Zeit. Liebe Freunde, ich teile diese Angst nicht. Wohin ich jetzt gekommen bin, haben die jungen Männer ihren Mann gestellt. Sie haben das Gefühl, auch wir gehören an die kath. Front. Möge dieser Geist der kath. Jungmannschaft erhalten bleiben! Ich möchte alle Anwesenden bitten, wenn sie mit jungen Männern zusammenkommen, das ihnen zu sagen. Jetzt heißt es Farbe bekennen und unsere Farbe heißt katholisch. Katholisch bis ins Mark, bis ins innerste Herz.

Ich heiße alle herzlich willkommen in dieser weihevollen Stunde. Die anderen werden mir's nicht übelnehmen, wenn ich besonders willkommen heiße meine alten Kriegskameraden, mit

---

[31] Die Stadtpfarrkirche wurde 1619 von Johann Alberthal als dreischiffige Hallenkirche erbaut.

denen ich selber an der Front war, die ich kenne und die mich ganz genau kennen. In Not und Tod waren wir zusammengeschweißt, haben schwere Tage und Nächte miteinander verlebt. Das weiß ein jeder Feldsoldat. In solchen Stunden, da zeigt es sich, was in einem Menschen ist, was in einem Menschen steckt, was man an einem Menschen hat, wenn es gilt aus Kameradschaft, aus christlicher Kameradschaft sein Leben für andere einzusetzen.

Liebe Freunde! Wir wollen heute Abend von einer der brennendsten Fragen der Gegenwart sprechen. Ich möchte aber öffentlich vorausschicken, daß ich allein verantwortlich bin für das, was ich sage.[32] Kein Mensch kann etwas dafür, wenn ich etwas sage, was nicht allen angenehm ist. Aber ich muß so reden, wie ich es vor meinem Gewissen verantworten kann. Man spricht und redet jetzt gar viel von der Entkonfessionalisierung[33] des öffentlichen Lebens, von der Entkonfessionalisierung des Volkes. Darüber muß man klare Begriffe haben, sonst kann man sich in der Frage nicht zurecht finden. Da fragen wir zuerst was heißt denn das eigentlich: »Konfession«. Das kommt von dem lateinischen confiteri = bekennen, confessio = Bekenntnis. Nun haben schon manche reden hören, vor allem die Rompilger, die einmal in Rom gewesen sind, von der Confessio Sanct Petri, das ist das Bekenntnis, das der hl. Petrus abgelegt hat vor seinem Tode. Näherhin versteht man darunter die Stelle, an der der hl. Petrus das Martyrium erlitten hat und diese Stelle befindet sich am Petersdom zu Rom und es gibt sicher keinen Rompilger, der nicht schon an dieser Stelle gewesen ist. Das ist jetzt wohl der berühmteste Wallfahrtsort der Welt geworden. Confessio gleich Bekenntnis, nämlich auch gleich Sündenbekenntnis beim hl. Sakrament der Buße und darum kann man sprechen von confessio gleich Beichte. Im heutigen Sinne des Wortes wird das Wort confessio erst gebraucht seit dem 16. Jahrhundert. Damals wollten die Protestanten ihre

---

32 Mayer argumentierte in seinen Predigten gegen Spitzel und Repressalien, mit denen Teilnehmer von seiten der NSDAP zu rechnen hatten.

33 Entkonfessionalisierung war seit 1934 bei der NSDAP ein entscheidender Schritt in dem Gleichschaltungsversuch. Begriffe wie »Positives Christentum«, »Deutsche Christen«, »Simultanschule« (vor allem von den sog. »Brückenbauern« vertreten) dienten dem gleichen Ziel; vgl. Zipfel, Kirchenkampf, 93 ff., 104 ff., 130 ff. (Ergebnisse dieser »Kirchenpolitik«).

Lehre in eine Form bringen, formulieren und diese formulierte protestantische Lehre, was zu Augsburg geschehen ist, nannten sie confessio Augustana (= Augsburger Glaubensbekenntnis)[34]. Als solches ist es berühmt geworden in der ganzen Welt. Also seit dem 16. Jahrhundert versteht man unter Konfession ein von anderen verschiedenes Glaubensbekenntnis. Schon wenn wir das hören, ist es uns ein bißchen ungemütlich, denn dadurch muß es verschiedene Glaubensbekenntnisse im Christentum geben – und das ist auch richtig, das ist ja unser großer Schmerz. Wohl hat Christus nur ein Bekenntnis auf die Erde gebracht, aber tatsächlich gibt es mehrere Glaubensbekenntnisse des Christentums. Wenn man das bedenkt, kann man schon verstehen, daß es seit Jahrhunderten edle Menschen gegeben hat, deren Bestreben es war, die Verschiedenheit der Glaubensbekenntnisse, die Glaubensspaltung in unserem deutschen Vaterlande zu beseitigen und da haben einige Männer berühmten Namens gearbeitet: ich nenne Leibniz[35], Friedrich von Schlegel[36] und wie sie alle heißen.

Liebe Freunde! Wir wissen aus der Geschichte, daß diese und andere Männer es ehrlich gemeint haben und daß sie aus religiösen Gründen diese Glaubensspaltung zu beseitigen suchten. Freilich spielten auch da nationale Gründe mit, denn auch diese Männer haben die Glaubensspaltung in Deutschland als ein Unglück betrachtet für unser Volk. Wir dürfen nicht vergessen, daß die Glaubenseinheit in unserem deutschen Vaterland, wie sie einmal war, nicht bloß eine Blütezeit der Religion war, sondern auch eine Blütezeit der deutschen Nation. Wir Katholiken haben gar keinen Grund, die Geschichte zu fälschen oder die Geschichte schön zu färben, alles rosa in rosa zu malen was unserem kath. Glauben nützlich wäre, ach nein, liebe Freunde, das hat keinen Wert. Wir wissen ganz genau, daß es auch zu jener Zeit dunkle Seiten gab und das geben wir ohne weiteres zu, denn wir sind davon überzeugt, daß das, was auf Schwindel, was Lug, was auf Betrug

---

34 Die Confessio Augustana ist die Bekenntnisschrift der Lutheraner, 1530 von Melanchthon verfaßt und durch die Apologie verteidigt.
35 Gottfried Wilhelm von Leibniz (1646–1716), arbeitete als Protestant für eine Union zwischen Katholiken und Protestanten.
36 Friedrich von Schlegel (1772–1829), 1818 Konversion zum Kath. Glauben, auch für eine Vereinigung der Kirchen engagiert.

aufgebaut ist, einmal wieder zusammenbrechen muß. Da brauchen wir bloß die Geschichte nachzulesen und darum haben wir uns so sehr gefreut, als die Päpste auch die geheimen Archive zugänglich machten allen Gelehrten der Welt. Papst Leo XIII.[37] hat das wunderschöne Wort gesprochen: »Die Wahrheit kann der kath. Kirche nie schaden«. Und deswegen haben wir gar keinen Grund, auch jene Zeit der Glaubenseinheit nur günstig zu schildern. Aber das eine muß doch jeder zugeben, daß das Ideal der religiösen und politischen Einheit unter Kaiser Otto I.[38] unter einem Kaiser Heinrich,[39] daß dieses Ideal der Einheit einfach einzig schön war, daß es wunderbar ideal war, daß es für die damaligen Menschen etwas unendlich Beglückendes gegeben hat. Das, liebe Freunde, sind Dinge, die als Tatsachen bestehen und wenn einer das Gegenteil von dem behauptet, dann bitte sagen Sie ihm nur: wenn Sie das Gegenteil behaupten, dann haben Sie keine deutsche Geschichte studiert. So, liebe Freunde, kann man das wohl verstehen, menschlich begreifen, wenn jetzt wieder eine Bewegung durch manche Kreise unseres Volkes geht, die sich da so ausdrückt: »Ja soll denn die Glaubensspaltung in unserem deutschen Vaterlande ewig währen, sollen dann Protestantismus und Katholizismus immer nebeneinander herlaufen, soll das immer so weitergehen, könnte man da nicht auch einmal die Gleichschaltung anwenden.« Hat man doch schon vieles gleich geschaltet, da kann man die doch schließlich auch noch gleichschalten. Manche sagen: »Ja, das müßte doch zu machen sein, daß sich alles, was sich christlich nennt, einig zusammenschließt, sich bekennt zu Wahrheiten, die einfach alle Christen unterschreiben könnten. Dann heißt es, hätten wir die Einheit.« Liebe Freunde! Das ist ja alles von manchen recht schön gedacht. Die Leute aber, die dies zusammenphantasieren, die kennen einmal die Geschichte nicht und dann kennen sie die Schwierigkeiten nicht, die in einem solchen Zusammenschluß notwendig sein müssen und unlösbar sind. Hoffentlich wird jeder von Euch nachher sagen: Das sehe ich

---

37 Leo XIII. (1810–1903), 1878 Papst, vor allem sozial engagiert (Enzyklika Rerum novarum 1891).

38 Kaiser Otto (912–973), siegt über die Ungarn auf dem Lechfeld, wird 962 in Rom zum Kaiser gekrönt.

39 Kaiser Heinrich II. (973–1024), 1002 König, 1014 Kaiser.

ein, so kann es nicht gemacht werden. Man begann nämlich einmal damit, das speziell Trennende im Katholizismus und Protestantismus zurückzustellen, darüber einfach zu schweigen, alles Übernatürliche, das, was jeder Mensch ohne weiteres anerkennen muß, nur das hat man in den Vordergrund gestellt, nur darüber durfte man reden, ohne das Übernatürliche im Christentum zu leugnen. Wie ging es da weiter? Bei diesem Vorgehen kam man aber ganz von selbst dazu, auch vom Kern des Christentums allmählich zu schweigen, den Kern des Christentums zu übergehen. Eine Natur-Religion, der sogenannte Rationalismus, den man jetzt auf der ganzen Linie bekämpft über alle Maßen und mit Recht, der bliebe noch übrig.

Liebe Freunde! Vom Christentum war aber nichts mehr zu sehen, noch übrig. Will man den Katholizismus und den Protestantismus auf eine Linie bringen, dann geben wir ohne weiteres zu, daß es Wahrheiten gibt, auf die man sich einigen könnte, z. B. das ist der Glaube an einen persönlichen, außerweltlichen, von der Welt verschiedenen, ewigen Gott. Alle Christen werden ohne weiteres diesen Glauben unterschreiben. Die Christen werden auch keine Schwierigkeiten machen im Glauben an Christus, den eingeborenen Sohn, unseren Erlöser. Aber da hört es schon auf, da ergibt sich schon die große Schwierigkeit, daß ein Teil unserer getrennten Brüder es nicht unterschreiben zu können glauben an Christus als den wahren Sohn des lebendigen Gottes. Also hier kommt schon wieder ein Keil, der die Einheit zerstört, aber das kommt noch ganz anders. Wir[40] müßten schweigen vom Papst, der doch von Christus stammt, wir müßten schweigen von fast allen hl. Sakramenten, wir müßten schweigen auch vom Altarsakrament, vom hl. Meßopfer, dem Zentrum der Sonne des ganzen religiösen Lebens. Ja, liebe Freunde, was bliebe denn da noch übrig. Eine ganze Reihe von Lehren müßte man einfach unter den Tisch fallen lassen, auch die Rechtfertigungslehre, die ja doch ein Anlaß war zur Glaubensspaltung. Was bliebe noch übrig? Das ganze praktische religiöse Leben müßte zusammenbrechen; da müßte man alles aufgeben, samt und sonders. Es blieben noch

---

40 Mayer unterstreicht die bekannten theologischen Kontroversen zwischen Katholiken und Protestanten.

übrig ein elendes Wrack der einstigen, mächtigen kath. Kirche. Es bliebe dann nur noch ein Zerrbild der Kirche. Es müßte ein elender Zusammenbruch nicht bloß des Katholizismus sondern auch des Protestantismus erfolgen. Liebe Freunde! Da möchte ich doch einmal fragen, was hätte denn unser deutsches Vaterland, unser deutsches Volk von einer solchen ...
Es würde ja in unserem deutschen Volk der religiöse Boden unter den Füßen weggezogen. Aus einer solch elenden lendenlahmen Kirche, da könnten keine überzeugten, keine tod- und teufelfürchtenden Menschen herauswachsen, nein, liebe Freunde, da würde unser Volk dem religiösen Radikalismus verfallen. Man kann sich das vielleicht am besten vorstellen, wenn man an das Leben einer gewissen Art von religiös gemischten Ehen denkt: Ich setze mich jetzt nicht mit den religiösen Mischehen auseinander, sondern möchte nur ein Beispiel geben, an dem man es am besten verfolgen kann, was aus der Kirche werden muß, wenn man das mal anfängt. Denken wir uns, da sind Mann und Frau, die sich sehr gut natürlicherweise verstehen und die vor der Heirat zueinander sagen: »Wir halten zusammen wie Stahl und Eisen und da gibts nichts mehr an unserer Ehe, was irgend eine Uneinigkeit hervorbringen könnte und deswegen machen wir miteinander aus: Du Frau, sprichst niemals mehr etwas von der kath. Kirche und ich als protestantischer Mann erkläre, ich machs genauso mit der protestantischen Kirche.« Die Folgen: daß die beiden Mann und Frau religiös vollkommene Nullen werden, daß sie das Beste, was der Mensch überhaupt noch auf Erden hat, preisgeben. Und diese armen Kinder, was wird aus ihnen werden, wenn ihnen die Eltern nicht einmal ein Lebensziel geben können, eine Grundlage, die auch hält, wenn das Grundwasser geht im Einzelleben und im Leben eines Volkes. Solchen armen Kindern werden keine Werte mitgegeben, die niemals zu Grunde gehen können. Sehen Sie, liebe Freunde, so ist es in einer solchen Ehe und so müßte es werden im Leben der katholischen Kirche. Also jetzt kommt der Schluß: Entkonfessionalisierung, d. h. das Herausstreichen aus jeder Konfession, was ihr charakteristisch ist. Entkonfessionalisieren ist genau dasselbe wie entchristlichen, das zeigt die Geschichte und das zeigt das Nachdenken über diese Fragen und wenn einer so daherredet in großen Tönen vom Entkonfessionalisieren und behauptet

dann, das Christentum lasse man schön in Ruhe, da müssen wir ihm sagen: »Lieber Freund, du hast keinen Dunst von dem, was du daherredest. Diese Frage hast du noch nicht studiert, denn sonst könntest du keinen solchen Unsinn daherreden.« Ja aber wie soll das gemacht werden. Soll das immer so bleiben: Hie Katholizismus – hie Protestantismus! Soll da nie ein Ende werden! Der Friede, liebe Freunde, unter den Konfessionen ist dann gewahrt, wenn man jede Konfession nach ihrem Charakter sich entwickeln läßt. Aber da höre ich schon sagen: »Ja das charakteristische des Christentums ist und bleibt die christliche Liebe, das ist das Grundgesetz des ganzen Christentums und jeder mag er einer Konfession angehören, welcher nur immer, ein jeder wird dieses Gesetz als ein Grundgesetz anerkennen.« Wenn aber die Konfessionen verbunden sind durch das Gesetz der christlichen Liebe, dann können sie auch im Glaubensleben ruhig getrennte Wege gehen, so wie es ihnen ihr Gewissen vorschreibt, und, liebe Freunde, das haben wir tatsächlich so gemacht. Wenn jetzt einer kommt und von konfessionellen Kämpfen reden wollte, von diesen konfessionellen theologischen Zänkereien und Streitereien, den würde man auslachen und würde ihm sagen: »Lieber Freund, du bist ja viel zu spät aufgestanden, ja das war einmal, aber seitdem hast Du schön geschlafen.« – Nein, nein, das kommt jetzt ja gar nicht mehr vor. Es herrscht ein wunderbarer Friede unter den Konfessionen. Wer Fühlung hat mit dem Leben der protestantischen Kirche, der wird ohne weiteres das zugeben. Ja es ist schon merkwürdig, was man da nicht schon für Besprechungen gehabt hat im kleinen Zirkel zwischen maßgebenden Persönlichkeiten, das hätte man früher nicht für möglich gehalten. Ich war neulich zusammen mit einem Herrn, ja der galt früher als ein furchtbarer Kämpfer gegen Kirche und vor allem gegen die Jesuiten. Wir waren ruhig beieinander und haben uns gemütlich ausgesprochen über religiöse Fragen und werden wieder einmal zusammenkommen. Wir haben uns verstanden, ist das nicht wunderbar? Es geht, jawohl, es geht! Nein, konfessionelle Kämpfe haben wir nicht mehr. Liebe Freunde, wir wissen ja ganz genau, was manche Menschen und was starke Kräfte mit uns beiden im Sinne haben. Starke Kräfte sind an der Arbeit, nicht den Katholizismus oder den Protestantismus, sondern das Christentum zu vernichten; dem Christentum den Todesstoß zu geben – ja das ist so.

Liebe Freunde, wir wissen ganz genau, was auf dem Spiel steht: die schlimmsten Kämpfe, die es für ein Volk gibt, sind die Religionskämpfe, das beweist die Geschichte. Und nun glaube ich, daß darum die Reichsregierung im Frühjahr 1933 öffentlich vor aller Welt erklären ließ, daß die beiden großen Konfessionen die Grundlage bilden sollen beim Neuaufbau des deutschen Volkes.[41] Die Reichsregierung wollte dem deutschen Volke religiöse Kämpfe ersparen, nur so kann ich es mir denken, daß die Reichsregierung das Konkordat geschlossen hat, diesen feierlichen Vertrag vor der ganzen Welt mit der katholischen Kirche, um dem deutschen Volke Religionskämpfe zu ersparen. Und nun liebe Freunde, kommt das Tolle: Im schroffsten Gegensatz dazu gibt es starke Kräfte in unserem Volke, die unablässig daran arbeiten, das Christentum zu vernichten und in erster Linie die katholische Kirche. Es kommt einem so vor, als ob sie unserem kath. Volk einen Kampf aufdrängen wollten auf Leben und Tod. Anders kann man diese Kämpfe nicht verstehen. Jetzt geht man schon an die Entkonfessionalisierung, nicht von oben her, untergeordnete Stellen machen es. Schon die Kleinkinder sollen entkonfessionalisiert werden! In den Kleinkinderschulen in der Ostmark ist man emsig an der Arbeit – aber auch anderswo – die katholischen Schwestern aus den Kinderbewahranstalten herauszutun und dafür andere Elemente hineinzustecken. Zu Hause, da ist es für jede Mutter die Herzenswonne, wenn sie mit ihrem Kinde zum erstenmal über religiöse Gegenstände sprechen kann und wie freut sich der Vater, wenn er sieht, wie der Kleine das alles so nett erfaßt und wie er so darüber redet in seiner Art. Jetzt soll das kleine Kind aus dieser Wärme heraus in die eiskalte unreligiöse Luft eines solchen Kindergartens gesteckt werden. Da gibts kein Kreuzzeichen mehr, das ist ja etwas Konfessionelles, nichts christliches mehr, weil man da schon fürchtet, es sind ein paar deutschgläubige Kinder drinnen, die das vergiften könnten und so wird weiter gemacht: dann soll die katholische Schule fallen, dafür die deutsche Gemeinschaftsschule usw. usw. So soll es gehen durch alle Organisationen bis zum 21. Lebensjahr. Wer sich das ausdenkt, der weiß ganz genau, wie das die Seelen der Kinder den Eltern entfremden muß,

---

41 Vgl. dazu Volk, Katholische Kirche, 12 ff.

wie da in die eigenen Familien ein Keil hineingetrieben wird, geistig-seelischer Natur, zwischen Vater und Mutter und Kinder. Die wachsen in einem ganz anderen Geist auf, als es der heißeste Wunsch des kath. Vaters und der kath. Mutter sein muß. Liebe Freunde! Das gibt unheimliche Auseinandersetzungen und deswegen kann man die maßgebenden Kreise nur bitten: Laßt die Hände von der Entkonfessionalisierung des katholischen Volkes! In einem deutschen Lande sollte, von einer untergeordneten Stelle angeordnet, das Kreuzzeichen aus der Schule bis zum 15. 12. 1936 verschwinden.[42] Aber liebe Freunde, das ging anders – auf gesetzliche Art – nicht revolutionär, nicht gewaltsam, ganz legal, hat das kath. Volk jenes Landes es durchgesetzt, daß die Kruzifixe wieder in jede Schulklasse gekommen sind. Nein, liebe Freunde, da versteht man keinen Spaß mehr, da geht es hart auf hart. Aber wir müssen die Augen offen halten, wir müssen hören auf den Papst, unsere Bischöfe und die von ihnen uns gegebenen Priester. Das sind unsere Führer.[43] In religiösen Fragen hat uns niemand etwas zu sagen, wohlverstanden, als das kirchliche Lehramt und ihre Vertreter, das sind die Männer, die uns richtunggebend vorangehen.

Liebe Freunde! Nur keine Angst, nur nicht lange bange machen lassen. Wir wissen ganz genau, was wir dem Staate schuldig sind. Aus Gewissensgründen dienen wir auch einem Staat, in dem uns manches nicht gefallen kann. Wir tun das, weil Gott das uns zur Pflicht macht. Aber, liebe Freunde, wenn es sich um religiöse Dinge handelt, da haben wir die Pflicht, unser Ohr nur der Kirche und dem kirchlichen Lehramt zu leihen und alles andere glatt abzulehnen. Wenn wir nun unser kath. Volk so anschauen – und ich komme jeden Sonntag wo anders hin –, da habe ich nun gar keine Sorge, daß unser kath. Volk den Ernst der Lage nicht erkennt, so etwas fühlt man einfach, so etwas merkt man, daß manches jetzt nicht mehr so einfach ist, wie es sein sollte und wie es sein müßte. Das fühlt allmählich auch der letzte gläubige katho-

---

[42] Im Dezember 1936 wurden in Oldenburg die Kreuze aus den Schulen entfernt; vgl. Neuhäusler, Kreuz und Hakenkreuz I, 116.

[43] Der Gegensatz zwischen »dem Führer« und »unseren Führern« wird stark herausgehoben.

lische Mensch und in dem Geiste gehen wir voran, felsenfest vertrauend auf den Beistand und den Schutz Gottes und seiner heiligen Mutter. Amen.

H. H. Pater Mayer begab sich noch in die Studienkirche, wohin die Predigt durch Lautsprecher übertragen wurde und grüßte die ca. 1000 Frauen:

Meine Lieben! Es freut mich sehr, daß ihr so zahlreich zu dieser Feier gekommen seid. Eine solche Menschenmenge sah ich seit Jahren nicht mehr. Ich hörte schon öfter, daß in Dillingen und Umgebung ein gläubiges Volk sei. Heute sehe ich es mit eigenen Augen. Auf so ein katholisches Volk muß der Segen Gottes kommen. Traget diesen Segen hinein in Eure Familien. Zum erstenmal stehe ich in diesem herrlichen Gotteshaus. Es wurde von Jesuiten erbaut. Hier wandelte ein hl. Petrus Canisius.[44] Wir wollen ihn um hl. Glaubenstreue bitten. Mag dann dieses Jahr im Religiösen bringen, was es will: Wir beginnen es mit unserem Herrn Jesus Christus und vertrauen auf Ihn.

8.
Gestapomann Dr. J. Sch.:
Die erste Verhaftung von P. Rupert Mayer

Der Gestapomann Dr. J. Sch. war ein ehemaliger Priester, der in die Reihen der SS und der SD geriet. Nach längerer Haft in einem Internierungslager und innerer Umkehr fand er wieder zur Kirche zurück. Am 14. 1. 1951 schrieb er einen Brief an P. Anton Koerbling. Da dieser von zeitgeschichtlichem Interesse ist, wird er hier veröffentlicht.

Original in Schreibmaschinenschrift im EAM 5565.

... Von Oktober 1936 bis Mai 1938 war ich beim SD-Oberabschnitt Süd in der Franz-Josef-Straße zu München als Sachbearbeiter in Kirchenfragen eingesetzt. Wenn auch die Überwachung der

---

44 Petrus Canisius (1521–1597), »zweiter Apostel Deutschlands«, verantwortete die Arbeit der ersten Jesuiten in Deutschland. Die Kirche wurde 1610 bis 1617 von den Jesuiten erbaut und stellt ein Musterbeispiel des Jesuitenbarocks, der gegenreformatorischen Kunst, dar.

Die erste Verhaftung 393

Predigttätigkeit des P. Rupert Mayer dem Unterabschnitt des SD für Oberbayern in München oblag – bzw. der Gestapo in der Briennerstraße[45] so ging die Berichterstattung an das Reichssicherheitshauptamt Berlin doch durch meine Hand. Mir ist aus jener Zeit lebhaft als Gesamteindruck in der Erinnerung, daß P. Mayers Bekennermut in Berlin sowohl wie in München beim SD viel Verwirrung anrichtete. Man wußte, daß man durch Maßnahmen gegen ihn der eigenen Sache mehr schadete als nützte. Hier erwies sich Gottes Sache stärker als aller Menschenwitz.

Am Samstag, den 5. Juni 1937, mittags erhielt ich von SS-Oberführer Beutel[46], der gleichzeitig Dienststellenleiter des SD Oberabschnittes Süd und der Gestapo war, den Befehl, den mit der Verhaftung des P. Rupert Mayer beauftragten Beamten der Gestapo, Regierungsrat Schimmel[47] zu begleiten. Weil man Aufsehen und störende Ansammlung von Leuten fürchtete, sollte alles in größter Stille vor sich gehen. Gegen 14 Uhr – also nicht »im Laufe des Vormittags«, wie es in Ihrer Biographie S. 228[48] in P. Mayers Aufzeichnungen heißt. Auch war nur Schimmel Beamter der Gestapo und mit der Executive beauftragt, während ich selber lediglich als stummer Begleiter dabeistand – fuhren wir im Auto in der Maxburgstraße[49] am Kloster vor, passierten die Pforte und betraten P. Mayers Zimmer zu ebener Erde.

P. Mayer saß auf seinem Stuhl und betete sein Brevier.[50] Neben sich auf dem Boden stand ein kleiner Handkoffer mit etwas Leibwäsche. Der Regierungsrat Schimmel stellte sich kurz vor und sagte ihm, daß er ihn verhaften müsse. P. Mayer erhob sich sofort

---

45 In der Briennerstraße lag das Wittelsbacher Palais, die Zentrale der Gestapo in München.
46 SS-Oberführer Beutel. Nicht verifiziert.
47 Gestapomann Alfred Schimmel (1906–1948), seit 1. 12. 1936 an der Gestapoleitstelle München; leitete dort bis 1941 die Abteilung II B (Katholizismus, evangelische Kirche, Juden, Freimaurertum); zuletzt Kommandeur des Gestapoquartiers in Straßburg. Weil er im April 1944 auf Druck des Gestapo-Generals Heinrich Müller einen kriegsgefangenen britischen Offizier erschießen ließ, wurde er von einem englischen Gericht zum Tode verurteilt und am 26. Februar 1948 hingerichtet.
48 Koerbling, P. Rupert Mayer. Auf diesen Text bezog sich das Schreiben des Gestapomannes.
49 Die Residenz der Jesuiten bei St. Michael liegt in der Maxburgstraße.
50 Vgl. ML 69 ff.

seelenruhig und ohne ein Wort zu sagen, ergriff er den Hörer und wollte den Obern durch das Haustelefon nur kurz davon verständigen, daß er verhaftet sei und das Haus verlasse. Dies aber wurde ihm von Regierungsrat Schimmel verwehrt. Unauffällig fuhren wir darauf zur Briennerstraße, wo P. Mayer von Schimmel allein vernommen wurde, während ich mich entfernte.

Ich war sehr stark beeindruckt.

1. von der Gelassenheit und Ruhe, mit der der Kämpfer wie ein Lamm mitging, wie auch von der Bereitschaft auf diesen Augenblick. Er saß da, als habe er auf uns gewartet, und in ein paar Minuten war alles vorüber.

2. vor dem Ordensgeist des P. Mayer, der nur auf eines in diesem Moment bedacht war: nämlich nicht ohne Wissen des Superiors das Kloster zu verlassen!

Als am Nachmittag P. Mayer nicht im Beichtstuhl erschien und seine Verhaftung bekannt wurde, sammelten sich gegen Abend Gruppen von Getreuen vor dem Wittelsbacher Palais, die aber von der Polizei zum Weitergehen aufgefordert wurden. Der oben geschilderte Vorgang war mein einziges Begegnen mit P. Rupert Mayer und ich bezeuge, daß der temperamentvolle Kämpfer für die Sache Christi sich klaglos und willig wie ein Heiliger abführen ließ.

Im Herbst 1947 hörte ich im Internierungslager vom Tod des P. Rupert Mayer...

9.
Michael Kardinal von Faulhaber:
»Wenn die Flammenzeichen rauchen...«

Am Sonntag, dem 4. 7. 1937, hielt Kardinal Faulhaber in der St. Michaelskirche eine flammende Rede gegen die Beeinträchtigung der Redefreiheit in der Kirche und für die Freilassung von P. Rupert Mayer. Der Kardinal stellte sich wie kaum ein anderer Bischof hinter einen seiner Priester. Hier erreichte der Kirchenkampf einen frühen Höhepunkt.

Veröffentlicht in: Akten Kardinal Michael von Faulhabers (1917–1945) II. 1935–1945; bearbeitet von Ludwig Volk, Mainz 1978, 366–374.

»Es ist eine Zeit zu schweigen und eine Zeit zu reden«. Eccles. 3.7. Katholische Männer! Ich habe meine Firmungsreise unterbrochen[51] und bin, obwohl müde von einer fast fünfstündigen Einweihung der Rosenkranzkirche in Rosenheim-Fürstätt, nach München zurückgekehrt, um bei diesem Hauptkonvent der Männerkongregation bei den Männern zu sein. Es ist das erste Mal, daß Pater Rupert Mayer, der Präses der Kongregation, nicht auf der Kanzel steht. Ich benütze diese erste feierliche Gelegenheit, um öffentlich zu erklären, mit welcher Bestürzung und Entrüstung, ja mit welcher Verbitterung die katholischen Männer von München die Verhaftung von Pater Rupert Mayer am 5. Juni vernommen haben und wie schwer die Fortdauer der Haft auf den Katholiken lastet. »Es ist Zeit zu reden«.

Pater Rupert Mayer, Priester der Gesellschaft Jesu, ist als gesunder Mann ins Feld gezogen, hat im Dienste der Feldseelsorge tausendmal sein Leben eingesetzt, um den Brüdern in den Feuerzonen die Stärkung der hl. Religion zu bringen, hat dann im Sperrfeuer die schwere Verwundung erhalten, und kehrte als körperlich zerbrochener Mensch aus dem Felde in die Heimat zurück. Nun hat er den Dank des Vaterlandes erhalten. Pater Rupert Mayer hat als Männerapostel von München gerade die mannhaften und heldenhaften Züge des Christentums auf den Leuchter erhoben, die Wege vom Glauben zum Leben nach dem Glauben gezeigt, von den Männern immer gefordert, dem Staat zu geben, was des Staa-

---
51 Zum ganzen Vorgang vgl. S. 217.

tes ist, und Gott und der Kirche zu geben, was Gottes und der Kirche ist, hat aber auch die Kurpfuscher und Falschmünzer in religiösen Fragen zurückgewiesen. Pater Rupert Mayer ist als Volksmann mit dem Charisma des Wortes in Versammlungen und Reden dem Kommunismus entgegengetreten und hat auch den einzelnen unter vier Augen in seiner volkstümlichen Art den Segen einer richtigen Staats- und Gesellschaftsordnung auseinandergesetzt. Pater Rupert Mayer hat als Charakter vom Stil des hl. Johannes des Täufers auch den Großen der Erde die Wahrheit ins Gesicht gesagt. Er hätte längst frei werden können, wenn er unterschriftlich sich verpflichtet hätte, außerhalb von München nicht mehr zu predigen. Als Charakter konnte er aber den katholischen Grundsatz nicht verleugnen: »Das Wort Gottes läßt sich nicht in Fesseln legen« (2 Tim 2,9). Er erklärte, ich kann das nicht unterschreiben, und blieb in Haft.

Die Männerkongregation, die durch die Verhaftung von Pater Rupert Mayer sich mitgetroffen fühlte, hat, gehorsam meiner Weisung, Disziplin gehalten, und ich danke Ihnen dafür. Ich habe Ihnen durch mein Ordinariat sagen lassen, Sie möchten ja bei aller Verehrung und Begeisterung für Ihren Präses, bei aller Trauer über seine Verhaftung von Kundgebungen auf der Straße absehen. Demonstrationen im alten Sinn des Wortes sind heute überwunden. Wir können der Staatspolizei keinen größeren Gefallen tun als dadurch, daß wir durch Kundgebungen ihr einen Anlaß böten, mit Gummiknütteln und Verhaftungen, mit Ausstellungen und Entlassungen vorzugehen gegen die verhaßten Katholiken, die heute mehr gehaßt und verfolgt werden als die Bolschewiken. Ihr habt auch im Sinne von Pater Rupert Mayer gehandelt dadurch, daß ihr Disziplin gehalten und euch nicht zu unbesonnenen Worten und Taten habt hinreißen lassen. Es ist eine Zeit zu schweigen. Meine lieben katholischen Männer! Ihr werdet auch weiterhin Disziplin halten. Versprecht es eurem Bischof im Geiste auf die Hand: Ihr werdet heute bei meiner Ansprache und in den Predigten überhaupt keine Zwischenrufe machen und in keiner Weise eure Zustimmung oder euere Entrüstung kundgeben. Wir wollen nicht vergessen, daß wir in der Kirche sind. Wohl aber werdet ihr für unseren Präses im Gefängnis beten, die Abendandachten hier in St. Michael nach einer festen Ordnung besuchen und auch den heutigen Konvent als ein Gebet in diesem Sinne nehmen. Vor Gott ist die Zeit zu reden. Dabei stehen uns drei Gebetsmeinungen vor Augen: Erstens, daß Pater Rupert Mayer die seelische Fassung und Haltung bewahre. Es ist nicht leicht, aus einem so tätigen Leben – er hat jeden Sonntag dreimal und viermal gepredigt – plötzlich in die einsame Wüste geschickt zu werden, und mancher ist in der Friedhofstille des Gefängnisses seelisch zusammengebrochen. Zweitens, daß die Zeit der Heimsuchung abgekürzt werde und das Tor seines Kerkers sich bald öffne. Jetzt verstehen wir, warum die Kirche am Karfreitag betet: Der Herr »möge die Tore der Gefängnisse auftun«. Drittens, daß die Vorsehung auch hier das Böse zum Guten lenke.

Als Bischof habe ich schon vor der Verhaftung von Pater Rupert Mayer gegen das Predigtverbot, das am 28. Mai über ihn verhängt wurde, am 31. Mai beim Reichsminister »für die kirchlichen Angelegenheiten« Einspruch erhoben. Diese Eingabe an das Kirchenministerium wurde natürlich abgelehnt, das Predigtverbot wurde nicht aufgehoben. Darum wende ich mich heute an die katholischen Männer von München. Es ist eine Zeit zu schweigen und eine Zeit zu reden.

Am 9. Juni, also wenige Tage nach der Verhaftung, hat mein Ordinariat mit meiner Zustimmung einen ausführlich begründeten Einspruch gegen die Verhaftung an den Reichsminister des Innern, an das Auswärtige Amt, an den Kirchenminister, an die Geheime Staatspolizei in München, an den Reichsstatthalter von Bayern, an den Bayerischen Ministerpräsidenten gerichtet. In diesem Protestschreiben heißt es: »Pater Rupert Mayer hat es wahrhaftig nicht nötig, seine vaterländische Gesinnung erst unter Beweis zu stellen. Seine von allen Seiten anerkannte vorbildliche Tätigkeit im Krieg und in der Bekämpfung des Umsturzes 1918, seine schwere Verwundung, seine ungezählten vaterländischen Reden bei militärischen Nachkriegsfeiern, sein furchtloser Kampf gegen den Kommunismus und Marxismus in Hunderten von Versammlungen – einmal zusammen mit dem Führer – die Anerkennung, die ihm der Führer im eigenen Handschreiben zum 25-jährigen Priesterjubiläum ausgesprochen hat, beweisen genug. Überall wo er auftrat, im Schützengraben oder im Lazarett oder auf der Kanzel oder am Rednerpult, bewährte er sich als Seelsorger von seltener Bedeutung, als Männerapostel von hinreißender Art, als Wecker von Mut und Pflichtgefühl, als Hort von Religion und Sitte, von Autorität und Staatstreue, von Ordnung und Gemeinsinn.«

Und dieser deutsche Mann, der das EK I trägt wie der Führer, der Schulter an Schulter mit dem Führer gegen die Kommunisten in München auftrat, der vom Führer ein anerkanntes Handschreiben erhielt, sitzt heute hinter Kerkermauern.

Zum Glück wurde die Predigt mitgeschrieben, die Pater Mayer am 23. Mai auf dieser Kanzel vor euch, meine lieben Sodalen, gehalten hat. Ihr seid Zeugen, wie er damals wörtlich sagte: »Wir lassen uns nicht wankend machen in der Treue zum Staat. Wir lehnen jede Selbsthilfe in revolutionärem Sinne ab.« Und dieser Mann steht heute unter der Anklage staatsfeindlicher Gesinnung.

Man wird sagen, Pater Rupert Mayer habe Politik auf die Kanzel gebracht. Wie oft hat er dieses verlogene Schlagwort vom politischen Katholizismus zurückgewiesen! Der Führer hat in seinem Buch und immer wieder erklärt, er wolle kein religiöser Reformator sein und steht heute noch zu diesem Wort. Es sind aber andere starke Kräfte am Werk, die aus der politischen Bewegung durchaus eine zweite Reformation machen, die entgegen dem Wort des Führers das Christentum und jedes christliche Bekenntnis auf deutschem Boden ausrotten wollen, und gegen diese führte Pater Rupert Mayer das Schwert des Geistes, wie das Wort Gottes im Epheserbrief genannt wird. Der Führer hat selbst erklärt[52]: »Das Christentum war mit dem deutschen Volk tausend Jahre verbunden. Diese Tatsache kann man doch nicht einfach ableugnen.« Und ich füge hinzu: Was tausend Jahre so innig miteinander verwurzelt und verwachsen war wie das Christentum und das deutsche Volk, kann man nicht auseinander reißen, ohne daß beiderseits tiefe Wunden gerissen werden. Wer also die christliche Glaubens- und Sittenlehre im Volksleben verteidigt, hat auch der Volks- und Staatsgemeinschaft einen Dienst erwiesen. Schon unter diesem Gesichtspunkt war die Tätigkeit von Pater Rupert Mayer auch eine vaterländische, nicht bloß eine religiös-kirchliche

---

52 Hitler während seiner Unterredung mit Kardinal Faulhaber auf dem Obersalzberg am 4. 11. 1936; vgl. Volk, Akten Faulhaber I, 187.

Tätigkeit. Als Bischof gebe ich zur Verhaftung von Pater Rupert Mayer folgende grundsätzliche Erklärung ab:

Der Staat hat kein Recht, einem Geistlichen die Predigttätigkeit im Kirchenraum zu verbieten, wenn dieser Geistliche die Anforderungen des Konkordates erfüllt und von seinem Bischof, (wenn er Ordensmann ist, auch von seinen Ordensoberen) die Sendung zur Predigttätigkeit erhalten hat. Predigt ist ein wesentliches Stück der Seelsorge, die Seelsorge aber ist eine rein innerkirchliche Angelegenheit. Im Reichskonkordat Art. 32 heißt es: Der Geistliche soll keine parteipolitische Tätigkeit entfalten. Dazu wurde zwischen Reichsregierung und Vatikan vereinbart:[53] »Das den Geistlichen und Ordensleuten Deutschlands in Ausführung des Artikels 32 zur Pflicht gemachte Verhalten bedeutet keinerlei Einengung der pflichtgemäßen Verkündigung und Erläuterung der dogmatischen und sittlichen Lehren und Grundsätze der Kirche.« Der Staat hat also kein Recht, einem Geistlichen, dem der Bischof die Sendung zur Predigt gab, das Predigen zu verbieten und ihn im Weigerungsfall zu verhaften.

In diesem Fall würde eine Stunde der Apostelgeschichte schlagen. Im Kapitel 4 und 5 können Sie es nachlesen: Als die Apostel zum erstenmale ins Gefängnis geworfen wurden wegen Verkündigung des Wortes Gottes, versammelte sich, so erzählt die Apostelgeschichte, der Hohe Rat der Juden: »Man führte sie vor und fragte sie: Mit welcher Vollmacht und in wessen Namen habt ihr das getan?« Die Apostel antworteten: »Im Namen Jesu des Gesalbten von Nazareth, den ihr ans Kreuz geschlagen habt, den aber Gott von den Toten auferweckt hat.« Dann verboten sie ihnen, je wieder den Namen Jesus zu predigen und zu lehren. Die Apostel aber erwiderten: »Ob es vor Gott recht ist, auf euch mehr zu hören als auf Gott, das möget ihr selbst urteilen.« Als sie freigeworden, predigten sie weiter, wurden wieder verhaftet, wieder vor den Hohen Rat geführt und mußte dort hören: »Wir haben euch doch strenge verboten, in diesem Namen zu lehren.« Petrus und die anderen Apostel antworteten: »Man muß Gott mehr gehorchen als den Menschen.« Mit der Verhaftung von Pater Rupert Mayer hat also, meine lieben Männer, eine Stunde der Apostelge-

---

[53] Im Schlußprotokoll zum Art. 32 des Reichskonkordats.

schichte geschlagen, eine Stunde der urchristlichen Zeit. Gebe Gott uns die Gnade, daß auch auf der Seite der Verfolgten der Geist der urchristlichen Zeit, der Geist des Bekennertums und des Martyrertums, wieder auflebe!

Am letzten Mittwoch, den 30. Juni, habe ich Pater Rupert Mayer in Stadelheim besucht.[54] Dank dem Entgegenkommen der Gerichtsbeamten und natürlich unter den gleichen Bedingungen, unter denen überhaupt Besuche im Gefängnis zugelassen werden. Also unter der Bedingung, daß ein Beamter bei der Aussprache dabei ist und daß die Aussprache nur 10 Minuten dauern darf. (Wenn doch die Besuche in meinem Hause auch alle sich an diese schöne Hausordnung von Stadelheim halten möchten!) Ich wollte mit diesem Besuch unserem lieben Präses sagen, daß der Bischof und die katholischen Männer und das katholische Volk in München ihn nicht vergessen haben. Es ist doch ein Werk der Barmherzigkeit, Gefangene besuchen. Pater Rupert Mayer ist körperlich und seelisch in guter Verfassung. Ein gutes Gewissen ist auch im Gefängnis ein sanftes Ruhekissen. Er hat eine Zelle für sich allein, ein Zimmer verhältnismäßig groß und geräumig, das sonst als Krankenzimmer dient, durch zwei Oberfenster belichtet, einfach eingerichtet wie die Zelle des Propheten (2 Kön 4,10). Pater Mayer trägt seinen unfreiwilligen Urlaub mit jenem eisernen Muß, mit dem er im Kriege durch das Sperrfeuer gegangen ist zu seinen Soldaten. Er erträgt diese Zeit zu schweigen mit jener philosophischen Ruhe, mit der er im Feldlazarett an der Ostfront auf dem Operationstisch lag, als ihm das Bein abgenommen wurde. Er bemerkte sogar mit einigem Humor, und er hat herzlich dabei gelacht, daß er seit 25 Jahren keinen Spaziergang mehr gemacht habe, wie er ihn jetzt täglich im Hause der Beschaulichen macht und daß er in der Freiheit niemals eine so schön zusammenhängende Zeit zum Studium gehabt habe wie jetzt im Kerker. Er verbringt seine Tage mit Grübeln über seine Lage, er betet, hält Exerzitien und studiert. Ich sage das heute, damit die unsinnigen Gerüchte verschwinden, das Gerücht, er sei nach Koblenz gebracht worden, und andere Gerüchte, die nicht das goldene Herz der Münchner, sondern die blecherne Zunge erfunden hat. Ich

---

54 Vgl. S. 214.

habe nach dem Besuch in Stadelheim der 83jährigen Mutter von Pater Rupert Mayer geschrieben, um die Mutter zu beruhigen. Ich habe ihr geschrieben, ihr Sohn sei gesund und halte sich seelisch tapfer und aufrecht und bewahre jene heilige Ergebung, die St. Ignatius in seinen Exerzitien so sehr betont hat.

Katholische Männer! Die Verhaftung von Pater Rupert Mayer hat außer der persönlichen zugleich eine überpersönliche Bedeutung. Die Verhaftung ist ein Zeichen, daß der Kulturkampf zur Vernichtung der katholischen Kirche in Deutschland in einen neuen Abschnitt eingetreten ist. Es naht die Entscheidung. Der Menschensohn hat die Wurfschaufel zur Hand genommen, um Weizen und Spreu zu sondern. Es rauchen Flammenzeichen, und eines dieser Flammenzeichen ist die Verhaftung unseres Münchener Männerapostels.

In der großen Rede[55] von Fürstenfeldbruck wurde die Verhaftung von Pater Rupert Mayer mit der gesamten kirchenpolitischen Lage von heute in Verbindung gebracht. Dort wurde gesagt: »Ich muß mit Bedauern feststellen, daß es heute noch eine Kraft und eine Macht gibt, die sich störend in unserem völkischen Leben bemerkbar macht! Diese Kraft sind die Kirchen.« Hören wir recht? Diese Kraft sind nicht die Freimaurer, nicht die Kommunisten, nicht die Bolschewisten? Diese letzte staatsfeindliche Macht, die jetzt noch niedergeschlagen werden muß, sind die Kirchen? Die sind »die einzigen«, die sich nicht in die Volksgemeinschaft einfügen. Dieses Wort hat uns wie mit einem Flammenzeichen verkündet, wo wir stehen. Es ist noch nicht lange her, da nannte man den Bolschewismus als Staatsfeind Nummer 1. Heute wird von diesem Staatsfeind gar nicht mehr gesprochen. Nun ist wenigstens Klarheit geschaffen.

Ohne hier auf alle einzelnen Angaben der Rede von Fürstenfeldbruck einzugehen, mache ich, in der Rede selbst herausgefordert, nur diese kurzen Bemerkungen. Es wurde dort von den Zuschüssen des Staates an die Kirche und von den Gehältern der Bischöfe gesprochen. Das haben wir in der marxistischen Zeit oft gehört und in den Zeitungen der Kommunisten oft gelesen. Wir vermis-

---

55 Rede von Gauleiter und Innenminister Adolf Wagner am 27. 6. 1937; vgl. VB Nr. 187 vom 1. Juli 1937.

sen nur, daß in der Rede nicht auch über die Gehälter und Dispositionsgelder der Minister genaue Angaben gemacht wurden. Darüber wird man sich keiner Täuschung hingeben, daß diese Frage, die hier angeschnitten wird, die Frage der Gehälter und Ausgaben, in weiten Volkskreisen, besonders in Arbeiterkreisen, weitergeführt wird. Noch mehr vermissen wir, daß dem Volk, das gegen die Kirche gereizt werden soll, nicht gesagt wurde: Diese Zuschüsse des bayerischen Staates an die katholische Kirche und die konkordatsmäßigen Gehälter der Bischöfe sind nur eine Abschlagszahlung für das, was der bayerische Staat in der Säkularisation den geistlichen Fürstentümern und den Klöstern weggenommen hat. Der bayerische Staat gebe der Kirche die Grundstücke und Gebäude und besonders die ausgedehnten Waldungen zurück, die er in der Säkularisation der Kirche geraubt hat, und wir verzichten auf alle staatlichen Zuschüsse und alle Gehälter.

Die Rede in Fürstenfeldbruck hat in einer frommen Anwandlung auf die Gleichheit der Menschen vor Gott und vor dem Gesetz hingewiesen. Wer will behaupten, daß heute in der öffentlichen Berichterstattung über die Vergehen von geistlichen Personen und von Parteigenossen der Grundsatz der Gleichheit durchgeführt sei? Daß die Abwehr der Angriffe gegen die christlichen Bekenntnisse in der gleichen Reichweite erfolgen könne durch Sender und Presse, wie die Angriffe selber? Meine lieben katholischen Männer! Die Flammenzeichen rauchen. Woche für Woche dürfen in deutschen Zeitungen und Zeitschriften in Wort und Bild gegen katholische Bischöfe, gegen Dogmen und Einrichtungen der Kirchen die gemeinsten Schmähungen und Verleumdungen gebracht werden, ohne daß wir die Möglichkeit haben, am Sender durch ein Korrespondenzbüro oder auch nur durch die Kirchenzeitung die Unwahrheit als Unwahrheit zu bezeichnen. Wir sind im Gewissen verpflichtet, die staatliche Autorität zu achten, und müssen es erleben, daß die staatliche Autorität ruhig zusieht, wenn Woche für Woche die kirchliche Autorität mißachtet und in den Schmutz getreten wird. Es gibt Reden und Zeitungsartikel, die in der seelischen Auswirkung einer Aufforderung zur blutigen Beseitigung der römischen »Volksschädlinge« und »Staatsfeinde« gleichkommen. Eine Zeitung durfte die deutschen Bischöfe in Bausch und Bogen als Hochverräter bezeichnen. Die Fronleichnamsprozession, das öffentliche, rein religiöse Bekenntnis zum zartesten Glaubensgeheimnis, durfte als staatsfeindliche Kundgebung hingestellt werden. Der »Durchbruch« durfte über den Abschluß der Fronleichnamsprozession dieses Jahres in München Hetzartikel bringen und zum Beweis zwei Bilder wiedergeben, die aus einer früheren Zeit stammen und verlogenerweise als Aufnahmen von der diesjährigen Fronleichnamsprozession ausgegeben werden.[56]

Ich habe gestern aus Holland einen Brief mit verstellter Schrift erhalten, wodurch die Grenz- und Briefpolizei auf eine Zusammenarbeit zwischen Katholizismus und jüdischem Bolschewismus und auf eine Verschwörung von katholischen Meuchelmördern aufmerksam gemacht werden sollte. »Den mündlichen Bericht des Pater Egidius«, hieß es in diesem Schandbrief, »nahmen wir mit großem Interesse entgegen... Von der jüdisch-deutschen Vereinigung werden wir Ihnen die nächsten Schritte brieflich mitteilen. Das von Ihnen gewünschte Gift, welches bei Gebrauch in kleiner Dosis mindestens Wahnsinn bringt, können wir Ihnen aus Indien wohl verschaffen. Wir raten Ihnen das Giftmittel aber einstimmig ab. Den... in Berlin kriegen wir auch so zu packen... Außerdem hat sich uns ein entschlossener Mann zur Beschickung (!) gestellt, dem an diesem irdischen Jammertal nichts gelegen mehr ist. Unser gemeinsamer Plan wird und muß glücken.« Als Unterschrift ein unbeholfen gezeichneter Sowjetstern. Die Fälschung schaut aus jeder Zeile heraus und doch wird es bei uns Menschen geben, die solchen verbrecherischen Wahnsinn für möglich halten.

So nenne ich auch die Verhaftung von Pater Rupert Mayer ein Flammenzeichen der Zeit. Als ihm verboten wurde, außerhalb der Kirchen in Versammlungen zu reden, hat er sich an dieses Verbot gehalten. Ich stelle das ausdrücklich fest: Er hat in außerkirchlichen Versammlungen nicht mehr geredet. Als ihm aber verboten wurde, in der Kirche zu predigen, konnte er in seinem Gewissen an dieses Verbot sich nicht halten. Es ist eine Zeit zu schweigen und eine Zeit zu reden. Man muß Gott mehr gehorchen als den Menschen.

---

56 Vgl. Durchbruch Nr. 22 vom 3. 6. 1937.

In Regierungskreisen war man darüber entrüstet, daß die Verhaftung von Pater Rupert Mayer in ausländischen Zeitungen gemeldet und dabei mein Schreiben an das Kirchenministerium erwähnt wurde. Ich gebe grundsätzlich keine Meldungen an ausländische Zeitungen und habe noch in diesen Tagen die Antwort auf eine fernmündliche Anfrage aus London und andere Versuche, mich auszufragen, abgelehnt. Ich kann aber doch ein großes Erstaunen nicht unterdrücken, wenn ich höre, daß man sich über die Auslandsmeldungen über unleugbare Tatsachen mehr entrüstet als über die Tatsachen selber, in unserem Fall über die Verhaftung von Pater Rupert Mayer. Das nennt das Evangelium, Mücken seihen und Kamele schlucken. Von einer kirchlichen Stelle in München kann die Meldung über Pater Rupert Mayer schon deshalb nicht ins Ausland gegeben worden sein, weil sie unrichtige Angaben enthält, die jeder Münchner als unrichtig erkennen mußte, wie die Meldung des Straßburger Senders, Pater Rupert Mayer sei aus der Haft entlassen worden. Die Verhaftung am 5. Juni wurde überall in München lebhaft besprochen. Die oberhirtliche Stelle gab von den Kanzeln von München eine Erklärung ab, daß von kirchlicher Seite alles für die Befreiung von Pater Rupert Mayer geschehe und daß ich ein Schreiben an die Reichsregierung gerichtet habe. Die oberhirtliche Stelle hat diese Erklärung abgegeben, um das erbitterte Volk von Kundgebungen auf der Straße und von unbesonnenen Schritten zurückzuhalten. Die Berichterstatter der ausländischen Zeitungen in München müssen ja blind und taub sein, wenn sie von all diesen Dingen nichts erfahren hätten. Übrigens braucht es kaum eine Meldung ins Ausland. Inländische Zeitungen und Wochenblätter bringen fortlaufend so reiches Material, daß die ausländischen Zeitungen aus diesen deutschen Zeitungen und Zeitschriften sich auch ohne Sonderberichte ein Urteil über die Lage der katholischen Kirche in Deutschland bilden können.

Katholische Männer! Es ist notwendig, in dieser blutig ernsten Stunde des Geheimnis des Kreuzes zu erfassen. So ist es Gesetz und Geheimnis im Reiche Gottes: Die Kirche muß zu allen Zeiten die Wundmale ihres göttlichen Meisters tragen und ist gerade an diesen Wundmalen als der geheimnisvolle Leib des Herrn, als die wahre Kirche Christi zu erkennen. Wir dürfen also an dieser Kirche nicht irre werden, wenn wir unsere Mutter, die Kirche, mit

dem göttlichen Stifter den Spottmantel, die Dornenkrone und das Kreuz tragen sehen, und wenn wir auch persönliche Opfer für unseren Glauben bringen müssen.
»Wenn die Flammenzeichen rauchen,
wird die Stunde Männer brauchen,
nur am Kreuze wachsen sie.«
Die Stunde der Entscheidung ist gekommen. Jeder einzelne wird vor die Frage gestellt werden: Bist du gottgläubig oder bekennst du dich zu Christus und seiner Kirche? Gottgläubig hat in dieser neuen Religionsstatistik nicht mehr die frühere Bedeutung des 1. Glaubensartikels, gottgläubig bedeutet heute: Ich glaube nur an Gott, wie auch die Türken und Hottentotten gottgläubig sind, ich sage mich los von Christus und seiner Kirche. Wer sich also als gottgläubig bezeichnet, hat damit Christus verraten und den Austritt aus der katholischen Kirche erklärt. Die Stunde der Entscheidung ist gekommen. Wenn also der einzelne gefragt wird: Bist du gottgläubig oder was bist du, dann ist die Zeit zum Reden und zum Bekennen ohne Wenn und Aber, ohne Zaudern und Kompromisse. Dann muß jeder Katholik freimütig und, wenn es gefordert wird, auch schriftlich erklären: Ich bin katholisch. Ich glaube nicht bloß an Gott, ich glaube auch an Christus und meine Kirche:
Ich bin katholisch.
Ich bin katholisch.
Ja und Amen.

10.
P. Rupert Mayer:
Das Vorbild des heiligen Stephanus

Als deutlicher Protest P. Mayers gegen das Predigtverbot darf diese Predigt vom 26. 12. 1937 in St. Michael/München gelten. Sie trug dazu bei, daß er am 5. Januar 1938 von der Gestapo verhaftet und ins Gefängnis Landsberg gebracht wurde.

Abschrift der Predigt im Diözesanarchiv Eichstätt (Ordinariat, Predigten 1935–1942. Für den freundlichen Hinweis danke ich Herrn Dr. Ludwig Brandl.).

Liebe Christen!

Ist Euch allen vielleicht aufgefallen, daß zwischen dem heutigen Tag und der hl. Weihnachtszeit ein Gegensatz zu bestehen scheint? Ja wir stehen in der schönen, seligen, trauten, lieben Weihnachtszeit. Wem möchten nicht die schönsten Erinnerungen aus den Kinderjahren aufsteigen, was wir damals erlebt unter dem Christbaum wie bei der Krippe mit den Eltern und Geschwistern vereint, wer möchte das in seinem Leben missen? Und dann wieder: Heute in der Epistel und Evangelium, da ist die Rede von Gewalt, von Hass, von Mut, von Mord, wie paßt doch das zusammen: Gestern da sangen die Engel, ich verkünde euch eine große Freude und der Engelschor: Ehre sei Gott in der Höhe und Friede den Menschen auf Erden. Und im heutigen Evangelium da gibt der Heiland den Anwesenden eine ernste Mahnung und erinnert sie an die Prophetenmörder in Jerusalem.

Meine Lieben! Sind denn das eigentlich Gegensätze! Paßt das heutige Fest des heiligen Stephanus vielleicht nicht in die hl. Weihnachtszeit? Das heutige Fest, das will uns sagen: So ehrt man und liebt man das Gotteskind. So soll man sich ihm opfern, wie es sich für uns zum Opfer dargebracht hat. So soll es sein, Opfer um Opfer, Liebe um Liebe. So sehr hat uns der Heiland geliebt, daß er sich restlos für uns hingegeben hat und so sehr sollen wir Christus lieben, daß wir bereit sind, für ihn uns zu opfern. Das möchte uns der hl. Stephanus heute zum Bewußtsein bringen. Ja, meine Lieben! Da steht dieser große hl. Stephanus geschmückt mit einer Tugendkrone wie nicht viele Heilige. Edelstein und Perle reiht sich an Perle und Edelstein und man weiß wirklich nicht, welcher Edelstein am feurigsten leuchtet und strahlt. Was könnte man nicht alles sagen über des hl. Stephanus Unerschrockenheit und Mut! Da gehört wirklich ein ganzer Mann dazu, der Gemeinschaft der Synagoge, die sich da versammelt hatte, allein auf sich angewiesen gegenüber zu treten, sah er doch, wie diese Leute in ihrem Herzen ergrimmt die wütendsten Blicke auf ihn richteten, die Fäuste ballten, und wie sie schon bereit waren, sich auf ihn zu stürzen – und er weicht und wankt nicht. Er denkt gar nicht daran. Er weiß sich in Gottes Hand, von Gottes Kraft beseelt, bereit zum Lebensopfer.

Wir könnten von anderen Tugenden sprechen, wollen aber eins

Das Vorbild des heiligen Stephanus 407

noch herausgreifen und das ist die Caritas. Der hl. Stephanus, dieser Mann, war ein Mann der tätigen Caritas, er war ein Held der Caritas. Ein weltlich gesinnter Mensch kann das gar nicht verstehen, daß dieser Mann von Stahl und Eisen, wie er sich den Feinden gegenüber gezeigt hat, überhaupt der Caritas fähig sein sollte. Und doch muß er sich darin besonders ausgezeichnet haben. Früher haben sich die Apostel selber um die Sorge für die Armen gekümmert, aber in erster Linie hatten sie das Evangelium zu predigen. Es mußte also Abhilfe geschaffen werden. Und so kam die Zahl der sieben Diakonen. Stephanus wurde als der erste auserkoren. Wie Petrus als der erste zum Apostel gewählt war, so ging es mit Stephanus in den Reihen der Diakone. Nun das sagt uns schon sehr viel; denn wir wissen, daß die erste junge Kirche eine Gemeinschaft von Heiligen war, die besonders sich auszeichnete durch Werke der Liebe und da wurde Stephanus als der erste herausgehoben. Also damit ist schon gesagt, daß der hl. Stephanus uneigennützig und selbstlos war. Ihm konnte man die Geschenke für die Armen ruhig anvertrauen. Da wußte man, da war alles in besten Händen. Er hatte die Gaben zu verteilen und da wußte man auch: Stephanus wird das recht machen. Er wird jedem das Seine zukommen lassen, nicht bewußt den einen vorziehen, den anderen zurückstellen. Und wie nett mag er das gemacht haben, mit welchem Verständnis für die Not des einzelnen, mit welcher Teilnahme, mit welchem Mitgefühl. Denn als Held der Caritas wußte er ganz genau, daß es nicht zuerst auf das ankommt, was man den Armen gibt, sondern auf die Art und Weise, wie man die Gaben verteilt. Er wußte, daß es notwendig war, zuerst dem Herzen und der Seele etwas zu geben, dem armen Menschen wieder Mut zu machen, trotz seiner Notlage nicht zu verzweifeln.

Meine Lieben! Es gehört nun einmal zum christlich, zum katholisch-sein die Liebe und Sorge für die Armen. Gewiß ist es sehr gut, daß man in der Öffentlichkeit für diejenigen zu sorgen sucht, die es schwer haben im Leben, aber niemals kann man die christliche Caritas ausschalten und vernünftige Menschen wollen das auch nicht tun. Denn: wenn wir kurz das Christentum bezeichnen wollen, dann müssen wir sagen: Das Christentum ist die Religion der Liebe. Wo die Liebe eine untergeordnete Rolle spielt, da müßte man von einem Abfall vom Christentum sprechen. Und wie oft hat der göttliche Heiland uns darauf aufmerksam gemacht: Wenn man einseitig sein will, ich sage das ausdrücklich, wenn man einseitig sein will, dann könnte man vielleicht sagen: Das ist die eigentlich schwere Sünde, die man im Christentum begehen kann, wenn man die Liebe nicht hat und übt. Denn der Heiland sagt es ja: »Kommet ihr Gesegneten meines Vaters und besitzet das Land, das euch von Anbeginn der Welt bereitet ist.« Warum sollen sie kommen und es besitzen? Denn ich war arm, ich war hungrig und ihr habt mich gespeist, ich war durstig und ihr habt mich getränkt, ich war nackt und ihr habt mich bekleidet. Gehet ein in das Reich meines Vaters, denn was ihr einem der geringsten meiner Brüder getan das habt ihr mir getan. Also, meine Lieben! Wenn man einem Armen hilft, ihm beisteht, dann sieht das der Heiland so an, als ob man ihm selber diese Wohltat gespendet habe. Wer so tut und seine Pflichten natürlich auch erfüllt, die man erfüllen muß, der ist reif fürs Himmelreich. Und auf der anderen Seite sagt der Heiland klipp und klar, daß derjenige, der das verachtet, verloren ist, mag dem sein wie ihm wolle.

Darum, meine Lieben, wollen wir uns daran erinnern, daß wir auch ein bißchen die Augen aufmachen und daß wir in einer schweren Notzeit nicht denken: Ach nun, für den wird schon gesorgt werden. Nein, ich werde mich schon um sein Schicksal zu kümmern wissen. Ich werde sehen, daß Menschen, die schwere Not leiden, nicht zugrunde gehen, sondern daß man ihnen bald zu Hilfe kommt, so weit das heutzutage für uns möglich ist. Daß der hl. Stephanus ein ganzer Mann der Caritas war, das hat er ja auch gezeigt in seiner inneren Gesinnung; denn er hat die Liebe geübt, wo bei den allermeisten Menschen die Liebe aufhört.

Er hat auch die Feindesliebe geübt. Es haben mir schon manche Menschen gesagt, das hätte ich nie für möglich gehalten, daß die Feindesliebe so schwer sein kann. Da sehen wir den hl. Stephanus: Jetzt wird's ernst. Das merkt er. Schaut wie sie sich rüsten, jetzt ihm den Todesstoß zu geben. Er wird hinausgestoßen aus der Stadt und dort bewaffnen sich diese grausamen Menschen mit Steinen und beginnen auf ihn zu werfen: Er sieht den Haß und den Willen ihn zu töten. Wir haben vorhin gesehen wie der hl. Stephanus ein ganzer Mann war. Bei einem solchen Mann aber ist das nächste, daß er sich seiner Haut wehrt, daß er den einen oder andern niederschlägt. Der hl. Stephanus tut es nicht. Er beantwortet nicht Haß mit Haß. Die Apostelgeschichte erzählt von ihm, daß er hatte ein Antlitz wie ein Engel. Aber er hat etwas getan, als der Steinhagel über ihn hinüberging, als er schwer getroffen auf die Knie sank, da sprach er das wunderbare Gebet: »Herr rechne es ihnen nicht zur Sünde an.« Schon daß er betet, daß er betet für diejenigen, die ihn jetzt zu Tode steinigen wollen, die ihn schon schwer verletzt haben, daß er betet so schön, so wunderbar, das war ein glänzender Triumph über seine Feinde. Nicht die waren die Sieger, sondern Stephanus der an seinen Feinden diese übermenschliche, echt christliche Rache genommen hat. Er hat den Geist seines Meisters verstanden, er hat sich hineingelebt in den Sinn seines Heilandes und so konnte er auch in diesem entscheidenden Punkt nach seinem Beispiel sich richten.

Ja meine Lieben! Feindesliebe ist sehr schwer. Das kostet den Menschen etwas. Wem einmal ein schweres Unrecht zugefügt wurde, der weiß, was da im Herzen eines Menschen vor sich geht. Da kommt es gerade vor, als krampfe einem sich das Herz zusammen, um einem eine übermenschliche Kraft zu geben, den anzufallen, der einem so wehe getan hat. Meine Lieben! Das ist das echt menschliche Tun und Fühlen und Denken, das ist die reinste Leidenschaft. Aber bedenken wir, was dabei herauskommt, herauskäme, wenn der Mensch diesem leidenschaftlichen Beginnen nachginge, wenn er das tun würde, wozu ihn die Leidenschaft antreibt. Es gibt manche Menschen und die sagen: Ach was, das ist eine Schwäche, für den Feind zu beten; für den Feind auch nur eine Hand zu rühren ist für einen Mann von Ehre unmöglich.

Meine Lieben! Da muß ich aus dem Felde etwas erzählen: Ich hatte eine große Kenntnis der einzelnen Soldaten und da kann ich folgendes behaupten: Unter unseren Tapfersten war eine große Anzahl tiefreligiöser, echt christlich denkender, fühlender Menschen. War die Schlacht vorbei, dann haben wir todmüde uns in erster Linie unserer Kameraden angenommen, die verwundet waren; aber immer fanden wir Kameraden, die ihre letzten Kräfte zur Bergung verwundeter Feinde verbraucht haben. Ist das nicht wunderschön! Also im Kampfe Menschentaten, die wir sehr bewundern müssen, und im nächsten Augenblicke Opfer für die

Feinde, die auch in unseren Reihen schweres, großes Unheil angerichtet hatten. Im Felde wahrer Heldenmut, Opfer bis zur Selbsthingabe, wohl vereinbar mit Caritas, sogar mit Caritas geübt an dem Feinde. Gewiß ich habe auch den Einen oder den Anderen kennengelernt, der so einen Einschlag von Abenteuerlust hatte. Solche Menschen haben außergewöhnliche Taten vollbracht, wenn es ihnen gerade lag. Aber sie haben manchmal gar nicht günstig eingewirkt auf ihre Kameraden. Das war eine Art Undiszipliniertheit im höchsten Grade. Da sehen wir den ganzen Unterschied. Hätte sich unser Heer zusammengesetzt aus solchen Männern, es hätte einem grauen müssen. Meine Lieben, deshalb lassen wir uns gar nichts vormachen, wenn man uns sagt, die Feindesliebe sei unvereinbar mit echtem Heldentum. Daß das nicht stimmt, das wissen wir aus der Theorie, aus der Rede des Heilandes, wir wissen es aber auch aus der Praxis heraus. Ja meine Lieben, den Feind lieben? Ist es denn so, daß man auf jedes Rechtsmittel verzichten müssen, daß man zu allem, was ein böser Mensch uns antut, Ja und Amen zu sagen hätte? Beileibe nicht! Selbstverständlich darf man jedes erlaubte Mittel benützen um zu seinem Recht zu kommen, um Genugtuung zu bekommen, um einen zu veranlassen, daß er seine Verleumdung, seine Ehrabschneidung zurücknimmt. Aber meine Lieben, das soll geschehen nicht mit Haß und tödlicher Feindschaft im Herzen. Dann ist ja alles gut. Freilich, das ist wahr: Wenn sich ein Streit entwickelt zwischen zwei Menschen, dann muß man sich ehrlich vor Gott fragen: Wer hat den Streit begonnen? Und wenn ich vor Gott sagen kann, ich habe nicht angefangen, die ganze Reihe von Schwierigkeiten und Zänkereien hat ihren Anfang von andern, wenn ich das ehrlich vor Gott sagen kann, ja dann meine Lieben, dann habe ich nicht die Ursache, die Veranlassung den ersten Schritt zum Frieden zu tun. Aber wenn wir das Leben nehmen wie es ist: In der Regel haben beide eine gewisse Schuld. Wer die größere oder kleinere hat, das läßt sich oft sehr schwer, manchmal überhaupt nicht bestimmen. Und warum sich nicht solange besinnen, den ersten Schritt zu tun, um sich auszusöhnen mit dem Feinde und nie denken, das ist eine Schwäche, du kannst dich hernach nicht mehr sehen lassen, dadurch beraubst du dich deiner Ehre. Nur das nicht denken. Leichter ist es, seiner Leidenschaft den Lauf zu lassen und rachsüchtige, rachgierige Gedanken im Herzen zu pflegen als großherzig das eigene Widerstreben zu überwinden und großzügig die Hand zum Frieden zu bieten.

Und wieder meine Lieben! Wenn es sich um eine ernste schwere Feindschaft handelt, dann natürlich kommt an uns Christen die Notwendigkeit heran, diese schwere Feindschaft, diesen tödlichen Haß aufzugeben. Und was soll dich dazu bestimmen? Meine Lieben! Die Rücksicht auf uns. Ja, die Rücksicht auf uns. Es ist ja unmöglich, ohne diese Gesinnung noch ein hl. Sakrament zu empfangen. »Wenn du deine Gabe an den Altar bringst und dich das erinnerst, daß ein anderer etwas wider dich habe, so laß die Gabe und geh zu deinem Bruder und versöhne dich und dann komm und opfere deine Gabe.«

Und dann meine Lieben, vergessen wir doch nicht, daß der Mensch, der haßt, sich selber am meisten schädigt; denn von dem Augenblick an ist es aus und vorbei mit der Herzensruhe und mit dem Herzensfrieden. Das kann man einem Menschen ansehen, wenn er längere Zeit hindurch den Haß in seinem Herzen nährt, wie er sogar körperlich abnimmt, wie er sich ganz aufreibt im Haß gegen seinen Feind. Der Hasser fügt sich selber das größte Leid zu. Anders der großherzige Mensch, der echt den Frieden wünscht und sucht. Von dem Augenblick an hat er den Frieden wieder in seinem Herzen. Und dann kann uns der liebe Gott nicht verzeihen, wenn wir nicht verzeihen wollen. Wir beten ja im Vaterunser förmlich, daß uns Gott nicht vergebe, wenn wir nicht verzeihen wollen: »Vergib uns unsere Schuld wie auch wir vergeben unseren Schuldigern«. Also so soll uns der liebe Gott verzeihen, wie wir denen verzeihen, die uns etwas schuldig sind. Und darum, meine Lieben, sei der hl. Stephanus auch nach der Richtung hin uns ein herrliches Vorbild. Er sagt so schön: »Ich sehe den Himmel offen.« Wenn wir in die Fußstapfen des hl. Stephanus treten, wenn wir für den Frieden arbeiten unter den Ehegatten, in der Familie, außerhalb der Familie, wenn wir wirklich Boten des Friedens werden, auch wenn das dann und wann uns ein Opfer kostet, dann dürfen wir hoffen, daß auch uns einmal wie St. Stephanus der Himmel offen steht! Amen.

11.
P. Johannes Albrecht OSB:
P. Rupert Mayer SJ und das Kloster Ettal

Angeregt durch einen Beitrag im »Münchner Merkur« vom 28. 7. 1962, »Das Geheimnis des toten Jesuitenpaters«, diktierte P. Johannes Albrecht OSB (1901–1974)[57], Zellerar in der Abtei, in seinem Lebensbericht ein eigenes Kapitel über P. Rupert Mayer in Ettal.

Manuskript im Archiv der Abtei Ettal. Für die Abdruckerlaubnis der Seiten 14 bis 15 sei P. Dr. Laurentius Koch OSB/Abtei Ettal herzlich gedankt.

Gelegentlich meiner wiederholten Vorsprechungen bei den Dienststellen der Partei, im besonderen bei Froetsch[58] und dem stellvertretenden Gestapochef Schimmel[59] ... brachte P. Johannes die Rede auch auf den im KZ sich befindlichen P. Rupert Mayer. P. Johannes hatte die Gelegenheit deswegen ergreifen können, weil gelegentlich einer Besprechung mit Gauamtsleiter Froetsch das Gespräch durch einen Telefonanruf unterbrochen worden war, das offenbar der Jesuitenprovinzial Rösch mit ihm führte. Aus dem langanhaltenden Gespräch und den Antworten, die Herr Froetsch gab, konnte P. Johannes entnehmen, daß der Antrag gestellt wurde, daß P. Rupert Mayer mit Rücksicht auf die Verdienste, die er sich im Ersten Weltkrieg erworben hatte, wobei er infolge einer schweren Verwundung ein Bein verloren hatte, aus der Haft entlassen werde, da es einen schlechten Eindruck in der Öffentlichkeit mache, wenn Personen, die sich im nationalen In-

---

57 P. Albrecht war der langjährige Cellerar, d. h. Leiter aller wirtschaftlichen Angelegenheiten, in der Abtei. Sein bleibendes Verdienst war, daß er durch straffe Maßnahmen das Kloster aus wirtschaftlich prekärer Situation auf eine gesicherte Grundlage stellte. Die NS-Zeit brachte es mit sich, daß P. Johannes so etwas wie ein »Außenminister« des Klosters wurde, der, vorsichtig taktierend und vielfach im Alleingang, die Angelegenheiten des Klosters durch die Schwierigkeiten der Zeit steuerte. Seine Erinnerungen hat P. Johannes Mitte der sechziger Jahre dem damaligen Ettaler Prior, P. Thomas Niggl (geb. 1922), diktiert. In der Erinnerung mögen Einzelzüge subjektiv geglättet sein, die sich aus objektiver Sicht etwas anders darstellen können. Zeitgleiche Dokumente und Aufzeichnungen haben sich in Ettal nicht erhalten, da P. Johannes aus Gründen der Vorsicht und Sicherheit alle Dokumente und Aufzeichnungen vernichtete (Information von P. Laurentius Koch OSB im Brief vom 15. 12. 1992).
58 Gauamtsleiter Froetsch. Nicht verifiziert.
59 Zu Alfred Schimmel vgl. S. 393.

teresse solche Verdienste erworben hätten, eingesperrt seien. Nach Beendigung des Telefongespräches griff P. Johannes die Angelegenheit auf und unterstützte den Antrag, der soeben gestellt worden war.

Als P. Johannes etwas später wiederum bei der Gestapo zu tun hatte und im Interesse des Klosters wegen Anschuldigungen gegenüber Ordensangehörigen zu verhandeln hatte, kam P. Johannes auch auf P. Rupert Mayer zu sprechen und sagte, daß es doch einen unguten Eindruck in der Öffentlichkeit erwecke, daß ein Mann, der sich im Weltkrieg so hohe Verdienste erworben habe, eingesperrt sei; es müßte doch möglich sein, hier einen Ausweg zu finden.

Herr Schimmel erklärte, daß bereits Verhandlungen zum Zwecke der Entlassung geführt worden seien, die Führung (offenbar die Reichsführung SS) habe jedoch Bedenken, daß P. Rupert Mayer nach seiner Entlassung bei der ihm angeborenen Eigenart nach wie vor in der Öffentlichkeit gegen die Bestrebungen des Regimes auftreten und somit eine Beunruhigung in der Öffentlichkeit herbeiführen werde. So könnte dem Antrag des Jesuitenprovinzials, ihn nach München oder in die Nähe Münchens zu entlassen, nicht stattgegeben werden. Herr Schimmel durfte aus der mit P. Johannes geführten Unterredung ein Einverständnis entnommen haben, daß der Abt von Ettal P. Rupert Mayer im Bedarfsfall aufnehmen würde(!). So war es nicht außerordentlich überraschend für P. Johannes, als er einige Wochen später um 7 Uhr morgens durch einen Telefonanruf der Gestapo in München von Herrn Schimmel in folgender Weise informiert wurde: »Bleiben Sie bitte in Ettal und erwarten Sie den Besuch, der hinaufkommt!« Kurz vor 9 Uhr fuhr im Hof vor der Klosterkirche[60], unterhalb des Klosterladens, eine große Mercedeslimousine vor, aus der P. Rupert Mayer und ein entsprechendes Begleitkommando entstiegen. P. Johannes nahm die Gelegenheit wahr, zunächst P. Rupert Mayer aufs herzlichste zu begrüßen, der offenbar angenommen hatte, daß das Kloster von seiner Ankunft im einzelnen benachrichtigt worden sei, was aber, wie geschildert, nicht zutraf. Nachdem P. Rupert Mayer auf das im Gastflügel gelegene

---

60 ML 131/132.

Zimmer geleitet worden war, suchte ein Mitglied des Begleitkommandos, das seinen Namen nicht nannte, aber offenbar oder vermutlich ein Arzt war, von P. Johannes in höflichst bittender Weise eine Erklärung zu erhalten, daß P. Rupert Mayer wohlbehalten eingetroffen sei. P. Johannes war über dieses Ansinnen äußerst befremdet, was er auch dem Antragsteller offen bekundete, und erklärte, daß das Kloster natürlich gerne bereit sei, einen Mann wie P. Rupert Mayer aufzunehmen, daß er aber nicht in der Lage sei, eine diesbezügliche Erklärung schriftlich abzugeben, weil er ja keine ärztlichen Kenntnisse habe und den Zustand von P. Rupert Mayer nicht zu beurteilen in der Lage sei und weil er überhaupt nicht übersehen könne, was diese Erklärung für Folgen haben würde und was der Hintergedanke dabei sei.

NB: Die Überführung von P. Rupert Mayer nach Ettal wurde dadurch möglich, weil sie der Gestapo aus einer wirklichen Verlegenheit half.[61]

12.
Dr. Berta Hofmann:
Meine Erinnerungen an Pater Rupert Mayer SJ

Dr. Berta Hofmann (1896–1982) hatte P. Mayer erstmals 1917 getroffen und wurde von ihm ab 1924 seelsorglich betreut. Als P. Mayer 1937 verhaftet wurde, trat sie bei der Gestapo entschieden für ihn ein. Während seiner Konfinierung in Ettal besuchte sie ihn regelmäßig, um ihn ärztlich zu versorgen. Sie schrieb einen ausführlichen Bericht über ihre Begegnungen mit P. Mayer, aus dem hier die letzten Seiten abgedruckt werden.

Schreibmaschinenschriftliches Original im RMA 10.1.

... Der 20. Juli 1944 hat auch auf Pater Mayer schwer gewirkt. Nicht deswegen, weil er annahm, er würde wieder ins Gefängnis geholt werden, das wäre ihm ja recht gewesen; seine Sorge galt P. Rösch[62], der gesucht wurde und sich auf dem Lande verbarg.

---

61 Vgl. S. 315.
62 Rösch, Kampf, 301 ff.

Nachrichten von ihm vermißte er sehr. Beim Frühstück sprachen wir immer von ihm. Meiner Bemerkung, jetzt sitzen wir da wie die Waisenkinder, stimmte er bei. Von dieser Zeit an war er nicht mehr zu bewegen, seine Freitagszigarre zu rauchen und zum Schwimmen zu gehen. Er sagte, ich kann es mir doch nicht so wohl gehen lassen, wenn P. Rösch in Not ist. Schlimm war die Nachricht von dessen Verhaftung. Ich sagte P. Mayer immer wieder vor, so sicher ich gewesen sei, daß er aus dem KZ-Lager wieder herauskomme, so sicher sei ich, daß auch P. Rösch wieder nach München komme. Eine Erleichterung brachte ihm eine Nachricht von Bruder Moser[63], der auch in Berlin im Gefängnis war, aber wieder entlassen wurde.

Am 22. XI. 44 wurde die Michaelskirche zerstört. P. Mayer erfuhr diese Schreckensnachricht bald durchs Telefon. Es war Mittwoch. Am Freitag sagte er mir: Ich habe drei Stunden gebraucht, um mit der Zerstörung der Michaelskirche innerlich fertig zu werden. Später gab mir P. Koerbling Aufnahmen von der Zerstörung mit, die P. Mayer öfter eingehend betrachtete und für die er sehr dankbar war... Meine Prophezeihungen, daß P. Mayer ganz sicher wieder einmal nach München zurückkomme, glaubte er nie recht. Er war der festen Meinung, daß er in Ettal sterben werde. Er hat sich auch schon draußen den Platz zu seinem Grab gesucht. Im Konzentrationslager träumte ihm einmal, er würde erschossen und da war er selig darüber. Als es dann am 7. 8. 40 im Lager hieß, er müsse in einer halben Stunde fertig sein, erwartete er sein Ende und war enttäuscht, daß es nicht kam.

Endlich am 11. V. 1945 ging meine Prophezeihung in Erfüllung. P. Mayer kam nach München zurück. Es war ein Freitag. Am nächsten Tag besuchte ich ihn. Auf meine Frage, wie denn die Befreiung in Ettal gewesen sei, sagte er: Als die Amerikaner da waren, habe ich meinen Hut genommen und bin durch den Ort gegangen.

Nun war er also wieder in München und stürzte sich mit allem Schwung wieder in die Arbeit. Nach acht Tagen meinte er, es sei, wie wenn er gar nicht fort gewesen wäre.

---

63 Bruder Paul Moser wurde Mitte Februar aus dem Gefängnis Lehrterstraße in Berlin entlassen.

Eine große Freude war ihm die Rückkehr von P. Rösch.[64] Sofort schickte er mir die Nachricht davon in die Dienerstraße. Strahlend berichtete er mir über seinen Besuch und sagte, sie wissen ja selbst, wie gut er erzählen kann. Einmal besuchte er mich in meiner Halbruine in der Dienerstraße[65] und meinte, da herinnen seine Berufsfreude nicht zu verlieren, ist schon allerhand. Auch in Harlaching[66] kam er einmal unvorhergesehen an einem Sonntagnachmittag. Seine Kräfte hielten aber seinem Arbeitsmaß nicht recht stand. Der Blutdruck schwankte, wie die letzte Zeit in Ettal, zwischen 170 und 200. Am Herzen war nichts besonderes festzustellen. Nur fühlte er sich meist furchtbar müde.

Im Juli und im September streifte ihn ein Schlaganfall auf der Kanzel. Beidemal konnte er einige Zeit nicht sprechen, das zweite Mal etwas länger nicht. Im Juli berichtete er mir darüber mit den Worten: Stellen Sie sich vor, gestern bin ich in der Predigt stecken geblieben. Er war aber absolut nicht zu bewegen, das Predigen einzustellen. Am Kirchweihtag sprach er nachmittags in Kempten; auf der Heimfahrt wollte er durch Obergünzburg kommen meinen Bruder besuchen. Als ich mich vor dieser Fahrt von ihm verabschiedete und »Auf Wiedersehen« sagte, meinte er, ja wenn wir uns in diesem Leben noch einmal wiedersehen. Am Montag abend war er aber sehr befriedigt und sagte: Stellen Sie sich vor, die Lorenzkirche in Kempten war gesteckt voller Männer und Jungmänner, das hat mich so gepackt, daß ihm beim Predigen überhaupt nichts mehr einfiele von dem, was er vorbereitet habe. Es sei dann furchtbar anstrengend, trotzdem weiter zu sprechen.

Am Sonntag fuhr ich meist zu seiner Messe in die Kreuzkapelle. So war ich auch an Allerheiligen da. Als ihn am Altare stehend der Schlag traf, meinte ich, mein Herz stehe still. Kaum lag er auf dem Bett, als der Brechreiz anfing. Ich machte ihm alles Beengende der Kleidung auf. Mit äußerster Anstrengung versuchte er seine rechte Hand zu heben, die stark zitterte. Als ich in seiner Brusttasche nach dem Taschentuch griff, ließ er die Hand sofort wieder

---

64 P. Rösch kehrte nach einem Marsch von vier Wochen von Berlin am 6. Juni 1945 nach München zurück.
65 In der Dienerstraße befand sich die Wohnung von Dr. Hofmann.
66 In Harlaching war die Arztpraxis von Dr. Hofmann.

sinken. Ich wischte ihm den Mund aus, sah, daß seine Zunge zwischen den Zähnen festgebissen war und brachte sie mit einiger Mühe und mit einigen Bißwunden an den Fingern wieder zurück. Solange er in St. Michael lag, funktionierte das Herz noch ganz gut. Ich fürchtete den Moment, wo er zu sich kommen werde und merkte, daß er nicht mehr sprechen könne und gelähmt sei. Im Josefinum[67] angekommen, waren Lippen und Zunge ganz blau verfärbt. Nach einer Kampferinjektion kehrte die natürliche Farbe wieder zurück. Der Brechreiz hatte inzwischen aufgehört. Die Schwester meinte, bis zum nächsten Tag könne es schon noch gehen. Sie ging aus dem Zimmer, um etwas zu holen. Ich war gerade allein am Bett und legte die Hand an den Puls. Mit einem regelmäßigen starken Schlag hörte das Herz auf. Die anfängliche Hoffnung, die Gehirnblutung könne sich wieder zurückbilden, war vorbei.

---

67 Josefinum: Krankenhaus der Vinzentinerinnen in der Schönfeldstraße/München.

LEBENSDATEN

	1876
23. Januar	Geburt in Stuttgart
28. Februar	Taufe auf den Namen Rupert Emil

1882
Volksschule und Unterstufe des Gymnasiums in Stuttgart

1888
Firmung zusammen mit seinem Bruder Egon

1890
13. April   Erstkommunion mit seiner Schwester Hermanna

1892
Oberstufe des Gymnasiums in Ravensburg

1894
6. Juli   Abitur in Ravensburg

1894–1895
Studium an der theologischen Fakultät der Universität Fribourg/Schweiz

	1895–1896
	Studium der Theologie an der Ludwig-Maximilians-Universität München
1896–1898	Studium der Theologie an der Universität Tübingen
	1898
	Eintritt in das Priesterseminar in Rottenburg
	1899
25. Januar	Empfang der Niederen Weihen
15. März	Empfang der Subdiakonatsweihe
22. März	Empfang der Diakonatsweihe
2. Mai	Empfang der Priesterweihe in St. Martin/Rottenburg durch Bischof Paul Wilhelm von Keppler
4. Mai	Erstes heiliges Meßopfer in St. Eberhard/Stuttgart
10. Juni	Vikar in der Pfarrei St. Peter und Paul/Spaichingen
	1900
5. Juli	Abschied von Spaichingen
1. Oktober	Eintritt in das Noviziat der Gesellschaft Jesu Tisis/Feldkirch
	1901–1904
	Philosophisch-theologische Studien am Ignatius-Kolleg in Valkenburg/Holland
	1902
5. Oktober	Ablegung der einfachen Gelübde (sog. Scholastikergelübde)

1904–1905
Assistent des Novizenmeisters in Tisis/ Feldkirch

1905–1906
Terziat in Wijnandsrade/Holland

1906–1911
Volksmissionar in Holland, Deutschland, Österreich, Schweiz

1911
2. Februar Ablegung der einfachen Ordensgelübde (Koadjutor)

1912
8. Januar Ankunft in München: Seelsorger für die »Zuwanderer in München«. Mitarbeit in den Katholischen Arbeiter- und Arbeiterinnenvereinen

1913
20. August Rede über die Großstadtseelsorge auf dem Katholikentag in Metz

1914
29. Juni Mitbegründer der »Schwestern von der Heiligen Familie«/München
22. August Feldgeistlicher beim 1. Bayerischen Armeekorps im Feldlazarett 2

1915
8. Januar Divisionspfarrer der 8. Bayerischen Reserve Division im 18. und 19. Reserve-Infanterie-Regiment. Einsatz an der Front im Elsaß, in Galizien und Rumänien

Lebensdaten

1916
30. Dezember — Schwere Verwundung im Sultatal/Rumänien. Erste Amputation des linken Beins in Sostelek

1917
23. Januar — Zweite Amputation im Kriegslazarett zu Mavosvarkely (Ungarn)
30. März — Im Lazarett Augenklinik Herzog Karl Theodor/München. Erneuter Beginn der seelsorglichen Arbeit in München
24. Juli — Im Heiliggeistspital in Landsberg/Lech

1918
26. April — Zum Ersatztruppenteil entlassen

1919
10. Mai — Predigt beim Begräbnis der 21 Kolpinggesellen, die während der Revolution in München ermordet wurden
November — Mayer trifft bei einer Kommunistenversammlung erstmals auf Adolf Hitler

1921
9. Juni — Mayer in den Mordfall Karl Gareis verwickelt
28. November — Kardinal Faulhaber ernennt Rupert Mayer zum Präses der Marianischen Männerkongregation in München
1. Dezember — Die Jesuiten übernehmen wieder die Seelsorge an der St. Michaelskirche. Mayer wirkt dort als Prediger, Caritasapostel, Beichtvater: »Der 15. Nothelfer«
12. Dezember — Münchner Polizei legt für Mayer eine Polizeiakte an

	1923
14. Januar	Mayer spricht auf dem Königsplatz in München vor zehntausend Männern gegen die Ruhrbesetzung durch die französischen Truppen
Ende März	Mayer reist ins Ruhrgebiet
27. März	Mayer spricht im Löwenbräukeller über seine Reise ins Ruhrgebiet
21. Juni	Öffentliche Auseinandersetzung zwischen P. Mayer und Dr. Georg Schott; »Nationalsozialismus und Christentum«
9. November	Mayer erlebt am Rande den Hitlerputsch
	1924
1. April	Mayer schreibt wegen Morddrohung einen testamentarischen Abschiedsbrief an Eltern und Geschwister
2. Mai	Adolf Hitler schickt Mayer Glückwunsch zum silbernen Priesterjubiläum
	1925
15. August	Mayer führt den Bahnhofsgottesdienst in München ein
	1926
16. Juli	Ernennung zum Präfekten und Kirchenvorstand am Bürgersaal in München
18.–28. November	Großstadtmission in München. P. Mayer »Oberapostel«
	1927
26. April	Dr. Carl Sonnenschein und P. Mayer sprechen in einer Versammlung des Katholischen Volksvereins über »Christliche Kultur und Großstadt«

1934

Mitte August	Mayer erregt durch eine Predigt den Unwillen einer »Hitlerin«. Beschwerde bei Adolf Hitler
Oktober	Mayer wehrt sich gegen ehrenrührige Unterstellungen von Major Meiler

1935

15. Februar	Massenkundgebung gegen die Bekenntnisschule. Mayer wird von der Polizei festgenommen
April	Geheimbefehl der Gestapo/München, die Tätigkeit der Jesuiten scharf zu überwachen
18. Mai	Gegen die Behinderung bei der öffentlichen Caritassammlung protestiert Mayer im Polizeipräsidium

1936

Januar	Mayer muß sich seiner Predigten wegen bei der Gestapo rechtfertigen
20. Januar	Großes Fest anläßlich des 60. Geburtstags P. Mayers
8. Mai	Mayer wird wegen seiner Predigten vom Staatsanwalt verwarnt

1937

Januar bis Mai	Mayer predigt landauf, landab gegen den Schulkampf der Nationalsozialisten, gegen die »Ausschlachtung« der Sittlichkeits- und Devisenprozesse gegen Ordensleute, gegen die nationalsozialistischen Presseerzeugnisse, vor allem gegen die Politik der »Entkonfessionalisierung«
14. März	Enzyklika Pius XI. »Mit brennender Sorge«

7. April	Das Reichssicherheitshauptamt/Berlin erteilt Mayer Redeverbot wegen »staatsabträglicher Reden«
5. Juni	Erste Verhaftung Mayers. Haft im Wittelsbacher Palais (Gestapozentrale in München), im Corneliusgefängnis, im Gefängnis Stadelheim
30. Juni	Kardinal Faulhaber besucht Mayer im Gefängnis Stadelheim
4. Juli	Kardinal Faulhaber hält in St. Michael die große Predigt für Redefreiheit in der Kirche und für Freilassung Mayers
22./23. Juli	Hauptverhandlung vor dem Sondergericht München. Mayer wird wegen »Kanzelmißbrauchs« und Verstoßes gegen das »Heimtückegesetz« zu 6 Monaten Haft verurteilt. Haftbefehl wird aufgehoben
20. September	Nach auswärtigem Urlaub Heimkehr nach St. Michael. Er hält sich an das Predigtverbot
26. Dezember	Vom Gauleiter provoziert, beginnt Mayer wieder zu predigen. Ebenso am 1. und 2. Januar 1938

1938

5. Januar	Zweite Verhaftung Mayers wegen Nichtbeachtung des Predigtverbots
15. Januar	Auf Druck der Gestapo wird Mayer in das Gefängnis Landsberg eingeliefert, Strafgefangener Nr. 9469
29. März	Besuch Kardinal Faulhabers bei Mayer im Gefängnis Landsberg
3. Mai	Häftling Mayer fällt unter die Amnestie anläßlich der Eingliederung Österreichs ins Deutsche Reich
15. September	Ablegung der feierlichen Profeß in der Kreuzkapelle in St. Michael

1939

3. November
Dritte Verhaftung wegen Verdachts konspirativer Kontakte zur Widerstandsgruppe der »Monarchistischen Bewegung« in München

23. Dezember
Einlieferung ins KZ Sachsenhausen-Oranienburg: Haft im Zellengefängnis

1940

7. August
Mayer wegen geschwächter Gesundheit und auf Anordnung des Reichsführers SS Himmler für die Kriegszeit nach Kloster Ettal verbannt: »Lebend ein Toter«

1945

6. Mai
Einmarsch der VII. US-Armee in Ettal

11. Mai
Rückkehr Mayers nach fast fünfjähriger Abwesenheit von St. Michael

27. Mai
Kongregations-Hauptfest in St. Ludwig. Erste große Predigt Mayers in München: Aufruf zu Friede und zur Mitarbeit am Neuaufbau in Kirche und Gesellschaft

3. Oktober
Kardinal Faulhaber nimmt den Rücktritt von Mayer als Präses der Männerkongregation an

1. November
Mayer erleidet während der Predigt in der Kreuzkapelle einen Schlaganfall. Er stirbt wenige Stunden später im Krankenhaus Josefinum

4. November
Requiem in der Kapelle des Berchmanskollegs/Pullach und Beisetzung auf dem dortigen Ordensfriedhof

	1948
23. Mai	Überführung der Leiche Mayers in »seine Stadt«. Beisetzung in der Unterkirche des Bürgersaals
	1950
26. Juni	Kardinal Faulhaber eröffnet den diözesanen Informationsprozeß über den Ruf der Heiligkeit und über die Tugenden des »Dieners Gottes P. Rupert Mayer«
	1987
3. Mai	Seligsprechung von P. Rupert Mayer durch Papst Johannes Paul II. im Olympiastadion in München

Abkürzungen

ML	= Mayer, Leben im Widerspruch
MB	= Brief von P. Mayer (an Eltern, wenn nicht anders vermerkt)
PAL	= Personalakte Gefängnis Landsberg
HistM	= Historia Monacensis Residentiae St. Michaelis
Rösch, Kampf	= Rösch, Kampf gegen den Nationalsozialismus
Sa	= Sandfuchs, Rupert Mayer

Archive

BA	= Bundesarchiv
Bay. HstA	= Bayr. Hauptstaatsarchiv München
BZR	= Bischöfl. Zentralarchiv Regensburg
EAM	= Erzbischöfliches Archiv München
DAE	= Diözesanarchiv Eichstätt
DAR	= Diözesanarchiv Rottenburg
OA	= Ordensarchiv
OA SJ/M	= Ordensarchiv der Jesuiten in München
RMA	= Rupert-Mayer-Archiv / München
RMA-B	= Briefakte im Rupert-Mayer-Archiv
StadtA.M	= Stadtarchiv München
StAM	= Staatsarchiv München
IfZg	= Institut für Zeitgeschichte
KA	= Kriegsarchiv

Zeitungen

MZ	= Münchener Zeitung
BK	= Bayerischer Kurier
VB	= Völkischer Beobachter
NMT	= Neues Münchner Tagblatt

Quellenverzeichnis

1. Bundesarchiv
   Potsdam
   RKM 23316
   NJ 11966
   Zwischenarchiv Dahlwitz-Hoppegarten
   ZR 722 A 1
2. Bayerisches Hauptstaatsarchiv
   a: Geheimes Staatsarchiv
   MK 38150
   MA 106670
   MA 106671
   MA 106685
   MA 106688
   MA 106689
   MA 106690
   MA 106888
   MA 106897
   MA 107256
   MA 107257
   Bayerische Staatskanzlei
   106 264
   107 256
   107 257
   Reichsstatthalter
   812
   Landratsämter
   29655
   76887
   b: Kriegsarchiv
   OP 2947
   OP 8017
   c: Abt. V. (Plakatsammlung)
   LkA 146281
   LkA 146285
3. Staatsarchiv / München
   Stanw 9116/1 (Sondergerichtsakten I)
   Stanw 9116/2 (Sondergerichtsakten II)
   Stanw 3088/3 (Fall Gareis)
   Pol. Dir. 8252 (Polizeiakte: Lichterprozession)
   Pol. Dir. 10116 (Polizeiakte Mayer)
4. Justizministerium / München
   Personalakte Mayer / Landsberg
5. Auswärtiges Amt / Bonn

Vatik. 295 Nr. 21767 c. 70 (Festnahme Mayers in München)
6. Stadtarchiv / München
   Chronik der Stadt München 1923; 1927
7. Amtsgericht München
   Spruchkammerakte W. Stepp (S)
8. Archiv der Parteizentrale der CDU / Berlin (Ost)
   Bestand Zentrum Nr. 12
   Nr. 82
9. Institut für Zeitgeschichte / München
   ZS 2335 (Dr. Stepp)
   ED 152 (Hemmrich)
   ED 199 (Dr. Schott)
   Fa 58 (Prozeßprotokoll des Erzbisch. Ordinariats / München)
   Akten für den Nürnberger Prozeß: Bericht Mayers vom 13. 10. 1945
   (Doc. Nr. 3272 – PS)
10. Erzbischöfliches Archiv / München
    Akt P. Rupert Mayer
    Handakten Prälat J. Neuhäusler
    Akten Domkapitular J. Thalhammer
    Erklärungen, Verlautbarungen, Bericht des Ordinariats
11. Archiv von St. Michael / München
    Historia Monacensis Residentiae St. Michaelis 1925–1953
    Tagebuch der St. Michaelskirche 1. 1. 1922–31. 7. 1931
    Tagebuch der St. Michaelskirche 1. 8. 1931–31. 12. 1940
    Predigtbuch 1929–1942
    Sakristeibuch – Michaelskirche 1924–25
    Sakristeibuch St. Michaelskirche 1926–1928
    Verkündbuch von St. Michael 1926–1941
12. Archiv der Oberdeutschen Provinz / München
    Varia
13. Rupert-Mayer-Archiv / München
    Chronologisch geordnete Sammlung von Originalen und Dokumentation
    (Kopien wichtiger Texte zum Leben P. Mayers)
14. Diözesanarchiv Eichstätt
    Ordinariat: Predigten 1935–1942
15. Bischöfliches Zentralarchiv Regensburg
    OA / NS 54
    OA / NS 267
    OA / NS 268
16. Diözesanarchiv Rottenburg
    G 1.7.1.   (Personalakte R. Mayer)
    G 1.8.573   (Dekanat Spaichingen; Schulinspektorat)
    G 1.8.546   (Dekanat Spaichingen; Pastoralkonferenzen 1899)
    G 1.1.
    A 8.4a   (Priesterseminar 1898/99)

D 13.2a (Wilhelmsstift / Tübingen, Haftbericht SS 96 ff.)
D 13.3a (Aufnahme ins Wilhelmsstift)
D 14.1a (Wilhelmsstift, Oppidani 1865–1958)
G 5.1. (Nationalsozialismus)

Authentische Berichte

Bichler, Theresia, Bericht über P. Mayer (Ms. 1989) (RMA 4.1.)
Dittus, Wilhelm, Erinnerungen an seinen Konabiturienten und Bundesbruder. (Ms. o. J.) (RMA 4.1.)
Hemmrich, Franz, Die Festung Landsberg am Lech 1920–1945. Erinnerungen eines Gefängnisbeamten (Landsberg 1970; Ms.) IfZg ED 153
Hofmann, Berta, Meine Erinnerungen an Pater Rupert Mayer (Ms. o. J.) (RMA 10.1.)
Huber, Josefa, Verhandlung gegen Jesuitenpater Rupert Mayer vor dem Münchner Sondergericht (München 1937; Ms.) (RMA 6.4.5.)
Karl, Georg, Bericht über mein Zusammensein mit P. Mayer (Ms.) (RMA 8.2.)
Mayer, Adalbert, Erinnerungen an den Mathäser und P. Rupert Mayer aus den Revolutionstagen 1918/1919 (Ms. 1957) (RMA 4.1.)

Literaturverzeichnis

Literatur über Rupert Mayer

BLEISTEIN, ROMAN, *P. Rupert Mayer, Vom KZ Sachsenhausen ins Kloster Ettal*, in: Stimmen der Zeit 208 (1990) 521–528.
– *Rupert Mayer SJ*, in: Stimmen der Zeit 205 (1987) 289–290.
BOESMILLER, FRANZISKA, *P. Rupert Mayer SJ: Dokumente, Selbstzeugnisse und Erinnerungen*. München 1946.
– *Pater Rupert Mayer SJ. Ein Freund Gottes und Freund der Menschen*. München 1952.
Dokumentation zur Seligsprechung von Pater Rupert Mayer SJ. St. Ottilien 1987.
GÖRLICH, JOSEPH ERNST, *P. Rupert Mayer, Münchens Männerapostel*. Aschaffenburg 1972.
GRASSL, IRENE, *Pater Rupert Mayer in Selbstzeugnissen*. München 1984.
GRITSCHNEDER, OTTO, *Ich predige weiter. Pater Rupert Mayer und das Dritte Reich*. Rosenheim 1987.
– (Hrsg.), *Pater Rupert Mayer vor dem Sondergericht*. München 1965.
KOERBLING, ANTON, *Pater Rupert Mayer. Ein Priester und Bekenner unserer Zeit*. München 1949.
– *Rupert Mayer SJ. Ein kurzer Lebenslauf*. München 1960.
– *Pater Rupert Mayer zum Gedenken (1. 11. 60)*. Pullach 1960.
– / RIESTERER, PAUL, *Pater Rupert Mayer* (überarbeitet und ergänzt). München 1987.
LÄPPLE, ALFRED, *Pater Rupert Mayer. Ein Erinnerungsbuch zur Seligsprechung*. München 1987.
MAYER, RUPERT, *In der Ruhe des gottverbundenen Menschen*. Herausgegeben von den Schwestern von der heiligen Familie. Kevelaer 1987.
– *Mein Kreuz will ich tragen*. Texte des Predigers von St. Michael. Ostfildern 1978.
MORGENSCHWEIS, KARL, *Strafgefangener Nr. 9469. Pater Rupert Mayer SJ. Erinnerungen an seine Strafhaft im Strafgefängnis Landsberg/Lech*. München 1968.
MÜHLBAUER, JOSEF, *Und ich werde niemals schweigen. Pater Rupert Mayer, der Apostel von München*. Much 1975.
PELLENS, KARL, *Rupert Mayer aus dem CV ausgetreten?*, in: academia 2 (1987) 69–70.
Predigtsammlung zur Seligsprechung von P. Rupert Mayer. St. Ottilien 1987.
Rupert Mayer, Leben im Widerspruch. Herausgegeben von Roman Bleistein. Frankfurt 1989.
SANDFUCHS, WILHELM, *Pater Rupert Mayer, Verteidiger der Wahrheit, Apostel der Nächstenliebe, Wegbereiter moderner Seelsorge*. Würzburg 1981.
– *Pater Rupert Mayer. Sein Leben in Dokumenten und Bildern*. Würzburg 1984.
SCHATZ, KLAUS, *Spannungen mit der kirchlichen Führung. Das Dilemma der Bischöfe*, in: Entschluß 42 (1987) 3, 28–32.
SUTTNER, WOLFGANG, *Pater Rupert Mayer SJ*, in: Bavaria Sancta II. Hrsg. von Georg Schwaiger. Regensburg 1971, 439–453.
VÉVER, ANGELIKA VON, *Pater Rupert Mayer SJ. Modernistischer Anspruch und traditionalistische Form der Verehrung eines »modernen Heiligen«. Ein Beitrag zur Religiösen Volkskunde der Gegenwart*. Dissertation. München 1984.
VOLK, LUDWIG, *Pater Rupert Mayer vor der NS-Justiz*, in: Stimmen der Zeit 194 (1976) 3–23.

WETTER, FRIEDRICH, *Keiner kommt am Kreuz vorbei. Pater Rupert Mayer. Predigten zum Osterfest 1987*. München 1987.

Allgemeine Literatur

ACKERMANN, JOSEF, *Heinrich Himmler, Reichsführer SS*, in: Smelser/Zitelmann, 98–114.
ACKERMANN, WALTER, *Nationale Totenfeiern in Deutschland*. Stuttgart 1990.
ADOLPH, WALTER, *Die katholische Kirche im Deutschland Adolf Hitlers*. Berlin 1974.
– *Geheime Aufzeichnungen aus dem nationalistischen Kirchenkampf 1935–1943*. Mainz 1979.
– *Hirtenamt und Hitler-Diktatur*. Berlin 1965.
ALBRECHT, DIETER (Hrsg.), *Der Notenwechsel zwischen dem Heiligen Stuhl und der Deutschen Reichsregierung II*. Mainz 1969.
– *Katholische Kirche im Dritten Reich. Eine Aufsatzsammlung*. Mainz 1976.
ALTMANN, LOTHAR, *Chronik von St. Michael 1773–1921*, in: Wagner/Keller, 244–263.
ALTMEYER, KARL ALOYS, *Katholische Presse unter NS-Diktatur*. Berlin 1962.
ARETIN, ERWEIN VON, *Krone und Ketten. Erinnerungen eines bayerischen Edelmannes*. Hrsg. von Karl Buchheim und Karl Otmar von Aretin. München 1955.
ARETZ, JÜRGEN, *Katholische Arbeiterbewegung und christliche Gewerkschaften*, in: Rauscher II, 159–214.
ARETZ, JÜRGEN u. a., *Zeitgeschichte in Lebensbildern IV*. Mainz 1980.
ARONSON, SHLOMO, *Reinhard Heydrich und die Frühgeschichte von Gestapo und SS*. Stuttgart 1971.
AUERBACH, HELLMUTH, *Hitlers politische Lehrjahre und die Münchner Gesellschaft 1919–1923*, in: VfZg 25 (1977) 1–45.
BAUER, RICHARD u. a., *München. Schicksal einer Großstadt 1900–1950*. München 1986.
BAUMGARTNER, RAIMUND, *Weltanschauungskampf im Dritten Reich*. Mainz 1977.
BEBEL, AUGUST, *Die Frau und der Sozialismus*. Stuttgart 1913.
Berichte des SD und der Gestapo über Kirchen und Kirchenvolk in Deutschland 1934–1944. Bearbeitet von Heinz Boberach. Mainz 1971.
BETHGE, EBERHARD u. a., *Dietrich Bonhoeffer. Bilder aus seinem Leben*. München 1986.
BLEISTEIN, ROMAN, *Alfred Delp. Geschichte eines Zeugen*. Frankfurt 1989.
– *Zur Biographie Hitlers »Das Hitlermutterl«*, in: Stimmen der Zeit 204 (1986) 427–429.
BLUMBERG-EBEL, ANNA, *Sondergerichtsbarkeit und »politischer Katholizismus« im Dritten Reich*. Mainz 1990.
BOBERACH, HEINZ, *Organe der nationalsozialistischen Kirchen*, in: Bracher, Staat und Parteien, 306–331.
BOESMILLER, FRANZISKA, *Pater Rupert Mayer SJ. Dokumente, Selbstzeugnisse, Erinnerungen*. München 1946.
BRACHER, KARL DIETRICH u. a., *Die nationalsozialistische Machtergreifung*. Köln 1962.
BRACHER, KARL DIETRICH u. a. (Hrsg.), *Staat und Parteien*. Berlin 1992.

BRANDL, LUDWIG, *Die Weltkriegserfahrung des Klerus in seiner Bedeutung für das Dritte Reich*, in: Internationale Katholische Zeitschrift 21 (1922) 273–282.

BRETSCHNEIDER, HEIKE, *Der Widerstand gegen den Nationalsozialismus in München 1933 bis 1945*. München 1968.

BROSZAT, MARTIN, *Zur Sozialgeschichte des deutschen Widerstandes*, in: VfZg 34 (1986) 302.

– FRÖHLICH, ELKE; WIESEMANN, FALK (Hrsg.), *Bayern in der NS-Zeit. Soziale Lage und politisches Verhalten der Bevölkerung im Spiegel vertraulicher Berichte*. München 1977.

– (Hrsg.), *Bayern in der NS-Zeit. Herrschaft und Gesellschaft im Konflikt. II*. München 1979.

– GROSSMANN, ANTON (Hrsg.), *Bayern in der NS-Zeit. Herrschaft und Gesellschaft im Konflikt. III*. München 1981.

– (Hrsg.), *Bayern in der NS-Zeit. Herrschaft und Gesellschaft im Konflikt. IV*. München 1981.

– (Hrsg.), *Bayern in der NS-Zeit. Die Herausforderung des Einzelnen. Geschichten über Widerstand und Verfolgung. VI*. München 1983.

– MEHRINGER, HARTMUT (Hrsg.), *Bayern in der NS-Zeit. Die Parteien KPD, SPD, BVP in der Verfolgung und Widerstand. V*. München 1983.

BUCHBERGER, MICHAEL (Hrsg.), *Seelsorgsaufgaben der Gegenwart und der nächsten Zukunft*. Regensburg 1918.

CAROSSA, HANS, *Briefe I–III*. Frankfurt 1978–1981.

– *Tagebücher I–II*. Leipzig 1986; 1993.

– *Sämtliche Werke I–III*. Frankfurt 1962.

DEUERLEIN ERNST, *Der Aufstieg der NSDAP 1919–1933 in Augenzeugenberichten*. Düsseldorf 1968.

– *Der Hitlerputsch*. Stuttgart 1962.

– *Hitler. Eine politische Biographie*. München 1969.

– *Hitlers Eintritt in die NSDAP und die Reichswehr*, in: VfgZg 7 (1959) 177–227.

Deutsche Briefe 1934–1938. Ein Blatt der Katholischen Emigration. Herausgegeben von Hein Hürter. II. Mainz 1969.

DORNBERG, JOHN, *Der Hitlerputsch*. Frankfurt 1989.

Dossier Kreisauer Kreis. Dokumente aus dem Widerstand gegen den Nationalsozialismus. Aus dem Nachlaß von Lothar König SJ. Herausgegeben und kommentiert von Roman Bleistein. Frankfurt 1987.

»Ein Jahrhundert verlegerischer Tätigkeit 1848–1948«. Zum Gründungstag der Schwabenverlag AG. Stuttgart 1948.

ELSER, JOHANN GEORG, *Autobiographie eines Attentäters*. Herausgegeben von Lothar Gruchmann. Stuttgart 1989.

ERDMANN, KARL DIETRICH, *Das Ende des Dritten Reiches und die Entstehung der Republik Österreich, der Bundesrepublik Deutschland und der Deutschen Demokratischen Republik*. München ^{5}1986.

ESCH, LUDWIG SJ, *Der Feldseelsorge Schwierigkeiten und Erfolge*, in: Stimmen der Zeit 47 (1919) 399–417.

ESCHENBURG, THEODOR, *Carl Sonnenschein*, in: VfZg 11 (1965) 333–361.

FALTER, JÜRGEN W., *Hitler und seine Wähler*. München 1991.

FAULHABER, MICHAEL VON, *Das Hohe Lied der Kriegsfürsorge*. Berlin 1917.

– *Der Krieg im Lichte des Evangeliums*. München ^{2}1915.

– *Zeitrufe Gottesrufe. Gesammelte Predigten*. Freiburg 1932.

– *Das Lied der neuen Zeit, die Einfachheit*, in: Paulus (Vertrauliche Mitteilungen für Missionsorden) 16 (1939) 157.

Fest, Joachim C., *Hitler*. Frankfurt 1973.
Frei, Norbert, *Der Führerstaat*. München 1987.
– *Die Juden im NS-Staat*, in: Ploetz, 124–136.
– Schmitz, Johannes, *Journalismus im Dritten Reich*. München ²1989.
Firns, Gerhard, *Sachsenhausen 1936–1950*. Berlin ³1991.
Fischer, Conan, *Ernst Julius Röhm – Stabschef der SA und unentbehrlicher Außenseiter*, in: Smelser/Zitelmann, 212–222.
Frör, Kurt, *Der notwendige Kampf um die Bekenntnisschule*. Wuppertal-Barmen o. J.
25 Jahre Ignatiuskolleg Valkenburg 1894–1919. Freiburg 1919.
Gagern, Elisabeth von, *Die Englischen Fräulein*, in: Schwaiger H. 566–589.
Gatz, Erwin (Hrsg.), *Die Bischöfe der deutschsprachigen Länder 1785/1803–1945*. Berlin 1983.
Gedenkzelle Pater Rupert Mayer KZ Sachsenhausen. Berlin 1990.
Geiselmann, Josef Rupert, *Die katholische Tübinger Schule*. Freiburg 1964.
Goebbels, Joseph, *Tagebücher*. Hrsg. von Ralf Georg Reuth. München 1992.
Gotto, Klaus; Repgen, Konrad (Hrsg.), *Die Katholiken und das Dritte Reich*. Mainz ³1990.
Gritschneder, Otto, *Die Akten des Sondergerichts über Pater Rupert Mayer SJ*, in: Beiträge zur altbayerischen Kirchengeschichte 28 (1974) 159–218.
– *Ich predige weiter. Pater Rupert Mayer und das Dritte Reich*. Rosenheim 1987.
Grote, Maria, *An den Ufern der Weltstadt. Ein Gedenkbuch an Dr. Carl Sonnenschein*. Münster ²1947.
Gruchmann, Lothar, *Justiz im Dritten Reich 1933–1940. Anpassung und Unterwerfung in der Ära Gürtner*. München 1988.
Hagen, August, *Geschichte der Diözese Rottenburg. I–III*. Stuttgart 1956–1960.
– *Gestalten aus dem schwäbischen Katholizismus. IV*. Stuttgart 1963.
– *Staat, Bischof und geistliche Erziehung in der Diözese Rottenburg (1812–1934)*. Rottenburg 1939.
Hanfstaengl, Ernst, *Zwischen Weißem und Braunem Haus*. München 1970.
Hans Carossa, Dreizehn Versuche zu seinem Werk. Herausgegeben von Hartmut Laufhütte. Tübingen 1991.
Hardt, Karl (Hrsg.), *Bekenntnis zur katholischen Kirche*. Würzburg 1955.
Hehl, Ulrich von (Bearb.), *Priester unter Hitlers Terror. Eine biographische und statistische Erhebung*. Mainz ²1985.
Herz, Rudolf; Halfbrodt, Dirk, *Fotografierte Revolution*. München 1918.
Hillmayr, Heinrich, *Roter und weißer Terror in Bayern nach 1918*. München 1974.
Hitler, Adolf, *Mein Kampf*. München ¹⁷1933.
Hoch, Anton, *Das Attentat auf Hitler im Münchner Bürgerbräukeller 1939*, in: VfZg 17 (1969) 383–413.
Hockerts, Hans Günter, *Die Sittlichkeitsprozesse gegen katholische Ordensangehörige und Priester 1936/1937*. Mainz 1971.
Hoffmann, Peter, *Widerstand. Staatsstreich. Attentat. Der Kampf der Opposition gegen Hitler*. München 1969.
Hofmiller, Josef, *Revolutionstagebuch 1918/1919*. Leipzig 1938.
Höllen, Martin, *Heinrich Wienken, der »unpolitische« Kirchenpolitiker*. Mainz 1981.
Hollweck, Ludwig, *Was war wann in München*. München 1982.
Hoser, Paul, *Die politischen, wirtschaftlichen und sozialen Hintergründe der Münchner Tagespresse zwischen 1914 und 1934 I*. Frankfurt 1990.
Huber, Ernst Rudolf, *Deutsche Verfassungsgeschichte seit 1789 I*. Stuttgart 1975.
Hürten, Heinz, *Geschichte des Deutschen Katholizismus 1800–1960*. Mainz 1986.

- *Selbstbehauptung und Widerstand der katholischen Kirche*, In: Müller, Der deutsche Widerstand, 135–156.
- *Verfolgung, Widerstand und Zeugnis*. Kirche im Nationalsozialismus.Fragen eines Historikers. Mainz 1987.

HÜTTENBERGER, PETER, *Heimtückefälle vor dem Sondergericht München 1933–1939*, in: Broszat, Bayern IV. München 1981, 435–526.

Im Dunst aus Bier, Rauch und Volk, Arbeit und Leben in München von 1840–1945. Hrsg. von Reinhard Bauer, Günther Gerstenberg und Wolfgang Peschel. München 1989.

Irrlicht im leuchtenden München? Der Nationalsozialismus in der Hauptstadt der Bewegung. Hrsg. von Björn Mensing und Friedrich Prinz. Regensburg 1991.

JÄCKEL, ERNST, *Hitler, Sämtliche Aufzeichnungen 1905–1924*. Stuttgart 1980.

JAUD, KARL; WEECH, FRIEDRICH VON, *Das Königlich-Bayerische Infantrie-Regiment 19*. München 1933.

KEMPNER, BENEDICTA MARIA, *Priester vor Hitlers Tribunalen*. München 1966.
- *Priester vor Hitlers Tribunalen*. Gütersloh 1970.

Kirche im Nationalsozialismus, hrsg. vom Geschichtsverein der Diözese Rottenburg-Stuttgart. Sigmaringen 1984.

KLEINÖDER, EVI, *Katholische Kirche und Nationalsozialismus im Kampf um die Schulen. Antikirchliche Maßnahmen und ihre Folgen untersucht am Beispiel Eichstätt*. Sammelband des Historischen Vereins Eichstätt 74 (1918) 7–199.

KLIER, JOHANN, *Von der Kriegspredigt zum Friedensappell*. München 1991.

KOCH, LAURENTIUS, *Die Benediktinerabtei Ettal*, in: Schwaiger II, 381–413.

KOCH, LUDWIG, *Jesuitenlexikon*. Paderborn 1936.

KOELLREUTTER, OTTO, *Staat, Kirche und Schule im heutigen Deutschland*. Tübingen 1926.

KÖHLER, JOACHIM (Hrsg.), *Katholiken in Stuttgart und ihre Geschichte*. Ostfildern 1990.

Kölner Aktenstücke zur Lage der Katholischen Kirche in Deutschland 1933–1945. Hrsg. von Wilhelm Corsten, Köln 1949.

KOLBE, JÜRGEN u. a., *Heller Zauber. Thomas Mann in München 1894–1943*. Berlin 1987.

KOPF, PAUL, *Das Bischöfliche Ordinariat und der Nationalsozialismus*, in: Kirche im Nationalsozialismus, 115–127.
- *Johann Baptista Sproll. Leben und Wirken*. Sigmaringen 1988.

KREITMAIER, JOSEF, *Die bayrische Feldseelsorge im Weltkriege*, in: Stimmen der Zeit 92 (1916–1917), 471–476.

KRENN, DORIT-MARIA, *Die christliche Arbeiterbewegung in Bayern vom Ersten Weltkrieg bis 1933*. Mainz 1991.

LÄPPLE, ALFRED (Hrsg.), *P. Rupert Mayer. Ein Erinnerungsbuch zur Seligsprechung*. München 1987.

LÖHR, WOLFGANG, *Carl Sonnenschein*, in: Jürgen Aretz, Zeitgeschichte in Lebensbildern IV. Mainz 1980, 92–102.

LOICHINGER, ALEXANDER, *Die Münchner Fronleichnamsprozession unter Kardinal Faulhaber*, in: Schwaiger II, 100–121.

MAIER, HANS, *Ideen von 1914 – Ideen von 1939? Zweierlei Kriegsanfänge*, in: VfZg 38 (1990) 525–542.

MASER, WERNER, *Frühgeschichte der NSDAP*. Frankfurt 1965.
- *Zwischen Kaiserreich und NS-Regime*. Bonn 1992.

MEHRINGER, HARTMUT, *Die KPD in Bayern 1919–1945*, in: Broszat, Mehringer V., 1–286.

MEIER, KURT, *Kreuz und Hakenkreuz. Die evangelische Kirche im Dritten Reich.* München 1992.
MORGENSCHWEIS, KARL, *Strafgefangener Nr. 9469.* München 1968.
MÖSSMER, HERMANN, *Erinnerungen an P. Rupert Mayer,* in: Aenanen – Correspondenzblatt Nr. 52, September 1987, 4–9.
MUCKERMANN, FRIEDRICH, *Im Kampf zwischen zwei Epochen. Lebenserinnerungen.* Mainz 1973.
MÜLLER, JOSEF, *Bis zur letzten Konsequenz.* München 1975.
Nationalsozialismus und »Entartete Kunst«. Hrsg. von Peter-Klaus Schuster, München ³1988.
NEUHÄUSLER, JOHANNES, *Amboß und Hammer. Erlebnisse im Kirchenkampf des Dritten Reiches.* München 1967.
– *Kreuz und Hakenkreuz I–II.* München 1946.
– *Saat des Bösen. Kirchenkampf im Dritten Reich.* München 1964.
NIETHAMMER, LUTZ, *Die amerikanische Besatzungsmacht in Bayern,* in: VfZg 15 (1967) 153–210.
NIPPERDEY, THOMAS, *Religion im Umbruch. Deutschland 1870–1919.* München 1988.
NOWACKI, HARTMUT, *Zwischen Lebensphilosophie und Stalinismus. Philosophische Ansätze in der Kommunistischen Partei Deutschland (1918–1933).* München 1983.
PHLEPS, REGINALD H., *Hitler als Parteiredner im Jahre 1920,* in: VfZg 11 (1962) 274–330.
– *Hitlers »grundlegende« Rede über den Antisemitismus,* in: VfZg 18 (1968) 390–420.
PICHLMAIR, ANTON, *Die Schwestern von der heiligen Familie.* München 1924.
PLOETZ, *Das Dritte Reich,* hrsg. von Martin Broszat, Norbert Frei. Freiburg 1983.
PREIS, KURT, *München unterm Hakenkreuz.* München 1980.
PRINZ, FRANZ, *Kirche und Arbeiterschaft.* München ²1972.
RAUSCHER, ANTON (Hrsg.), *Der soziale und politische Katholizismus II.* München 1982.
REINHARDT, RUDOLF (Hrsg.), *Tübinger Theologen und ihre Theologie.* Tübingen 1977.
Revolution und Räteherrschaft in München. Aus der Stadtchronik 1918/1919. Bearbeitet von Ludwig Morenz. München 1968.
RIEF, JOSEF; SECKLER MAX, *Zum Weg der Theologischen Quartalschrift,* in: ThQu 150 (1970) 1–23.
RITTER, EMIL, *Die katholisch-soziale Bewegung Deutschlands im Neunzehnten Jahrhundert und der Volksverein.* Köln 1954.
RÖHM, ERNST, *Die Geschichte eines Hochverräters.* München ²1933.
RÖSCH, AUGUSTIN, *Kampf gegen den Nationalsozialismus,* hrsg. von Roman Bleistein. Frankfurt 1985.
ROSENBERG, ALFRED, *Der Mythus des 20. Jahrhunderts.* München 1930.
SANDFUCHS, WILHELM, *Die Geschichte des Münchner Jesuitenkollegs 1921–1945,* in: Wagner/Keller, 264–278.
SATTLER, MAXIMILIAN VINCENZ, *Geschichte der Marianischen Congregationen in Bayern.* München 1864.
SEUTTER VON LÖTZEN, WILHELM, *Bayerns Königstreue im Widerstand.* Feldafing o. J.
SMELSER, RONALD; ZITELMANN RAINER (Hrsg.), *Die braune Elite.* Darmstadt 1989.
SONNENBERGER, FRANZ, *Der neue »Kulturkampf«,* in: Broszat, Fröhlich, Grossmann III, 235–327.
SONNENSCHEIN, CARL, *Notizen / Weltstadtbetrachtungen. 1–9.* Berlin 1925–1928.

SCHARNAGL, A., *Die Schulpolitik in Bayern seit der Revolution.* Mönchen-Gladbach 1924.
SCHATZ, KLAUS, *Zwischen Säkularisation und Zweitem Vatikanum.* Frankfurt 1986.
SCHEFFLER, WOLFGANG, *Himmler,* in: NDB IX. Berlin 1972, 172.
SCHLIER, HEINRICH, *Kurze Rechenschaft,* in: Hardt, 167–193.
SCHLUND, ERHARD, OFM, *Die Religion im Weltkrieg.* München 1913.
– *Katholizismus und Vaterland.* München 1925.
– *Neugermanisches Heidentum im heutigen Deutschland.* München 1924.
SCHMÄDEKE, JÜRGEN; STEINBACH, PETER (Hrsg.), *Der Widerstand gegen den Nationalsozialismus. Die deutsche Gesellschaft und der Widerstand gegen Hitler.* München ²1986.
SCHOLDER, KLAUS, *Die Kirchen und das Dritte Reich. Vorgeschichte und Zeit der Illusionen 1918–1934.* Frankfurt 1977.
SCHOLDER, KLAUS, *Die Kirchen und das Dritte Reich. II. Das Jahr der Ernüchterung 1934.* Barmen und Rom, Berlin 1985.
SCHORN, HUBERT, *Der Richter im Dritten Reich.* Frankfurt 1959.
SCHOTT, GEORG, *Das Volksbuch vom Hitler.* München 1924.
SCHUSTER, PETER-KLAUS (Hrsg.), *Nationalsozialismus und »Entartete Kunst«.* München 1987.
SCHWAIGER, GEORG (Hrsg.), *Das Erzbistum München und Freising in der Zeit der nationalsozialistischen Herrschaft.* I und II. München 1984.
SCHWARZ, DIETER, *Angriff auf die nationalsozialistische Weltanschauung.* München 1936.
– *Die große Lüge des politischen Katholizismus.* München 1938.
SCHWEND, KARL, *Bayern zwischen Monarchie und Diktatur.* München 1954.
Schwestern von der heiligen Familie. 75 Jahre im Dienst für die Familie. München 1989.
STASIEWSKI, BERNHARD, *Akten Deutscher Bischöfe über die Lage der Kirche 1933–1945.* I. Mainz 1968.
STEGER, BERND, *Der Hitlerprozeß und Bayerns Verhältnis zum Reich 1923/1924,* in: VfZg 25 (1977) 441–466.
THRASOLT, ERNST, *Dr. Carl Sonnenschein: Der Mensch und sein Werk.* München 1930.
TRUMPP, JULIUS, *Das Königlich-Bayerische Reserve Infanterie-Regiment Nr. 18.* München 1928.
TUCHOLSKY, KURT, *Gesammelte Werke III.* Reinbek 1960.
UNGLAUB, ERICH, *»Ahnenlehre« in kritischer Sicht. Hans Carossas autobiographisches Erzählen unter den Bedingungen des Dritten Reiches.* Frankfurt 1985.
– *Mit Rupert Mayer im Krieg. Das Bild des Paters zwischen literarischer Legende und unvermuteter Distanzierung im Tagebuch,* in: Augsburger Allgemeine vom 24. 4. 1987.
– *Komposition einer Legende. Pater Rupert Mayer als Kunstfigur in Hans Carossas Schriften,* in: Hans Carossa, 216–235.
VÉVER, ANGELIKA VON, *Pater Rupert Mayer SJ. Modernistischer Anspruch und traditionalistische Form der Verehrung eines »modernen Heiligen«. Ein Beitrag zur Religiösen Volkskunde der Gegenwart.* (Diss.) München 1984.
VOGT, ARNOLD, *Religion im Militär.* Frankfurt 1984.
VOLK, LUDWIG, *Der Bayerische Episkopat und der Nationalsozialismus 1930–1934.* München ²1966.
– *Kirche und Nationalsozialismus* (hrsg. von Dieter Albrecht). Mainz 1987.
– (Hrsg.), *Akten Kardinal Michael von Faulhabers I.–II.* Mainz 1975.

WAGNER, HELMUT, *Begegnung an der Front. Hans Carossa über Bbr. Pater Rupert Mayer SJ,* in: Lioba. Nachrichten des Altherrenverbandes des K.D. St.V. Teutonia Nr. 63/15. 11. 1987, 15–22.

WAGNER, KARL; KELLER, ALBERT (Hrsg.), *St. Michael in München.* München 1983.

WAGNER, WALTER, *Der Volksgerichtshof im nationalsozialistischen Staat.* Stuttgart 1974.

WALTERBACH, CARL, *Die Schwestern von der hl. Familie.* München 1914.

WEBER, ALBRECHT, *Widersprüche harmonisieren? Hans Carossas Leben als Werk,* in: Hans Carossa, 97–116.

WEBER, MAX, *Bevölkerungsgeschichte im Hochschwarzwald.* Freiburg 1953.

WITETSCHEK, HELMUT, *Die kirchliche Lage in Bayern nach den Regierungspräsidentenberichten 1933–1943 I. (Regierungsbezirk Oberbayern).* Mainz 1966.

WOLLASCH, HANS-JOSEF, *Militärseelsorge im 1. Weltkrieg.* Mainz 1987.

ZIEGLER, WALTER, *Die kirchliche Lage in Bayern nach den Regierungspräsidentenberichten 1933–1943 IV. (Regierungsbezirk Niederbayern und Oberpfalz).* Mainz 1973.

ZIPFEL, FRIEDRICH, *Kirchenkampf in Deutschland 1933–1945.* Berlin 1965.

ZORN, WOLFGANG, *Bayerns Geschichte im 20. Jahrhundert. Von der Monarchie zum Bundesland.* München 1986.

Personenregister

Die kursiv gesetzten Ziffern beziehen sich auf Hinweise in den Anmerkungen zum Text.

Ackermann, Josef *198*
Ackermann, Walter *224*
Adenauer, Konrad 25
Alberthal, Johann *383*
Albrecht, Dieter *252, 254*
Albrecht, Johannes 315 ff., *412–414*
Altmann, Lothar *132*
Aretz, Jürgen *179*
Aschenbrenner, Johannes B. 64
Aschenmeier, Anna 81

Bader, Ignaz *132*
Bandorf, Robert 225, 238, 249
Bardenhewer, Otto 25
Bartijon, Marcolin 24
Bauer, Hermann 150
Bauer, Josef 190, 230
Bauer, Richard *73*
Bauernfeld, Richard *327*
Baumgärtner, Raimund *191*
Bea, Augustin 162
Bebel, August *82*
Beck, Joseph 25
Belser, Johannes Ev. 26
Bergen, Diego von 251
Berning, Hermann Wilhelm *185*
Best, Werner 280
Bethge, Eberhard *322*
Bettinger, Franziskus von 69, 71
Bichler, Theresia 69
Bleinstein, Heinrich 306
Bleistein, Roman 54, *187, 224, 281*
Blumberg-Ebel, Anna *223, 227, 253,* 255 ff.
Boberach, Heinz *378*
Boesmiller, Franziska *77, 80,* 104, 318, *342*
Bonhoeffer, Dietrich *322*
Bracher, Karl Dietrich *185*
Brandl, Ludwig *106, 192,* 405
Braun, Josef *132*
Broszat, Martin, *190, 257*
Brüning, Heinrich 205

Buber, Martin 174
Buchberger, Michael 76, 143
Bullinger, Max *142*

Cathrein, Victor 55
Carossa, Hans 115–127, 326, 376
Clemens XIV. *132,* 143
Corvin-Wiersbitzki, Otto *204,* 238
Crohne, Ernst 195

Daffenreiter, Alois *132*
Danner, Jakob von 166
Debler, M. *63*
Delp, Alfred 224, 281
Dietz, Matthias *259*
Dittus, Wilhelm 22, 23, 24, 29
Dold, Johannes B. *341–342*
Dornberg, John *161*
Drey, Johann Sebastian 26
Drexl, Franz *199*
Duhamel, Josef 22

Ehatt, Jakob 22
Ehem, Paschal *331*
Eisner, Kurt 108
Epp, Franz von *212, 250*
Ernst, Georg 84
Esch, Ludwig 96
Eschenburg, Theodor 176
Esser, Hermann 155, 158

Faistenberger, Andreas 143
Falter, Jürgen W. *257*
Faulhaber, Michael von *97,* 113, *132, 136,* 139, 143, *147,* 162, *168,* 177, *185, 192, 200,* 206, 208, *212,* 213, 215, 217, 224, 238, 240, 247, 252, 269, 271, 279, 287, 289, 291, *318,* 320, 329, 331, 338, 343, 346, 352, *395–405*
Feuchtwanger, Berthold 135
Firns, Gerhard *303*
Fischer, Michael 286
Freisler, Roland 223, 244

Personenregister

Frick, Karl 59
Frick, Wilhelm 212
Fritz, Theobald 142
Funk, Franz Xaver 26, 27

Gambs, Otto 211, 337
Gareis, Karl 134, 135
Gatz, Franz 71
Gebsattel, Ludwig von 139
Geiselmann, Josef Rupert 26, 27
Gensert, Georg 377
Goebbels, Joseph 126, 155, 187, 224
Göggel, Quirin 377
Göring, Hermann 148, 254
Gotto, Klaus 189, 204
Grießmaier, Mathilde 322
Gritschneder, Otto 243–244
Gröber, Adolf 57
Groß, Werner 361
Grosser, Ernst 195, 226, 231
Gruchmann, Lothar 195
Günter, Valerie (geb. Mayer) 18
Günther, Ignaz 143
Gürtner, Franz 139, 195, 269

Haas, Julius 15
Habermeier, Josef 215, 264
Haecker, Theodor 272
Hagen, August 30, 41 ff., 46, 49, 51, 57
Hanfstaengl, Ernst 158
Hanssler, Bernhard 272
Hardt, Karl 322
Hardy, Edmund 25
Haungs, Karl 377
Hayler, Franz Xaver 133
Hefele, Karl Josef 26, 48
Held, Heinrich 205
Heim, Georg 278
Heinrich II. (Kaiser) 386
Helmer, Agathe 81
Hemmrich, Franz 270
Herz, Rudolf 108
Himmler, Gerhard 198
Himmler, Heinrich 198/199, 206, 268, 294/295, 296, 310, 315, 356
Hirscher, Johann Baptist 26
Hitler, Adolf 75, 114, 148, 149, 150, 151, 155, 164, 185, 187, 228, 238, 247, 287, 295, 309, 397/398
Höck, Michael 214

Hockerts, Hans Günter 203
Hoffmann, Johannes 111
Hofmann, Berta 282, 299, 307, 317, 321, 341, 414–417
Hofmann, E. 187, 188, 197
Hofmann, Hans Georg 250
Hofmiller, Josef 111
Höllen, Martin 279
Hollweck, Ludwig 72, 275
Hontheim, Josef 55
Hoser, Paul 140
Höß, Anton 45, 49
Huber, Baptist 274
Huber, Josefa 226
Hugger, Victor 51, 59, 60, 133, 160
Hummelauer, Franz von 55
Hundhammer, Alois 142
Hürten, Heinz 43, 263
Hüttenberger, Peter 257

Ignatius von Loyola 63, 64, 90
Inderbitzi, Joseph 321

Jäckel, Ernst 150
Janker, Bernhard 361
Jaud, Karl 102, 294
Johannes, XXIII. 346
Johannes Paul II. 346
Joye, Joseph 69

Kampmann-Carossa, Eva 119
Karl, Georg 102, 123, 375
Kary, Josef 14
Keim, Georg 102, 376
Keller, Albert 131
Kempner, Benedicta Maria 259
Keppler, Paul Wilhelm von 32, 36, 44, 47, 49, 58/59
Kerrl, Hanns 208, 229
Kiene, Johann B. 57
Kirch, Konrad 55
Kirsch, Peter Johannes 25
Kleinöder, Evi 190, 203
Klier, Johann 104
Klinger, Peter 338
Knabenbauer, Josef 55
Knilling, Eugen von 148
Knöpfler, Alois 25
Koch, Anton (Prof.) 27
Koch, Anton (S.J.) 69

Koch, Laurentius 412
Koch, Ludwig 186
Köhler, Joachim 16
Koellreuter, Otto 189
Kolbe, Jürgen 70
König, Lothar 281
Königsbauer, Heinrich 148
Koerbling, Anton 392, 415
Kopf, Paul 200, 278
Kreitmaier, Josef 97
Krenn, Dorit-Maria 77, 81, 194
Kreutz, Benedict 106
Kriebel, Hermann 166/167
Kugler, Franz-Xaver 55
Kuhn, Johannes Ev. 26
Kühn, Dr. 249
Kult, Johannes 35
Kupfer, Angelus 319, 331, 413
Kurth, Josef 136

Ladenburger, Joseph (P. Maurus) 45
Läpple, Alfred 346
Ledochowski, Wlodimir 142, 281
Leibniz, Gottfried Wilhelm von 385
Lembert, Hermann 161
Leo XIII. 77, 82, 386
Leonrod, Ludwig von 354
Liebknecht, Karl 82
Lindner, Dominikus 132
Link, Andreas 377
Linsenmann, Franz Xaver 26
Lippert, Peter 51
Lohr, Johann B. 77
Löhr, Wolfgang 179
Loichinger, Alexander 292
Ludendorff, Erich 135, 352
Ludwig III. (König von Bayern) 71
Luitpold (Prinzregent) 70, 133
Lünenborg, Josef 307
Lurtsch, Joseph 281, 329, 343

Maier, Hans 95
Mann, Thomas 70
Manuwald, Martin 51
Mayer, Adalbert 109
Mariaux, Walter 259
Maser, Werner 148, 149, 161
Mayer, Egon 18, 19, 20, 22
Mayer, Emilie (Mutter) 14, 17, 18, 35, 212, 226, 248, 275, 294

Mayer, Hermanna 18, 19, 21, 50, 51, 305
Mayer, Rupert (Vater) 14, 17, 18, 35, 50, 52, 61, 226
Meier, Rosa 81
Meiler, Hugo 188
Mensing, Björn 161
Merkle, Sebastian 60
Mey, Gustav 46
Michel, Leo 24
Miltiz, Heinrich von 22
Moeckel, Balthasar 107
Möhler, Johann Adam 26
Morgenschweis, Karl 268, 271
Moser, Georg 347
Moser, Paul 415
Mößmer, Hermann 29
Muckermann, Friedrich 247, 259
Mugler, Hans 215
Muhler, Emil 265
Muhs, Hermann 208, 213
Müller, Franz Xaver 342
Müller, Johannes B. 51, 56, 62
Müller, Josef 188
Munz, Michael 44, 46, 49

Neuhaus, Karl 302
Neuhäusler, Johannes 279, 287 ff., 295/296, 306, 310, 391
Niemöller, Martin 303
Niggl, Georg 199
Niggl, Thomas 412
Nipperdey, Thomas 80

Oelhafen, Emil von 191
Olschewski, Wilhelm sen. 135
Oswald, Augustin 60
Otto (Kaiser) 386

Pacelli, Eugenio 251, 254
Papen, Franz von 223
Paul VI. 142
Peifer, Alois 60
Pesch, Christian 55
Petrus Canisius 131, 392
Pflüger, Josef 338
Pichlmair, Anton 81
Pittinger, Otto 150
Pius XI. 203/204
Planck, Max 324

Personenregister

Preis, Kurt *224*
Preysing, Konrad von 308
Prinz, Franz 77
Pütz, Engelbert 63

Raab, Otto 121
Rad, Gerhard von 357
Reck, Franz Xaver 30
Repgen, Konrad *189, 204*
Resch, Alfred 212, 214
Richarz, Johann Peter von *133*
Rief, Josef 27
Rieg, Benedikt 32, 361, 364
Riehl, Wilhelm Heinrich von 26
Rist, Luise 17
Ritter, Emil *176*
Röhm, Ernst *151*
Rohner, Karl *52*
Rosenberg, Alfred 191
Rösch, Augustin *194*, 206–207, 211, 225, 240, 243, 247, 259, 263, 275, 276, 279, 281, 320, 325, 327, 354, 412, 415, 416
Rossmeier, Josef 264
Roth, Joseph 119, 213, 326
Rust, Bernhard 230

Sägmüller, Johannes B. 26, 27, 60
Sandfuchs, Wilhelm *133*
Sattler, Maximilian Vincenz *143*
Seckler, Max 27
Seibold, Hermann 45
Senger, Adam *107*
Seutter von Lötzen, Wilhelm *286*
Smelser, Ronald *198*
Sonnenschein, Carl 176–182
Sonnenberger, Franz *190*
Sontheimer, Josef 109
Sotier, Adolf 195, 338
Sperl, Hildegard (geb. Mayer) 353
Sproll, Johannes Baptista 278
Stasiewski, Bernhard *186*
Steffen, Augustin 336
Stepp, Walther 192, 211, 338
Stein, Hermann von 95, *102*
Stiegele, Paul 51, 57
Stillfried, Rudolf von 22
Stökle, Alois 187, *215*
Sträter, Joseph 22
Strauß, Eva *48*

Schachleiter, Alban *158,* 224
Schäfer, Albert 15
Schäffer, Karl 50
Schanz, Paul 26, 27, 31
Scharnagl, A. *189*
Schatz, Klaus *43*
Schauberger, Josef 69
Scheffler, Wolfgang *198*
Schetzinger, Maria 15
Schilling, Otto 27
Schimmel, Alfred 265, 276, 287, 315, 317, 338, 393, 412
Schlegel, Friedrich von 385
Schleicher, Kurt von 223
Schlier, Heinrich 322
Schlund, Erhard 97, 106
Schneidawies, Georg 28
Schnitzer, Joseph 71
Schoberth, Josef 273
Schoenberner, Lo 116
Schönfelder, J. M. 25
Schorn, Hubert 253
Schott, Georg 155, 158/159, 229, 352
Schuerer, Gustav 25
Schuler, Hildegard (geb. Mayer) 18, 19, 353
Schuster, Peter Klaus 224
Schwaiger, Georg (Dr.) 132
Schwaiger, Georg (Prof.) *331*
Schwarz, Dieter *254*
Schwend, Karl *161*
Schwingenschlögl, Michael *225*

Thalhammer, Josef 225
Theresia von Lisieux 90
Thoelen, Heinrich 54, *56,* 60
Thoma, Ludwig 70
Thrasolt, Ernst *179*
Toller, Ernst 108
Törring-Jettenbach, Hans Veit von 133
Trumpp, Julius *96, 99*
Tucholsky, Kurt 179

Unglaub, Erich 122–125
Urban, Bonifaz Kaspar von 133

Vanvolxem, Julius 59
Vetter, Paul 26
Véver, Angelika von *345*

Volk, Ludwig 97, 111, 186, 207, 212, 214, 217, 220, 244, 251, 252, 287, 390, 395
de Vries, Josef 324

Wachter, Ludwig 225
Wagner, Adolf 219, 243, 259, 263, 293, 401
Wagner, Karl 131
Wagner, Walter 253
Wahl, Richard 24, 36
Waldmann, Georg 209, 281, 306
Walterbach, Carl 81, 82–84
Warmuth, Joseph 119, 212, 215, 225, 227, 235 ff., 248, 255, 258, 265, 272, 274, 275, 276, 281, 325
Waxenberger, Johannes 163, 215, 217, 240, 243, 291, 293, 318
Weech, Friedrich von 166

Wehrle, Dionys 15
Wehrle, Hermann 354
Weintz 285, 289
Weiss, Franz 101, 110
Weiß, Franz 200
Wellenhofer, Stephan 288
Wienken, Heinrich 279, 296, 306, 310, 327
Wilhelm V. 131
Wilhelm, Theodor 15
Wölzl, Robert 225, 240 ff., 245
Wollasch, Hans-Josef 96, 99, 106
Wutzlhofer, Hans 278

Zapletal, Vincent 25
Zipfel, Friedrich 254, 384
Zitelmann, Rainer 198
Zorn, Wolfgang 285 ff.
Zott, Josef 72

Sachregister

Amnestie 274
Apostolat 382
Arbeiterseelsorge 76
Arbeitersituation 72
Arbeiterverein 75, 77–80
Arbeiterinnenverein 75
Arbeitslosigkeit 72/73, 77/78
Autorität, Staatliche 402

Bahnhofsgottesdienst 143–145, 180
Bekenntnisschule 185, 203

Caritas 140–142, 407/408
Christologie 194/195

Demokratie 113
Diaspora 381

Eheanbahnung 378–380
Engagement, soziales 140 ff., 336
Entchristlichung 179–181
Entkonfessionalisierung 202, 382 ff.
Erziehung, nationalsoz. 198
– religiöse 19–20, 202
Eucharistie 268–269, 308–309, 387
Exerzitien 382

Feindesliebe 405–411
Feldseelsorge 96, 104–107
Freidenkertum 75

Gelübde 58–60, 65, 281/282
Gemeinschaftsschule 190 ff., 227
Gemischte Angelegenheit 232
Germanentum 157
Geschäftsleben 56
Gesellenverein 111/112
Gestapo 186 ff., 288 ff., 315 ff.
Gewerkschaften 78, 180
Großstadt 69 ff., 168 ff., 176 ff., 335, 380 ff.
Großstadtmensch 172–174
Großstadtseelsorge 72, 177–180

Hausbesuch 74, 182, 382
Heimtückegesetz 234, 239–240
Hitlerjugend 187

Hitlerprozeß 164
Hitlerputsch 160–164

Jesuitenorden 24, 49 ff., 131 ff.
Juden 150, 156, 185, 188
Jugendarbeit, Katholische 113/114, 180, 383

Kanzelmißbrauch 211, 251
Kanzelparagraph 235, 240
Katechese 32–33, 45, 48/49, 361–364
Katholikentag in Metz 76
– in Nürnberg 380–382
– in Ulm 57
Katholischer Volksverein 176
Katholizismus 41–43, 156–157
Katholizismus, politischer 217–218, 237, 253 ff.
Kirche, katholische 79
Kirchengeschichte 90
Kirchenjahr 87
Kirchenpresse 181
Kirchentreue 34, 364–374
Kollektivschuld 339
Kommunismus 75, 135, 173, 174, 229, 401
Konfinierung 318, 412–414
Krankenseelsorge 171
Kriegserlebnis 98/99, 115 ff., 139
Kulturkampf 60
KZ 297–311, 327

Laien-Mitarbeit 74, 339
Landflucht 72
Leohausprozeß 194
Ludendorffianer 135/136

Mädchenseelsorge 80 ff.
Männerkongregation 143 ff., 193, 196, 217, 396
Männerseelsorge 381
Mariologie 88
Monarchie 71/72
Monarchistische Bewegung 285, 355

Nationalsozialismus 75, 119, 148, 167, 352
– und Christentum 155, 158, 398

Oekumene 386
Ordensleben 41 v. ö.

Papstenzyklika (1937) 203, 204
Pastoralkonferenzen 47
Predigt 33–35, 46, 137, 364–374, 405 ff.
– -Überwachung 188 ff.
– -Verbot 354
Presse 233
–, nationalsozialistische 203 f., 230, 237/238
Priesterseminar 30–32
Priestertum 36–37
Protestantismus 16, 21, 43, 161, 202, 385–386

Redeverbot 205 ff.
Reichskonkordat 190, 252
Reichssicherheitshauptamt 279 ff.
Revolution (1919) 107 ff.
Ruhrbesetzung 148, 153

Seligsprechung 345–347
Sittlichkeitsprozesse 203, 230, 237
Sondergericht 223 ff., 253 ff.
Sozialdemokratie 41/42, 77, 150, 246–248
Sozialismus 110, 173, 174
Soziallehre, kath. 77 ff.
Spartakisten 109

Spiritualität 85 ff.
Staat, totalitärer 233, 254
Studentenverbindung (CV) 28–29, 56, 161

Schulkampf 230
Schutzhaft 295
Schwestern v. d. Hl. Familie 80 ff.

Theologie 54 ff.
Theologische Studien 24–27
Tübinger Fakultät 27

Ultramontanismus 17
USPD 134

Vaterland 228, 237
Vatikan 251 ff.
Vatikanisches Konzil I. 43
Verbände, Vaterländische 148
Verhaftung 209, 263, 287, 392–394
Vereine, Katholische 78, 143, 169
Volksgerichtshof 223
Volkskirche 182
Volksmission 64, 113, 168 ff., 175, 377–378

Weltkrieg I. 95 ff.
Weltkrieg II. 324 ff.
Wohnungsnot 73

Bildnachweis

Münchener Katholische Kirchenzeitung: 1, 3, 4, 13, 26, 30, 41, 42, 51 Schwestern von der Hl. Familie/München: 7, 37 Foto-Studio Hirschbeck/Landsberg: 22 Stadtarchiv/München: 25 Bruno Jantowski/München: 28 Huberta Freiin von Gumppenberg/München: 34 Münchner Mosaik 3 (1940) Juni: 39 Kurt Preis, München unterm Hakenkreuz (München 1980): 40 Erzbischöfliches Archiv/München: 43 G. Firns, Sachsenhausen 1936–1950 (Berlin ³1991): 44 Archiv der Benediktinerabtei Ettal: 45, 46 Eduard Boos/München: 48 Hans-Peter Gelhard/Mainz: Frontispiz Alle übrigen Fotos: Rupert-Mayer-Archiv/München.

Faksimiles

S. 36: RMA 2.6. S. 111: RMA 4.1. S. 141: RMA 5.3 (»Bäckermeister Meier Dachauer Str. 4. Gutschein für je 2 (zwei) Pfund Brot täglich 8 (acht) Tage lang. P. Mayer 21. XII. 28«). S. 153 und 177: BayHStA IV. Plakatsammlung. S. 201: RMA 4.1 (Neue Zeitung vom 13. 10. 1927. Die Karikatur dukumentiert bereits vor 1933 die Attacken rechter oder linker Kreise auf die christliche Schule.). S. 216: EA, Akte Rupert Mayer (»Euer Eminenz haben mir mit Ihrem Besuch soviel Freude bereitet! Ich danke dafür von ganzem Herzen. Zu meiner großen Überraschung kam am Sonntag nachmittags zur selben Stunde, als in St. Michael der Hauptkonvent stattfand, das Päckchen an, das Euer Eminenz so lieb zusammengestellt haben. Ein herzl. Vergelts Gott für diese Aufmerksamkeit! Mit besonderer Andacht werde ich die 3 angegebenen Briefe des Apostels Paulus lesen. Dann noch eine erfreuliche Mitteilung! Noch an demselben Abend habe ich das elektr. Licht bekommen. Das bedeutet für mich eine große Erleichterung. Sonst läßt mein Zustand nichts zu wünschen übrig. In tiefster Verehrung u. Dankbarkeit Euer Eminenz ergeb. Rupert Mayer SJ. Einen schönen Gruß an H. Dr. W. 5. 7. 37«). S. 256: Bundesarchiv Koblenz. Bestand R 58/1111. Vgl. Boberach, Berichte des SD, 242–273. S. 277: RMA 6.6 (»Heute bekam ich ein ruhiges Gericht, das meiner Lage durchaus gerecht wird. Ein herzl. Vergelts Gott! P. RM. 10. 6. 38« – Die weiteren handschriftlichen Anmerkungen stammen von P. Augustin Rösch). S. 304: Gedenkzelle Pater Rupert Mayer KZ Sachsenhausen. Berlin 1990. S. 323: RMA 6.8.2 (Der handschriftliche Zusatz lautet: »In schwerster Zeit hat mir dieses Gebet viel Trost bereitet. Hoffentlich bietet es Ihnen auch etwas Freude. 27. 8. 41«). S. 344: RMA 7.4.

Wir danken für die freundliche Abdruckerlaubnis.